ANNA

THE BIOGRAPHY

時尚教母安娜・溫圖的華麗人生

Amy Odell

艾美・奧德爾 ———著　劉北辰 ———譯

「人們往往陷他人於陳腔濫調之中。」

——安娜・溫圖（Anna Wintour），
《紐約》（*New York*），2018年10月18日

目次

推薦序　永遠前進的安娜・溫圖

「巴黎不打烊」版主　何桂育

時尚迷都知道安娜・溫圖，這位頂著數十年如一日的鮑伯頭和太陽眼鏡出席在各大品牌服裝秀的美國版《時尚》總編輯，神祕又具有影響力。從她擔任美國版《時尚》總編以來，拔擢了許多年輕設計師，如馬克・雅各斯（Marc Jacobs）、王大仁（Alexander Wang）、普羅恩薩施羅（Proenza Schouler）的拉薩羅・赫南德茲（Lazaro Hernandez）和傑克・麥克洛（Jack McCollough）等。她帶領美國版《時尚》，運用封面創造話題，如啟用當時未滿二十歲的「黑珍珠」娜歐蜜・坎貝兒（Naomi Campbell）登上最重要的九月號雜誌封面，讓當時正被炎上的瑪丹娜（Madonna）、柯林頓爆發性醜聞時的希拉蕊（Hillary Clinton）到蜜雪兒・歐巴馬（Michelle Obama）或金・卡戴珊（Kimberly Kardashian）、歐普拉（Oprah Winfrey）等人成為封面主角。她深知當下話題，更了解如何掌握時尚話語權。她的《時尚》團隊每年規劃的大都會博物館的慈善晚會紅毯，是全球時尚人士關注的焦點。

很多非時尚迷也透過小說改編的電影《穿著 Prada 的惡魔》（*The Devil Wears Prada*）知道她，梅莉・史翠普（Meryl Streep）扮演的時尚總編米蘭達會把包包摔在助理的桌上、氣勢極強又惜字如金地交待工作、挑剔員工身材和服裝、既沒有同情心更沒有同理心、是一個要什麼就馬上要有的慣老闆。而安・海瑟薇（Anne Hathaway）飾演的年輕助理安迪（Andy），她要幫總編緝米蘭達跑腿買咖啡早餐、拿衣服、送文件，甚至遛狗，做得是一個隨傳隨到，沒有自己生活的高壓工作。縱使這部紅遍全球的電影和小說的導演和作者說米蘭達不是安娜，但大家也知道是在說她。

不過，無論是透過美國版《時尚》（*Vogue*）雜誌或電影《穿著 Prada 的惡魔》，我們都不認識真正的安娜．溫圖，不知道在爬到權力之巔前，她曾經如何衝撞體制，還曾經被開除三次。

在這本《ANNA》的傳記中，我們可以窺知她「知道自己要什麼」的性格。第一次出現在書中，是她念中學時不適應學校環境，在一般青少女捨不得友情和畏懼新環境的時候，她斷然轉學以追求自己所要的生活。後來出社會在不同的雜誌工作時，她知道自己追求的是時尚而不妥協，就算冒著被開除的危險也堅持做到極致。後來她直接目標美國版《時尚》雜誌的總編職位，要做到那個在時尚界呼風喚雨的位子。

她性格中的第二大特色，就是「向前看」。遇到任何事情，她不會停留太久，遇到挫折，她也不會難過太久。這個性格特色，讓她在支持的總統候選人希拉蕊敗選時，能迅速振作的轉向川普。因為她深知既定的事實無法改變，只有「向前看」才能解決問題。「向前看」或許是她可以爬到權力高峰的原因之一。

然而，很多事是一體兩面的，在登上全球媒體最有影響力的「女性」這個位置時，付出的代價是職場上的爾虞我詐、冷酷無情又鐵腕政策的評價。當然，要在康泰納仕（Condé Nast）集團眾多優秀人才中脫穎而出，並穩固美國版《時尚》總編的位子，對上和對下的管理都很重要。同時還要強大自己的羽翼及不可取代的地位，；要八面玲瓏地在國際品牌廣告客戶、政客名人、好萊塢影星和製作人，還有博物館和設計師之間周旋，讓彼此互惠，又讓自己獲得最大利益，這絕非只有長袖善舞就能做到，這也是安娜．溫圖今天能被封為最有影響力女性的原因。

如果你和我一樣是個時尚迷，這本書不只是安娜．溫圖的傳記，它還是我們這個世代的時尚史回顧。看安娜如何開始讓名人取代模特兒登上《時尚》封面的故事，有風靡一時又香消玉殞的黛安娜王妃、剛成名的小辣椒葛妮絲．派特洛（Gwyneth Paltrow）、世紀末的辣妹合唱團（Spice Girls）、《慾望城市》（*Sex and the City*）影集中穿著曼諾洛．布拉尼克（Manolo Blahnik）的凱莉（Carrie Bradshaw），還有近年來引爆全球批評聲浪的敘利亞總統夫人艾斯瑪．阿塞德（Asma al-Assad）的「沙漠玫瑰」專訪等。這本書比紀錄片《時尚惡魔的聖經》（*The September Issue*）還要詳細，不只有單一年度的九月號《時尚》雜誌。

如果你不是一個時尚迷，也可以用另一個角度閱讀這本書，因為它同時是職場上通往成功人士之路的教戰手冊。如果遇到一個像安娜一樣的老闆該怎麼辦？與她一起工作二十五年的葛蕾絲．柯丁頓（Grace Coddington）是最好的示範。如何制衡高層管理者彼此間的權力？安娜的老闆，康泰納仕集團的前藝術總監亞歷山大．利伯曼（Alexander Liberman）非常擅長。如何走到事業登峰？看安娜就對了，不過我想她除了嚴以待人之外，律己更是嚴格。她早睡早起加運動，還要花時間完美修剪她的頭髮，隨時保持完美造型出現。此外她工作的時間不比員工短，肩上的責任也扛得比他人都多，還是一個雙寶媽。

不過就在我們閱讀本書的同時，向前看的安娜也發布了《時尚》的最新年度計畫，她的「時尚世界」（Vogue World）在紐約和倫敦之後，今年將前進巴黎。在二〇二四年巴黎奧運舉行的同時，《時尚》將與法國時尚博物館和眾多品牌、名人和運動員，在巴黎市中心、人稱巴黎珠寶盒的凡登廣場（Place Vendôme）舉行慈善義賣。安娜連續二十年在紐約大都會博物館舉行慈善晚會，或以她的號召力募集基金資助年輕設計師，這次義賣活動的所得將用來贊助法國各地的年輕運動員。但安娜還是安娜，同時她也在美國將康泰納仕集團旗下的獨立音樂網「Pitchfork」和《紳士季刊》（GQ）合併，並資遣了許多 Pitchfork 員工。此舉引發了 Pitchfork 員工的不滿，法國媒體也問：「安娜・溫圖是戴著墨鏡資遣員工的嗎？」

推薦序　時尚教母的成功心法

流行趨勢預測師 Emily

二〇二〇年疫情爆發時引起的恐慌，令生活頓然失序，一切實體活動戛然停止，街上空無一人。當時時尚商品的銷售，首當其衝受到重創。在零社交、不知明天將如何的狀況下，誰還有心情追流行？如此艱難的時刻，如何向大眾放送流行訊息，無疑是時尚雜誌的嚴酷考題。疫情與否，雜誌一樣得出刊。當時，安娜在雜誌上刊登了自己穿著全套運動服，在嚴冬剛過、枯枝散落的森林中穿球鞋跑步的照片。

穿著不能再合身的合身套裝，配戴古董項鍊、太陽眼鏡，永不被吹亂的瀏海，是安娜的招牌造型。沒有人看過安娜在家穿運動褲的照片，直到疫情。

安娜，總是讓人無法預料。

這也難怪，大家都知道安娜，卻不了解她。她經營媒體但鮮少受訪，在公開場合惜字如金，大眾甚少看到她的眼神，偌大的太陽眼鏡是她與外界的屏障。如此頻繁地被關注、工作緊密地與社會連結，卻又如此神祕的，就只有安娜。

也因此，所有關於安娜的傳聞和八卦比黃金還值錢。擔任安娜的助理，月薪難以在紐約生活，但寫出安娜的故事，卻可以賺到大筆財富，那就是紅遍全球的《穿著Prada的惡魔》。全世界對安娜的認識，大概都以這部電影為基礎。電影中，惡魔總編輯霸氣地對助理說，你身上的毛衣顏色，就是我們決定的！這段經典情節，讓大眾誤以為安娜之所以稱霸，是因為擁有決定流行的權力。事實上，最厲害的時尚編輯，也無法決定流行如何發生。

流行的製造過程，如同其他產業分成上中下游。從上游的原料、中游的成衣製造、到下游的品牌零售，是一條完整的供應鏈。流行的方向在一年半前就決定，如此最上游原料才來得及依所需生產，否則後續流程都無法發生。雜誌與零售業相同，屬於產業下游，直接面對消費者，必須等商品生產，才有物件拍攝、報導。商品製造完畢的時間點，流行早已底定，雜誌能做的，是為已經發生的流行，加持商品的銷售力道。

然而，雜誌若不能決定流行，安娜為什麼有如此大的影響力呢？在美國，安娜的勢力遠遠超出時尚圈，連歐巴馬競選總統時，都曾借助安娜的力量募款，因為她有能動員各界大咖的實力。

這就讓我更狐疑了，她的影響力到底來自何處？出於好奇，我閱讀了這本書《ANNA》。與《穿著Prada的惡魔》僅是一人視角的創作相較，本書是作者長年調查採訪、蒐集各種管道資訊，鉅細靡遺拼出安娜的實際樣貌。這本書的真實「娜含量」（非鈉含量）與電影相較，簡直不可比擬！讀完本書，也讓我終於找到困惑已久的答案——原來，安娜的影響力，是來自安娜自己，而不是任何的頭銜。

在此，我歸納書中安娜從十六歲至今都未曾改變的三項人格特質，這也是她建造自己最重要的基礎：

一、Integrity：在任何情況下，都忠於自我

Integrity為正直。對工作的要求，要有美善及道德上的高標準，這種要求來自自我，是主動的，而非為了配合外在，在任何情況下都不會妥協，並且會想盡辦法，只為了維護自己的信念。安娜並非等地位鞏固才開始堅持自我，很多人誤以為順序是如此。但實際上，自我必須從一開始就一點一滴地鞏固，不能等到「有一天」。

從十六歲到七十多歲的安娜，從不妥協降低標準，近乎潔癖般的、忠於自己理想的堅持。我認為許多人與她共事感到畏懼，並非因為會遭受恐怖的要求，而是安娜總是讓共事的人血淋淋地面對「自己究竟有沒有能耐」這件事。當她評價你的工作成果是否達到她的高標準時，往往毫不猶豫且精準迅速，不使用模稜兩可的語氣，也不會為任何原因妥協。

當你與「任何客觀狀況都無法撼動標準」的人共事，你不會害怕她，而是敬畏。當你被認可時，也會清楚的知道，得到這種「沒有任何雜質」的肯定，自己的表現是值得驕傲的，因為標準從未降低。職場上這種「嚴厲的愛」，是難能可貴的特質。也因此，我認為她的權威來自從不偏倚的持守標準，更勝於她的職稱。

安娜獲得權勢後，更極力維護自己的信念，扶植有才華的新銳不求回報，有錢有名但沒有她認可的品味，卻怎麼樣也上不了檯面；以公司利益要脅利誘，也左右不了她。正因為她從未偏移，忠於自我的正直，讓各界更加敬重她的見解，前來尋求她定奪的人越來越多，影響力也逐漸地越來越大。

二、Curiosity：勇於創造，不停止探索

Curiosity 意為好奇。好奇心是驅使所有創造的動力。安娜十六歲時，家中經濟富裕，卻非常想要進入職場；甚至因為在英國無法拿到有主導權的編輯工作，毅然決定一個人前往充滿機會的「新大陸」——美國，遠離優渥的環境。這種作為完全是自發性的，不計代價的重度探索，是好奇心爆表的表現。

我認為唯有對自己能力和外在世界極度好奇的人，才會不斷地探索與創造，並從中一次次得到挑戰的樂趣，感受到自己真實的存在。在越工作越自由的職涯中，挑戰的對象是自己，得到的獎賞是擁有越來越廣大的世界。做自己，應該是一種創造的渴望，如果現在可以實現，你不想等到明天，安娜便是如此。

更可貴的是，安娜的創意並不總是成功，也有慘敗的例子，但這都不影響她繼續嘗試創造，因為探索的過程就是收穫，是否如預期，並不影響她繼續挑戰的意願。探索中所累積的經驗，終究會走出一條獨特的道路。安娜從不間斷的突破中，逐漸將美國的影視娛樂圈與流行服裝結合，成為時尚銷售的強力組合，有足夠的資源讓她從事更大的計畫，使她的影響力達到文化、娛樂、運動，甚至政治圈。

如果你不自我設限，因好奇而不斷挑戰，收穫是無法估量的。相反的，在職場中精明地計算工作的付出與成果，卻往往是局限的，因為凡事都可預料之下，難以達到意想之外的世界。

三、Discipline：內外更新，是一種紀律

Discipline 是紀律。觀察安娜，你會發現能輕易取得任何時尚單品的她，管理自身衣著的方式與一般隨性追求流行的消費者不同。安娜對外表的打理，有一種近乎軍人的嚴謹和紀律，從年輕時就始終如一。

我一向認為「穿著，是一種宣言，而不是事件本身」。如果把穿著變成事件本身，就會變成無意義的時尚追逐，造成地球的災難。宣言，就是「我已經準備好了！」的態度，準備好迎向眼前的一切挑戰，這才是服裝所具有的重大意義。你應該先把衣服穿好，然後全力投入你想做的事。安娜的服裝是一種安排、一種儀式、一種預備，正是一種「宣言」。

時尚所代表的不僅僅是衣服，更是反映人類文化活動的鏡子。也因此，我在專業工作上為產業人士講解未來流行趨勢時，必定從世界文化及社會的改變出發，解釋流行發生的根源來自何處。而時尚流行的鏡映特性，甚至可以為非服裝產業的消費市場，預測即將發生的未來。因此，不難理解為什麼安娜引領時尚的一天，是從清晨四點多瀏覽英國到美國的新聞開始。

持之以恆，從腦袋到外在，對自己持有更新紀律的人，通常都是準備做大事的人。如果你想要在職場上像安娜一樣，蓋起自我的大樓，更新自我的紀律是重要基礎。內外更新後，才能洞燭未來，擁有對下一步的最佳判斷。

以上三個自我建造的方向，是我希望讀者在閱讀安娜精彩的人生時不容錯過的觀察，當你閱讀本書時，我相信還會有更多的精彩發現。

年輕的安娜是短跑好手，在紐約被搶時，她毫不遲疑地追趕搶匪，奪回自己的手提包。讀完這段後我更加確信，比起大家熟悉的合身華服，那位疫情時身穿運動服跑步的女子，更接近真實的安娜。至今，無論風和日麗或風雲變色，她仍是頭也不回地帶領著自己和相信她的人繼續前進。

我們慶幸某些人物被書寫成書，讓我們在追求自由真諦時感到不孤單，並生出更多的勇氣去創造，我想安娜正是這樣的人物。回顧你的人生，有多少決定是忠於自己的選擇，又有多少是追逐與大眾相同的樣貌呢？這個世界上只有一個安娜，但也只有一個你，兩者的獨特性是相同的。但願這本書能鼓舞你，在職場上忠於自己的美麗心智，創造自己在地球上的獨特印記。我相信，當每一個人以不同光芒照亮工作時，這個世界一定更趨美好。

前言

當然，她戴著墨鏡。

安娜．溫圖走進《時尚》（*Vogue*）的全體員工會議，看著聚集在會議桌四周的員工，他們大約十點半就在這裡了。許多人熬夜工作，生出報導文章，試圖解釋這個前所未見的情況。其他人則是哭泣、恐懼、震驚，徹夜難眠。[1]安娜對眾多事擁有無上的影響力，但此次選舉的結果不在其中。

當天是二〇一六年十一月九日。《時尚》傾全力支持希拉蕊．柯林頓（Hillary Clinton），並且在創刊一百二十四年的歷史當中，首次為總統候選人背書，希拉蕊還是輸了，不過安娜依然一如往常地展開一天。她在清晨五點起床，五點半或六點運動（取決於她是要打每週兩次的網球，還是和健身教練一起鍛鍊），然後是三十分鐘的專業妝髮服務，接下來坐上專車前往世界貿易中心一號大樓的辦公室，她的三位助理和慣常的早餐都在那裡恭候著她，早餐是星巴克的全脂拿鐵和藍莓瑪芬，不過大部分的食物都會剩下。[2]

當天早上，安娜腳踩蛇紋高筒靴，穿著紅色印花洋裝走進辦公室，[3]她要第一助理召開全體員工會議。她吩咐幾位助理可說是接連不斷，不分早晚或平假日，而且一向以沒有主旨的電子郵件傳達。她的行程規劃得十分縝密，但此次會議卻是臨時起意，她還要求自己的助理一起參加，這樣的情況並不尋常。大家都不知道會議的目的，但知道如果安娜召開會議，沒有提早到就是遲到。[4]

菲利浦・皮卡迪（Phillip Picardi）是《少女時尚》（*Teen Vogue*）網站的編輯總監，他原先同意自己的團隊當天能夠在家上班。[5]他的員工在此雜誌史上第一次即時報導選舉，整個團隊都加班設法和幾百萬名青少女解釋為什麼是唐納・川普（Donald Trump）勝選，她們本來期待此次選舉可以證明女性能夠擔任任何職位，安娜也是這麼盼望的。

當天早上七點三十分，也就是皮卡迪終於在凌晨收工後的短短三小時，他的助理聯絡他，告訴他安娜要召開全體員工會議。他便打給身心俱疲的員工，要求他們進辦公室。

白色會議桌旁的座位都坐滿了，座位後剩下的每一寸空間也擠滿了員工，等著安娜。[6]《時尚》的員工以精緻優雅聞名，但皮卡迪回想起來，那天早上除了安娜，每個人看起來是各式各樣的頹喪。

安娜身為商人和領導者的一大長處，就是不會讓任何事拖慢自己或擋住去路，無論是生小孩、個人情緒、企業鳥事和敗選都一樣，她準確無誤地感覺到，自己的團隊在這當下需要一絲絲這樣的強悍素質。

「今天有一篇報導指控我支持希拉蕊・柯林頓太過頭了，她可是贏得民主黨提名參選總統的第一位女性。」她站在會議室前方說。[7]她指的是時尚產業報紙《女裝日報》（*Women's Wear Daily*，一般稱為WWD）在當天早上登出的一篇報導，標題是〈安娜・溫圖和《時尚》支持希拉蕊・柯林頓是否過頭了？〉（Did Anna Wintour and *Vogue's* Hillary Clinton Advocacy Go Too Far?）。

「戰況激烈的選舉現在已經落幕，但許多問題還是糾纏著《時尚》、女性雜誌和時尚產業，」報導接下去寫道：「舉例來說：《時尚》是否失去讀者的信任了？女性雜誌的報導方式是否應該和新聞媒體一樣？安娜身為編輯是否過頭了？」[8]

據信安娜一直在謀取駐外大使的職位，這樣一來，她也就不會繼續掌理《時尚》雜誌。一名顧問指出，希拉蕊相信安娜會是稱職的大使，也不排除提名安娜，但她還沒展開正式的程序，填補那些位置。[9]無論是希拉蕊的競選團隊還是安娜的上司，都不清楚安娜是否真的對此有興趣。謝爾比．布萊恩（Shelby Bryan）是安娜當時的男朋友，他表示：「如果提出讓她擔任駐英大使，我覺得她真的會認真考慮。」[10]

安娜在會議室環視自己的員工，接著說：「你們都為我工作，我只想和今天在這裡的大家說，如果支持 LGBTQ 權益、支持女權、支持女性參政、支持移民，還有支持全國人民享有平等權益是太過頭，那我希望各位每一天都這樣過頭。」[11]

她說話時哽咽了一下。[12]這種事鮮少發生，當下非常引人注目，一名前員工史蒂芬妮．溫斯頓．沃科夫（Stephanie Winston Wolkoff）還將其命名為「那一聲哽咽」。[13]《時尚》團隊都知道希拉蕊敗選讓安娜深受打擊，但他們從未預期會在安娜身上得到證實，畢竟她工作期間幾乎從來不曾展露情緒，事實上，她很厭惡這樣的事，因此人生大部分時間習慣以墨鏡擋在任何情緒蹤跡與外界之間。她有一次接受美國有線電視新聞網（CNN）採訪，形容每當自己想隱藏真正的想法或感受時，墨鏡「超級有用」，可說是她的「支柱」。[14]然而，在這個當下，她的防衛鬆動了，他也出現昨晚沒有的舉止。[15]

她哭了。[16]

安娜的行事風格就是向前看，而非拘泥於過去，這個模式依然不變。「不過他是總統了，」安娜說：「我們得找到辦法走下去。」[17]

她說完話就離開了。[18]全體員工都在鼓掌，接著傳訊息給出於各種原因不在辦公室的員工，無論他們在拍攝、出差或是完成當天的尋常業務，訊息寫著：「我的天！安娜剛剛在大家面前哭了！」[19]

川普正式就職前，安娜的員工還在努力消化他們對川普勝選的感受，她就不情不願地聯繫對方了。[20]過去安娜舉辦許多活動，川普都是貴賓，他想要得到安娜的影響力和認同，幾乎就和安娜想要得到他的慷慨解囊一樣。安娜和川普的女兒伊凡卡（Ivanka）是舊識，她便透過伊凡卡的安排，和川普在川普大廈（Trump Tower）見面。川普告訴他的妻子梅蘭妮亞（Melania），安娜要來見他。當時史蒂芬妮・溫斯頓・沃科夫是梅蘭妮亞的朋友，她表示梅蘭妮亞沒有從安娜那裡得知她即將要來訪，而深深覺得被冒犯了。因此當安娜到場時，梅蘭妮亞甚至連招呼都不打。然而，梅蘭妮亞不知道自己受邀出席安娜的活動，並非因為她倆是朋友，只是因為她曾經登上二〇〇五年二月號的《時尚》雜誌封面。[21]

安娜安排川普前來世貿中心一號大樓的辦公室，坐下來和其他康泰納仕（Condé Nast）的總編輯聊一聊。安娜身邊的人都很清楚，她的動機在當下並非總是顯而易見，但往往打著如意算盤。誰不想要謁見候任總統呢？其他和川普見面的與會者料想這是她的理由。[22]她的團隊前後兩次想讓梅蘭妮亞接受拍攝登上《時尚》，分別在川普正式就職之前和之後，不過梅蘭妮亞並不願意，一部分原因是他們無法保證她會登上封面。「我完全不在乎《時尚》或是其他任何雜誌。」她說。[23]

然而，溫斯頓・沃科夫卻認為梅蘭妮亞可在乎《時尚》雜誌了，其實她想再次登上封面。[24]

自從一九八八年開始，安娜·溫圖就已經是《時尚》雜誌的總編輯，也是媒體界的權威人物之一。「我不知道安娜到底有什麼祕密武器，」安娜早期的助理蘿莉·謝克特（Laurie Schechter）說：「不過如果能把它裝瓶販售，她一定會發大財，因為那就像童話故事才有的東西。」[25]然而，許多人接受此書的採訪時，他們都難以解釋為什麼安娜會如此有權有勢，以及她的權勢強大到什麼程度。

安娜透過超過三十年以來的《時尚》雜誌與相關衍生出版品，不只定義了時尚潮流，還有「美」的標準，並告訴幾百萬的讀者應該買什麼、怎麼打扮、關注誰。她決定要拍攝哪一位名人或模特兒、她們應該要穿什麼衣服。如果她希望設計師得到更多的影響力，就會向市場龍頭的大品牌推薦他們。她有本領這麼做，是因為這些大品牌的業主都尋求且遵循她的建議。葛蕾絲·柯丁頓（Grace Coddington）是安娜的前創意總監，她說起安娜的偏好有什麼影響力：「她表現得很清楚，所以你知道她不喜歡，另尋方向顯然是上策，因為她可能會不喜歡那些照片，如果她不喜歡，照片可能還是會刊登，但張數會大打折扣。」[26]

「我從來沒聽過她說『別那樣做，這樣比較好』。你可以透過觀察知道她是否喜歡，也可以知道她是否毫無興趣。」湯妮·古德曼（Tonne Goodman）說。[27]從一九九九年開始，她就在安娜手下擔任時尚編輯，還和她一同出席許多服裝系列預覽會。莎莉·辛格（Sally Singer）在安娜的團隊中近二十年了，她也表示：「大家都知道《時尚》雜誌不僅僅是出版品，而且也是在影響時尚圈。」[28]

因為安娜的權威，這樣的影響大部分很成功。湯姆·福特（Tom Ford）是時尚產業的巨擘，也是安娜最親密的朋友之一，他的品牌長久以來享有「《時尚》品牌」的美名。如此得寵能夠與安娜和她的編輯團隊建立特別的關係。安娜和她的團隊不只就服飾提供意見，還會建議如何經營品牌。

這些《時尚》品牌能得到雜誌版面，更重要的是安娜本人的支持和建議。安娜不會等待下個世代的設計師嶄露頭角，而是透過美國時裝設計師協會／《時尚》基金（Council of Fashion Designers of America, CFDA/*Vogue* Fashion Fund）提供經濟資助。這樣的資助是大獲成功與一貧如洗之間決定性的因素。「如果我很討她的歡心，我會忐忑不安，」安德烈・里昂・泰利（André Leon Talley）針對失寵的危險表示：「她非常惜才，同樣的，如果你失去她的喜愛，那麼你就危險了。」泰利曾經是安娜最親近的合作對象之一。[29]

安娜不只在時尚圈施展這樣的影響力手法。她善用自己的權威盟友，以他們的名號為慈善活動籌措資金，特別是大都會藝術博物館（Metropolitan Museum of Art）的服裝典藏館（Costume Institute），那裡以藝術品的方式保存和展示許多時尚藏品，她為館方累積超過兩億五千萬美元的捐款。[30]她也將時尚產業組織起來，為民主黨候選人募集資金，明顯使時尚業充滿政治色彩。她的影響力還擴及百老匯（Broadway）、娛樂圈、體育界等其他領域。〔首次執導的布萊德利・庫柏（Bradley Cooper）一再尋求安娜的意見，把《一個巨星的誕生》（*A Star Is Born*）劇本寄給她，徵詢主角應該選誰，後來女神卡卡（Lady Gaga）得到此角。〕[31]

安娜上任前，《時尚》雜誌編輯就已享有權威，但她顯著地擴展影響力，使權威人士都想和這個雜誌品牌還有她本人攀上關係。「安娜厲害的地方在於一般人都知道她，」福特說：「你給他們看照片，他們會說『那是《時尚》的安娜・溫圖』。」[32]尤其是因為《穿著 Prada 的惡魔》（*The Devil Wears Prada*）這部小說和電影，安娜怎麼說話、決定員工的去留、吃飯及購物都受到大眾著迷的追尋與嚴格的檢視。她的公認形象是「冷酷」與「不友善」，而且擁有罕見的能力能夠隨意切換對人事物的情感，就和開關一樣。只要她走在康泰納仕的走廊上，員工會驚慌失措地貼著牆，只為了不要擋路，還會檢查自己的電腦螢幕顯示什麼畫面。[33]然而，他們獻身於安娜。確實許多前員工都覺得有必要保護安娜，因為為她工作雖然是件苦差事，卻是不凡的機會。當然，她沒有讓大家太好過。二〇〇三年年底，馬克．霍蓋特（Mark Holgate）加入團隊，成為資深時尚記者，他表示員工的職責不只是讓《時尚》雜誌運作，[34]「工作內容還包含『列出設計師名單，讓某人考慮他們新任創意總監的人選』、『你可以看一下這個劇本嗎？因為某人向安娜提出一個想法……』每天都有一大堆外務進到《時尚》。」如果安娜想要什麼東西，她通常希望馬上拿到。雖然她的工作電子郵件有時候清晨六點前就寄給員工，但「這種模式多多少少會上癮」，霍蓋特補充。其他人稱讚安娜直接了當，你總是知道她要你幹嘛；有些主管想知道你家小孩的生日派對如何，卻沒辦法決定報導標題要怎麼下，相較之下，為安娜工作好多了。

許多安娜的員工往往會納悶，為什麼她凡事都要參與，她又是如何兼顧所有的事情。安娜盡可能掌握一切，小至大都會藝術博物館慈善晚宴（Met Gala）的料理食材。然而，雖然她追求完美，但也犯下不少錯誤。她支持各種進步派原則，就像她在大選後員工會議中所說的，但她過往的紀錄充滿汙點。她刊登無視文化、種族爭議的照片和報導，也未能多元化地選用拍攝對象，因此被多次點名譴責。在九〇年代中有好幾年，《時尚》的封面都只有白人女性。鼓吹使用皮草是她過去著名的爭議之舉。她也曾公開攻擊他人的身材外貌。她的員工大部分是白人，除了她們的工作能力和資歷，她似乎同樣重視她們的時髦程度、外表和出身。

對許多人來說，他們同時欣賞又妒忌安娜（她的一位老友安娜貝爾．霍丁（Annabel Hodin）一口咬定：「我說真的，你就是想要成為她」）。[35]然而，一提到她的名字，首先在腦海中浮現的也許是她的駭人名聲。由於幾乎沒有女性達到安娜這樣的高度，因此沒有例子能說明她應該怎麼做，只是感覺相比她平常的作風，應該以更加和善友好的方式行使這樣的權力（如果是男性在她的位置、擺起相同的姿態，他的嚴以待人和全心投入可能會備受讚賞）。

據傳安娜離開辦公室就不一樣了。她喜歡狗。朋友們也表示，她很寵愛自己的孩子和孫女（沒錯，她會為他們換尿布）。[36]他們還補充，她的週末莊園位於長島（Long Island）的馬斯蒂克（Mastic），她在那裡會很放鬆。安娜喜歡招待自己的大家庭到家裡玩，並為多達五十位的賓客準備餐食。「她非常重視家庭，」舊識艾瑪・索姆斯（Emma Soames）說：「她是大家長。」[37]史蒂芬妮・溫斯頓・沃科夫長期擔任安娜的慈善晚宴策劃人，她表示：「她和一般人沒有兩樣。」[38]

辦公室裡面，一些員工對她也有類似的看法。吉爾・德姆林（Jill Demling）安排名人登上《時尚》雜誌封面長達二十年，她就說：「安娜在我的生命中扮演重要的角色，她不只是良師益友，幾乎是媽媽型的人物。」[39]然而，安娜身上滿是矛盾之處。她不會閒話家常，不過喜歡有員工不怕她，進她的辦公室問問題。她對公事極其嚴肅，不過喜歡和員工開玩笑。她真正想要、也更正面回應的，是人們把她當作一個普通人來對待。就像她那副著名的墨鏡，她的偶像地位既是華貴的外表，也阻礙她和別人親近。

安娜是否在編輯的位置上展現創意，人們看法各異。一些和她密切共事的人認為她的長處其實有兩個部分：一是管理創意人才和創作的過程，二是結交手腕精明的盟友，藉此增長影響力。她的親密好友表示，她絕對熱愛時尚，不過對一些和她密切共事的人們來說，這不總是這麼明顯。[40]他們懷疑安娜身為女性，在她那個時代進入職場，時尚是否只是一種途徑，讓她能夠坐上掌握實權的高位。[41]

安娜掌理《時尚》的期間，人們不時會揣測她是否要辭職或被解雇。然而，儘管遭受大眾一波波的猛烈批評，她的影響力仍隨著時間擴張，因為她很了解這個生態系，在這裡她可說是所向披靡。你甚至可以說這個生態系是她一手建立的。

第一章　出身

一九一七年，艾蓮娜・貝克（Eleanor Baker）出生在賓州哈里斯堡（Harrisburg）一個富裕的貴格會（Quaker）家族，她是一位千金小姐，未來會改名叫娜妮・溫圖（Nonie Wintour）。[1]她的父親羅夫・貝克（Ralph Baker）是一名律師，他放棄私人執業，成為哈佛大學法學院（Harvard Law School）的教授。[2]他專攻信託，逝世之前建立了殷實的基金，在接下來幾十年的時間中資助後代子孫，外孫女安娜也在其中。[3]

一九三八年，娜妮從雷德克利夫學院（Radcliffe）畢業，接著進入專為女性設立的劍橋大學紐納姆學院（Newnham College）就讀。她和未來的丈夫查爾斯・溫圖（Charles Wintour）在劍橋經由共同朋友小亞瑟・史列辛格（Arthur M. Schlesinger, Jr.）介紹因而認識。[4]查爾斯是少將之子，他於一九一七年出生在西南英格蘭（Southwest England）的多塞特（Dorset）。[5]娜妮的身材嬌小苗條，髮型則是深色短捲髮，從臉龐向後梳並別住。[6]查爾斯戴著眼鏡，臉上掛著憂鬱神情，渾身散發氣派的有識之士氛圍。[7]

兩人對新聞和寫作都頗感興趣。查爾斯在劍橋擔任《格蘭達》（*Granta*）的共同編輯，這是遠近馳名的大學部文藝雜誌。[8]娜妮從大學畢業之後，花上一個夏天的時間在賓州菲尼克斯維爾（Phoenixville）的《共和日報》（*Daily Republican*）擔任記者。[9]報社記者使用的語言以精煉為上，也許因此使她的話語直接又簡潔，他們約會期間，查爾斯有時候為此十分苦惱，因為他經常不知道她到底在想些什麼，書信往來時尤其如此。[10]

查爾斯以一等優異成績畢業，這是該校的最高榮譽，之後便前去倫敦，開始任職於智威湯遜廣告公司（J. Walter Thompson），娜妮則是跨越大西洋回國，兩人情意堅定，但未來茫茫。[11]

一九三九年九月一日，德國入侵波蘭，[12]查爾斯入職廣告公司只有兩個月就失業了，不過這相較其他事態可以說是微不足道。[13][14]查爾斯和許多同僚一樣，馬上就從軍。他還不知道自己會分派到什麼任務，就寄信給娜妮，請她盡速趕來倫敦嫁給自己。[15]幾週後，他開始接受軍官培訓，不久便得到消息，得知娜妮接受他的提議，並且會在二月前來。

第一架敵機在英國被擊落的同一天，娜妮也到了。[16]查爾斯看見她時欣喜若狂，差一點就昏了過去。[17]相較之下，雖然娜妮的興奮稍微收斂一些，但她知道他們仍然情意正濃，還是鬆了一口氣。[18]

一九四〇年二月十三日，他們在劍橋的一座教堂成婚，[19]並且和朋友一同慶祝。[20]雖然他們很高興能夠在一起，但兩人都不知道查爾斯當時會派遣到何處。娜妮很快就懷孕了，她在英國待了幾個月，便返回波士頓。

查爾斯孤身一人，馬上就陷入憂鬱。他深怕英國遭到入侵，心中想著婚外情是否會一解憂愁。但駭人聽聞的事似乎不只這樣。查爾斯發覺，身旁有女人對他來說是「必須的」。兩人在一起的最初幾週，娜妮就領悟到查爾斯稱不上忠誠。[21]查爾斯覺得他倆已建立規則，而且都同意了，他認為娜妮會贊同婚外情對他是有益的（查爾斯在整段婚姻期間都有婚外情，對青少女時期的安娜來說看在眼裡、痛在心頭）。[22][23]當時，娜妮懷著六個月的身孕，她人在波士頓，接受查爾斯的婚外情。雖然查爾斯擔心娜妮究竟會不會為此煩心，但他依然開始和一名二十三歲的離婚婦女共度春宵，這名女子的新任未婚夫剛好在羅德西亞（Rhodesia）。[24]

十一月底，也就是婚禮之後的四十週又一天，查爾斯收到史列辛格的電報，告知他的兒子出生了，並以查爾斯的父親傑洛德（Gerald）為名。[25]但查爾斯要見到兒子，是五年之後的事了。[26]

對安娜來說，無論是私人或職業生活，其中一段最艱難的時期就是和新生兒一起生活，配偶卻在大洋的彼岸。她的父母必須在戰時面對這樣的窘境，而且時時擔心查爾斯某天會戰死沙場。

傑洛德出生才幾個月，娜妮便乘船回歐洲到查爾斯身邊，為此他先前還和娜妮的父親爭吵，兒子則留在她的父母親身邊以策安全。[27]查爾斯知道娜妮並不想來，雖然獨留傑洛德令娜妮倍感痛苦，查爾斯還是迫使她這麼做。儘管如此，查爾斯了解了解沒有任何方法能夠讓兩人澈底地開心，如果他們戰後才見面，青春早已不再，而且前提是查爾斯要撐過戰爭。[28]

起初娜妮既思鄉又憤怒，但還是陪伴查爾斯幾年的時間，選擇不缺席自己的婚姻，儘管這樣代表母子必須疏遠。隨著晉升，查爾斯的駐地在英國變動好幾次，娜妮也就跟著他，他們都很慶幸查爾斯在完成參謀學院（Staff College）課程之後，得以分派到文職。[29]一九四四年年中，她終於啟航返家，但對兒子來說，自己已經是陌生人。[30]妻子在大西洋另一邊，查爾斯也就展開另一段婚外情。[31]為了丈夫，娜妮離開孩子數年，現在查爾斯則是情願以不忠的方式拋棄妻子。雖然戰時的情況非同小可，但查爾斯和娜妮為了滿足自己最急迫的渴望，似乎都可以不顧對方的幸福快樂。

冬天的時候，查爾斯駐紮在凡爾賽（Versailles）的特里亞農宮飯店（Trianon Palace Hotel），這裡的水晶吊燈、黑白磁磚地面和白柱閃耀華麗光輝。[32]查爾斯坐在閣樓和其他初階軍官聊天，說他們戰後要做什麼。[33]查爾斯說他想要成為一名記者，空軍上將亞瑟·泰德（Arthur Tedder）的侍從參謀亞瑟·格納德（Arthur Granard）告訴他：「如果你想要見見畢佛布魯克爵士（Lord Beaverbrook）就和我說吧。」

畢佛布魯克爵士是一位富裕的加拿大人，他在二十七歲透過併購水泥公司成為百萬富翁，[34]接著搬往倫敦，尋求商業機會，同時尋覓政治和文化影響力。[35]他在戰時成為邱吉爾的顧問，並且發行一系列的報紙（第二次世界大戰結束不久之後，這些報紙的發行量合起來是世界第一），[36]包括《每日快報》（*Daily Express*）和《標準晚報》（*Evening Standard*）。畢佛布魯克沒有成功當上首相，便利用自家報紙吹捧盟友、打擊政敵，並力倡英國應該採取孤立主義。[37]

戰爭一結束，查爾斯就寫信給格納德，要求見上畢佛布魯克一面。他很驚訝格納德竟然兌現承諾，把他介紹給對方。

一九四五年十月一日的週一，[40]查爾斯前去倫敦高檔的公園大道（Park Lane）一帶，到畢佛布魯克的住所和他見面。[38]畢佛布魯克是眾所皆知的怪人，但查爾斯發現畢佛布魯克其實親切又友善。[39]他要求查爾斯寫一篇文章，講述英國和美國的工作型態差異。查爾斯交稿後就獲得錄取，成為《標準晚報》的助理編輯記者，試用期薪水是一週十四英鎊，這份工作將會改變他的一生。[41]

查爾斯的工作似乎有所著落，現在他也需要安頓下來了。他以單身漢的身分和愛人共度最後一晚，之後在倫敦漢普斯頓（Hampstead）一區為家人租房子。[42]他不知道自己和娜妮的幸福將會多麼短暫。

一九四六年年初，娜妮帶著傑洛德到倫敦，他已經五歲了。[43]他在「主要是女性的環境」中成長，查爾斯幾乎當下就覺得，之後和自己一起生活對傑洛德有益。

一九四七年五月，娜妮和查爾斯迎來次子詹姆斯（James）[44]，大家都叫他吉米（Jimmie）。[45]兩年之後，娜妮再次懷孕。一九四九年十一月三日，她誕下長女，取名為安娜。[46]安娜是娜妮生下吉米後，就一直想要的女兒。雖然這個小女嬰在隔年春天染上百日咳，但溫圖家的小孩還是日漸茁壯長大。[47]

此番好景一直持續到一九五一年七月三日，距離安娜的兩歲生日還有四個月。[48]當天是週二，悲劇發生了。傑洛德穿上制服去上學，十歲的他騎腳踏車好幾年了。在騎車回家的路上，他被車撞上，頭顱破裂，送往漢普斯頓的紐安德醫院（New End Hospital）。晚間六點，他抵達醫院二十分鐘後回天乏術，傑洛德．溫圖宣告死亡。[49]

英國新聞圈之後流傳著一個說法——這樣的家庭悲劇卻是查爾斯職涯的助力。[50]他覺得報社工作很無聊，躍躍欲試地想轉換跑道到雜誌社。[51]然而，他在和畢佛布魯克開會時接到噩耗，得知傑洛德發生意外。據傳他並沒有馬上衝回家，而是重回會議、繼續工作，絕口不提兒子。[52]他面臨人生中的一大悲劇卻獻身工作，老闆為此留下難以抹滅的印象。

雖然如此，查爾斯和娜妮一樣深感悲痛，兩人都深受自責所困。娜妮更是嚴重，她的醫生還開藥幫助她渡過起初的昏天暗地。[53]更糟的是，意外發生八天之後，那名男駕駛不是以過失致死罪遭到起訴，而是僅僅被控危險駕駛而已。雖然他面臨最重兩年徒刑，最後也遭判有罪，但只被判處十英鎊的罰金。[54]

當月稍晚，溫圖一家整理行囊，搭上伊莉莎白女王號（Queen Elizabeth）航向美國，探訪娜妮的家人。[55]查爾斯從來不會放假到最後一刻，因此提早離開美國重返工作崗位，[56]一直到秋天，一家人才重聚。當然，這一趟旅程無法改變他們的痛苦遭遇。

傑洛德過世時，安娜才二十個月大，不記得發生什麼事，也無法領會失去至親的痛苦，但她的家庭接下來好多年都無法走出陰霾。家裡不見任何傑洛德的照片且娜妮非常焦慮，一度在窗戶裝上欄杆，深怕自己剩下的孩子會莫名其妙跌出去。[57]

查爾斯的心神也許殘破不堪，但在新的一年，他升遷為《標準晚報》的政治編輯。《新聞週刊》（*Newsweek*）有一篇畢佛布魯克的特寫，其中提及查爾斯的高升，形容他「才華橫溢」。[58]雖然娜妮以丈夫的成功為榮，但她似乎不滿這樣的成功是因為查爾斯一心為畢佛布魯克效力，許多時候他似乎沒有投注那麼多心力在自己和孩子身上。[59]她尤其厭惡畢佛布魯克保守的政治立場。[60]

安娜之後，查爾斯和娜妮又迎來兩個孩子，分別是派翠克（Patrick）和諾拉（Nora）。娜妮在家照顧四個未滿十歲的孩子很無聊，[61]開始自由接案，內容像是評論電視節目、審閱哥倫比亞影業的劇本（Columbia Pictures）等，她最後成為影評。那時候，她準備好再次投入全職工作，「她決定要投身解決社會問題。」安娜後來說。娜妮成為社工，開啟全新職涯，幫助懷孕的青少女尋找養父母收養自己的小孩，她投入這份工作就和查爾斯投入報社工作一樣。「對她來說，那是非常重要的工作，我認為我們所有的人也從此得到啟發。」安娜說。[62]安娜時常在受訪時提到父親給予她的啟發，雖然她和母親很親近，卻幾乎沒有在職涯中提及母親，甚至私底下也鮮少和朋友談起母親。[63]然而，她的人格特質和娜妮十分相像。安娜也許比娜妮外向，但就像母親一樣，她的意志無比堅強，而且採取同樣強烈的政治信念（對於安娜是外向還是內向，朋友們沒有共識）。[64]

另一方面，安娜的職場野心和冷酷個性，似乎特別是來自父親的影響。隨著每一次升遷，他在畢佛布魯克的集團中掌握更大的權力，先是《標準晚報》的政治編輯到《週日快報》（*Sunday Express*）的助理編輯，接著是《標準晚報》的副編輯到《每日快報》的主任編輯，到了一九五九年，他回到較高檔的《標準晚報》，為此鬆了一口氣。[65]

擔任《標準晚報》的編輯不只斬獲聲望，似乎還盆滿缽盈。溫圖一家在英格蘭鄉間購置寬敞的雙層樓房，安娜在那裡騎馬和打網球之餘，最喜歡做的事就是抱著書、蜷縮在典型英式深玫瑰色的印花棉布沙發椅中（朋友和同事無不對安娜博覽群書感到驚嘆）。[66][67]溫圖家的假期通常在夏天，他們會造訪地中海沿岸，也許是西班牙或義大利。[68]

查爾斯的工作行程非常緊湊。[69]他七點起床，八點就進辦公室，他的職責是每天發行報紙至少五個版別。如果他不在辦公室卻有大新聞，他會丟下手邊的事衝回辦公室，即使全家在國外度假也一樣。「家裡都知道他非常在乎我們，不過我們也了解他非常在乎報紙。我們完全不覺得他這個父親沒有在我們身邊，從另一個角度來看，他教會我們什麼是工作倫理，還有熱愛人生志業是多麼重要。」安娜和一位記者說。[70]她造訪父親的辦公室，親眼目睹父親對工作是何等熱愛：她認識記者、看著報紙印製，聞著新鮮墨水的味道從印刷機飄送出來。

「趕著截稿期限的感覺一直都在，」安娜和另一名採訪者說：「還有新聞的刺激感。」[71]週日午餐席間，家中的對話通常都是關於新聞上的事。[72]「報紙內容就是我們家的福音。」安娜回憶道。[73]

娜妮從小到大和父母很親近，也喜歡在他們左右，[74]但安娜之後說，自己的父親「來自相當維多利亞式的成長環境，我不確定他的母親是否會和他說話。」[75]然而，娜妮和查爾斯想要用美國方式養育子女，這代表要參與孩子的一生。英國專業階級的家庭當中，小孩通常和父母分開吃晚餐，但在溫圖一家，安娜與手足會和父母共進晚餐、一起參加社交聚會，讓安娜有機會一瞥查爾斯的世界。這樣光彩奪目又高知識的環境，還有數不勝數的派對，安娜小時候就見怪不怪。如果沒有遠近馳名的記者順道拜訪共進晚餐，家裡就會在餐桌展開自己的高知識水準對話。[76]

在查爾斯的帶領下，《標準晚報》的影響力證明小報可以同時迎合大眾又吸引菁英讀者，雅俗共賞。該報在大家心目中成為倫敦最精彩的晚報（「你在頭版要報導河邊找到無頭屍的事，」他說：「但在報紙裡，至少要有一篇報導是財政部常務次長也會覺得不容錯過的」）。[77]他雇用外籍特派記者，刊登偏向自由派立場的政治報導，並且同等注重藝術和文化內容。他的主要目標是為報紙吸引年輕讀者，一位記者問及他的成功祕訣，他回覆：「我延攬年輕人才。」[78]他重視新進員工的意見，大家都知道他會穿越整個新聞編輯室，就只是為了要問年輕記者，他們偏好放哪張照片在頭版。[79]難怪許多記者想要為他效力。

當時就艦隊街（Fleet Street）各家媒體的編輯看來，查爾斯不同尋常地禮遇女性人才。「那時候是第二波女性主義的濫觴，因此女權是稍微流行的概念，但依然十分罕見。」希莉亞·布萊菲爾德（Celia Brayfield）說，她應徵四次才終於拿到記者工作。布萊菲爾德先是在《每日郵報》（*Daily Mail*）工作，之後到《標準晚報》。她注意到自己走過辦公室，不會受口哨和不良言論騷擾，這樣自我約束的辦公室文化只能是上行下效。她擔任自由記者時懷孕，查爾斯堅持她應該和正式員工享有一樣的產假，儘管照理來說，她沒有相同福利的保障。雇用女性比較省錢是眾所皆知的事，但查爾斯和其他同時代的人不一樣，他重視她們的才華。

雖然查爾斯十分支持自己的團隊，他們也很敬重查爾斯，但他絕對不是好好先生。他的員工都知道，在早上第一版定稿之前不要去煩他。[80]平時的互動中，他很安靜、冷淡又嚴厲。[81]查爾斯要不斷做決定，因此必須加快速度。每年一次，查爾斯會帶著員工出門吃午餐，他會帶著筆記本，這樣才能利用事先準備好的話題清單。[82]他的說話方式表明他來自英國上流社會，同時發音清脆，好像是句子裡面插入許多句號：「現在。讓我們。來。討論。一下。那一件。事情。」有人犯錯時，他的口頭禪是個例外，他會咆哮著把多個字併成一字：「天啊下次別再錯了！」（ForChrisSakeGetItRightNextTime!）[83]當記者進入他寬敞的辦公室，請他過目初稿時，他會請對方坐在離辦公桌一定距離的地方，接著放下文章，手扶著額頭，不發一語地讀完整段文字，讓對方極其緊張和不安。員工當中的中年男性，以「先生」稱呼查爾斯，他們在每日會議上畏畏縮縮，因為查爾斯會撕毀前一天的報紙，要求他們解釋為什麼其中一篇報導結束得很唐突，另一篇又不顯眼。布萊菲爾德如此形容他走過辦公區時的景象：「實在太嚇人了，他走過去的時候，大家就會低頭像是大風掃過麥田一樣。他們會蜷縮在打字機前面，明確來說是感受到他十足的權威。」[84]每當他在稿子下方給予一個簡單的讚美，像是「好極了」，員工就會非常高興。

雖然查爾斯很嚇人，但他博得大家的尊敬，大家也渴望取悅他。「他很吸引人，我們都被他深深吸引。」薇樂莉・格羅夫（Valerie Grove）說，她是查爾斯旗下的記者。[85]無論查爾斯給其他人什麼感覺，安娜認為自己的父親「溫暖又是大好人」，不知道為什麼他在工作上的綽號是冷面查理（Chilly Charlie）。一九九九年的一次採訪中，安娜為他辯駁：「這樣的綽號似乎無法代表他這個人。」[86]許多人之後也會對安娜有同樣的看法。

工作之外，他就沒這麼嚇人了，特別是在宴會上。[87]他喜歡聊八卦，偶爾講到認識的人，他會迸出驚人響亮又愉快的笑聲。許多個晚上，他和娜妮把孩子留給保母，出門參加宴會、看劇或是聽歌劇，認為露面是工作上的義務。[88]他認為自己是成功的編輯，必須「不只是接受自己想要的邀請，不只是認識自己喜歡的人」。[89]後來，娜妮出席的次數慢慢減少，查爾斯也就獨自出門。[90]

查爾斯的員工認為他理應有這樣的成功，不過還是有人暗中認為，他能高升一部分是在獎勵他對苦痛處之泰然。他的員工認為這種程度的軍事化紀律是溫圖家的特色：抑制氾濫的淚水、強壓震驚的心情、堅守工作的崗位，就好像是所有的父母最難以想像的噩夢並沒有發生。[91]他的員工之後會注意到，他的長女也遵從同樣的情緒免疫紀律。

然而，如果說安娜的行事風格完全出自於父親，那就錯了。亞瑟・史列辛格形容娜妮「聰慧、機智又吹毛求疵」，同時擁有「敏銳的眼光，能夠找出他人的弱點」，並表示娜妮的憤世嫉俗是一種「自我保護，因為我覺得她非常脆弱」。儘管如此，他補充，「只要你不是目標，那麼和她相處也會是趣味滿滿。」安娜的朋友和同事也會這麼形容安娜。[92]

第二章　擺脫校服

一九六〇年代，如果有什麼酷東西，那一定來自倫敦。安娜成為青少女的時候，這座城市正經歷「青年震盪」（youthquake，譯註：意指由年輕人所引發的社會、政治或文化變革）的陣痛期，資源配給和鬱悶氛圍不再，取而代之的是享樂主義和歡天喜地，當然還有披頭四狂熱。安娜住在倫敦的聖約翰伍德（St. John's Wood）一帶，也就是艾比路錄音室（Abbey Road Studios，編按：披頭四在此錄製多張專輯，甚至有張專輯以之命名）的所在地，時下流行的一切就發生在家門前。「當時一定會有所察覺、深感興奮，也會覺得這個世界屬於年輕人。」安娜說。[1]

時尚是這一波文化轉變的核心。許多女性不想要和自己的母親一樣，穿著硬挺、長及小腿的裙子和夾克，終於能夠在猶如雨後春筍般四處開張的精品店買到衣服[2]。迷你裙最能夠明顯地象徵這樣的轉變，雖然最早一代迷你裙只有膝上幾英寸，大眾仍然認為不體面。[3]設計師瑪莉·官（Mary Quant）推出「接近膝上三英寸」、長度驚人的迷你裙，《每日郵報》聲稱：「模特兒不能沒有美麗的膝蓋。」

一九六四年，原先是時尚插畫師出身的芭芭拉·胡拉尼奇（Barbara Hulanicki）設計了一款粉紅色格子布迷你裙，在報紙廣告上以一條僅僅二十五先令的價格販售，並因此親眼見識到人們有多麼渴望新的流行款式。[4]廣告中聲明只提供小號和中號尺寸，但她仍然獲得一萬七千筆迷你裙訂單。

胡拉尼奇開了一家開創性的精品店，名為比芭（Biba），販售更多物美價廉、獨家設計的衣物。[5]每一件單品絕對不會製作超過五百件，每一個週六早上，女孩們在外頭排隊，搶在完售之前好好買上一場。[6]安娜沒有什麼耐心排隊，但仍然會設法在開店時到那裡，趁東西賣光前抓幾件衣服。[7]

時尚深深吸引安娜，學校則不然。雖然「她也許能夠成為奧運等級的短跑選手。」她的父親說。[8]但她做自己想做的事，跑步不在其中。[9]

一九六〇年，[10]她考進倫敦數一數二的私立女子學校。[11]「女王學院（Queens College）很適合我和安娜這種女孩，我們不想讀大學，但父母卻這麼要求我們。」艾瑪．索姆斯說，她是安娜的舊識，但沒有和安娜同時在學。[12]這所學校對學科很講究（安娜的英文成績很優異），對於紀律要求更是嚴苛。學校裡禁止很多事情，包含和朋友在走廊上聊天、口無遮攔、提出太多問題、穿制服以外的衣物保暖等。「玄關非常冷，我們每天早上在那裡禱告都會有女孩昏倒，小時候的我患上凍瘡，就是因為太冷了。」史黛西．李（Stacey Lee）說，她是安娜之前的同學和朋友。安娜很快就決定轉學，貌似不擔心朋友都還在這。「她就向前看了，」李說：「她不會依靠他人，也不會依依不捨。」[13]

一九六三年，安娜開始就讀於頂尖的北倫敦大學學院（North London Collegiate School）。[14]她沒有受到新同學的熱烈歡迎，大家幾乎都是一年級就來了，她們非常冷漠，甚至沒有帶安娜認識學校環境。

另一個名叫薇薇安．拉斯奇（Vivienne Lasky）的女孩，也面臨類似問題。拉斯奇從柏林搬到倫敦，她的父親梅爾文（Melvin）出生在紐約，在倫敦主編富有影響力的親美雜誌《相遇》（*Encounter,* 後來被揭露出資者是中央情報局）。拉斯奇發現安娜很含蓄，她認為這樣很「英國」。安娜講話的方式和父親一樣發音清脆。然而，拉斯奇也感覺到安娜希望以自己的方式吸引目光：她的站姿和跨頁時尚報導上的模特兒一樣，拱起背部、提高肩膀，展現特定的時尚自信。

雖然拉斯奇和安娜是朋友了，安娜說話還是毫不留情。她會對拉斯奇說嚴厲的話批評他人外表。她非常厭惡自然捲。她還斷言自己的同學整個童年都無法擺脫棕色制服，因此缺乏「對顏色和流行的任何認識」。

然而，這樣的批評不能說給家人聽。[15]她的父親每天出門上班，身穿艦隊街的典型男性裝扮——白襯衫，袖子捲至手肘，再打一條領帶。[16]她的妹妹諾拉，頭髮不像安娜一樣完全是直髮，也沒有花心思照顧頭髮。母親的衣服可能來自中等價位的零售店（之後，安娜進入職場，從布朗斯（Browns）買了一條海軍藍色的裙子給母親，這是一家位於倫敦上流社區梅菲爾（Mayfair）的精品店。娜妮到店裡退貨時，才得知這條一點都不合身的裙子要價超過一百英鎊）。

安娜醒著的大部分時間都困在制服中，不過還是會透過大量的閱讀跟上新潮流，包括書、報紙（週日甚至會讀八份）、雜誌和文藝刊物。[17]安娜特別喜歡《十七歲》（*Seventeen*）雜誌，她的外祖母會從美國寄過來。這份雜誌總是以漂亮女性為封面，她們通常頂著外翹髮型、身穿印花或時髦服裝上鏡。[18]雜誌的封面標題以時尚和美學當作噱頭，但每一期的內容五花八門，從青少女特派記者採訪時任司法部長的羅伯特・甘迺迪（Robert F. Kennedy）到瘦身祕訣應有盡有。「（《十七歲》）讓我朝思暮想，」安娜在多年之後坦承：「每個月都等不及雜誌送來。」

對安娜來說，好看還不夠。拉斯奇表示，安娜想要成為全場最時髦的人，以此受到注目。得到眾人的目光對她來說是必要的，也說明她的矛盾心態。她在家中享有文化菁英的舒適生活，因為父親查爾斯，她更是身在權勢之中。安娜進入青春期，只要現身倫敦，大家都會知道她是著名報社編輯查爾斯・溫圖之女。然而，離開了家庭，她就會覺得自己毫不顯眼、受盡同學的忽視。一成不變的統一服裝也扼殺了她的獨特性，不只是她在學校穿的討厭制服，英國服飾整體來說也十分乏味。特立獨行不僅是立即得到關注的手段，更是一種主張，表明她可以逃離米黃色和棕色的裝束，更能擺脫溫圖家成員應有的樣子。安娜的父親會去諮詢毛髮專家菲利浦・金斯利（Philip Kingsley）以避免掉髮；至於安娜，雖然她的頭髮本身就很完美了，但還是會服用金斯利的酵母藥丸當作美容療法之一。縱使她的肌膚近乎無瑕，她還是會去看皮膚科醫師，也會購買麗茲查爾斯（Charles of the Ritz）的高檔乳霜，解決偶發的斑點問題，她也從來不會上濃妝。安娜就讀北倫敦大學學院期間，就會造訪維達・沙宣（Vidal Sassoon）的髮廊，那年代的代表性髮型——鮑伯頭，就是從這裡而起。她會把自己厚重天生直棕髮剪短，齊瀏海的長度掠過睫毛。整個造型的重點是要有完美又清新的髮尾和瀏海，這需要時常修剪。為了維持這個髮型，她會定期造訪梅菲爾的雷納（Leonard of Mayfair）——沙宣的造型師跳槽到這一家沙龍。雖然這種髮型在日後成為她的特徵，但在當時的倫敦卻平凡無比，因為這裡的年輕女性都頭頂相同髮型。

安娜通常不會直接向其他人表明自己不同意他們的選擇——像穿什麼、吃什麼或該有什麼行為舉止，但她有辦法讓人們發覺，自己應該要是特定的樣子，其實就是更像她的樣子。那個時期流行纖瘦的身材。「我們想要瘦得和竹竿一樣，」拉斯奇說，意思是非常、非常瘦。為了變瘦，安娜和拉斯奇在學校一天幾乎只吃一顆青蘋果。安娜會邀請拉斯奇到家裡，做拉斯奇最喜歡的食物，像起司蛋糕，但自己一點也不吃。她這麼克制地逐漸讓拉斯奇覺得做錯事，自己也需要多下功夫，但不是要符合當下流行的模樣，而是要繼續得到安娜的認可，安娜的親朋好友時常有這樣的經驗。[19]一九六四年出版的《愛喝酒也能瘦身：低意志力減重祕笈》（*The Drinking Man's Diet: How to Lose Weight with a Minimum of Willpower*），書中吹噓的減重金句是「一天不能吃下超過六十公克的碳水化合物」，安娜卻堅守這項原則。[20]

安娜喜歡拜訪拉斯奇家，並和她的父母聊天。拉斯奇的母親是一位美麗苗條的前芭蕾舞者，會穿著精品服飾，端出精緻佳餚給女孩們享用。「娜妮清楚地知道安娜對我母親抱有仰慕之情，」拉斯奇回憶：「她們兩人完全相反。我的母親一定要穿上一整套高級訂製服才會出門，戴著一條條珍珠項鍊，體重從來不超過八十五磅。」

雖然安娜評斷他人不會手下留情，但也許她對自己最嚴苛。她有一次買了套昂貴的服裝要穿去親戚的婚禮，一條粉紅色裙子搭一件花卉圖案的夾克。她拿到婚禮照片時覺得心煩意亂。「她說：『我的腿怎麼長這樣？』」她找到一條皮尺，量一量自己和拉斯奇的膝蓋，震驚地發現拉斯奇的膝蓋比較窄。她好像覺得這樣的微小差異讓她此生完蛋了。拉斯奇指出，安娜的體重從十八歲好像就沒有變動。

就算在學校安頓下來，安娜的社交圈也從來沒有擴展到拉斯奇以外的其他人。[21]在多次採訪當中，安娜形容孩童時期的自己很害羞，但朋友們對此說法意見不一，[22]不過至少他們都覺得安娜沉默寡言。[23]拉斯奇不覺得安娜害羞。[24]「她不想要加入其他既有的團體，她想要高人一等、獨自享受稀薄的空氣，」她說並且補充：「她不會花心力和什麼人建立關係，除非這麼做真的有其必要性。她的神祕感一部分是源自於此。」

安娜的青少年時期，查爾斯和娜妮的婚姻變質了，也許一部分是因為查爾斯的婚外情，傑洛德的意外離去可能也對兩人的關係造成無可挽回的傷害。家中的晚宴變得越來越緊張，他們的賓客很害怕夫妻倆會吵架。[25]瑪莉・肯尼（Mary Kenny）當時是查爾斯的員工，她表示兩人的爭吵場面很激烈，還明顯感覺到他們其實都設法想讓對方難堪。「當時和他們共處一室實在很不開心。」她說。

然而，賓客只會在有限的時間裡碰上兩人的扭曲關係，安娜則是活在其中。拉斯奇和安娜都很欽佩自己的父親，但得知父親對母親不忠都嚇壞了。[26]她們的父親、完美得和偶像一樣的父親，怎麼會出軌呢？另外，安娜一定意識到，備受尊敬的父親難以忘懷的，不是那種無私幫助懷孕青少女的女性，反而是和父親一樣在出版界擔任要職的女性。[27]

大概在安娜十五歲的時候，溫圖一家搬到肯辛頓（Kensington）一處比較寬敞的房子，她在那裡有自己的地下室套房和單獨出入口，並和房子其他地方完全隔開。[28]套房中的一邊擺著白色書架，上面放滿了書；除了書架，父母還從時尚傢俱店豪舍（Habitat）購入許多傢俱。這個寬敞簡約的房間以藍色和白色印花布裝飾，在這裡安娜不只保有自己的好品味，還免於無意間聽到父母的爭吵。

安娜對讀書沒有興趣，她在北倫敦大學學院的第二年時，這個傾向也越來越明顯。她開始接受佩姬・安格斯（Peggy Angus）的指導，[29]安格斯是著名的藝術家，國家肖像館掛著兩幅她的作品。[30]這進一步喚起安娜對藝術的興趣，也深深影響著後來成為年輕時尚編輯的她，最終讓她得到《時尚》雜誌的面試機會。學校大部分的課程提不起安娜的興趣。[31]偶爾，她和拉斯奇會偽造紀錄，說她們身體不適要看醫生，然後前往雷斯特廣場（Leicester Square）購物（她們會在公廁換掉討厭的制服）。[32]週末前最後一天放學，安娜等不及要打扮一番出去玩。她和拉斯奇會坐地鐵回家，盥洗一下，換上適合夜生活的服裝（通常是迷你裙），然後收看現場音樂節目《準備出發！》（*Ready Steady Go!*, 節目的口號是「週末從現在開始！」）。[34]晚上十一點，兩人會叫計程車前往其中一家她們最喜歡的夜店。[33]安娜在北倫敦大學學院的學生雜誌中一篇文章形容，要塞（Garrison）都是年輕的金髮女孩，設法得到生意人的青睞（無聊）；聖詹姆斯的蘇格蘭人（The Scotch of St. James）的顧客比較優良多元，但太擠了（不舒服）；多莉夜店（Dolly's）會看到「大人物、有錢人、大名鼎鼎或惡名昭彰的人物融洽談天，初入社會的少女和公爵共舞，旁邊還有明星和他們的隨行人員」，這裡的顧客「打扮最前衛」，而且「穿著最特別……其中還有披頭四和滾石樂團的成員，加上凱西・麥高文（Cathy McGowan,《準備出發！》的主持人），誰會不滿足？」[35]

夜店保鑣不會檢查身分證件，但安娜和拉斯奇不是要喝醉，他們會喝雪莉・登波無酒精雞尾酒（Shirley Temple）或可樂，不超過一個小時就離開，這樣的時間就足夠見見其他顧客和露面，然後依然有充足的睡眠時間，隔天一大早去比芭。「我們的家人很信任我們。我們懂得男女有別也很理性。」拉斯奇說。對安娜來說，出去玩從來不是要玩瘋。[36]去夜店比較像是勘查而非沉迷玩樂，她是在研究一大群的時尚分子。

第三章　求職失與得

安娜在十六歲時結束正規教育，尚未讀完最後一年就離開北倫敦大學學院。[i][1] 大學在安娜的父母一生當中扮演重要的角色，但她立志投身時尚，沒有理由要去讀牛津或劍橋（大家在北倫敦讀第四年就只是為了這件事）。[2] 幾年之後，安娜告訴她的好友劇作家大衛・海爾（David Hare）：「我非常想到外面闖一闖，開始做事。」[3] 她想要工作。[4]

當時，英國青少年提早離開學校屢見不鮮，一些女性為了準備進入家庭會繼續完成學業，或是就讀祕書學校。[ii][5] 毫不意外的，娜妮和查爾斯對安娜的決定不甚滿意。「我不覺得溫圖家的觀念是唯有讀書高，只是認為教育……這個工具能夠完全改變一生。」拉斯奇說。然而，拉斯奇認為安娜的父母接受她的決定。「他們從不拿這件事給安娜難堪。」[6]

另一方面，安娜的手足和父母一樣對政治、社會議題感興趣，每個人都就讀於知名學府。[7] 安娜覺得自己在家裡有辱門楣。「我的哥哥、弟弟和妹妹在學術方面很有成就，相比之下，我覺得自己很失敗。他們都是閃耀的星星，所以我想我的功能就是綠葉。大部分時間，我都是躲在頭髮後面，而且害羞得不得了。我一直是家裡的笑話，他們始終覺得我無所事事。我的妹妹總是打電話說：『安娜在哪裡？她在美髮店還是乾洗店？』這不是他們的世界。」她之後回憶。然而，她的手足不了解她對時尚的興趣，但父親似乎對此很重視。[8]《標準晚報》的文化版會報導時尚新聞，因此他也必須多多少少更新資訊。不過，他非常重視安娜從時尚找到樂趣，從許多人看來，安娜好像是他最愛的孩子。[9]

查爾斯否認自己曾逼迫安娜進入媒體界，「安娜說她覺得我的工作很刺激……」他說。[10] 事實上，她知道父親希望自己進入新聞界（有時他會問安娜是否讀了特定一篇新聞，以及她有什麼看法，幾乎就像在訓練她應對未來的職責）。[11][12]

然而，她很謹慎，沒有一腳就踏進去。「我從小就確信自己想要投入出版業，」她對記者喬治・韋恩（George Wayne）說，但她「選擇進入雜誌業，因為才不會完全受到他的掌控」。[13] 儘管如此，安娜擔任《時尚》編輯二十年後，她表示查爾斯終究影響她最多。「我認為我的父親實際上決定了我應該進入時尚界。我記不得那時候要填什麼表格，也許是入學的文件，表格下面寫『職涯目標』……我就說：『我該怎麼辦？我該填什麼？』因此，他就說：『這個嘛，妳當然要寫想當上《時尚》的編輯。』事情就這樣決定了。」[14]

她的決心猶如火柴，在一瞬間點燃。

安娜離開學校幾個月後，她的外祖父羅夫・貝克過世了。他留給遺孀安娜・貝克（Anna Baker）

i 一九六六年七月二十七日是她在學的最後一天，但學校紀錄把她編入一九六七年的在學生，她可能是最後一年的開始才輟學，而非第三年和第四年之間的放假期間。安娜從來沒有回應這個不一致之處。

ii 安娜離開北倫敦的那一年，英國超過十六歲的學生只有四分之一繼續求學。

一筆遺產，[15]一九七〇年九月她過世時，這筆信託估計價值二二八萬美元。[16]信託的受益款項開始供給娜妮和她的妹妹、安娜與安娜的手足。許多款項用在特定用途，例如，派翠克的哈佛學費和娜妮妹妹雇請幫傭的費用。安娜不需要付學費，所以開始收到一筆筆不限用途的款項。安娜投入雜誌職涯的前六年，她收到超過一萬九千美元，在二〇二一年這筆錢價值超過十二萬美元。這樣的金額不只讓她能夠進入薪水微薄的出版業，還可以承擔風險，因此得以發跡。這些錢讓她可以買好東西，例如寶馬（BMW）的迷你（Mini），她會開車在倫敦走跳。[17]然而，安娜想要一輩子都能享用精品服飾和奢侈品，信託基金只夠助她一臂之力，成功的職涯才能幫她買單。

當然，她的父親有能力在初期給予協助。某一個上班日，查爾斯把《標準晚報》的時尚編輯芭拉．吉格斯（Barbara Griggs）找來辦公室。

「我有事拜託妳。」他說。

「沒問題，查爾斯。我能為你做什麼呢？」她回覆。

「如果妳能帶我女兒安娜出去吃個午餐，我會很感激的。當然，由我買單。」他說：「我想她非常篤定要走時尚這條路，或許妳可以給她一點引導。」

吉格斯帶安娜去吃午餐，隨即感受到她是多麼的有自信、時髦又出色，因此深感佩服。那時安娜還是個孩子，但就和大人一樣沉穩、打扮成熟，而且勢在必得。

「她只想從我這得到一些資訊，也不是至關重要的資訊。她完全不想要任何引導或提點告訴她怎麼經營職涯。」吉格斯回憶道，自己確信眼前的青少女在時尚界大有可為，她想要做什麼就會身體力行。[18]

接著，吉格斯打電話給芭芭拉．胡拉尼奇，問她能否讓安娜在她的店裡打工，藉此學到一些經驗。[19]胡拉尼奇不認識查爾斯．溫圖，但知道《標準晚報》極具影響力，而且發行量龐大，加上吉格斯在報紙上都寫比芭的好話，胡拉尼奇當然願意雇用編輯的女兒。

安娜是查爾斯．溫圖的女兒，沒有正式面試就得到工作了。其實那也是意料之內：到比芭工作不需要什麼資格，只要漂亮時髦就好。六〇年代時，那些在服飾店工作的年輕女性都是倫敦的「時尚寵兒」（it girl）。她們有型又光鮮亮麗，還會登上報紙和雜誌，酷得不得了。然而，安娜從來沒有成為她們的一員。「她並沒有漂亮到耀眼的程度，而是非常樸素和平凡，因此在現實不是我們會雇用的那一種女孩。」副理金．維勒特（Kim Willott）說。[20]從個性來看，這裡的店員都很外向，安娜則是相反，她安靜又溫柔。「我知道她一定嚇壞了。」胡拉尼奇說。[21]員工說他們接到指示要好好對待安娜，因為她的父親可是有權有勢的查爾斯．溫圖，因此不可以交辦難事給她做。[22]

比芭熙來攘往，就像搖滾演唱會的後台。顧客在尋找最短的裙子，碧姬．芭杜（Brigitte Bardot）和芭芭拉．史翠珊（Barbra Streisand）這些名人與她們一起進進出出。即使外面沒排隊，仍有許多人把臉貼在櫥窗上想一探究竟，店員每天都必須把那些痕跡擦乾淨。雖然胡拉尼奇都找員工充當比芭型錄上的模特兒〔掌鏡的是漢姆特．紐頓（Helmut Newton）這樣的知名時尚攝影師〕，但她從來沒有要求安娜這麼做，因為安娜看起來太含蓄了。[23]

比芭的瘋狂之處就是順手牽羊的情況非常猖獗。[24]店內沒有保全系統、燈光昏暗，而且公共試衣間人來人往，因此顧客要偷衣服非常容易，他們也毫不手軟地下手。二〇〇二年，一篇《獨立報》（*Independent*）人物特寫當中，時任英國版《時尚》編輯亞歷桑德拉．舒爾曼（Alexandra Shulman）與記者回憶起比芭的行竊情形，兩人深有同感。舒爾曼想起當時，警方來到學校裡談起這件事，「我們全都坐在下面聽，身上圍著從比芭偷來的圍巾。」[25]

其中一位經理蘿西．揚恩（Rosie Young）還記得，安娜才在那裡工作幾週，自己就接到更高層的命令要開除安娜，因為他們認為安娜也一直在偷拿衣服。[26]當時偷東西實在太常見了，她也許不覺得那麼做哪裡奇怪。

揚恩當然不認為安娜在意自己被解雇，但現在她得找其他事情來做了。[27]一九六七年夏天，哈洛德百貨（Harrods）希望搭上精品風潮，因此在四樓開設兩萬平方英尺的商場，名為時尚入口（Way In）。這裡以深藍色裝飾，照明昏暗，地板則是藍白相間的條紋，[29]而且配有DJ，就像夜店一樣，員工全都穿著白色迷你裙。[28]

這樣的氛圍很符合安娜的口味，[30]她在銷售部找到一份工作，同事包含初入社會的年輕女性和失業的演員。[31]拉斯奇從來不覺得從事零售工作是安娜屈就，不過安娜從底層開始，也說不上很期待。「因為我們讀過北倫敦，我在想我們都覺得自己不用這麼努力做不起眼的事情，而是直接到達頂層。」拉斯奇說。[32]然而，身處底層也會創造機會。

大概就在安娜到哈洛德百貨工作時，拉斯奇在《襯裙》（*Petticoat*）找到一份實習工作，這是一本少女週刊，創立者是奧黛麗．斯洛特（Audrey Slaughter），她過去成功開辦《甜心》（*Honey*），瞄準年齡稍長的讀者。拉斯奇的工作是從設計師和零售商那裡借來服裝和飾品的樣品，進行時尚拍攝之後，包裝起來送回去。然而，有一次編輯手邊的模特兒不夠。「薇薇安，妳來吧，」她的主管說：「帶個朋友一起。」拉斯奇便問了安娜。

安娜碰巧那一天有空。不出所料，她並不了解時尚編輯的工作是什麼，也許她在那一次拍攝看到的最大重點是整合一切的瑣事有多麼不容易。

她倆和其他幾個年輕女性，身穿粉紅色和灰色的超迷你裙禮服，以及尺寸太大、腳後根和鞋子之間還會有縫隙的樣品鞋。這些照片刊登在值得期待的跨頁報導上，這一對朋友檔看起來就像是在成人女性的衣櫃裡玩起換裝遊戲。[33]安娜就此在時尚界出道，她最終也會掌握這個世界。

安娜之後會和政治掮客還有外國領導人密不可分，但一九六〇年代的社會動盪似乎不是她當時主要關心的事，時尚才讓她無法自拔。有一次她的約會地點是倫敦的大型反越戰抗議活動，八千名抗議者幾乎都是年輕人，他們從特拉法加廣場（Trafalgar Square）遊行一英里半到格羅夫納廣場（Grosvenor Square）。然而，吸引安娜的並非反戰理想：這一次遊行就是倫敦年輕人的活動，所以當然她會想要在場。她的窘境是要穿什麼（她試穿無數件衣服，最後選定皮衣）。[34]

接近二十年後，父女倆一同受訪，查爾斯說起那一天，他開起女兒的玩笑：「我有兩個小時的時間都在猜想她會穿什麼參加示威。我聽見她踏下階梯，轉身又跑上樓。我打開門，她問：『爸爸，我是支持還是反對柬埔寨？』我認為事情不一樣了。我幾乎可以確定她知道美國有兩大政黨。」他說。[35]

家裡只有安娜不關心政治，她也許把父親的評論當作挑戰。她的整個職涯都在證明，自己能夠是世界頂尖的時尚編輯，也能夠嚴肅討論政治。她開始掌管《時尚》後，堅持每一期都要刊登政治報導，她堅決相信她的讀者熱愛昂貴服裝，不代表她們就是才智有限。[36]「妳喜歡穿漂亮的卡羅琳娜・海萊拉（Carolina Herrera）洋裝或是Ｊ牌（J Brand），而非克瑪特（Kmart）的一般衣服，不代表妳就是腦袋空空。」她說。[37]她的父親選擇在頭版報導無頭屍，裡面則有適合財政部常務次長的內容，她在《時尚》也會循著這個公式，不過是她自己的版本。[38]然而，她現在的重點比較偏向流行趨勢，而非革命運動。

註冊時尚課程是安娜最後一次嘗試正規教育。[39]她幾乎不和拉斯奇聊這些課程，只有極少數場合會提起，聽起來她並不覺得課程有趣。她們有一次罕見地討論這些課程，安娜解釋其中一門課很像是她倆在北倫敦都不喜歡的化學。「我表現得不是很好，」她和拉斯奇說：「我們在測試布料，然後我讓一個樣本燒起來了。」

然而，這些課程也不是完全在浪費時間——安娜得到機會研究美國的時尚圈，並撰寫論文討論零售商的進貨方法有什麼趨勢。安娜計劃視察紐約市所有的大型百貨公司，然後去達拉斯拜訪尼曼瑪格百貨（Neiman Marcus），娜妮很擔心她，不希望她獨自待在那裡。安娜從小到大到美國許多次，但從來不是獨自前去。一九六八年四月，安娜十八歲，她前往紐約幾週的時間，待在娜妮表親的公園大道（Park Avenue）公寓，只要走路就可以到達麥迪遜大道（Madison Avenue）的高檔精品店和餐廳。

查爾斯寫信給亞瑟・史列辛格，確保安娜得到照顧，他還根據安娜的明確要求，請託史列辛格帶她見識紐約的夜生活。[40]史列辛格是知名的紐約人，曾在六〇年代早期擔任甘迺迪總統的特助，之後成為紐約市立大學（City University of New York）的人文學教授。他很高興幫忙，拉著安娜進入他在曼哈頓光鮮亮麗的社交圈。[41]史列辛格和安娜都不知道，她在七年之後決定落腳紐約市。

六〇年代晚期，安娜回到倫敦，並和史蒂芬．巴布羅夫（Steve Bobroff）展開一段情，巴布羅夫是一名時尚攝影師，家裡的錢使他能夠開設自己的攝影工作室，而且住在附設游泳池的寬敞車棚房（carriage house）。

即使是那時，安娜就深受創意人士的吸引，特別是成功的創意人士，但從拉斯奇看來，安娜是真的深深愛上巴布羅夫。他們的戀情讓安娜的朋友看見她完全不同的一面，這樣的安娜享受成人的家庭生活，包括裝飾共同的居住空間，還有邀請父母過來共進晚餐。[42]

巴布羅夫出身良好，但也富有才華，他的攝影作品出現在一流雜誌，例如，《名媛》（*Queen*），這一本雜誌主要報導搖擺倫敦（Swinging London）的時尚潮流。[43]他倆為了《學生》（*Student*）雜誌合作拍攝一組氛圍傷感的黑白照片，登上一九六九年夏季號，《學生》的創辦者是未來的大亨理查．布朗森（Richard Branson）。[44]雙頁的跨頁報導當中有一張黑白照片，照片當中安娜身穿無袖針織迷你裙洋裝，彷彿睡著一般呈側臥姿勢，雙手緊握在胸前。其中一張圖中，她穿著褲裝，另一張圖她穿上編織高腰內褲、成套的三角內衣，露出上腹部。短文則是稱賞當季的設計「時髦」又簡單。

不只是這樣，安娜以「溫特」（Winter）為姓，登上《學生》的發行資訊欄，職稱是「時尚編輯和模特兒」。這是她最後一次擔任模特兒，但她的編輯生涯就此展開。

第四章　時尚助理安娜．溫圖

一如往常的，溫圖這個姓氏很有用。

當時，安娜參加《哈潑時尚》（*Harper's Bazaar*）的面試，他們正在準備和《名媛》合併為《哈潑名媛》（*Harpers & Queen*）。[1]安娜和編輯兼前模特兒珍妮佛．霍金（Jennifer Hocking）面談時，[2]特別言過其實自己有限的時尚拍攝經驗。[3]但無論霍金有沒有看出來都沒關係，因為她的老闆威利．蘭德斯（Willie Landels, 也就是總編輯兼藝術總監）毫不在乎[4]。

蘭德斯是一名藝術家，二十年前從家鄉義大利搬到英格蘭，[5]他認識安娜的父親，更重要的是他知道《標準晚報》是優良刊物。[6]這些理由就足夠蘭德斯試用二十歲的安娜，讓她擔任時尚部門的初階助理。

安娜經歷時尚課程和零售工作的困境後，《哈潑》的工作才提供她整個職涯的基礎。安娜終於找到既熱愛又拿手的工作，也讓她身處在父親的耀眼光芒之中。

蘭德斯起初注意到安娜有幾個特質，其中之一就是她和查爾斯一樣很安靜，總是躲在頭髮和墨鏡後面。[7]戴墨鏡看似反常，但目的也許超越時尚。[8]她的父親患有黃斑部病變，[9]這種遺傳性疾病源自視網膜中心的黃斑部退化，造成視力問題。[10]安娜聲稱自己近視的同時，對光線極其敏感，因此需要配戴墨鏡。但她的好友和長期擔任《時尚》西岸編輯的麗莎．樂芙（Lisa Love）說，安娜只是喜歡戴墨鏡的模樣（她經常把墨鏡隨手亂放），她的招牌造型就此而來，而且還增添她的神祕感。[11]拉斯奇記得她們還在上學的時候，安娜不情不願地戴眼鏡，但不記得她戴過墨鏡。「我在想她會開始戴墨鏡，是因為這樣人們就不會知道是醫生要她戴眼鏡。」她說。

安娜錄取後，她和父親都很興奮。[12][13]一九七〇年三月號中，安娜的名字首次以時尚助理的身分登上發行資訊欄。[14]然而，她的姓氏在這份雜誌幾乎沒什麼特別之處。「當時，雜誌也有其他工作人員是公爵和勛爵的女兒，」廣告經理泰倫斯．曼斯菲爾德（Terence Mansfield）回憶：「因為雜誌瞄準的是富人市場。」[15]安娜會在這家雜誌社待上五年，這是除了在康泰納仕外，她最長的在職時間。

時尚版面只有三人團隊以一小筆預算支撐起來，因此安娜從未覺得自己和之後服務她的那種助理一樣——易於取代的下屬，還要在跑腿買咖啡和蒐集收據的苦海中受苦受難。「我學會如何進到市場挑選服飾。我學會如何挑選人才。我學會如何合作。我學會如何排版。我學會如何撰寫照片說明。老實說，我什麼都不會就被丟進職場。我什麼都不會，」她說：「什麼事都要學，什麼事都要做，你必須知道如何多工處理。我想這樣也會給你力量，不會被困在同一個位置。我一開始擔任編輯，他們就叫我去負責拍攝。」[16]

放眼時尚界或媒體界的全部入門工作，也許都沒有像這一份工作那麼適合安娜。一場成功的時尚拍攝工作取決於品味、創意和組織能力，必須和藝術部門合作、試鏡模特兒、雇用攝影師、選擇拍攝地點。編輯會前去時裝秀和設計師展示間，跟上最新的時裝系列，之後決定拍攝哪些服裝和怎麼拍攝。助理會為了拍攝借來服裝和配件。物件到手後，助理會打開包裝，並擺好所有的東西，編輯才能夠輕鬆做選擇。

這一份工作需要發揮創意，但也乏善可陳。拍攝工作都是事先計劃好的，所以大家一到拍攝地點就不會浪費任何時間做決定。模特兒對拍照姿勢也許有什麼想法，攝影師對拍攝方式也許也會有什麼點子，但編輯得肩負責任，最終帶著上司想要的照片回到辦公室，因此她必須在拍攝現場發號施令。

安娜是完美主義者，不會落下一件洋裝或是丟失一件珠寶，她還知道怎麼挑選服裝。[17]她很擅長集結合適的人才，也不會反覆無常，事後改變自己的決定，因此大伙都會知道自己該做什麼。

安娜在青春期之後，周遭人人認為她打扮亮眼，但出乎意料地蘭德斯並不這麼認為。[18]事實上，他認為安娜實在是打扮過頭。然而，他願意睜一隻眼閉一隻眼，因為安娜的工作是帶給大眾時尚新知，她不必以身作則。一九八六年的一次採訪當中，安娜似乎同意蘭德斯的看法，她形容自己曾經「出門買下一整套比爾・吉布（Bill Gibb）或是蜜索尼（Missoni）的服裝，還有帽子、襪套、零零種種」，可說是大錯特錯。[19]

安娜和插畫師艾瑞克・波曼（Eric Boman）合作拍攝的作品，成果讓蘭德斯印象深刻。當時，波曼嘗試打入攝影業，安娜則是在報導女性內衣市場，並在一九七一年首次雇用波曼，進行泳裝拍攝。[20]「安娜比較是待在幕後，」波曼回憶道，他之後開創成功的攝影師職涯，而且安娜都還沒有開始在《時尚》工作，他老早就為他們拍攝了。「她很擅長發掘優秀的人才。」蘭德斯這樣說。[21]

這一份工作讓安娜不用受限於區區助理的身分，更是讓她開始培養編採眼光。一九七一年十一月底，一篇跨頁報導的主題是《哈潑名媛》的員工想要什麼聖誕禮物，安娜的名牌平價混搭品味顯現得一清二楚，這也會是她之後在《時尚》的招牌。[22]「安娜」由一名專業模特兒扮演，除了鑽石飾品和蓬鬆的白色皮草大衣，身上什麼都沒有穿，大衣還時不時從裸肩上滑落，腳邊躺著一隻毛色相仿的大白熊犬（Great Pyrenees, 當時在哈洛德就買得到）。「安娜・溫圖，時尚助理，二十一歲，明年想要體驗聖莫里茲（St. Moritz）的生活……她穿著及踝的白色狐狸毛大衣，哈洛德售價一千九百三十英鎊。」照片說明如此描述，這是安娜身為造型師時最早期刊出的作品之一。模特兒身上的鑽戒和髮飾，價格過於高昂不便揭露，但照片中的藤椅是從比芭購入的，標價僅僅二十九英鎊。縱使安娜的生活和品味之後會變得奢侈昂貴，但她似乎從來沒有忘記自己也和其他女孩一樣，週六早上在比芭外面排隊，只為了用幾英鎊就買到洋裝。

查爾斯和娜妮不會干涉安娜的個人生活，並不代表查爾斯沒有注意到安娜的男朋友一個換一個，[23]而且查爾斯形容她所喜歡的特定類型，都是一些「特別有魅力但極其不可靠」的人物。[24]安娜的交往對象許多都比她年長，還有不少以寫作為業。[25]生命歷練、知識和野心兼具似乎很令她著迷。

安娜和巴布羅夫的戀情結束後，她搬回父母家的地下室套房。[26]理查・內維爾（Richard Neville）的出現使查爾斯對安娜的個人生活燃起興趣。

內維爾是留著深色拖把頭的嬉皮，在一九六六年搬到倫敦之前住在澳洲雪梨，並在那裡出版反文化雜誌《奧茲》（Oz）。《奧茲》創刊號內容包括一名人工流產醫師的採訪和一篇關於貞操帶的文章。雜誌第四期出刊時，報攤已經拒絕販賣這本雜誌，印刷廠也不願意承攬業務。內維爾兩度遭控猥褻罪，第二次繳交保釋金以免去牢獄之災。內維爾在《時代》（*Time*）雜誌讀到「搖擺倫敦」後，決定搬到倫敦，在這裡發行《奧茲》。[27]

一九六九年的一場派對，作家安東尼．哈登─格斯特（Anthony Haden-Guest）介紹內維爾和安娜認識，當時她大概二十歲。[28]他們在社交場合一直碰到彼此，便展開一段戀情。兩人和安娜父母一起用餐後，時常躲進安娜的地下室套房不見人影。[29]

內維爾一直以爭議話題和驚世駭俗的價值觀透過《奧茲》吸引媒體目光。其中一期是由青少年擔任客座編輯，封面卻是兩名裸女，因此招致另一起猥褻和共謀敗壞風俗的指控，後者可能會被求處無期徒刑。[30]

最後，《奧茲》團隊在敗壞風俗罪名上獲判無罪，但猥褻罪遭判有罪。[31]內維爾入獄接近一週後，案件上訴成功便得到釋放。[32]查爾斯要安娜帶內維爾回家，好幾年後，安娜間接提及那次會面是人生中數一數二糟糕的日子。「我們的對話非常尷尬，不過到了最後，我爸爸對那個年輕人說：『我知道你對政治有興趣，你想要去美國報導接下來的競選活動嗎？』」她說：「當然，他可說是瞠目結舌，馬上就答應了。隔天，他便離開了，我也沒有再見過他，所以說我爸爸滿狡猾的。」[33]

一九七一年尾聲，克萊兒．哈斯汀（Clare Hastings）獲聘為安娜在《哈潑名媛》的助理。更早之前安娜的直屬上司離職，因此她晉升為助理時尚編輯。哈斯汀不在乎安娜言語冷淡或交辦事情都不詳細解釋，反而學習快速，工作沒多久就「打動」安娜。雖然安娜從來沒有和哈斯汀談及她的表現，不過她感覺自己能夠成功上手，安娜也有出力。她說：「她那樣對待我、和我說話、允許我參與，我便猜想自己不是完全無可救藥。」

哈斯汀很敬佩安娜，從許多面向來說都是。安娜極其珍惜雜誌借來的時尚單品，她要求每一項借來的單品，都必須以當初送來時的狀態歸還，連包裝的薄紙都不放過，也很尊重出借方。另外，安娜精心打理自身的造型和裝扮，就好像是無時無刻準備要登上時尚大片一樣。她的頭髮一週三次請專人整理、修剪瀏海，還會穿著酷炫設計師的服飾，有一些是自己買的，有一些則是品牌送給她的，這是時尚界的慣例。安娜的衣櫥就和雜誌內容一樣，放滿許多當時還不是禁忌的皮草（哈斯汀回憶道：「安娜很愛皮草，她的皮草都滿出來了，我們的皮草都滿出來了」）。她時常帶著從衣櫥淘汰的東西來上班，送給其他年輕女性員工，她對時尚團隊保有格外的體貼。當時哈斯汀和男朋友住在船屋，他們的船屋有天付之一炬，全部的東西都燒了個精光，隔天安娜上班時，帶了一整櫃的新衣服給她。

哈斯汀發現安娜對什麼事都一絲不苟，從錢包放什麼、吃什麼都是如此。[34]她從來不大吃，但要吃就要最好的。她有時候會把牛排一再退回去，一直到牛排夠嫩，接著只吃幾口（之前有一段時間，她會付錢要哈斯汀帶來自製的優格，因為她認為自己買的都比不上）。[35]

這位上司還有其他方面令哈斯汀敬佩，不過她也沒辦法具體說明那是什麼。安娜有本領透過一個眼神或一句話，就讓別人以她的方式做事。「即使是那個時候，她也會在午餐席間控制整桌人。如果同桌有八個人，大家都想『好吧，我來一杯紅酒』——那個年代大家都會喝酒，或是『我要一支菸』。但當安娜最後說『麻煩給我一份優格』後，大家就會環顧四周然後心想『天啊，我們不應該吃東西』、『我的老天，我們不應該喝酒』。」

另外，哈斯汀也羨慕安娜熱鬧的社交生活。安娜當時尚未出名，但她有魅力又有趣，而且散發一種神祕的氛圍。除了平常的公事電話，每天都會有男人打給安娜。他們深深為安娜著迷，想要帶她去約會〔其中一位是演員泰倫斯．史丹普（Terence Stamp）〕，但她只會挑著回電，有時候還會要哈斯汀謊稱她不在辦公室。[36]

只要安娜沒有上班，就經常會去流浪者夜店（Tramp）和德亞雷圖薩俱樂部（Club Dell'Aretusa）等熱門場所（「你是帥哥美女一族嗎？」《標準晚報》曾經拋出這個問題，「簡單測試一下：你進得去德亞雷圖薩嗎？」）[37][38]

晚餐時間，安娜靜靜地坐著，她的鮑伯頭遮住了臉。[39]當時，艾瑪．索姆斯在時尚公關業工作，她和安娜七〇年代早期時認識並成為朋友。「那些年，安娜身為時尚助理，她的權威以沉默的形式示人。」索姆斯說。八卦專欄作家奈吉．鄧斯特（Nigel Dempster）、記者朋友喬恩．布雷蕭（Jon Bradshaw）和安東尼．哈登—格斯特都和安娜是一群的，其中鄧斯特比她年長將近十歲，他們曾經交往過（儘管之後她否認）。[40]哈登—格斯特從來就不覺得安娜靦腆。「安娜的沉默和妙妙貓（Cheshire Cat）一樣，」他說：「你知道她在思考一堆事情，只是她不說出來罷了。」

「我知道大家經常喝酒，」安娜說：「但我總是第一個離開，我必須早起去上班，他們是自由工作者，所以可以晚一點起床。」她一直不太喜歡喝酒，大家也只有看過她喝白酒，通常不會超過半杯，[41]她總是十一點三十分之前就回到家了。[42]

安娜的工作有一部分，是不斷尋找最優秀的人才合作，攝影師、模特兒和設計師不斷湧入《哈潑名媛》的辦公室「聊一聊」。曼諾洛・布拉尼克（Manolo Blahnik）就是其中之一，他也是前幾位得到安娜背書的設計師，這一位鞋履設計師的品牌之後成為《慾望城市》（*Sex and the City*）中主角凱莉・布雷蕭（Carrie Bradshaw）的最愛，因此變得家喻戶曉。「我絕對記得這樣的狂人，他進到辦公司，放下全部的鞋子，接著說『這是我的新系列，全部都在這了』。」哈斯汀說。

如果有攝影師帶著作品集來到辦公室，但安娜不喜歡，她也不會費心說一些客套話。她從不會為了避免傷害對方的感情，就假裝會考慮一下。她只會撇過頭、闔上作品集，然後說：「謝謝你。」[43]

其中一位符合安娜口味的攝影師是詹姆斯・威吉（James Wedge），他曾經是一名女帽設計師，時尚生涯始於英國皇家藝術學院（Royal College of Art）。[44]他能轉換跑道到攝影，都是因為安娜反覆雇用他。他們之後開始交往，不只是詳細討論他們的拍攝工作，更是未來的目標。即使安娜只是資歷尚淺的時尚編輯，她仍然毫不掩飾自己的理想。「《時尚》美國版是她很想要、很想要的工作。」威吉說。

安娜建立起名聲，攝影師都前去《哈潑名媛》探詢和她合作的機會。其中之一是明日之星吉姆・李（Jim Lee），他很喜歡不用在攝影棚進行拍攝，因為能夠享受自由。

當時安娜抱持著實驗的心態，提議不要跟隨當時的趨勢，也就是柔焦、浪漫主義的拍攝手法，李應該在她喜歡的一艘灰色戰艦上，拍攝以水手為靈感的服飾，戰艦就停泊在泰晤士河（Thames）。

李認為這整個想法很愚蠢，他也不太能夠投入，尤其是船上不易拍攝。毫無意外地，他看到拍攝成果不寒而慄。他堅持不能刊登這些照片，並對安娜表示願意免費重新拍攝。

「你在想要的地方，以想要的方式重來一次吧，沒關係，」她說：「我理解。」李決定帶著服裝到布萊頓海灘（Brighton Beach）以同一群模特兒拍攝，但沒有找安娜一起。安娜對新照片很滿意，接著就刊登了。[45]當時安娜的職涯剛起步，沒有什麼權力，也許她認為自己無法承受疏遠李這樣的攝影師，給予他自由，讓他以自己認為最好的方式做事才是上策。她之後永遠不會再使用這樣的方法。

安娜現在的工作也使她必須出席時裝秀。對時尚界來說，編輯、造型師、零售商、攝影師、模特兒和設計師每半年一次會在這裡齊聚一堂，就像是一群富有的時尚動物，聚集在「閒人勿近」的水窪附近一樣。各方出席者就算並不互相認識，也會知道彼此。安娜的打扮總是無懈可擊，與珍妮佛・霍金一同出席時裝秀，安娜會緊跟在她身後在伸展台周遭走動，明顯就是她的支援。

雖然如此，編輯或他們的穿著在當時並不是媒體的興趣所在，而且攝影師必須隨身帶著底片，他們可不想要浪費在拍攝觀眾。然而，在一場時裝秀當中，安娜抓住了報社攝影師莫蒂・柯爾斯（Monty Coles）的目光。安娜皮膚白皙、身材嬌小，臉龐總是藏在頭髮後面，柯爾斯從來沒有見到她和任何人搭話，其他人也不會和她說話，因此特別迷人。安娜經過柯爾斯走回自己的座位時，他快速拍下幾張她的照片。[46]安娜的手臂夾著一個袋子，大到可以裝進素描本，雖然她不太會畫畫，但她在伸展台看到自己喜歡的服裝會想辦法畫下來，頂尖的時尚編輯就是這樣記下他們想要拍攝哪些單品。[47]

七〇年代早期，安娜的名字和照片不只偶爾出現在《女裝日報》，還會見於各家報紙和雜誌的倫敦派對小篇幅報導。她沒有就此成為名人，不過她的名字已經流傳開來了。

一九七二年，安娜和喬恩・布雷蕭展開了五年戀情，他是一名美國記者，當時剛和第一任妻子離婚，[48]朋友都簡單叫他布雷蕭。他為人豪爽、嗜酒如命、熱愛賭博。他比安娜年長十二歲，之前從美國搬到倫敦，當時為《哈潑名媛》撰稿，安娜也在那裡工作，她愛上了布雷蕭。「布雷蕭這種人不多，」她說：「他很顯眼，會走進一個空間然後征服大家。他住在倫敦、又是美國人，這增添了他的光環。我從小到大認識到的英國上流社會那些人和他是天壤之別。他不是很有禮貌或細心，穿著牛仔褲，臉上帶著爽朗的笑容，心態開放許多。沒錯，他會引起騷動，有一點危險。」[49]他們開始同居，安娜把新公寓裝飾得漂漂亮亮，她和巴布羅夫同居時也曾經這麼做。[50]

布雷蕭和安娜的父親一樣，可以就發行雜誌為初出茅廬的安娜指點迷津，安娜需要幫忙的時候，他也能善用自己的人脈，後來他確實也這麼做。

安娜報導女性內衣市場期間，經常碰上英國版《時尚》的年輕女性內衣編輯利茲・婕貝里絲（Liz Tilberis），她之後會成為安娜的頭號對手之一。[51]「我們很快就認出對方也是時尚界的第一線小兵（雖然她總是穿得比我時髦），我們在枯燥的業界午宴坐一起，然後在展示間碰面，一同瀏覽一個個架子上的媚登峰（Maidenform）內衣和法蘭絨睡袍。我們都是懷抱理想的新兵，兩個人很高興有對方陪伴、說說話，」婕貝里絲之後寫道：「她很嚴肅，但不缺幽默感；一心想成功，但不走歪路。她很明顯和我一樣灰心……」

事實上，安娜很快就厭倦了拍攝工作，早早認定自己不想實際創作雜誌內容，而是在辦公室裡做決定，就和她父親一樣。「我不擅長拍攝，表現很糟，我很高興自己放棄了。那的確不是我的強項，但也讓我了解背後的努力，還有自己必須比以往都還要有耐心。」她說。[52]

一九七四年，為了招募擁有寫作背景的人才，蘭德斯開除珍妮佛・霍金，因此《哈潑名媛》有一個比較資深的職位空出來了。安娜決意自己應該爭取霍金所空出的職缺，畢竟在當時，大篇幅時尚跨頁報導已經是她們兩人分工，其中還包含封面拍攝。安娜的助理克萊兒・哈斯汀也認為安娜升遷是合情合理。[53]

為了幫忙安娜，查爾斯打電話給蘭德斯，為女兒說點好話。不過這一次蘭德斯動氣了。[54]「我永遠不會告訴你要怎麼經營《標準晚報》，所以不要告訴我怎麼經營我的雜誌！」他說。蘭德斯擔心安娜這麼沉默寡言，讓她無法和其他員工打交道，縱使安娜似乎就是以這樣的方式在社交場合立足。哈斯汀回想，納悶蘭德斯真正的考量，會不會是覺得安娜威脅到自己。

最後那份工作落入米恩・霍格（Min Hogg）手中，霍格一直在為《哈潑名媛》寫專題報導。[i]安娜則是得到安慰獎，職稱微調為副時尚編輯（「五年期間，我僅僅從時尚助理升到副時尚編輯，你不會說那是迅速上位。」她之後說）。[55]

霍格與前任霍金可說是天差地遠，她擅長紡織品和室內設計，但似乎不怎麼在乎時尚（她之後協助創辦深受景仰的房屋裝飾雜誌《室界》（*World of Interiors*））。霍金則開創了自己模特兒生涯的第二春。雖然蘭德斯辯稱，雇用霍格是希望時尚編輯由一名記者來擔任，但安娜和哈斯汀都不理解，為什麼自己的直屬上司突然變成霍格這樣的人。

這一次升遷跳過安娜，使她對霍格心懷憤懣，但公開表達對他人的異議不是她的風格，她從來不會咄咄逼人，之後的職涯也持續避免正面衝突。然而，她還是讓自己的感受不言而喻。「霍格很快會意識到安娜對自己的作品不怎麼服氣，」哈斯汀強調：「安娜不會逗留，她認為對方比不上自己，就不會甘於聽命。」[56]

麥可．哈吉森（Michael Hodgson）當時任職於藝術部，負責安娜份內版面的排版工作，他回想起霍格也認為她難相處：「她們是非常不一樣的兩號人物。安娜年輕、不怕冒險進取，霍格則是稍微年長，而且還有一點剛愎自用。」[57]兩種行事風格不是特別合拍。哈斯汀形容，安娜「面對自己不喜歡的人，就不會有好臉色」。[58]有一次安娜和霍格一起出席巴黎的時裝秀，她們之間的紛爭難以收拾，蘭德斯還被請去化解緊張局面，並「叫安娜注意自己的行為舉止」。[59]

安娜聽命於霍格幾個月後，她受夠了。有一天，她把哈斯汀拉到一旁說：「我沒有升任時尚編輯真是離譜。我要辭職了，妳要留下來嗎？」[60]

「嗯，不要。」哈斯汀說，她對自己的上司忠心耿耿。雖然還沒有思考接下來怎麼辦，哈斯汀還是兌現承諾，提出辭職以表團結。[ii]

當時，安娜對自己的職涯沒有清楚的藍圖，但她相比大多數人有更多的選擇，因為母親的關係，她擁有美國護照。[61]安娜把目光放在大西洋彼岸，也促使她和布雷蕭搬到美國。[62]

i 霍格於二〇一九年逝世。

ii 「業界不會再有妳的容身之處。」霍格這樣對哈斯汀說。結果證明她錯了，哈斯汀成為自由造型師，接下來三十年都經營這樣的職涯，她認為這是安娜的功勞，因為一開始是安娜促使自己離開雜誌工作。

安娜一開始考慮舊金山，最後落腳紐約，她計畫找到工作就待在那裡。[63]「她把紐約當作宇宙中心」艾瑪·索姆斯回憶。[64]一九七五年三月十三日的週四，她的家人在倫敦為她舉行餞別晚宴。[65]查爾斯支持她的決定，但看到女兒即將搬到這麼遠的地方，心裡還是萬般不捨。

安娜對倫敦沒有留戀，但她萬萬沒有想到大蘋果的新生活會有多麼艱辛。

娜妮・溫圖（右）與安娜（左）、詹姆斯、諾拉和派翠克在倫敦聖約翰伍德的家中，為 1964 年 1 月 5 日的《觀察家報》的報導接受拍攝。© 2021 衛報新聞媒體（Guardian Newa & Media Ltd.）

1970 年代初期，安娜在《哈潑名媛》擔任時尚助理時，走下伸展台前往座位。莫蒂・柯爾斯攝。

1976年，安娜任職於《哈潑時尚》時，在牙買加的拍攝現場。法蘭索・伊恩塞赫攝。

1976年，安娜和攝影師里科・普爾曼（Rico Puhlmann）在牙買加的《哈潑時尚》拍攝現場。法蘭索・伊恩塞赫攝。

1977 年，安娜在多倫多的《萬歲》拍攝現場。史丹．馬林諾斯基攝。

1986 年，安娜與父親查爾斯，當時安娜在英國版《時尚》拿下第一份總編輯的工作。喬恩．廷伯斯（Jon Timbers）攝，ArenaPAL。

1986年，擔任英國版《時尚》總編輯的安娜。Photoshot/TopFoto。

1987 年，報導文章中的安娜和年幼的兒子查理，當時她即將卸下英國版《時尚》總編輯一職。

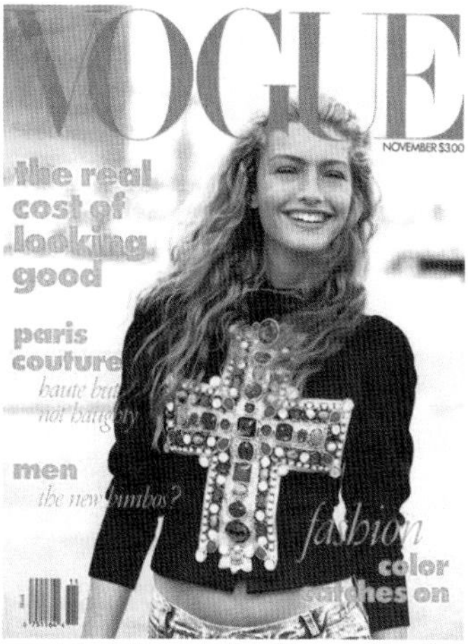

安娜在美國版《時尚》的第一個封面。1988 年 11 月號雜誌的封面人物是模特兒米凱拉．伯庫，她穿著要價一萬美元的克里斯汀．拉夸訂製夾克和 50 美元的蓋爾斯牛仔褲。後來安娜表示，這期封面照片出乎眾人意料之外，連印刷業者都以為照片搞錯了。

1989 年 5 月號《時尚》的封面人物是瑪丹娜，編輯安德烈．里昂．泰利表示安娜不想要任何太「誇張」的元素。這位在當時醜聞纏身的流行歌手以簡單的造型在泳池內進行拍攝，最後安娜選擇了這張肖像。

1989 年 9 月，上任《時尚》總編輯約一年的安娜和丈夫大衛・薛佛，兩人出席蒂芙尼（Tiffany）男士新裝系列發表會。羅克珊・洛威特（Roxanne Lowit）攝。

1990 年 11 月，安娜和亞歷山大・利伯曼在第七拍賣會上。《時尚》共同贊助並協助籌劃這次愛滋病慈善募款活動。羅克珊・洛威特攝。

1991 年，美國時裝設計師協會年度頒獎典禮上，安娜坐在丈夫大衛身旁。當年她獲頒年度編輯的殊榮，讓前上司東尼・馬佐拉顏面盡失。羅恩・加勒拉（Ron Galella）攝，Getty Images。

1991 年，安娜、大衛和他們的孩子小比、查理在《時尚》聖誕派對上。羅克珊・洛威特攝。

1990 年代，安娜與好友安・麥納利的拍立得照片，由卡爾・拉格斐拍攝。

1993 年 11 月，安娜在《時尚》派對上跳舞。羅克珊・洛威特攝。

1994 年 10 月，安娜和卡爾．拉格斐〔他的身後是名模海蓮娜．克莉史汀森（Helena Christensen）〕到米蘭參加義大利版《時尚》創刊三十週年派對。羅克珊．洛威特攝。

1995 年 12 月，安娜首次主辦大都會慈善晚宴，為「高級訂製」（Haute Couture）展覽揭開序幕，她的身旁站著大衛。羅克珊．洛威特攝。

1996年，安娜和安德烈・里昂・泰利坐在時裝秀的前排座位。
伊凡・阿戈斯蒂尼（Evan Agostini）攝，Getty Images。

歐普拉（Oprah）登上 1998 年 10 月號《時尚》封面，安娜在編輯的話裡形容她接受了「《時尚》大改造」。拍攝時，歐普拉穿上了訂製的名牌服飾，並同意讓《時尚》挑選的髮型師蓋倫設計髮型，而非自己的髮型師。

緊接在莫妮卡・李文斯基（Monica Lewinsky）醜聞後，希拉蕊・柯林頓以第一夫人的身分登上 1998 年 12 月號《時尚》封面。她穿著以安娜的指示訂製的奧斯卡・德拉倫塔晚禮服。

安娜和小賽・紐豪斯出席 1998 年的《時尚》聖誕派對。羅克珊・洛威特攝。

安娜登上 1999 年《紐約》雜誌封面，封面報導以她和大衛・薛佛的離婚，及她手下副編輯凱特・貝茲的離職為主軸。

2000 年 6 月，安娜和男友謝爾比・布萊恩出席在紐約舉辦的美國時裝設計師協會年度頒獎典禮。羅克珊・洛威特攝。

安娜和卡爾・拉格斐出席 2005 年大都會慈善晚宴，當年的晚宴為「香奈兒」展覽揭開序幕。派翠克・麥馬倫（Patrick McMullan）攝，Getty Images。

2009年，安娜和謝爾比觀賞網球比賽。米歇爾．杜福爾（Michel Dufour）攝，Getty Images。

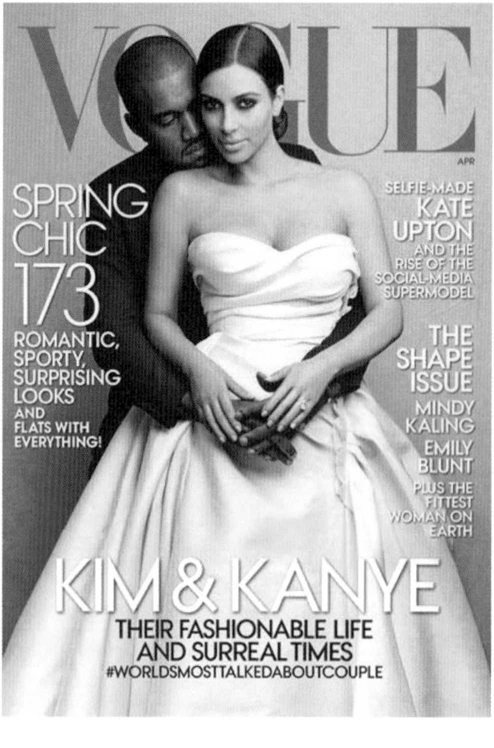

金．卡戴珊和肯伊．威斯特登上2014年4月號《時尚》封面，封面報導以他們的婚禮為主軸，由葛蕾絲．柯丁頓設計造型。柯丁頓幾乎不處理名人的拍攝工作，最後她認為大多數的照片「太不出所料又太正常了」。

2018 年 2 月，安娜和伊莉莎白女王二世在倫敦一場時裝秀上。莫瑞（Yui Mok，音譯）攝，Getty Images。

2018 年 5 月，安娜和女兒小比出席大都會慈善晚宴，當年的晚宴為「天賜美體：時尚與天主教意象」揭開序幕。傑米・麥卡錫（Jamie McCarthy）攝，Getty Images。

安娜和 2019 年大都會慈善晚宴的共同主席，左起小威廉絲、哈利・史泰爾斯（Harry Styles）、亞歷山德羅・米凱萊和女神卡卡，當年的晚宴為「敢曝」展覽揭開序幕。凱文・馬茲爾（Kevin Mazur）攝，MG19/Getty Images。

第五章　紐約新起點

安娜二十五歲搬到紐約，一開始工作還沒有著落，先自由接案，其中有一次是美國版《時尚》的案子，但實際上沒有聽起來這麼了不起。

安娜受聘監督一九七五年十一月號當中一張照片的重新拍攝工作。《時尚》總編輯葛蕾絲．米勒貝拉（Grace Mirabella）不喜歡模特兒蘿西．維拉（Rosie Vela）耳朵上的耳環，因此要求整個團隊回到漢普頓（Hamptons）同樣的沙丘重新拍攝。

安娜出現在集合上車的地點，準備踏上近百英里的路程。她一如往常看起來時髦酷炫，手提小皮包，裡面帶著替代耳環。廂型車到達指定的沙丘，大家下車、拍攝、整裝，接著又開一百英里回家。這種行程極度缺乏效率又十分浪費資源，但《時尚》雜誌就是能夠負擔，安娜這樣的編輯對此勢必目瞪口呆，她先前任職於倫敦的雜誌社，預算實在不多。拍攝行程結束後，那一張照片根本從未刊登。[1]

雖然安娜的父親表示「從自由接案做起很悲慘」，但她開始欣賞這座新城市。[2]她和布雷蕭搬到上東區（Upper East Side）的公寓，走訪麥斯威美饌餐酒館（Maxwell's Plum）這樣的熱門地點，還有五十二街的爵士樂酒吧。[3]這裡沒有人知道她是查爾斯．溫圖的女兒，或是和她談起任何關於父親的事。[4]「我在英國長大感覺相當格格不入，不是因為家人，而是整個文化執著於階級，我喜歡這裡有一個原因是階級、教育背景和父母職業不是唯一的重點，紐約每個人都來自外地，因此營造一股正面的力量」她說。然而，多年之後，安娜在《時尚》招聘員工時，似乎極其看重家族和教育背景。[5]

安娜在接受美國頂尖時尚編輯凱莉・多諾萬（Carrie Donovan）面試之後，得到《哈潑時尚》（和《哈潑名媛》同屬一家母公司）的工作。[6]安娜是資淺的拍攝編輯（sittings editor），負責安排和監督攝影工作，不過對於照片的編輯方面幾乎沒有發言權。除了《時尚》，在《哈潑時尚》工作已經是安娜當時在紐約的最佳選擇，但她之後會知道，這個職位也有代價，那就是無法自由揮灑創意。

「我們找錯人了嗎？」《哈潑時尚》特別企劃編輯蜜雪兒・馬佐拉（Michele Mazzola）在拍攝現場觀察手下的二十六歲新進資淺編輯，心裡如此納悶。為了一九七六年五月號雜誌，拍攝團隊前去牙買加歐雀瑞歐斯（Ocho Rios）的牙買加旅社度假村（Jamaica Inn），以超模雪莉兒・蒂格絲（Cheryl Tiegs）為主角進行拍攝，她換上好幾件泳裝和長袍。蜜雪兒和丈夫、同時也是雜誌的總編輯東尼・馬佐拉（Tony Mazzola）一同前去，蜜雪兒之後形容這一次旅途是出差，但團隊認為他們夫婦是去度假。[7]

這一個團隊先前合作許多次，安娜等於是新成員。團隊成員都很喜歡安娜，但出於一樣的原因，上司也很擔心安娜不會干涉、規範成員。[8]蜜雪兒還是有一些不安——安娜這一次前來，必須管理整個團隊和拍攝工作，她應該以職權確保工作順利進行。但她卻默默在幕後，她在辦公室參加會議也是一樣，什麼話也不說。[9]

這種事情在美國時尚界非比尋常，人們總是以浮誇的風格彰顯權威，以此證明自己的才幹。《時尚》的波莉．梅倫（Polly Mellen）對拍攝成果會滿意到流下眼淚；[10]《哈潑時尚》的葛洛莉雅．蒙克爾（Gloria Moncur）有一次則是朝下屬丟了一隻鞋子，並說：「你拿這些醜鞋子是要讓我吐嗎？」

安娜在美國時尚雜誌工作必須大幅調整心態。之前在倫敦，她的創意和想法得以影響《哈潑名媛》；但是，在這裡她必須和馬佐拉夫婦作對，才能夠獲得同等的影響力在拍攝工作做主。時尚編輯得到馬佐拉的同意後就會決定服裝；人力規劃編輯（bookings editor）和藝術總監決定模特兒和攝影師人選。安娜是資淺拍攝編輯，她不被允許在《哈潑》的版面表現自己的眼光。[11]雜誌的審美觀是馬佐拉的一言堂，但他的眼光既不藝術又不時尚。他先前在《城鄉》（*Town & Country*）擔任編輯，這一份雜誌的內容聚焦社會名流。然而，安娜和她的年輕同事都認為，《哈潑》應該著眼於巴黎伸展台的時尚潮流，而非紐約公園大道的上流生活。

財務是馬佐拉的優先考量。[12]「他的一切作為都是在屈就赫斯特（Hearst）集團的財務部門。」時尚編輯艾莉達．摩根（Alida Morgan）說，她是安娜的同事，不像溫圖家支持安娜，家人反對她做這樣的低薪工作。[13]馬佐拉不放過預算的任何細節，但在拍攝工作期間，支出通常會快速到達預算極限，他也只會同意特定攝影師的報帳。[14]雜誌團隊前往遙遠的地方拍攝時，並不總是有錢帶著助理一起去。[15]拍攝工作還會累垮眾人——到攝影棚拍攝時，可能會一直從早上九點半持續到凌晨兩、三點。同時，《哈潑》的頭號競爭者《時尚》花錢從不手軟，就像僅僅為了一副耳環，就會雇用整個團隊花上一天重新拍攝（拍攝結束後，那張照片甚至從未刊登）。

雖然東尼．馬佐拉同意雇用安娜，[16]雜誌社的大伙認為他始終沒有很中意安娜，[17]不過他們倒是很喜歡安娜。安娜也許安靜又神祕，但她友善又努力。[18]同時，安娜又那麼有型。她每天身穿歐洲風格的服飾來上班，例如，蜜索尼針織衫、Kenzo（高田賢三所創品牌）的短褲套裝和索尼亞．里基爾（Sonia Rykiel）俏皮裙裝，其他人遠遠不及她的精心打扮。多諾萬雇用溫蒂．古德曼（Wendy Goodman）擔任安娜和另一位編輯金井純的助理。古德曼表示安娜絕對不會隨便打扮。有一次她隨安娜前往漢普頓拍攝，安娜的索尼亞．里基爾蕾絲網眼洋裝和高跟鞋使她為之驚艷。[19]安娜喜愛展現美腿的服飾，這可是她到蘿特．柏克工作室（Lotte Berk）的鍛鍊成果。蘿特．柏克是一名訓練有素的芭蕾舞者，她發明人人適用的芭蕾式健身法，並以自己的名字成立工作室。[20]

安娜的衣服穿膩之後，就會帶到辦公室，送給其他女員工。古德曼有一次搶到一件索尼亞．里基爾襯衫，但袖襱對她來說太窄了。「我看起來活像一隻海豚，穿上這件襯衫，兩隻手臂根本動不了。不過我心想『我要穿上安娜．溫圖的襯衫，我什麼都不在乎，我就是要穿』。」[21]她回憶：

另外，安娜的英式口音也羨煞所有的人。[22]當時，紐約的出版界不常見到英國人，安娜的優雅語調讓她散發別緻氛圍，她的穿著甚至為之遜色。

安娜在辦公室和自己的第一位美國上司凱莉．多諾萬建立長久的友誼，[23]多諾萬是備受尊敬的編輯，《時尚》總編輯一職在她眼前溜走，她才加入東尼．馬佐拉的團隊。[24]多諾萬的個性鮮明，身上總是搭配著吸睛的飾品，例如，頭巾、大到能遮住臉的圓形黑框眼鏡，兩隻手腕還帶著金色手環。她以栽培年輕人才出名，之後幾十年也會一直支持安娜。「要說誰是時尚人，那一定就是安娜了，」她說並且補充：「但她不會浪費時間在禮節上。」[25]安娜確實不在乎自己不如美國人友善，她在工作上唯獨關心一件事。另一位時尚編輯扎澤兒．羅文（Zazel Lovén）表示，安娜的重點只有一個：「她一心一意只想完成自己認為最好的作品。」[26]

馬佐拉夫婦「反對選用任何新模特兒和攝影師，他們反對任何有違他們一概風格的作法——那基本上就是《城鄉》的風格」，艾莉達．摩根這樣說，因此安娜的目標也就更難達成。時尚編輯被迫和同一位攝影師一次又一次合作，代表他們對合作內容會逐漸沒有想法。[27]東尼的妻子蜜雪兒讓事情更加麻煩，她以特別企劃編輯的身分，對雜誌版面指手畫腳。她的穿著隨性，[28]明顯不是時尚界人士。有一次她身穿白T恤就出席巴黎的時裝秀，同事們絕不會忘記那有多麼丟臉。[29]古德曼認為蜜雪兒的穿著絕非無意，而是有心。[30]「我認為那真的是她的選擇，就像是在說，我不是時尚界人士，我是嚴肅的職業女性……比起留意時尚，我有更高尚的事情得做。」（蜜雪兒提到她經常穿侯斯頓（Halston），「看起來十分體面，只是不是時裝罷了」。）[31]

安娜的品味更前衛，[32]她熱愛超現實風格的傳奇時尚攝影師若林康宏，更早的十年前，這一位攝影師在總編輯南西．懷特（Nancy White）時期定義了《哈潑時尚》的創新面貌。（他有一些十分令人難忘的作品，例如，精緻珠寶裝飾在魚身上，或是直接從上方拍攝站立的模特兒。）

一九七五年，安娜加入《哈潑時尚》，若林康宏的時代早就過去了。安娜參與的刊號，封面都是貼緊邊緣剪裁的大頭照，蒂格絲出現在超過一半的封面，她是馬佐拉的寵兒。馬佐拉和他的藝術部在照片上面放滿文字滿足廣告客戶，但編輯都覺得版面外觀和服飾的美感都大受破壞。為了更有效地掌握跨頁報導的成果，安娜和摩根發明一種變通方法——底片一回到公司，安娜會和攝影師在大廳見面，選擇他們最喜歡的照片，她就只交出這些照片。如果馬佐拉問起剩下的照片，她會說「抱歉，照片都在這了。」摩根解釋：「他們要就付錢重拍，不然就只能接受你拿出來的。」由於預算拮据，這代表事情通常會順著安娜的意。[33]

古德曼對安娜的職業道德驚嘆不已。[34]「她完全專注在工作上，一點疑慮都沒有，甚至到了粗魯待人的程度，還會看起來很無禮，因為她沒有多餘的時間。她只是要去做自己得做的事，就這樣，結束。」她說：「辦公室裡面，大家都有點不正經，他們會休息、講八卦，但她從來不這麼做。她來上班不是為了好玩，她來是為了工作。」

然而，安娜和東尼始終無法和睦相處。他們的同事瑪莉蓮・克許納（Marilyn Kirschner）說：「東尼是老闆，但安娜有老闆的個性，她不會輕易遵從指令。」[35]然而，每當安娜和東尼起衝突，東尼斥責她，她卻不會回嘴。[36]其實，她天生就不容易和人起衝突，她完全不會開口爭論。摩根認為一部分是因為安娜害羞，但她也說：「其中有一點是回嘴感覺不划算，因為我認為她知道自己可以去做其他事情。她完完全全知道自己想要掌管《時尚》。」

布雷蕭和安娜在紐約似乎相處融洽。《哈潑時尚》的瘋狂工作生活使安娜和一小群時尚編輯同事成為朋友，她們有時候會帶著各自的男朋友一起出門吃晚餐。布雷蕭為人友善，又一直是安娜的靠山，眾人都很喜歡他。「安娜，放手去做吧！」每每安娜對工作有什麼主意，布雷蕭都會這麼說。他增添了安娜的光采。[37]

布雷蕭偶爾會到辦公室和安娜見面，安娜和古德曼、摩根，還有其他同事坐在一個狹小但忙碌的空間。[38]「我們都對他很著迷，他會來辦公室，我們就會和他打情罵俏。」古德曼回憶道。這些關注是布雷蕭順道停留的其中一個原因，但他真正的目的不是要來提高自尊心——布雷蕭好賭，安娜則掌控兩人的財務，他來找安娜是來要零用錢，古德曼回憶。「天啊，一切真的都在她的掌握之中。」古德曼心想。

一九七六年春天，布雷蕭邀請安娜到燈塔劇院（Beacon Theatre）觀賞巴布·馬利（Bob Marley）四場售罄演出的其中一場。[39]安娜才不會錯過這種時髦的事，因此就和布雷蕭去了。隔天一早，她到辦公室上班，談起昨晚的演場會，說得就好像是什麼超然體驗一樣。「我覺得自己遇見上帝。」她和摩根說。安娜口中吐出如此高度的讚賞不是常有的事。（這件事後來被誤傳為「安娜消失兩週和馬利發生風流韻事」。她稱這樣的流言是「假新聞」，表示從未和他見過面。）[40]

儘管兩人相處融洽，但布雷蕭是《紐約》的特約編輯，因為雜誌的工作總是不在安娜身邊。同時，安娜受派和攝影師詹姆斯·摩爾（James Moore）合作，這位攝影師在《哈潑時尚》六〇年代的黃金時期為雜誌做拍攝工作。安娜入職幾個月就開始和摩爾共事，馬佐拉夫妻對他們第一次的拍攝成果很滿意，之後她就經常和摩爾搭檔。這代表安娜發覺自己經常會與摩爾在攝影棚共處一室好幾個小時，他們的工作關係發展成戀情，導致她和布雷蕭的關係進入冷卻期。[41]（當時，安娜還和另一個人約會——作家克里斯多福·希鈞斯（Christopher Hitchens），安娜說自己「深深迷戀他」。）[42]

「她分配注意力非常老練。」古德曼說。[43]古德曼和一位男士約會，但另一個人對她有意思，她感到無所適從。安娜笑著說：「妳真的不知道怎麼辦吧？」

「她不是在嘲笑我，」古德曼解釋：「她只是在說『噢，溫蒂小朋友，我來教你一兩招吧』，不過也不是真的要教我。」

最終，安娜和摩爾的戀情對她的工作產生重大的影響。

馬佐拉喜歡每一期雜誌有特定主題，因為很受廣告客戶的歡迎。一月號是健康議題，二月號是關於「獨立女性」，多諾萬希望三月是「我們把全部單身美女放上雜誌，以單身女性做一期」。她集合雜誌團隊的單身女性，送她們到攝影棚，並且由比爾．金恩（Bill King）拍攝團體照，他是《哈潑時尚》最頻繁合作的特約攝影師。

這些臨時受命的模特兒身穿一樣的黑色長袖T恤，胸前印著白色的《哈潑時尚》標誌，她們因為在拍攝現場搞定妝髮而興奮。不過安娜不一樣，現場只有她在上衣外還加了一件背心。安娜的同事連哄帶騙，才讓她有一點興致參與。金恩打開大風扇，吹散安娜的鮑伯頭，她也露出臉龐。雖然她露齒微笑，但雙臂抱胸。最後一張照片只有安娜刻意遮住公司的標誌，她表達得很清楚，自己並不願意成為《哈潑時尚》的代言人欺騙讀者上鉤。[44]

一九七六年年中，安娜到職甚至還不到一年，東尼．馬佐拉與她的不和就達到巔峰。[45]他不喜歡安娜與摩爾的拍攝成果；摩根認為，以東尼的偏好，照片逐漸變得太過性感了。

對安娜來說，事情似乎沒有好轉的跡象。首先，雜誌完全沒有要以安娜的偏好，也就是引領潮流、反映時代為發展方向。前百貨公司高層威廉．凡恩（William Fine）剛加入赫斯特成為《哈潑時尚》和其他兩本刊物的發行總監，他大肆吹噓自己的雜誌會除去「時尚元素」。[46]

雖然多諾萬始終支持安娜，不過她也離開《哈潑時尚》，到布魯明黛百貨（Bloomingdale's）任職。接替多諾萬位置的是記者出身的艾莎・克蓮奇（Elsa Klensch），多年後，她在美國有線電視新聞網主持《流行登陸》（*Style with Elsa Klensch*）。克蓮奇和安娜馬上就出現衝突。「我認為艾莎有各種理由討厭安娜。安娜年輕、漂亮、來自上流社會、出身比較好……反正就是各種理由。」摩根說。她相信，安娜在克蓮奇手下，幾乎無法免於馬佐拉夫婦的荼毒。〔多年後，傑瑞・奧本海默在其著作《貴賓席》（*Front Row*）中採訪了克蓮奇，她形容安娜「非常勤懇」，而且「很努力讓東尼滿意，但他很難取悅，對下管理嚴格、還是個控制狂，其他人的想法都聽不進去」。〕

安娜和摩爾受命前往巴黎拍攝，回來後也走到這份工作的終點。她帶著一組照片回到辦公室，摩根記得照片中模特兒梳著黑人辮，而非上級批准的法拉波浪捲（Farrah Fawcett wave）。白人模特兒紮黑人辮在現今會引發爭議，但當時則比較為大眾所接受（一九七九年的電影《十全十美》（*10*）中，波・德瑞克（Bo Derek）就將一頭金髮編成類似造型，並獲得好評。同時，安娜和其他時尚編輯幾乎不可能說服東尼在雜誌裡起用非白人模特兒）。摩根還記得，馬佐拉夫婦對拍攝成果不滿意，大部分是因為性方面的問題。「我們都覺得照片拍得很漂亮，」她回憶：「對他們來說太超過了，他們就是不懂照片想表達的。拍攝成果很情色又相當性感，但並非粗俗的色情，只是以光影呈現。」

東尼看到照片大發雷霆，他和之前一樣把安娜叫進他的辦公室，只是這一次感覺更不祥。安娜回到共用的辦公室，攤坐在位置上吐出三個字：「結束了。」東尼開除了她。[47]「她很難過。」古德曼說，[48]她和摩根在大白天帶著安娜到對面的瑞吉酒店（St. Regis）喝一杯。

「我被總編輯炒了，他說我太『歐洲』，」安娜之後說：「當時，我不懂他的意思，現在想想，我覺得是在說我太頑固、不聽上級指示，而且完全忽略我的編輯們也需要功勞。我在他眼中既不把雜誌營運放在眼裡，而且也不專業。」在一九九七年的採訪中，安娜說：「回想人生的那個篇章，我覺得最有趣的是發現事情沒什麼變化：一些年輕的英國女孩很有才華，但完全以自己為中心，她們經常有事來找我，她們和當時的我沒什麼差別，也就是幾乎完全不在乎讀者。我也明白自己的立場和當時開除我的編輯越來越接近，為此我有一點遺憾。」[49]當時，她擔任《時尚》的編輯已經九年了。

多年之後，東尼否認自己開除了安娜，還說是凱莉．多諾萬的錯，但多諾萬當時根本不是雜誌社員工。[50]也許他記不清細節，也可能是羞於承認，因為安娜在當時已經躍升有史以來數一數二成功的時尚編輯。大家都會記得東尼．馬佐拉是其中一個不識千里良駒的人。

第六章　時尚《萬歲》

安娜感覺紐約讓她更有野心。倫敦的雜誌工作可說是相當悠閒，但紐約有更多讀者、更多金錢利害關係，編輯處理任何事都更嚴肅認真。這樣的工作環境比較適合安娜，畢竟她本來就很戰戰兢兢。然而，她親自坦白，自己在時尚媒體之都的第一個機會是「一場災難」。[1]她又一次和管理階層處不來，又一次無法繼續升遷，她還來不及證明自己，紐約第一份工作就畫上句點了。

倫敦的家中，安娜父母吵吵鬧鬧的婚姻終於結束了。[2]查爾斯發覺和娜妮一起生活日漸惱人；在兩人三十六年的關係中，娜妮則是自始至終必須忍受查爾斯的眼神始終在其他女人身上游移。雖然勞燕分飛是遲早的事，但一九七六年十二月，兩人終於離異之後，娜妮還是傷感不已。查爾斯試圖透過親友支持她，他看到孩子陪伴在娜妮身邊特別欣慰。

根據朋友的說法，兩人離婚對安娜來說似乎也很難熬，安娜在同一期間丟掉工作更是雪上加霜。然而，她秉持著凡事咬緊牙關的態度，最後接受事實。雖然她和雙親都很親近，不過她看得出來分開後兩人都過得更好了。[3]

當時，查爾斯五十九歲，他隨即搬進女友在伊斯靈頓（Islington）的家中，這名女子是奧黛麗・斯洛特，一名比查爾斯年輕十歲的編輯。[4]她開辦多本雜誌（包括《襯裙》，安娜早年曾在這本雜誌擔任模特兒），完全就是查爾斯喜歡的類型。安娜一直不喜歡她，但知道自己沒轍。[5]

查爾斯和新伴侶展開新生活，娜妮則是搬進自己的樸素房子。[6]她堅持不拿查爾斯任何一毛錢，也從未再婚。[7]

鮑伯·古喬內（Bob Guccione）成立《閣樓》（*Penthouse*）的姐妹雜誌《萬歲》（*Viva*），他自吹自擂地表示《閣樓》是第一本「完全展露陰蒂」的雜誌。[8]古喬內不認為自己在出版色情刊物，而是創作藝術。他以藝術餬口未果，決定複製休·海夫納（Hugh Hefner）《花花公子》（*Playboy*）成功公式。《閣樓》為他賺進幾億的財富，他搬到曼哈頓中城，住進二萬二千平方英尺的豪宅，地下室還有游泳池，之後成立媒體公司，發行超過十五本雜誌。[9]

古喬內的日常穿搭是不變的印花襯衫，扣子開到胸膛，還有白襪配上涼鞋。《萬歲》的男性裸照吸引到的男同志比女性還要多，古喬內為此心煩不已。[10]為了擴展女性讀者群，吸引更好的廣告客戶（事實證明，他們對色情內容也沒有興趣），他需要適任的時尚編輯。

因此，喬恩·布雷蕭在恰好的時間點打給他認識的《閣樓》編輯彼得·布洛克（Peter Bloch），詢問是否有適合安娜的職缺。布雷蕭和安娜已經是過去式，不過兩人仍然交好，雖然布雷蕭在紐約享受職涯巔峰，他還是幫了安娜一把。[12]布洛克問了《萬歲》編輯艾瑪·摩爾（Alma Moore），她是否需要時尚人才。[11]結果，摩爾才剛剛開除她的時尚編輯，正在尋找替代人選。《萬歲》已經六個月沒有刊登男性裸照，不過雜誌的光景仍然沒有好轉。

面試時，安娜一走進摩爾的辦公司，摩爾就對她有不錯的印象。安娜穿著馬褲、散發出的態度，都讓摩爾抱持好感。「她落落大方，不會畏畏縮縮。」摩爾回憶。

摩爾看得出安娜不像其他應徵者，她仔細讀過這一本雜誌，她也覺得安娜的品味似乎很前衛，因此觀感甚佳。摩爾與安娜見面之前也做了一些功課，知道她從《哈潑時尚》被開除，她猜測是因為安娜只是資淺編輯，卻想掌管整本雜誌。

摩爾知道讓安娜加入會有風險。「這個女人知道自己要什麼，但和她共事會很麻煩。」她這樣想著，不過還是把職位給了安娜。安娜的接受讓她大吃一驚。[13]

「我需要工作，《萬歲》給我極大程度的自由。」安娜後來說。[14]雖然安娜日後會覺得曾在《萬歲》工作很丟臉，但她在那裡享有自主權，使她得以成長茁壯。

《萬歲》是一本古怪的雜誌，在這裡工作也很奇特。這種感覺一部分是源自於他們設法以《閣樓》賺進來的錢，產出一本表面上崇尚女性主義的雜誌。雖然《萬歲》刊登許多嚴肅的女性問題，例如，美國司法體制不足以保護女性免於性侵害和家暴等議題，但這本雜誌始終無法擺脫以色情起家的汙名。[15]

對安娜來說，《萬歲》還有一個奇特的地方，[16]就是得在古喬內的女友凱西・基頓（Kathy Keeton）底下做事。古喬內派她管理雜誌，但她對時尚或雜誌編輯一竅不通。[17]安娜在《哈潑時尚》碰到這種管理結構感覺處處碰壁，現在又遇上了。基頓希望《萬歲》能夠和《時尚》、《魅力》（*Glamour*）兩本雜誌競爭，[18]但《萬歲》仍舊被禁止在超市和藥局上架，就算在報攤，也會和其他色情刊物放在最上層，女性目標讀者通常不會從那裡挑雜誌。[19]

基頓先前是舞者，她說話輕聲細語，留有一頭金髮，臉上畫著濃妝，就和她的男友一樣，上衣解開扣子露出胸部（他的胸膛：胸毛；她的胸部：集中托高；他和她的胸前：滿滿都是珠寶飾品）。[20]她的打扮浮誇吸睛，包含一頂「鎖子甲頭飾，看起來就像是《聖杯傳奇》（*Monty Python*）的道具一樣。」喬．布魯克斯（Joe Brooks）如此形容，他在《閣樓》藝術部任職多年。員工都有印象，基頓重視安娜的時尚品味，但和其中大多數人一樣害怕安娜。[21]當然，安娜不希望又丟掉工作，因此想辦法以剛剛好的服從應付基頓。[22]

安娜到《萬歲》的第一件事，就是安頓辦公室，那是一個樸實無華的空間，裡面有一張辦公桌，而且基頓就坐在隔壁（基頓會帶兩隻羅德西亞背脊犬（Rhodesian Ridgeback）進辦公室，所以這一層樓當中，她的辦公室一帶不算太安靜）。[23]安娜和其他員工一樣拿到公司文具，上面印有《閣樓》標誌。[24]她推來一架子的衣服，並且開始購入一疊疊的法國版《她》（*Elle*）和《時尚》，還有義大利版《時尚》，一期要價高達二十美元，只為了尋找靈感。[25]她希望仿效歐洲風格，這裡和前一份工作不一樣，她在《萬歲》能夠這麼做，因為這裡沒有其他人懂時尚，而且艾瑪．摩爾讓她自由發揮。

這樣的自由很適合安娜。離開辦公室外出會面和進行拍攝也是她的工作範圍，所以沒有人會問她在哪裡。她進辦公室那幾天，會快步穿越辦公室到自己的桌子，[26]接著蹺腳撐起厚實靴子、碎花長裙在身旁垂下、手拿著電話談事情。

汪達．迪貝奈德托（Wanda DiBenedetto）當時是一名接待人員，就坐在安娜的辦公室外面，她說：「她始終是獨立作業，不怎麼聽命於上級，因為不管她是什麼職位，她就是最大的。」[27]古喬內會編輯一切內容，從照片說明到封面標題都不放過，就和安娜之後擔任總編輯一樣。[28]

雖然《萬歲》的發行資訊欄把他列為雜誌攝影師和發行人，但他是雜誌的所有人，所以掌握大小事，而且任何決定以他為依歸。他喜歡熬夜工作、白天睡覺，還要求員工配合他的作息，安娜也包含在其中。[29]大伙經常在他的豪宅等上四十分鐘，就為了和他在晚上十點開會。這些會議會在豪宅圖書館寬敞的大理石桌前舉行。[30]他的一堆（七隻）羅德西亞背脊犬吃著菲力牛排當狗食，一旁地上還堆著竇加（Edgar Degas）和羅特列克（Henri de Toulouse-Lautrec）的畫作。

他的兒子小鮑伯．古喬內會熬夜在基頓和父親旁聆聽雜誌的會議，古喬內希望兒子有朝一日接手公司。[31]小鮑伯看得出父親看重安娜。「她可說是為所欲為，我覺得她說我們該做什麼，我爸就會這麼做。」他說。古喬內必須仰賴安娜，因為雖然他很有錢，但錢買不到品味（他家的圓柱刻著自己的臉，由此可見一斑）。[32]雖然他對安娜比較前衛的攝影結果不是每一次都很有信心，但安娜的作品和他發行的其他內容相比，可能最有資格稱得上是藝術。

由於沒什麼人監督，安娜變得很擅長操縱事物以順自己的意。為了取得攝影所需的服裝，她會指派自己的助理到曼哈頓的黛安娜．班森高檔精品店（Dianne B.）弄到手。為了確保店家會外借，安娜指示助理向對方表示雜誌會用這些服飾拍封面，並在第一頁感謝他們。通常，借來的十幾二十件單品都不會真的拍進去，但安娜的借物本事從未就此受影響。[33]或許是因為這一份工作讓她壯膽，相比五年前在倫敦擔任新人編輯時，她沒有這麼謹慎了。她有時候把褲子還回去，褲腳不會乾淨如初，很有可能是她自己拿去穿了。

安娜也知道如何巴結時尚廣告客戶：拍攝他們的服飾，他們就會買下一、兩頁廣告。她眼見《萬歲》的預算窘迫，知道如果自己能夠擴展雜誌的時尚廣告業務，大家便會覺得她無可取代，她就能夠掌握更大的權力，《時尚》這樣的雜誌也越有動機雇用她。這並不代表單品拍攝都會正確地在雜誌中標明。雖然服飾類單品通常不會搞混，不過如果是化妝品，即使是現在，縱使廣告客戶的產品沒有派上用場，編輯通常也只會提及他們的產品，安娜就是這麼做的。[34]

她也善用預算沒有上限這一點。摩爾說：「我不會考慮到錢，她也許也是這麼想的。我知道雜誌要好轉，免不了要花錢。」

因此，安娜掌管自己的部門，方式和大多數時尚雜誌一樣：她付錢雇用送貨員來回運送服飾、外出會面以計程車代步、如果覺得一篇報導適合到熱帶沙灘拍攝，她就會集結團隊全體飛過去。[35]

其中一場拍攝的開銷特別引人異議——地點在歐雀瑞歐斯，合作的攝影師則是亞瑟．艾格特（Arthur Elgort），安娜之後到了《時尚》，艾格特還是她的首選。一年前，安娜為《哈潑時尚》到牙買加進行了無新意的拍攝，當時的模特兒是雪莉兒．蒂格絲，艾格特想要更上一層樓，他打算把真實場景與高檔妝髮和各種設計師單品放在一起拍攝（可想而知其中包含《閣樓》和《萬歲》的自家網球服飾系列）。[36]兩女一男擺出充滿性意味的糾纏姿勢，其中一張照片，兩名女模特兒大步走在深及大腿的海浪之中，另一個鏡頭則是一名女模特兒身穿白色長袍在戶外淋浴，並且做出高潮的模樣。晚上的一張照片是他們穿著泳裝和敞開的浴袍在泳池旁小口喝酒，一名非裔遊艇駕駛像是道具一樣出現在一張照片當中。

雖然摩爾很青睞安娜，但她覺得這些照片「很荒謬」。[37]安娜的報導通常明顯表現出場景之間的完美轉換、服裝有一貫性、無論是誰都會想要成為照片中的女模特兒，但這一次完全沒有這樣的精煉感。

原因可能是安娜和基頓一起出席佛羅里達州的化妝品大會，沒有隨行到拍攝現場（和品牌方閒話家常、努力吸引廣告客戶確實是她工作的一部分）。[38] 然而，即使安娜沒有在現場指揮艾格特，基頓還是不滿安娜在僅一週的拍攝行程就用上大筆預算。（種種花費當中，安娜雇用的化妝師拒絕離開房間用餐，因為她不想要在其他人面前吃飯，因而累積一筆可觀的客房服務費用。）安娜責怪她的助理讓這場拍攝花了這麼多錢。[39]

那一期雜誌是她的助理最後一次登上發行資訊欄。

史蒂芬妮・布拉什（Stephanie Brush）以名不見經傳的編輯助理職位加入《萬歲》。[40] 她開始上班後，有一天，「一個奇怪的生物一溜煙進到辦公室。」布拉什回憶。

「噢，那是時尚編輯安娜。」一名同事告訴她。

安娜時常穿著聖羅蘭（Yves Saint Laurent）服飾、皮草帽等厚重服飾。「這邊指的是那種整套的西伯利亞農民穿搭。」布拉什說。安娜很安靜，而且偏好獨處，她經過走廊時會避免和他人眼神接觸，利用頭髮隱藏自己。安娜不進辦公室，行事風格也和其他員工不一樣，雖然摩爾不樂見這樣，但她也沒有強求安娜，因為安娜的工作成果甚佳，而且準時交差。[41]

布拉什回憶：「她的這些小細節會讓大家想『噢，小心，她和我們不太一樣，她很特別』。我完全不是在挖苦她，不過我不知道耶，她總是很擅長讓別人覺得她與眾不同。如果你說她其實是在哪個休息站出生的，我也不意外，因為也許她就是自己迸出來的奇特生物。」

安娜對布拉什頗有好感，[42] 這種事不太尋常，因為「她只和男人一起混。」摩爾說。[43] 安娜在辦公室和男同事共事一天後，經常造訪當地的PJ克拉克酒吧（P.J. Clarke's），雖然天色暗了，她還是會戴著墨鏡，坐在酒吧咯咯笑，一面剝掉方糖的包裝紙。[44]然而，她開始邀請布拉什到她的辦公室聊天，帶她一起參加派對，將她介紹給自己的英國朋友。[45]布拉什搬到倫敦時，安娜還提供一長串名單，讓她有人可以聯繫，不過布拉什太害羞了，沒有這麼做。

雖然安娜不會沒事在辦公室閒逛，但她經常會快速走過走廊到羅文・強生（Rowan Johnson）的辦公室。[46]強生是《萬歲》的藝術總監，他很有才華，但生活一團糟，還不幸染上嚴重的酗酒和濫用藥物問題。[47]有一次，他關起門用噴漆把整間辦公室漆成黑色，牆壁、辦公桌、鉛筆，只要看得到都不放過，然而，基頓很欣賞他，一再付錢送他去戒癮。

認識強生對安娜來說是意外之喜，他深受許多頂尖時尚攝影師的仰慕。[48]即使這些攝影師不喜歡為《萬歲》工作，因為雜誌與古喬內和《閣樓》有所關聯，但他們信任強生，因此連帶相信鮮為人知的安娜・溫圖。

在《萬歲》的一年之內，安娜就換了至少兩位助理，接著她雇用喬治亞・岡恩（Georgia Gunn）。岡恩也是英國人，她在安娜的其中三份雜誌工作期間，忠心效命多年。岡恩很認真工作，也和全部員工交好。[49]只要時尚部堆滿免費的衣服和美妝產品，她就會安排贈送給同事。岡恩「人很好，如果你到（安娜的）辦公室，她也會在那，你有事會跟她說，因為安娜不和我們任何人說話，我說真的。」派翠西亞・林登（Patricia Lynden）說，她的職位是報導編輯，曾經為安娜的幾篇時尚跨頁報導撰寫文案。

艾瑪・摩爾很喜歡岡恩，但不樂見安娜對待岡恩的方式。拍攝工作或行程出錯，安娜有時候會責怪岡恩。摩爾認為岡恩總是支持安娜，她應該值得更好的對待。每當安娜外出，摩爾不知道她在哪裡，岡恩就會幫她找藉口，不管是實話或謊話。安娜無法、或不想要親自前去開會或拍攝時，岡恩就會代替她。[50]她們的同事推敲安娜的造型工作幕後其實是岡恩完成的。「即使她們兩人私底下有分歧，也許是安娜不重視岡恩的付出，但岡恩似乎始終跟著她，」迪貝奈德托說：「她們也似乎相處得很融洽。」確實，從其他同事的角度看來，岡恩對安娜來說不只是助理，安娜會採納她對報導的意見，她曾得到幾次獨自撰稿的機會，也從未抱怨過安娜。[51]

基頓有一些地方讓安娜不堪其擾，像是會在雜誌中強加自己對時尚的想法。安娜在辦公室外得到越來越多來自時尚界的賞識，可說是在嶄露頭角，因此她會回絕基頓的想法。基頓也會指派報導主題，像是改造《萬歲》員工這樣老掉牙的點子，但是，安娜多半毫無興趣。[52]她們對許多事意見各異，例如，送貨員、差旅費和報導選文，不過是否選用內部模特兒是她們爭執最激烈的一點。這些女性以一百七十六美元的固定週薪，為古喬內的全部出版品效力——從雜誌摺頁到《閣樓》的自家內衣品牌，在眾多頁面都擔任模特兒，基頓非常希望她們也登上《萬歲》。

基頓從這些內部模特兒身上，看到的是省錢。然而，她們在安娜眼中都不是高檔時尚模特兒，因此不適合登上她的報導。基頓懇求安娜選用這些模特兒，但安娜直接拒絕：「不要！」並氣呼呼地走掉。人力部負責人會和這些模特兒開玩笑：「遠離這層樓的那一側，因為安娜和凱西為了這些女孩在吵架。」然而，人力部的位置很近，他們可以聽到兩人在爭執，中間夾雜安娜重重踏步進出基頓辦公室的聲音。

處理摺頁「配不上她的理想」，雪莉兒・里克森（Cheryl Rixon）——其中一名等待安娜屈就選用的內部模特兒說：「我們都知道她想要成為《時尚》的時尚編輯，而且在尋求更有野心的事業。」

安娜喜歡里克森，因為她曾經擔任時尚模特兒，而且她和福特經紀公司（Ford）的模特兒站在一起時並不遜色。另外，她的職業道德符合安娜的期待：她早到晚退、午餐時間不休息、遵從指令，她也是少數不怕安娜的人。「她從來沒有心情好的時候，每個人靠近她都要躡手躡腳。除非是聽到好笑的諷刺話語，不然她不太笑。然而，我在澳洲長大，所以我很習慣英式的陰鬱個性。」里克森這樣描述安娜。

拍攝前里克森會和安娜見面試穿衣服，安娜總是站在靠牆的長桌旁邊，準備好以生產線般的飛快速度完成試裝。她會提早規劃所有的造型，並掛在她的衣架上，以便隨時能夠試穿。安娜叫里克森穿什麼，里克森都不會有意見，試裝過程很快速，因為安娜果斷堅決。她從來不會說：「太好看了！」無論里克森穿什麼，安娜都沒有情緒起伏。通常是里克森穿上衣服，安娜看了說：「好。」里克森就可以走了。到了拍攝現場，安娜和里克森幾乎不會有所互動；安娜會預先計劃好一切，所以經常不會到場，而是派助理前去。[53]

安娜的時尚跨頁報導大多巧妙和魅力、淘氣和甜美兼具。她的頁面正在孕育經典，其中的鄉村背景，看起來就和她之後在《時尚》的跨頁報導一樣。模特兒在沙丘的野草堆或是老農場擺出姿勢，飄逸的髮絲配上厚實的毛衣，再擺上道具（弓箭、機車和剛捕上岸的死魚），這些物品非比尋常，但是一眼看過去絲毫不突兀。[54]

這樣的作法讓她脫穎而出。一九七七年的十月號，有一系列以性虐待為靈感的相片，那是尚保羅・古德（Jean-Paul Goude）的作品，他和葛蕾絲・瓊斯（Grace Jones）合作打造風格鮮明的專輯封面和音樂錄影帶，因此出名而備受尊敬。這個系列有張圖是名女模特兒身穿一襲洋娃娃裙裝和童帽，以雙手和雙膝著地，另一名男性高高在上拿著一瓶牛奶餵她，液體噴濺出來，在她胸前的硬木地板積成一灘水窪。派翠西亞・林登談起安娜作品的整體風格說：「她的作品都有性暗示意味。現在看起來沒什麼，不過在那時候就不一樣了，當時沒有人這麼做，所以非常特別。」[55]

艾瑪・摩爾在《萬歲》期間，她和康泰納仕的編輯總監亞歷山大・利伯曼（Alexander Liberman）見面，他是雜誌發行界的大人物，幾年之後也是他招攬安娜進《時尚》。[56]「我很喜歡《萬歲》，而且注意到你們的發行資訊欄有一個英國女孩。」他這樣說並提起安娜。顯然，這一份工作完全達到安娜的需求——建立自己的名聲。

當下，建立名聲前所未有地重要。安娜在《萬歲》已經三年了，陪著雜誌走過一半的壽命，不過這本雜誌從未擺脫色情出版物的狼藉名聲。「這本雜誌無法歷久不衰已經有所預兆。」主任編輯黛布拉・迪西特（Deborah Dichter）說。[57]「雜誌一直在大量燒錢，他們都沒轍，只想要擺脫她。」摩爾表示。[58]

然而，擺脫安娜並非易事。她的時尚版面就像是價值不菲的土地，上面能夠植入不少廣告，而且也使《萬歲》有本錢在紐約媒體圈有一席之地。《時尚》和《哈潑時尚》的編輯讀《萬歲》，就只是想要看看安娜在忙什麼。安娜和基頓還得到同一號人物的庇護，那就是鮑伯・古喬內。

當時，薇薇安．拉斯奇也住在紐約，她有一次問安娜是否能夠忍受在古喬內手下做事，還有他是否和一些人說的一樣噁心。[59]「她覺得他有一點有趣。」拉斯奇回憶。小鮑伯則說：「安娜不會大驚小怪，否則在職場就不夠精明了。」[60]

一九七八年年初，岡恩和安娜一起到廣場飯店（Plaza Hotel）和安娜的朋友麥可．齊爾卡（Michael Zilkha）共進午餐。[61]齊爾卡對岡恩很有興趣，還找朋友米歇爾．艾斯特班（Michel Esteban）一同前去，當時，齊爾卡和艾斯特班才剛一起成立ZE唱片公司（ZE Records）。艾斯特班一下子就深受安娜吸引，邀請她隔天共進午餐，安娜坦言自己看到艾斯特班的穿著時以為他是同志。「她說紐約沒有男人這樣穿，」艾斯特班回憶：「我當作是讚美。」

他們展開一段戀情，安娜邀請他搬進自己的住處。她住在經典的褐石公寓，餐廳經營者布萊恩．麥納利（Brian McNally）曾是她的室友，但他隨後就搬出去了。安娜和艾斯特班喜歡一起吃餐廳、逛藝廊和去博物館。雖然他們會一起去聽艾斯特班公司旗下歌手的演唱會，但「不太合她的口味」。

她的工作依然忙碌。雖然《萬歲》的財務吃緊，安娜還是有辦法到全世界拍攝，像是日本、牙買加、瓜地洛普島（Guadeloupe）和波多黎各。儘管公司有種種毛病，但在安娜需要的時候，這個工作依然是一份好差使。然而，雜誌從未找到足夠規模的讀者群，一九七八年下半，《萬歲》的發行量從一九七六年的七十萬份，下降到攔腰折半。[62]基頓認為，問題出在報攤先入為主地以對待色情雜誌的方式埋沒《萬歲》。

一九七八年十一月十七日週四，員工收到通告，雜誌隔天就會停止營運。安娜一聽到消息便忍不住啜泣，淚水流過她的臉龐，[63]林登看到安娜的反應頗為震驚。安娜的態度輕率無理，而且時常不在辦公室，這造成員工都認為她不是很在乎公司。她的昂貴服飾也說明她不需要這一份薪水。然而，也許她流淚不是為了雜誌，而是因為這一份工作。她在這裡享有彈性，第一次有地方可以打造自己的王國，現在一切都不復存在了。

她的人生不只碰上職涯大轉彎。《萬歲》宣布停刊僅一週之前，安娜的父親娶了他的女朋友奧黛麗．斯洛特，並且在倫敦舉辦晚宴慶祝。[64]

一直到一年半後，安娜才找到另一份雜誌工作。

第七章　精明之舉

《萬歲》停刊之後，安娜和艾斯特班搭機四處旅遊。[1]他們環遊世界，足跡遍布南法、牙買加和倫敦，不過大部分時間都一起待在巴黎。安娜在那裡和安・麥納利（Anne McNally）越加親近，麥納利是一名芭蕾舞者，偶爾會兼職模特兒。[2]兩人會認識是因為安娜先前在《哈潑名媛》工作，有時會和攝影師安德烈・卡拉拉（André Carrara）合作，也就是麥納利當時的男朋友。「我無法解釋，就好像是你喜歡吃巧克力，」麥納利說：「我們就是喜歡彼此。」有一次，她們前去巴雷什尼科夫（Baryshnikov）的芭蕾舞首演，身穿一樣的蒂埃里穆勒（Thierry Mugler）罩衫和內搭褲，不過顏色不一樣。（雖然她們見面時經常發生這種情況，不過安娜始終「不介意」，麥納利說。）

對安娜來說，自從青少年期間以來，只有這一段時間真正脫離工作、得到休息，但她的雄心壯志並未因此消沉，艾斯特班回憶，「我們用法文說是 reculer pour mieux sauter，」翻譯過來就是「以退為進之計」。[3]

一九八〇年春天，她準備好回到紐約和職場。[4]她在紐約的一本雜誌《精明女人》（*Savvy*）找到工作。

不久之後，安娜和艾斯特班分手了，因為他不想待在紐約，不過兩人仍是朋友。[5]同時，麥納利搬到紐約，她和安娜的關係只增不減。[6]麥納利搬來不久之後，她和安娜穿上皮草大衣和高跟鞋走在萊辛頓大道（Lexington Avenue）布魯明黛百貨一帶時，安娜的手提包被搶了。她依然擁有年輕時候的短跑天賦，就算腳蹬高跟鞋，她還是起跑追趕搶劫犯，奪回自己的手提包。「那個男的完全逃不掉。」麥納利回憶。

她在職場跑道上也正要這樣努力向前跑。

一九八〇年年初，《精明女人》開始發行，並且以「企業高層女性的專屬雜誌」為標語。[7]「《柯夢波丹》（*Cosmopolitan*）等其他雜誌始終傳達『對男人感到興奮，一點錯都沒有』。我想要做的是解放女性，告訴她們『對工作興奮一點錯都沒有』。」創辦人暨總編輯茱蒂絲·丹尼斯（Judith Daniels）說。丹尼斯先前任職於《紐約》和《鄉村之聲》（*Village Voice*），她原先叫做茱蒂（Judy），長大之後開始改叫茱蒂絲，因為她覺得這個名字比較嚴肅認真。這本雜誌聽起來很適合安娜，她當時三十歲，急需一份工作。安娜沒什麼討價還價，就接受一期月刊大約一千美元的低廉薪資（她任職期間，甚至沒有每一期雜誌都參與）。[8]

然而，安娜和《精明女人》的世界觀有所出入，雜誌瞄準的讀者都是在七〇年代打拚，並在法律事務所或銀行爬升到管理階層的女性。除了理想之外，安娜無法和她們產生共鳴。她和《精明女人》的目標讀者群不一樣，女性特質是她的殺手鐧而非拖油瓶。律師對時尚的需求和安娜這樣步步高升的「時尚寵兒」大相逕庭。早期的編輯會議中，《精明女人》的員工爭論到底要不要報導時尚議題，甚至是要不要接下美妝品牌的廣告生意。[9]拒絕時尚報導和廣告對女性雜誌來說前所未見，畢竟這些收入對他們來說攸關存亡。

丹尼斯嘗試數年才成功發行《精明女人》，她知道自己禁不起如此高姿態。女性企業高層握有可自由支配的收入，而且她們對打扮會有興趣，關心外貌對她們有益無害。[10]然而，丹尼斯認為安娜之前那種時尚報導行不通。她希望看到「真人」而非模特兒；實用的辦公室服裝，而非離開了伸展台就沒有人會穿的東西，還要有合理的價格。[11]也就是說，這些女性為了進入企業高層努力奮鬥，她們會想要讀的是「名片決定您的形象」、「電腦概念股明日之星」這一類的報導。[12]

然而，安娜進入《精明女人》不是要和雜誌攜手推進女性在美國企業的地位，而是要延續自己的使命：以各式各樣自己喜歡的報導填滿作品集，以便能夠進軍下一份更好的工作，也許是《時尚》或邁向《時尚》的必經中繼點。「安娜很有主見，她想要什麼就會做什麼。」《精明女人》執行編輯蘇珊．埃德米斯頓（Susan Edmiston）說。[13]

丹尼斯會成為連續第三個想要開除安娜的上司。

安娜到職《精明女人》後，她在辦公室是神祕的存在，就和在《萬歲》時一樣。[14]安娜還帶著喬治亞．岡恩協助她，不過她怎麼付給岡恩的薪水就不得而知了，要不是使用時尚預算的津貼，就是自掏腰包（她仍然一年收到一筆信託基金款項，一九八〇年那一筆錢總計是四千美元，相當於二〇二一年的一萬三千五百美元）。[15]

岡恩就和在《萬歲》一樣，聯繫安娜和其他員工，大家都覺得岡恩好相處，但安娜難親近。[16]她和岡恩視情況進出公司，並在眾人視線之外的辦公室工作，攝影師和模特兒的人流不斷，他們會帶著作品集前去辦公室給安娜參考。安娜主要和幾個人說話：她的上司丹尼斯、藝術總監卡蘿．德萬・卡森（Carol Devine Carson）和卡森的助理丹・泰勒（Dan Taylor）。泰勒是辦公室裡的少數男性之一，安娜很欣賞他，叫他「瘦子」（the thin man），這個名字源自一九三四年的同名電影，因為泰勒讓安娜想到裡面的影星威廉・鮑威爾（William Powell）。泰勒也會自己攝影，同時希望安娜的版面能夠賞心悅目。[17]員工都清楚安娜很認真工作，儘管她只有需要幫忙時才會找他們，像是找人撰寫報導當中的文字。

安娜在《精明女人》期間，搬進新任男友麥可・史東（Michael Stone）在上西城（Upper West Side）的複層公寓。[18]史東是一名記者，手頭寬裕，差不多和安娜同齡。[19]她在公寓裡擺了一張寬敞的白色辦公桌，只要不在辦公室，她就會一天投入十八小時在這裡工作，不過部分時間可能花在尋找另一份工作。[20]她進辦公室時總是戴上墨鏡，穿著牛仔褲、利柏提百貨（Liberty of London）的上衣和燈籠褲（當時是八〇年代），看起來光鮮亮麗。然而，有些人會納悶，安娜幾乎沒有賺錢，也許甚至在賠錢，為什麼還要在《精明女人》工作呢？這個歐洲人明顯才華洋溢、自命甚高，還有個人助理，但雜誌的讀者群一起床就穿上肉色褲襪和墊肩，為什麼她還會想要報導時尚給她們看呢？

《精明女人》才創刊不久，因此預算吃緊，代表每個人都必須東拼西湊，安娜也不例外。她推著一個個衣架的服裝，走過辦公室裡和一整個街區一樣長的走廊，討人情要求攝影師協助拍攝。[21]一次牙買加的攝影工作，她選用安・麥納利為模特兒。「照片就這樣到我們手上了，她搞定一切。我對她來說不像是藝術總監，她不需要旁人的靈感和引導。」卡森說。[22]即使丹尼斯和其他編輯對安娜的版面有疑慮，卡森還是情有獨鍾。

毫無意外，安娜的開銷就和在《萬歲》一樣是爭論的引爆點。[23]然而，這一次和《萬歲》不一樣，她的創意手法也備受非議。在一九八一年二月號的一則報導，主題是六名女性時尚創業家，包含諾瑪・卡馬利（Norma Kamali）和鞋履設計師茉德・弗里松（Maud Frizon），弗里松還是封面人物。這些設計師的單品穿在一位模特兒身上拍攝，七張照片只有一張能夠看見模特兒的全臉，其他則是從她的背後或鼻子以下拍攝。其中一次封面照拍攝，安娜以一頂暗玫瑰色帽子遮掩模特兒的臉龐，丹尼斯拒絕刊登。[24]

另一次拍攝的主角是周天娜（Tina Chow），她完全是安娜喜歡的那一種生意人，因為她也是時尚圈的一分子，身兼模特兒、珠寶設計師，還同樣是「時尚寵兒」。[25]她和姐姐愛黛兒・盧茨（Adelle Lutz）一同入鏡，照片中她在丈夫的時髦中餐廳周先生餐館（Mr. Chow）閒晃，她穿上六百五十美元的榮恩利爾（Ron Leal）麂皮外套，姐姐的身上則是三百美元的三宅一生（Issey Miyake）羊毛衫。這些照片是交由時尚攝影師蓋伊・勒博（Guy Le Baube）拍攝，他之前就曾經在《萬歲》為安娜攝影。雖然這一次的費用和平時相比微不足道，而且他覺得這一場拍攝沒什麼概念可言（因此是浪費他的時間），他還是很喜歡和安娜共事，因為他覺得比起大多數時尚界人士，安娜要聰明得多。另外，勒博完全不懂時尚，他主要在乎燈光，服裝方面則是完全信任安娜。「安娜極其老練，她操著一口動聽的異國口音，也知道自己要什麼。」他說。勒博的體認不只是這樣：安娜過去「有手段認識名人」，現在進化到也能夠「打造」名人。[26]

雖然安娜對自己的版面很滿意，但對雜誌讀者來說並不是這麼一回事，她的得意之作引來許多讀者來函寫「我永遠買不起」或「我死也不會這樣穿」。[27]丹尼斯非常擔心，因此考慮要開除安娜，不只是因為她的時尚愛好和雜誌不相符，還有因為她為所欲為，不顧成本、預算和讀者。[28]然而，憑藉自己在創意工作上的無畏精神，安娜說服丹尼斯讓自己留下來。[i]

主任編輯克萊兒・格魯波（Claire Gruppo）說：「這裡的工作對她來說是好差使，但夠時髦或有聲望嗎？當然沒有。因此，她要做多久完全看自己的需求。」[29]

留下來是在爭取時間，最好讓她能夠以在職的狀況下，尋找更好的工作。一九八一年三月十八日週三，她造訪《內幕》（*Interview*）雜誌的辦公室，這本雜誌是安迪・沃荷（Andy Warhol）所成立，向編輯鮑伯・科拉塞洛（Bob Colacello）展現自己投注三個月的計畫。[30]「他只看了一秒就說是垃圾，她哭了。她是如此意志堅強，我始終無法想像她流淚是什麼樣子，」沃荷在日記裡寫：「不過我想那是她的女性特質在作祟。」[ii]

然而，只要她有所嚮往，即使當下她的嚮往只是要讓自己成功，她便會不顧一切阻撓也要實現。她仍然在努力向自己高學歷知識分子的家人證明自己，尤其是她的父親。她離開《內幕》的辦公室，繼續參加下一場面試。

i 多年之後，傑瑞・奧本海默為了撰寫安娜的傳記《貴賓席》採訪丹尼斯，想當然耳，她和許多人一樣否認曾經想要開除安娜。

ii 一九八一年四月二十六日週日，安娜在遭拒一個月後，和麥可・史東外出到市區的時髦義大利餐廳達西瓦諾（Da Silvano）用晚餐，沃荷看到他們，心想自己是否錯了。「也許我們應該雇用她，」沃荷寫道：「我們確實需要時尚人才，但我不覺得她知道怎麼穿搭。她的穿衣風格實在很糟。」

第八章　引領時尚

蘿芮・瓊斯（Laurie Jones）第一次見到安娜時，安娜就坐在《紐約》雜誌的辦公室。她戴著一頂帽子，身材很瘦小，瓊斯一開始以為她是個小男孩。當時，安娜和《紐約》的記者喬恩・布雷蕭在一起。布雷蕭正在趕稿，安娜則在此等他，沒有其他地方可去。

一九八一年年初，也就是大約五年之後，當時安娜在《精明女人》，《紐約》的主任編輯瓊斯打電話給安娜，要她來面試時尚編輯的新職位。

這個職位很難找到人選。時尚編輯必須在沒有團隊的情況下產出時尚跨頁報導、出席時裝秀、選定服裝、聘雇攝影師、髮型師、模特兒和化妝師，一手包辦大多數的工作。同時，每一期週刊幾乎都要有時尚報導，還要和紐約市的文化背景息息相關，不只是展示最時髦的單品。

瓊斯面試了許多《時尚》員工，但好像沒有人能夠掌握這份工作。她急需用人，還打電話給倫敦的葛蕾絲・柯丁頓。柯丁頓是英國版《時尚》的首席時尚編輯，她在時尚界已經是個傳奇，不過她對這份工作沒有興趣。接著，《紐約》的記者安東尼・哈登—格斯特，以記述曼哈頓上流社會廣為人知，他推薦自己的朋友安娜。

瓊斯馬上就愛上安娜，她覺得安娜生氣勃勃、滿腔熱血，而且對於時尚顯然無所不知。瓊斯要安娜下次帶給他報導的構想，安娜離開辦公室，準備了幾個展示板，上面有版面排版設計，包含服飾的拍立得照片。她的想法毫不單調、獨一無二，而且規劃極為縝密。「安娜，太棒了！」瓊斯看了展示板後說：「妳的每一個報導構想我都喜歡。」她隨即把安娜的展示板送到總編輯愛德華．柯斯納（Edward Kosner）眼前，柯斯納先前在《新聞週刊》擔任編輯，掌管《紐約》約一年。「愛德，這個女孩太出色了，有一天她會爬到我們頭上。」她對他說。柯斯納笑了笑，接著就雇用了安娜。[1]

安娜在美國的工作一直來來去去，《紐約》的工作澈底結束了這種情況，她也就此得到長期追求的產業名聲。

新聞編輯室裡坐滿記者，安娜再次成為格外光鮮亮麗的存在。[2]這個階段，她的衣著主要是日本設計師的作品，她會穿著的 Kenzo 服裝來上班，而且同一套服裝會有兩種不同顏色，她對同事說，因為「我忍不住，我真的忍不住。」她的鮑伯頭遮掩她的臉龐，身上服裝的一層層布料懸掛在她纖瘦的身軀上。[3]她每天穿著蘇珊．班尼斯／華倫．愛德華（Susan Bennis / Warren Edwards）的高跟鞋，但她並不覺得麻煩，還說「從前門走到車上沒有這麼遠」。[4]

安娜把她的帕森斯（Parsons）寬敞白桌搬進辦公室，而非和其他人一樣在同款的蹩腳辦公桌前工作（「我比較喜歡寬敞的白色桌面，才能夠把服裝和飾品放上去端詳一番。」她說）。她還帶來一個衣架、[5]一張時髦的椅子，椅背是彈力繩。[6]她為了張貼照片找來幾塊白板，[7]藉此和辦公室報紙紛飛的其他區域劃分開來，以打造完美的時尚庇護所。[8]雖然她努力做出隔間，不過只放得下一個獨立的小型懸掛式衣櫃，存放她借來的服裝。[9]

雖然安娜嚮往過上自己鏡頭底下的完美生活，但她的目標是成為雜誌高層，她其實正過著這樣的人生。她和《精明女人》的使命不甚匹配，不過她一心一意奮發在職場更上一層樓。現在她是紐約市時尚編輯的明日之星，苗條、美麗又精緻，但同時有能力展現如將軍或執行長一樣的氣場，她的同事形容她「有商業頭腦」又「專業」，甚至還很溫暖。[10]

《紐約》團隊人人都是朋友，雖然大家都很努力工作，但也喜歡在辦公室舉辦歡樂時光活動，互相開開玩笑。安娜始終不是真正的一分子，但他和男裝時尚編輯亨利・波斯特（Henry Post）成為朋友。後來，波斯特染上愛滋病，安娜前去醫院探望他，還幫他揉揉腳。安娜的另一個員工朋友是哈登–格斯特，不過他幫忙安娜拿下這份工作後，他們很快就沒有來往了。他表示，「我不覺得她自私或怎樣，我想她的本性就是如此，她只向前看。」[11]

雖然其他人會覺得安娜難以親近，安娜卻覺得單純是時尚編輯這個身分使她無法融入。「當時《紐約》雜誌不怎麼重視時尚，因此我覺得基本上自己是在女廁外面辦公。」她說。[12]然而，安娜也未主動和同事攀談，建立關係以減輕備受排斥的感覺，她就像以前一樣，之後也會是這樣。許多玩笑話本意是好玩，但在她聽來卻充滿惡意。她偶爾會用橡皮筋把鮑伯頭在頭頂綁起來，就像日本武士的圓髮髻。[13]員工一開始發現這件事，就一個個用橡皮筋盤起頭髮，連男員工也這麼做，雖然他們根本沒有多少頭髮。[14]安娜環顧四周，看到這種情況，眼淚奪眶而出，接著就離開了。

人們在她的四周開玩笑，也許讓安娜覺得自己更不可能參與其中。有一次她請南西・麥奇歐（Nancy McKeon）陪她一起和出版商克萊森・波特（Clarkson Potter）的編輯開會，麥奇歐是《紐約》的資深編輯，負責雜誌的工商服務專欄。[15]安娜製作一期室內設計的內容，她有意出版成精裝畫冊。一路上安娜不發一語。

「你都不閒聊的嗎？」麥奇歐問。

「我會和朋友聊天，」安娜回答，這段對話就結束了。

她的摯友都是美國的歐洲移民，像是安．麥納利、撰稿人瓊．茱麗葉．巴克（Joan Juliet Buck）、英國記者古莉．威爾斯（Gully Wells）和威爾斯的丈夫彼得．福格斯（Peter Foges）。[16]她和艾瑪．索姆斯一直很親近，安娜加入《紐約》前後，索姆斯也和未婚夫一起到紐約。有一次他們外出共進晚餐，索姆斯的未婚夫提早離開。安娜隨即轉向索姆斯說：「妳不能嫁給那個男的。」

「噢，安娜，我知道啦，」索姆斯說，反正她自己也心有疑慮。她不知道為何揮倒一杯紅酒，杯子飛過桌面，紅酒潑濺在安娜的聖羅蘭白色新襯衫。索姆斯回憶：「我再也沒聽到安娜提起那件襯衫，至於那個男的，她說得沒錯。」[17]

《紐約》是備受矚目的刊物，許多文章都很知名，就像是一九七六年的專題報導後來改編成《週末夜狂熱》（*Saturday Night Fever*）。《紐約》就像是查爾斯帶領下的《標準晚報》，各家記者沉迷於閱讀，他們當中有許多人希望擠進《紐約》工作。然而，他們的競爭者《紐約時報雜誌》（*New York Times Magazine*）搶走了大部分的時尚廣告，安娜的前上司凱莉．多諾萬就是《紐約時報雜誌》的時尚編輯。[18]安娜應該努力改變這種情況。她說服柯斯納，為了讓雜誌更高檔（因此變得時尚），她的文章必須用上最好的攝影師和模特兒。這麼做比雜誌其他業務都來得花錢，但柯斯納執著於讓《紐約》成為經典中的經典，不同於安娜的前上司，他同意她這麼做。[19]（雖然如此，但有一次他向哈登－格斯特抱怨，安娜對攝影師的偏好很奇怪。）[20]

「他對安娜只有青睞，」副藝術總監派翠西亞．布伯里（Patricia Bradbury）說：「我覺得他欣賞安娜，也是因為她很漂亮動人。我想他有一點迷戀安娜，我也有一點迷戀她，大家都是這樣。」[21]柯斯納很快就看到安娜天賦異稟，並給予她一臂之力助她成功，儘管有時似乎有違他自身的行事邏輯。安娜在會議上向柯斯納提案，布伯里也列席參加。「她做了功課，準備了難以拒絕的提案內容才來參加會議。」她說。當時，藝術在紐約鬧區迅速發展，安娜特別希望將其融入自己的時尚攝影，她委託麥可．布德羅（Michael Boodro）幫她找出適合合作的藝術家，布德羅先前任職於紐約現代美術館（Museum of Modern Art）和格雷美術館（Grey Art Gallery）。[22]「她不希望只是在攝影棚裡拍攝模特兒，」布德羅說：「她想做一點不一樣的。」

安娜的第一篇《紐約》報導和蓋伊．勒博合作，以安蒂．麥道威爾（Andie MacDowell）及另一名女性為模特兒拍攝夏季服飾。勒博希望模特兒看起來像在炎熱夜晚身處紐約的高樓屋頂，傾斜在後的帝國大廈（Empire State Building），彷彿在模特兒身後的深藍色夜空「跳舞」。當時要打造這樣的拍攝成果很困難，因為無法後製處理照片的最終模樣。於是勒博找到一棟建築物，從屋頂能看到帝國大廈，他用木架打造一個傾斜的平台，模特兒可以在上面擺出姿勢，他對齊相機和這個平台，建築物在他們身後也會是傾斜的樣子。[23]安娜要求麥道威爾在平台上要價一千七百五十美元的亮色摺疊躺椅擺好姿勢。[24]後來在「炎炎之夜」（In the Heat of the Night）這個標題下刊登這些照片。

雖然安娜經常和勒博合作，但勒博並不覺得兩人特別合作無間。每當他們一起在拍攝現場，安娜「有如老鷹，就像是猛禽一樣，」他回憶道：「她能夠看到每一個細節，並立即以勇氣和權威插手其中。」

這麼做不總是受歡迎。他說兩人在拍攝現場「一直是意見分歧」，喬治亞・岡恩還要居中緩和氣氛。安娜在《紐約》雇用的第一任助理是梅蘭妮・斯科澤克（Melanie Skrzek），不過她不到一年就離職了，因此岡恩到《紐約》再一次為安娜效力。

岡恩性情和藹可親，而且「希望一切順利」，因此很有幫助。勒博說：「因為我和安娜從來不會費心取悅彼此。」

然而，勒博對兩人在拍攝現場的緊繃氣氛並不在意。他喜歡為安娜拍攝，因為比起其他編輯，安娜好太多了。每次他為《時尚》拍攝，都不能保證自己的照片會刊登。他覺得安娜不會如此浪費他的時間，她也很明顯厭惡別人浪費她的時間。[25]

柯斯納了解雜誌若想打進高檔市場，就需要偶爾賣弄浮誇。在安娜所參與的第四期雜誌中，她有一整個跨頁報導在展示皮草，包含一件兩萬美元的貂皮大衣和八千美元的狸皮大衣。[26]在一九八二年某期雜誌中，她以山羊皮行李箱為主題，製作一篇跨頁報導，[27]文中寫道：「價格從一個化妝箱七百五十美元到一個皮箱九千美元。」編輯南西・麥奇歐認為那只行李箱很漂亮，但《紐約》推薦這種行李箱太昂貴了。然而，隨後的一篇甜點文章裡有個席薇雅溫斯托克蛋糕店（Sylvia Weinstock）的蛋糕，外層是巧克力，要價高達六百美元。柯斯納對此深感困惑，他把員工一個個叫進辦公室——包括麥奇歐，詢問一個六百美元的蛋糕最後怎麼會登上雜誌，但麥奇歐根本沒有參與這篇報導。

「妳不覺得很奇怪嗎？妳怎麼沒有叫我多注意？」他說。

「但是，愛德，」麥奇歐說：「九千美元的山羊皮皮箱，你就有興趣。」

「噢，那個不一樣，」柯斯納回答：「皮箱又不是吃的。」[28]

雖然安娜不顧他人眼光，而且她在時尚媒體界生存了一段時間，想必臉皮增厚不少，但她對此仍會有感覺，而且在一些場合會顯露出來。喬丹．沙普斯（Jordan Schaps）是雜誌的攝影編輯，他熱愛歌劇，負責監督雜誌的封面，在一個春天的週五夜晚，安娜和沙普斯在辦公室加班，因為要和攝影師奧利維羅．托斯卡尼（Oliviero Toscani）見面。托斯卡尼從倫敦飛過來，希望在隔週拍攝春季時尚封面之前，來辦公室看看安娜的一架子服裝。安娜挑選設計師服飾讓模特兒穿著，並且在真實的紐約市典型人物旁擺出拍照姿勢，例如，計程車司機、腳踏車送貨員和高檔的馬戲團餐館（Le Cirque）服務生。

沙普斯記得，無論安娜選什麼，托斯卡尼都說是垃圾。那次會面不像是為了看服裝，而是為了滿足他的自尊，也就是下馬威。雖然安娜早知道會這樣，但托斯卡尼的輕蔑還是讓她流下淚來。「安娜打理好一切，讓這個自大狂飛過來，然後在九點來辦公室檢查服裝，我覺得她算是寬宏大量了，」沙普斯說：「他就是豬頭……沒必要弄哭她啊。」[29]托斯卡尼說自己不記得那一次試裝，不過他「可能」真的弄哭她了。[30]然而，在他們拍攝期間，大家都很忙，所以沒時間示威，一切都很順利。托斯卡尼很欣賞安娜的效率、才華和幽默感。之後安娜和托斯卡尼又合作了幾次。[31]

職場上的不滿並非總是輕易平息。安娜在《紐約》的第一任助理梅蘭妮．斯科澤克，先前就讀帕森斯設計學院（Parsons），正要展開自己的職業生涯。她毫不張揚，做好份內工作，也就是搞定安娜在時裝秀的座位、買好她的優格和午餐的香蕉，她似乎對工作毫無怨言。斯科澤克證明自己的能力之後，安娜允許她處理造型、規劃攝影工作。她們同意選用喜劇演員珊卓·伯哈德（Sandra Bernhard），並委託史蒂芬·梅賽爾（Steven Meisel）拍攝。梅賽爾是一位年輕插畫師，正要轉行攝影。照片洗出來之後，安娜沒有解釋就刪掉那篇文章。無論她的助理是否第一次負責攝影工作，或她們選用名人當模特兒，安娜都不在乎。[32]

在安娜的職涯當中，她一次又一次這樣做，一旦她決定了，通常沒辦法讓她回心轉意。同時，刪掉文章才能讓別人知道，你對拍攝過程和成果是有標準的，當時《時尚》經常這麼做。刪掉文章可以讓苦主知道權力在誰手上，他們也會知道若希望自己的作品登上雜誌，下次應該怎麼做。

然而，梅賽爾也很堅持自己的看法，幾乎和安娜一樣，他對此很不高興。[33]他之後會成為偉大的時尚攝影師，但在很多年以後，他才再次和安娜·溫圖合作。

無論拍攝現場發生什麼事，安娜似乎從來不會交出糟糕的照片成果，她在《紐約》不到一年，就獲得拔擢成為資深編輯。柯斯納擴展她的職權，開創全新的專欄「時下潮流」（In Style），讓她能夠報導室內設計、影響力人物和服飾。[34]隨著每一期雜誌的完成，她在時尚界吸引了越來越多的關注，不只設計師和模特兒，還有編輯。一年後她才會到《時尚》任職，但各方都已在洽談了。

葛蕾絲·米勒貝拉從一九七一年開始擔任《時尚》的編輯。她對米黃色的喜愛廣為人知，從她的衣著和辦公室的裝潢就一目瞭然。安娜在《紐約》大舉革新時，波莉·梅倫是《時尚》職等最高的時尚編輯，她開始覺得《時尚》越來越「無趣」，但這個形容詞和梅倫本人毫不搭軋。[35]一九八一年，梅倫要拯救一次拍攝，因為她認為結果可能死氣沉沉。她找來一名動物訓練師，在最後一刻雇用他，並帶來一條巨大蟒蛇和模特兒娜塔莎·金斯基（Nastassja Kinski）一起拍攝。攝影師理查·亞維登（Richard Avedon）要求金斯基裸體躺在地上，讓蟒蛇爬上她的臉，用舌頭撥動她的耳朵，梅倫說：「拍攝結束，我喜極而泣。」[36]結果成為《時尚》最知名的一組照片。

一九七〇年代早期，安娜在《哈潑名媛》時出席時裝秀，當時梅倫就看過她，很欣賞她的個人風格，她想安娜是否能夠以自身曲高和寡的手法重振《時尚》。[37]梅倫對安娜在《紐約》的作品刮目相看，因此安排安娜和米勒貝拉見面。[38]米勒貝拉問起安娜想在《時尚》得到什麼職位，安娜回覆：「您的職位。」她之後形容，這個答案是自己一反常態「突然太誠實了」。

於是，兩人的會面在這個答案中結束了。

一九八二年，春去夏來，安娜和同居男友麥可·史東的感情正逐漸消逝。安娜前去漢普頓拍攝，身邊有史東同行。史東向模特兒希娜·馬查多（China Machado）長期租下那裡的一棟房子，拍攝團隊也就在此留宿。安娜和史東顯然不睦。[39]蓋伊·勒博的助理認為，兩人不睦是因為安娜對勒博動情。但安娜卻表示她很厭惡勒博，她認為勒博和拍攝現場的一位模特兒有戀情。（「他以為自己是漢姆特·紐頓，」安娜曾如此譏諷道，紐頓是一名前衛又有影響力的攝影師，以強烈的色情意象聞名。）她無法容忍勒博的不專業行為（勒博表示自己不記得此次拍攝）。[40]

只要拍攝時間到了，無論是哪一方，一整天都充滿挫折：勒博不喜歡模特兒的站位；安娜通常很果決，但似乎不知道自己要什麼，她的助理設法幫忙，無論怎麼做都會被她批評。[41]一切都太氣人了，他們決定草草結束、打包回家。結果照片洗出來還不錯，但卻是安娜和勒博的名字最後一次出現在同一篇文章裡。

雖然安娜希望合作對象能有無可挑剔的判斷力和行為，但有時她自己的螺絲也會鬆掉。在一九八二年的〈夏日樂事〉（Summer Pleasures）增刊中，沙普斯想在封面放上「泳裝美人」，靈感來自亞伯特・瓦加斯（Alberto Vargas）在《君子》（*Esquire*）的插畫。一場會議中，安娜說：「為什麼不找瑞秋・華德（Rachel Ward）呢？」這位英國出生的演員後來在一九八三年的電影《刺鳥》（*The Thorn Birds*）領銜主演，此片可說是她的代表作。「我認識她，她會同意拍攝的。」安娜說。

沙普斯很喜歡這個主意。安娜又住進馬查多在南安普頓（Southampton）的房子，他們決定在戶外的夏日陽光下拍攝。攝影師派翠克・狄馬薛利（Patrick Demarchelier）在附近有房子，於是沙普斯聘用他，以節省旅費。他們為華德和一些工作人員找到一間飯店，沙普斯和安娜則住在租屋處。

起初拍攝並不順利。大雨下個不停，時間一直流逝，沙普斯建議清掉門廊頂棚下的家具，搭建臨時的攝影棚。拍攝工作終於開始，華德身穿泳衣在烏雲灰的背景前擺好姿勢，看起來美麗動人。沙普斯高興不已，他要求助理在休息時間找華德簽署制式的模特兒肖像授權書。然而，他問了三、四次，卻一直沒有拿回簽名板。「她沒有簽署肖像授權書，我們不能走。」沙普斯說。他又問了一次，他的助理表示：「安娜處理好了。」

回到辦公室，沙普斯選出一些照片，正要放上展示板，安娜過來要了照片的複本，要寄給華德批准。

「安娜，我們不會這樣做。」沙普斯說。此事關乎新聞業的原則，柯斯納不允許拍攝對象決定自己以什麼樣子登上雜誌。

安娜走到她的辦公桌前，回來拿了一份簽字的授權書，上面寫著：「我們特此給予瑞秋・華德照片批准權。」

「安娜，我覺得妳最好拿給愛德看一下。」沙普斯說。

安娜走進柯斯納的辦公室，關上身後的門。(「門關上後，你出來不是剩半條命，就是所向披靡。」沙普斯這麼想。) 最後她是哭著出來的。

「我要飛到洛杉磯找瑞秋批准。」她對沙普斯說。他拿了照片讓安娜帶去，於是安娜自己買了機票。

華德看到照片後哭了。她說自己看起來又胖又醜，這個封面會毀掉她的演藝生涯。沙普斯完全不這麼認為，但他在電話中告訴華德沒關係，他不會以此作為封面。現在，他必須在最後一刻生出其他封面。他想到安娜剛完成泳裝的拍攝工作，當時她和兩名模特兒合作，於是沙普斯和她們見面，選用其中一人拍攝新封面。安娜對拍攝幫不上忙，因為她和華德在洛杉磯的會面是一場災難，她正在回程途中，因此沙普斯擔下責任。替補造型師選好泳裝，但沙普斯覺得不合適，因此詢問模特兒的意見。「噢，我的包包裡有比基尼。」她說。她穿上比基尼後，沙普斯有了另一個想法。他對助理說：「趕快去弄一堆牡丹花來。」沙普斯讓模特兒的胸前湧出一大撮粉紅色牡丹花，以此進行拍攝。最後，他順利產出新的封面。

辦公室裡，安娜從加州回來，走到沙普斯的座位。「我喜歡你的封面。」她說。和父親一樣，她鮮少在辦公室稱讚人，如果她對你的作品講好話，你就知道她是真心的，這種感覺棒極了。

沙普斯看著她說：「這是我們的封面。」他只有這次和她談起華德大災難。[42]

就如同之前的工作，安娜依賴盡忠職守的助理來完成她獲派的任務。斯科澤克離職之後，安娜找來喬治亞．岡恩協助她，不過在幾個月之後她就讓岡恩升遷了。為了替補岡恩，安娜雇用了蘿莉．謝克特，接下來十年她都在安娜底下做事。謝克特一開始進入時尚界是效力黛安．班森（Dianne Benson），班森開設了黛安．班森高檔精品店，安娜曾在此買下她的川久保玲（Comme des Garçons）服飾，也經常從這裡借來單品進行拍攝。謝克特入職《紐約》之前，她會在週六看見安娜到店裡購物。

謝克特第一天上班時，安娜對她說：「我不是很有條理，妳會需要處理全部的事情。」謝克特很快就發現，其實安娜極有條理，因此她領悟到這只是一個管理訣竅，確保她不會懈怠。〔安娜好像只有一樣東西顧不好，就是她的徒步旅行者（Wayfarer）度數太陽眼鏡。她在蘇活區（Soho）的好視力驗光所（Better Vision Optica）客製化太陽眼鏡以符合她的小臉，謝克特一再到那裡拿回新的一副。〕

後來《時尚》的員工形容安娜讓他們「忙得團團轉」，無論是安排拍攝工作或是為她的小狗選項圈，只要他們開始工作，她就會吹毛求疵。[44]他們認為她這麼做是為了維護自己的支配地位。當人們習慣在她底下做事，就會如此告訴新人：「她就是這樣做事，不是在針對你。」

謝克特到《紐約》在安娜手下工作兩週就瘦了八磅。她會第一個進辦公室，最後一個離開，一直為了拍攝忙東忙西，有時則是處理老闆的個人雜務。她喝「太多咖啡了」，但回到家仍然輕易入眠，雖然有時晚上十一點半才到家。其中一次雜務是到安娜和史東同居的複層公寓，從衣櫃裡拿東西。謝克特覺得很驚奇，因為衣櫃裡就像是乾洗店一樣設有自動衣架。

一九八二年秋天，謝克特參與她的第一場拍攝，主題是「鄉間週末服飾」，安娜計劃讓模特兒穿上一層層的厚重服飾和靴子，配上柔軟飄逸的髮型，到布里治漢普頓（Bridgehampton）的沙丘野草堆拍攝。[45]

「打給布萊恩．班特里（Bryan Bantry），告訴他我要山姆．麥奈特（Sam McKnight）參與這次拍攝。」安娜對謝克特說。她沒有解釋麥奈特是髮型師，班特里是麥奈特的經紀人，她也沒提供寫著電話號碼的名片。謝克特找到號碼，打給班特里：「您好，我是蘿莉．謝克特，我代表安娜．溫圖打給您。她要訂下山姆．麥奈特這些日期。」

「沒辦法。」班特里說，接著掛斷電話。

謝克特很尷尬，她告訴安娜，麥奈特沒有空。

「打回去給布萊恩，說我真的需要麥奈特。你得幫我搞定他。」她對謝克特說，同時提醒謝克特，斯科澤克過去都在做這種事。既然前任助理做得到，謝克特也不想失敗，她打給班特里，說服他預留麥奈特的時間。安娜也告訴謝克特，她和拍攝團隊需要一輛廂型車前往布里治漢普頓。於是謝克特打給一家租車公司，預定一輛廂型車和一位司機。安娜在路上打給她，表示廂型車的輪胎耗損了，會造成危險，謝克特驚慌失措地打給租車公司：「你們必須派另一輛廂型車和另一位司機，你們快要害我丟掉新工作了。」她和對方說。安娜和拍攝團隊便坐上另一輛廂型車。[43]

亞歷克斯・查特蘭（Alex Chatelain）受雇進行此次拍攝。安娜先前在《哈潑名媛》時，查特蘭就曾為她拍攝過跨頁報導，兩人的合作很愉快，可惜先前的默契沒有轉移到布里治漢普頓的寒冷海灘及富頹壞美感的農舍。

當天非常冷，經過三小時的車程從市區前來，模特兒都累壞了。因此，他們在一間餐館布里治漢普頓甜蜜廚房（Bridgehampton Candy Kitchen）休息一會兒。

「她們只有五分鐘。」安娜說。

「不行，她們很冷，需要暖和一下。」查特蘭說，他點了湯給她們。

「我們沒時間了，必須繼續工作。」安娜說，她一樣吃不多，後來還會嚴格控制因公外出午餐的時間，儘管有些餐點還沒上齊，四十五分鐘一到就要結束。[47]查特蘭習慣在拍攝現場開玩笑，但現在他們只是坐在那，安靜得尷尬。接下來的拍攝工作緊張又糟糕，查特蘭只好熬過去趕快回家。

幾年後，安娜成為英國版《時尚》的總編輯，安娜決定雜誌絕不和兩位攝影師合作，查特蘭是其中一位。「她毀了我的攝影生涯。」他說。[46]

安娜個人生活的戲劇化程度毫不遜色。她遇上兒童精神科醫師大衛・薛佛（David Shaffer）之後，「花束大戰」就開打了。[48]薛佛比安娜年長十三歲，他在一九七七年和妻子瑟琳娜・貝斯（Serena Bass）從倫敦搬來紐約，成為哥倫比亞大學（Columbia University）的兒童精神醫學科主任。[49]彼得・福格斯和古莉・威爾斯邀請安娜和史東到他們在西村（West Village）的家中聚聚，安娜在那裡認識薛佛和他的妻子。[50]薛佛和貝斯在倫敦會定期舉辦文化聚會，畫家、作家和丹尼爾・戴—路易斯

（Daniel Day-Lewis）這樣的名人齊聚一堂共進傳統的英式週日午餐。[51]他們把這樣的傳統一起帶來紐約，安娜成為他們的一位常客。

後來貝斯和他人遠走高飛，和薛佛的婚姻也就破碎了，[53]當時安娜還和史東在一起，但薛佛沒有卻步。雖然他單身，但在萌生感情之初，安娜可是名花有主。「麥可會送花，大衛也會送花。日復一日，一天也不放過。」謝克特說。混搭的花束之中不會有小蒼蘭或水仙，因為安娜不喜歡。薛佛也會打電話過來，安娜便外出「吃午餐」，但回來時還是「肚子空空」，反倒是頭髮一團亂。[52]

最後，安娜離開史東。史東始終不滿安娜把職涯看得比自己重要，她也投入薛佛的懷抱。[54]沙普斯很高興看到安娜放下史東，[55]「對我來說他是個爛人，我覺得他是沙豬，我不喜歡他貶低安娜的價值。」他說（蘿芮·瓊斯也認為史東和安娜是「詭異的組合」）。[56]

薛佛出生在南非，他有一點駝背，長得並不帥。[57]他是父親，也是兒童精神科醫師，對於養育子女有一套理念，安娜之前的交往對象都是花花公子類型，父親始終不同意，但薛佛很不一樣。現在，安娜三十出頭歲，知道自己想要孩子。[58]蘿芮·瓊斯懷孕期間，安娜在她的《紐約》辦公室停下腳步，告訴她自己多麼為她高興，還說希望自己有天也能有孩子。她也許能夠想像自己和薛佛共築那樣的未來。

儘管薛佛不在時尚界，但他和安娜的世界並非毫無交集。他在耶魯大學（Yale University）就讀博士期間，與藝術家珍妮佛·巴特雷（Jennifer Bartlett）和馬爾（Brice Marden）成為朋友，激發他對現代藝術的興趣，就和安娜一樣。然而，他在很久之前就對時尚產生興趣：遇見安娜二十年之前，他就收藏一期期的英國版和美國版《時尚》。也許在遇見安娜之前，他就想像要搭上《時尚》世界的人士。[59]和史東不同的是，兩人的戀情和安娜的職涯會相得益彰，而非相互剋害。

對安娜而言，兩人的戀情不僅讓她感受愛慕之情，還有安全感。[60]薛佛對待安娜彷彿如獲至寶。安娜在新聞編輯室和家庭裡都是時尚女孩，使她覺得要一直證明自己。她和薛佛在一起就不需要擔心了。他是知識分子、學術界人士，也是自身專業領域的佼佼者，因此就和安娜本人一樣認真看待她的職涯。然而，一些朋友看到薛佛對安娜的支持，卻發現了不祥之兆。[61]也許因為薛佛受過精神科訓練，他似乎很享受挑起競爭、以專業人士的手法操縱人心。他們的兩個朋友不謀而合形容薛佛是安娜的「斯文加利」〔Svengali, 譯註：喬治．杜穆里埃（George du Maurier）1894年小說《呢帽》（*Trilby*）之角色，善於以催眠術使他人唯命是從〕。

然而，安娜和他在一起，終於不需要再證明什麼。[62]雖然薛佛心知肚明，自己和安娜站在一起是什麼樣子，[63]但他重視安娜的職涯似乎不輸她本人。[64]安娜的才華和原本就毫不動搖的決心，經過兩人的夥伴關係，轉化成為一股純粹的力量。

一九八三年二月二十八日這期雜誌，幾位模特兒經過安娜設計造型後，前往紐約多個地點拍攝，最後登上跨頁報導。[65]此次拍攝由托斯卡尼負責，其中一張照片中，一位模特兒在阿斯托廣場（Astor Place）知名理髮廳剪頭髮。其中一個鏡頭，安娜的銳利神情倒映在模特兒身後的鏡子，托斯卡尼非常喜歡，但當他選出這張照片，在辦公室拿給安娜看時，她的反應很激烈。她說自己不想出現在照片中。托斯卡尼極力爭取，主張照片很符合報導主題。安娜非常生氣，還因此落下眼淚。「聽我說，安娜，我覺得妳需要一位精神科醫師。」他說，接著就離開辦公室。後來這張照片刊上雜誌，但安娜的身影被截掉了。

幾週後，安娜打給托斯卡尼。「我找到精神科醫師了，」她說：「而且我要嫁給他。」[66]

也許薛佛促成了安娜的成功，但功勞也不是他的。一切都是因為安娜發憤圖強，這樣的職業精神來自一個人，就是她自己。

為了提升自己在雜誌的權勢，安娜需要增加自己時尚內容的頁數。《紐約》的「好康快報」（Best Bets）版很受歡迎，上面推薦紐約市好買、好看、好玩的事物，從銀行服務、內衣褲到燈具，也和安娜的時尚領域有所交集，因此從這裡下手很合理。[67]「好康快報」是由麥奇歐和安娜的鄰桌同事蔻琪・波倫（Corky Pollan）負責，上面的高人氣產品時常售罄，如果在當期雜誌發行之後，麥奇歐想買什麼東西，還要事先請店家留給她。

安娜讀「好康快報」時最愛說「無聊」。只要她不喜歡的東西，大部分時候她都會使用這個詞，包括收到的許多禮物。有一次她坐在辦公桌，打開一個個禮物，對每個東西都說「無聊」，接著就丟掉。安娜離開之後，同事會到她的垃圾桶翻翻有什麼好康的（安娜也習慣把銅板丟掉，她離開後，收發室的男員工就會撿回來）。[68][69]有一次她罕見地有不同的處理方式，當時是一個蘇珊・班尼斯／華倫・愛德華的多功能筆記本，她評論道：「噢，我想這個還不賴。」[70]

安娜對「好康快報」抱持輕蔑的態度也是意料中的事：「好康快報」的目標主要是刊登《紐約》讀者也許真的會買的東西，但她的跨頁報導並未這麼著重實用性。

安娜對自己的喜惡直來直往，不過只會說給特定的人聽。雖然波倫就坐在隔間牆板的另一邊，安娜卻從來不會和波倫分享自己對她的版面有什麼看法。反而，如果她覺得「好康快報」有什麼東西是「垃圾」，就會告訴柯斯納，柯斯納會把波倫叫進他的辦公室，告訴她安娜不喜歡她的構想，一般來說，同事不是很樂見這樣的作法。

有一次安娜拿出一份備忘錄，上面盡是她對難看的「好康快報」的看法，雖然柯斯納沒有正式賦予她這樣的職權，但她還是會設法左右「好康快報」。她正要放假，離開前告訴她的助理，「麻煩妳保管一下，試試看能否讓備忘錄好讀一些。」備忘錄意外留在影印機裡，波倫的一位同事和她說了這件事。之後波倫對此一笑置之。「她真是自以為是。」波倫說。[71]雖然安娜干涉其中，波倫還是讓「好康快報」免於其手。

安娜終於在《時尚》得到第一份工作，可謂天時地利人和。她花上半輩子發展個人品牌，髮型、墨鏡、精煉的設計師服飾，以明星之姿走跳世界，好像始終有鏡頭對準她。謝克特形容：「她不招搖，也不搶戲，總是指揮一切。就算她的頭髮遮到臉……或是坐在沙發上，你不可能不注意到她。」[72]

安娜被《哈潑時尚》開除，《精明女人》也幾乎叫她走人，但現在她知道如何讓自己的品味擁有商業價值，並討好管理階層。截至當時，她和柯斯納的關係比之前任何總編輯都來得好，讓她能夠創造一些她最備受關注的作品。她也投入學業，學習藝術、訓練眼光。她蒐集許多藝術展覽的目錄，並且在空閒時間參觀展覽。藉由在時尚版面融入插畫，安排模特兒在藝術品旁進行拍攝，她吸引到亞歷山大·利伯曼的目光，利伯曼是《時尚》前藝術總監，後來成為《時尚》母公司康泰納仕的編輯總監，可說是一切運作背後的創意天才。

利伯曼在週間以康泰納仕為重心，週末則是藝術家。週五下午，他會換掉西裝（秋冬或春天是灰色，夏天則是棕色）、[74]針織領帶和藍色襯衫，穿上連身工作服，從曼哈頓的聯排別墅前往康乃狄克州利茲菲爾德郡（Litchfield County）華倫鎮（Warren）的房子，他在此有如一流的電焊工，把鋼鐵雕塑成大型藝術作品。[73]他對創造藝術可說是大手筆，一開始一年花上三十六萬美元購買材料並雇用創作所需的人力，這是他一九七八年時薪水的一半。[75]

利伯曼出生於俄羅斯，一九二一年飢荒期間和家人逃至倫敦，之後在巴黎的一本雜誌展開職涯。一九四一年，他來到紐約，進入《時尚》藝術部門。創造和研究藝術是他的熱情，但他接受這份工作，只是為了賺錢扶植他的妻子塔蒂亞娜（Tatiana），讓她在薩克斯第五大道百貨（Saks Fifth Avenue）成為帽飾設計師（而且越來越喜歡穿華服）。另一方面，利伯曼的母親始終希望他在藝術領域出類拔萃。[76]雖然理論上利伯曼活在這些看似截然不同的目標中，但他似乎和妻子一樣享受奢侈生活。一九八一年，他對一名採訪者說：「我喜歡一切浮誇的事物，」[77]因此很適合康泰納仕。

一九六二年，也就是報業巨擘山姆．紐豪斯（Sam Newhouse）買下康泰納仕（部分原因是他的妻子很喜歡讀《時尚》）之後幾年，利伯曼獲得拔擢成為全公司的編輯總監，因此能夠影響一系列的雜誌，包括《時尚》、《魅力》、《居家園藝》（*House & Garden*）和《新娘》（*Bride's*）。[78]雖然朋友們都認為在《時尚》這樣的營利單位任職，會讓利伯曼的藝術鑑賞力變壞，不過其實他善用雜誌，滿足自己對藝術的興趣，他喜歡哪些歐洲藝術家，就會刊登他們的照片，時尚拍攝也會以現代畫作為背景。[79]

一九八三年八月二十九日的《紐約》雜誌，安娜刊登一篇報導，其中有幾位藝術家以秋季時尚為靈感作畫，模特兒就在這些畫作前進行拍攝，利伯曼注意到了。安娜說過，就是這篇報導吸引了他的目光，讓他為她敞開《時尚》大門。[80]

安娜說她忘了是誰先聯絡對方。[81]（根據另一個說法，安娜發表此著名藝術報導很久之前，他們就說過話了。[82]托斯卡尼也記得，利伯曼在考慮雇用安娜期間，問過自己和安娜共事的情況：「我說她擔任編輯很討人喜歡、辦事有力，又聰明伶俐。她不缺幽默感，比起當時一般的美國時尚編輯，她有趣多了。」）[83]蘿謝爾．烏德爾（Rochelle Udell）吐露利伯曼經常延攬人才，當時烏德爾是利伯曼的左右手，不過早在一九七一年，她就在利伯曼底下擔任《時尚》的藝術總監。他會問問這些人才有什麼「憧憬和夢想」，接著安排他們進入康泰納仕。

利伯曼七十歲了，生性喜歡捻花惹草，他深受安娜吸引，畢竟她自身的條件也是獨具魅力。[84]安娜來自歐洲，雖然年輕但見多識廣，除了貌美之外，外表和造型也無可挑剔，可謂時尚的化身，她和利伯曼一樣對藝術抱持熱忱，而且致力於將其帶入印刷頁面之中。

然而，他們還有其他共通點。兩人都養成一種獨特的祕訣，有利於他們完全按照自身的利益行事，即使會傷害他們理應很在乎的人也在所不惜。安娜對利伯曼開誠布公：她想成為《時尚》總編輯。[85]利伯曼之後說，他「深深確信自己需要這號人物」。[86]

一九八三年夏天，事態迅速發展。有天早上薛佛到辦公室接安娜，一起驅車前往利伯曼在康乃狄克州的家。他們中途停在汽車旅館，安娜才能夠換上「簡單大方的灰色罩衫」和迷你裙，利伯曼說：「我澈底拜倒在她裙下。」（然而，安娜穿著短裙，帶來一束百日菊而非盆栽為禮物，塔蒂亞娜對這些動作頗有微詞——她甚至不是送玫瑰，太可怕了[87]——不過安娜比較偏好鮮花。）[88]

利伯曼碰上一個問題。他想要安娜加入《時尚》，但眼前顯然沒有適合的位置。以發行量來看，十二年來米勒貝拉經營《時尚》頗有成績，而且利伯曼是米勒貝拉的證婚人（她在一九七四年嫁給知名胸腔外科醫師和反菸行動家威廉．卡翰（William Cahan））[89]，雙方是超過十年的親密好友。此外，安娜這樣的年輕編輯厚臉皮當著米勒貝拉的面，說自己想登上《時尚》總編輯的寶座。然而，她來了，巧妙地一點一滴躋身成為利伯曼的心腹。

利伯曼聲稱開除員工讓他很難受，因此他尋求慣用的解決辦法。[90]「我常被批評。同一份工作雇用兩個人，然後讓他們彼此競爭，」他說：「我確實做過這種事，不過結果經常是兩個人都留下來。」事實上，一九四一年他剛加入康泰納仕時也是類似的情況。利伯曼說：「我在週一入職，週五時穆罕默德．阿加（Mehemed Agha）博士，也就是偉大的藝術總監，把我叫過去對我說：『我不覺得你夠優秀在這裡工作，再見。』然而（公司創辦人）康泰．納仕當週沒有時間見我，所以我們約在隔週一見面。我只拿了一個好帶的東西，那就是我在一九三七年巴黎世界博覽會拿到的設計獎項。納仕說『你這樣的人才一定要加入《時尚》』，然後打給阿加，叫他雇用我。」不久後，利伯曼就坐上阿加的位置。[91]

米勒貝拉無法不顧利伯曼的意見，不只是因為他的職位，還有他深深涉入雜誌的每日運作，這使一些員工視他為真正的總編輯，米勒貝拉只是雜誌的形象代言人。[92]米勒貝拉選擇哪些服裝登上雜誌，並維繫雜誌和時尚界的關係，其他事幾乎都落在利伯曼手上，從頁面排版、編輯非時尚專題報導到雇用攝影師。一名員工表示，他負責雜誌的整體創意面向。[93]因此，利伯曼想要安娜加入雜誌，米勒貝拉也無可奈何。

利伯曼的老闆小山謬・艾文・紐豪斯（S. I. Newhouse Jr.）——大家叫他小賽（Si）——是康泰納仕的董事長。一九六一年，他的父親派他到康泰納仕工作，不過小賽・紐豪斯身材矮小、不擅交際，家裡雖有錢，但並非生來就有魅力或是藝術天分。當時，利伯曼是《時尚》的藝術總監，他帶著紐豪斯進入精緻的金錢世界，對大部分的人來說，這樣的世界只存在於康泰納仕旗下雜誌的頁面中，紐豪斯從不知道有這樣的世界，因為先前沒有人邀請他進入其中。兩人一起前去派對、時髦餐廳和文化聚會。紐豪斯很喜歡他人的關注和全新的社交圈。[94]毫無意外地，在藝術品的癡迷收購以及康泰納仕業務處理上，幾乎都是利伯曼說什麼，他就做什麼，後來紐豪斯形容兩人的關係是「他人生的首要大事」。[95]

現在，利伯曼和紐豪斯都認為《時尚》需要改造一番，也許兩人都認為安娜和他們是同路人，而且能夠撼動雜誌，在安娜成為康泰納仕的總編輯之前，這是有效的測驗和訓練。[96]雖然紐豪斯不清楚一本雜誌如何能容得下安娜和米勒貝拉，但他還是同意了。[97]「亞歷克斯的心思相當微妙又複雜。我不敢說他在想什麼。我只聽到他說『她是好人才』。」紐豪斯說。

人們看到安娜和紐豪斯走在一起，都會說他迷上安娜的光采和魅力，安娜會在有需要的時候盡情散發，尤其是針對有權有勢的男性。[98]然而，如果說紐豪斯欣賞安娜只是因為服裝、美貌和慾望，那就太看輕他了，畢竟他的身旁樣樣不缺。[99]他是億萬富翁，沒有一點惡習，他的樂趣似乎來自兩件事：經營雜誌和掌控他雇來經營雜誌的人。

安娜還有一點讓紐豪斯覺得和她相處很自在：她完全不在乎人際關係的行為準則，像噓寒問暖和促膝長談。[100]她爽快地拒絕為了客套而浪費一分一秒，這使得其他人和她相處很不輕鬆，不過和紐豪斯的溝通風格相符合。

利伯曼在獲得同意後，便給予安娜創意總監的職位，這個職位是新設置的，而且職責範圍很模糊，《時尚》員工形容這是「致力於豐富雜誌內頁的，並把其他面向的女性愛好導入其中」。[101]這是一手奸計，這個例子顯示為何辦公室眾人都叫利伯曼老狐狸。他的個性討人喜歡，但也工於心計，可說是整間公司的縮影，是紐豪斯的加強版。也許是因為安娜對相同的心機遊戲非常拿手，所以在紐豪斯和利伯曼底下學到成功的祕訣。

安娜必須做出決定。《時尚》的第二大位已送到她手上，但她才不是安於第二的那種人。她在考慮的同時，打給布魯斯．沃爾夫（Bruce Wolf），她曾經在《紐約》和這位攝影師合作，沃爾夫也為多本康泰納仕的雜誌進行許多拍攝。

「如何？你覺得呢？我應該接下這個工作嗎？」她問道。

沃爾夫覺得她已下定決心了，但他告訴她安娜：「要，你一定要接下來，不過也要很小心，因為大家都虎視眈眈。」[102]

安娜和薛佛前去亞岡昆飯店（Algonquin Hotel）和薛佛的朋友葛蕾絲．柯丁頓見面小酌，柯丁頓是英國版《時尚》傳奇的時尚總監。[103]「她剛拿到《時尚》創意總監的職位，」柯丁頓到了現場，薛佛對她說：「妳覺得呢？」

「我不清楚那是什麼職位，」柯丁頓說：「但聽起來棒極了。」

安娜也針對利伯曼所提供的條件，詢問柯斯納的意見。柯斯納不想失去她，於是請妻子朱莉・鮑戈德（Julie Baumgold）幫忙說服安娜留下來——鮑戈德是《紐約》的撰稿人。薛佛也覺得她應該留在《紐約》。他們暫時成功了，起初安娜決定留下來。然而，幾週後利伯曼又來找她，薛佛當下選擇不要影響安娜做決定。[104]然後她決定去《時尚》。

柯斯納對於失去安娜非常不高興，[105]但對其他員工來說，安娜・溫圖到《時尚》可謂完美，就像是羊毛混紡圈圈紗和香奈兒（Chanel）。[106]當然，康泰納仕會馬上錄用她，她這樣的稀有物種在雜亂的新聞編輯室做什麼？

她下定決心進入《時尚》，就在《紐約》辦公室的桌前打電話給父親。[107]她興奮地對他說起這份工作，不過波倫無意間聽到他們的對話，安娜父親的反應聽起來是負面的。

「嗯，他們覺得我做得到。」安娜在電話裡說。聽起來她快要哭了。

蘿莉・謝克特也很煩心，雖然是出於不同的原因。[108]她在安娜底下工作大約一年，她不想失去這位上司和良師益友。她決定請安娜繼續雇用她，反正問了也不會有什麼損失。

安娜一聽就覺得是好主意。「嗯，妳需要面試。我會和他們談談。」她說。接著謝克特和一名康泰納仕人資部的女員工見面。那場面試感覺很一般，直到那名女員工和謝克特說：「妳知道自己在這裡不會有任何控制權吧？」謝克特當然知道，她是助理，助理的定義就是沒有任何控制權。然而，她覺得這樣的說詞不是真的針對她，而是對著安娜說。

第九章　第二把交椅

安娜進入《時尚》後，她和薛佛的關係更上一層樓，兩人一同貸款二十八萬美元，買下麥道格街（MacDougal Street）的聯排別墅。[1]房子沒達到安娜的標準，因此他們著手翻新。[2]

安娜在新職位上採取類似的作風。葛蕾絲．米勒貝拉和安娜．溫圖都很欣賞以二〇年代為啟發的時尚跨頁報導風格，兩人在辦公室裡也保持以禮相待的專業態度，除此之外，她們沒有太多共通點。[3]

安娜在《時尚》最早期的同事，以「友好」、「專業」又「客氣」來形容起初來到米勒貝拉底下工作的她。[4]雖然有人說安娜擔任創意總監期間是恐怖統治時期，但當時並非每個人都這麼認為。[5]首先，她根本稱不上在統治，因此恐怖統治一說就不攻自破了。安娜到《時尚》在麥迪遜大道三百五十號的辦公室上班前，米勒貝拉和利伯曼已經連續經營《時尚》將近十二年了。米勒貝拉的員工對她忠心耿耿，因為大夥兒很欣賞她，而且這麼做才是明智的選擇。再者，安娜攫取影響力的手法既隱約又文雅。

安娜身為《時尚》的創意總監，她的名字會出現在發行資訊欄的第二行，也就是列在米勒貝拉的下方，只要按幾下刪除鍵，安娜的名字就會跳到第一行。然而，雖然外界都視安娜為副手，但對許多《時尚》的員工來說，她的存在令人費解。[6]為什麼她在這裡？她是要拉下藝術總監的暗樁嗎？

她的工作內容是什麼？雖然安娜想坐上米勒貝拉的位置，她也澈底在往這個目標邁進，但同事並沒有當即就注意到她的野心，米勒貝拉也沒有察覺。眾人之所以對安娜的職位充滿疑惑，一部分是因為她的角色定位本就模糊，此外，安娜不像波莉．梅倫擁有出色造型師的名聲，這位時尚總監打造出好些《時尚》最出名的照片。[7]顯然安娜安於在角落辦公室裡的辦公桌前做決定，辦公室的前廳則坐著謝克特。員工都認為她會選擇一直坐在辦公室，而非在外景廂型車裡待上一整天，不像其他喜歡指揮拍攝的時尚編輯。[8]安娜一直渴望掌管雜誌內容，而非親手製作，現在得到這樣的機會，她打算好好把握。[9]安娜企圖在創意總監的位置上，開創自己的新高度。

安娜到職後，有一件事很清楚，那就是她象徵著改變。「雖然有時候人們說她很害羞，但她很勇於表達自身的想法。」謝克特說：「因此，如果她要做什麼，不會畏畏縮縮的。」[10]話雖如此，加入《時尚》團隊，對安娜來說也是一大改變。上一次她在美國高級時尚雜誌工作，已經是七年前的《哈潑時尚》了，後來《紐約》的新聞編輯室又是完全不一樣的氛圍。

第一個差別，是《時尚》員工獨特的說話方式。[11]這裡的編輯講起話來，好像雜誌封面的標題一樣：「全新潮流就要來了！」「她可是耀眼新星呢！」對此謝克特感到很荒謬。再者是階層關係。大家會以「女士」或「先生」稱呼某某人，對他們說話也要卑躬屈膝，階層關係由此可見一斑。安娜入職時，英國人瑪姬．巴克利（Maggie Buckley）是米勒貝拉的助理，後來升遷為時尚協調員，她表示在雜誌內部，階層無時無刻以戲劇化的方式嶄露無遺。「曾經有人掉了東西，一位剛成為編輯的助理伸手去撿。波莉．梅倫就說：『親愛的，別撿了，現在妳是編輯了。』我們都謹守分際，所以往上爬一階是大事，但這種觀念也算滿落伍的。安娜不吃這一套。」巴克利這樣說。[12]安娜入職時，萊絲莉．珍．西蒙（Lesley Jane Seymour）是文案人員，她形容：「安娜很泰然自若。《時尚》有很多可怕的女人，但我記得她不是那種人。」[13]

安娜和她的父親一樣，真心在乎幾位最年輕的助理有什麼看法，[14]她想知道這些年輕員工的興趣何在，這是打入年輕世代的妙計。她從未要求下屬稱她為「溫圖女士」，而辦公室其他人都稱總編輯為「米勒貝拉女士」，但安娜就叫她「葛蕾絲」。（話雖如此，如果謝克特不經意單以名字稱呼米勒貝拉，安娜會當場糾正她。）[15]「她很能幹又好相處。」西蒙補充，她說有一些女性主管十分「刻薄」，還形容「總有助理在走廊和廁所裡哭」。

西蒙和幾位文案人員坐在同一間辦公室。有一次，最資深的時尚編輯梅倫進到辦公室對她大吼大叫，因為她寫了「白貂皮」而非「黃貂皮」。西蒙說：「我記得大家面面相覷，其中一個人說：『你們知道嘛，至少我們只是被吼。』我們聽說在紐約另一頭的《哈潑時尚》，曾經有編輯掐了文案人員。我們想說自己表現不錯了，至少他們沒有動手動腳。」[16]

米勒貝拉的管理風格和安娜大相逕庭。編輯會透過試裝會議（run-through）選擇要拍攝的服飾，整個過程可能長達八到十小時。米勒貝拉知道試裝會議會很耗時，所以習慣很晚才開始。編輯會額外搬椅子進米勒貝拉米黃色和白色的辦公室，以便在這種痛苦的決策會議中有容身之地。[17]

兩位模特兒到場後，試裝會議就開始了。編輯會準備自己最中意的造型，解釋這些造型為什麼適合。如果有服裝值得進一步討論，模特兒就會到米勒貝拉的獨立洗手間裡把衣服換上，洗手間和她的辦公室中間隔著裝有鏡子的門廊。「接著，大家就會說：『噢，我們好喜歡』、『我們不喜歡』之類的話，其實都在浪費口水。」瑪姬．巴克利說。[18]米勒貝拉還得要分析，她不會看到某個造型就說「好」或「不好」。[19]她想知道為什麼女性想這樣穿、為什麼編輯推薦這個造型、為什麼這樣的造型要放進雜誌。她最常給出的意見就是：「這樣不夠，我要加東西。」[20]大家通常要猜測「加東西」是什麼意思。米勒貝拉的時尚編輯不需要死盯著時裝秀的照片，也能夠選出當天前十名的造型，她們一眼就知道哪些服裝最適合拍攝，才之所以是時尚編輯，但米勒貝拉會窮追猛打地分析這些造型。「嗯，妳們覺得那件外套有什麼功用嗎？之前沒有這種比例嗎？有什麼意義呢？」她會靠在燈箱上質問她的團隊。有時候時裝秀晚上十點結束，他們就會開會到凌晨兩、三點。[21]

安娜會翹腳坐在那裡，[22]就連她也無法掩飾自己覺得這個過程多麼令人頭痛。[23]「我第一次看到她有這種表情，好像在說：『天啊，到底什麼時候結束？』」巴克利說。

如此看來，比起和他的朋友米勒貝拉，利伯曼和安娜有更多的共通點。他認為決策以快速果斷為上，鼓勵編輯相信第一時間的直覺，處理任何事都不會磨蹭。[24]對安娜來說，利伯曼的種種特質大大地補強了米勒貝拉的不足。

先前米勒貝拉任職於梅西百貨（Macy's）和薩克斯第五大道百貨，一九五二年進入《時尚》成為助理。[25]她一步步爬到編輯，而後在一九七一年接獲任命，成為總編輯。前任總編輯黛安娜．佛里蘭（Diana Vreeland）的想法別出心裁，但天馬行空、偏重藝術性，又不利雜誌的營運，大家認為米勒貝拉能夠扭轉頹勢。

紐豪斯和利伯曼以大幅加薪和經費報銷無上限，在一九六二年時吸引佛里蘭從《哈潑時尚》跳槽到《時尚》擔任副總編輯。[26]（紐豪斯和利伯曼一直很擔心《哈潑》搶走《時尚》的讀者，兩人很喜歡從競爭對手的陣營挖角高階人才，藉此予以打擊。）一九六三年，佛里蘭成為總編輯，大家都知道她每天中午才會進公司，點上薰香和希格（Rigaud）蠟燭，在煙霧繚繞的辦公室裡工作。一份花生醬三明治和一碗要融不融的香草冰淇淋，加上護理師施打的維他命 B12，就是她每天的午餐。[27]大家還記得她每天早上下床前會把口述備忘錄傳給員工，傳達「今天試試小豬白！如果長襪是小豬白就太好了！小豬白不會太白也不會太粉！」這樣的事。[28]

佛里蘭在六〇年代可謂如魚得水，當時的時尚標準就像喇叭褲的褲管一樣逐漸寬鬆，安娜也在當時發現自己熱愛迷你裙。佛里蘭當上總編輯後，邀請米勒貝拉擔任自己的副手，米勒貝拉勉強答應，後來慢慢發現佛里蘭的天馬行空有其條理而且別具匠心。[29]然而，到了七〇年代初期，《時尚》雜誌面臨難關。佛里蘭也許精準掌握六〇年代花派嬉皮（flower-child）的心境，但當時戰後嬰兒潮的女性要求和男性在職場平起平坐，而且史上頭一遭有機會開創職涯。她們想穿上實用的服飾去上班，例如，聖羅蘭在一九六六年推出褲裝，澈底改變女性的穿衣風格。佛里蘭的《時尚》版面不見辦公室時尚，發行量降低到四十二萬八千冊。一九七一年的前三個月，廣告頁數下降百分之三十八。《時尚》是康泰納仕的王牌，但「在偉大的黛安娜．佛里蘭的領導下，幾乎要停刊了」，馬克．克萊曼（Mark Clements）這麼形容，他曾經為紐豪斯做市場研究，湯瑪士．邁爾（Thomas Maier）在撰寫一九九四年的著作《紐豪斯》（*Newhouse*）時採訪了他。[30]

擔任《時尚》的總編輯，難就難在要平衡三大利害關係人的利益：讀者、設計師和公司管理階層。七〇年代初期，紐豪斯開始大量進行市場研究，以了解讀者對於不同雜誌封面和內容的反應，並依此決定編輯事務。這種作法像是把雜誌視為牙膏、運動鞋或是其他產品一樣。[31]佛里蘭對紐豪斯的新方法不以為然。同時，利伯曼也逐漸受夠了佛里蘭不切實際的想法，雖然兩人是朋友，但他開始保持距離。

米勒貝拉在加州監督《外科醫生》（*M*A*S*H*）演員莎莉・凱勒曼（Sally Kellerman）拍攝《時尚》照片的工作，康泰納仕總裁派瑞・拉斯頓（Perry Ruston）突然要她回紐約，他要在隔天早上九點見到她。米勒貝拉取消晚餐的安排、搭上紅眼班機，來到拉斯頓的辦公室。她很意外地看到利伯曼也在現場。拉斯頓對她說：「我們決定由妳接任《時尚》總編輯。」[32]

米勒貝拉在自己的回憶錄中，提及被任命為總編輯一事，招致一陣批評。[33]安迪・沃荷說，米勒貝拉成為總編輯，代表「《時尚》要降格到中產階級了」。米勒貝拉還被批評是「無聊的朝九晚五女孩」。儘管如此，她依然拆掉辦公室的豹紋地毯；佛里蘭的辦公室以深紅色牆壁聞名，米勒貝拉則以自己喜歡的米黃色厚厚地蓋過去。她下定決心要把《時尚》改造成好看又實穿的美國休閒服飾——沒錯，就是瞄準「無聊的朝九晚五」女性。她拍攝廣告客戶的服飾，編輯工作也照著市場調查的結果。[34]八〇年代中期，發行量攀升至一百二十萬冊，廣告生意也隨之好轉。利伯曼持續參與《時尚》的運作，勝過公司的其他雜誌。

然而，雖然到了八〇年代，《時尚》的營運蒸蒸日上，但是米勒貝拉回想，坦承自己並沒有很喜歡那段時光。對她來說，那十年的時尚風格，只是一股腦地展現炫富心態和差勁品味，當時的設計「大多是戲服而非服飾」。尤其是克里斯汀・拉夸（Christian Lacroix）的設計以佛朗明歌舞為靈感，上面布滿刺繡，一件服裝要價四萬五千美元，人們卻搶購一空，米勒貝拉對此特別感冒。「拉夸風潮在時尚產業中十分全面和普遍，實在難以忽視。拜金主義、菁英主義和對勞動女性真實生活的鄙視，這些思想造成、反映了如此風潮，而且在一九八〇年代中期揮之不去，因此幾乎沒有人願意在雜誌上刊登其他照片、表達不同的價值觀。」她在回憶錄中寫道。[35]

利伯曼就在這個時期雇用安娜，她的直屬上司是利伯曼，而非米勒貝拉。雖然後來米勒貝拉寫道，安娜「被雇來壓在我頭上」，[36]但員工在辦公室裡注意到兩人的互動既恭敬又專業。[37]她們不是朋友，但也並非敵人，至少表面上是如此。

「我不覺得葛蕾絲在對付安娜，我從未聽過她說安娜的壞話。」巴克利說：「兩人沒有交惡，只像兩條平行線一樣，說來真好笑。」[38]

米勒貝拉把壞話都寫進回憶錄，她形容安娜在自己底下的任期是「莫名其妙的三年……安娜同時間還在辦公室裡打造小圈圈，和亞歷山大．利伯曼、時尚編輯波莉．梅倫和潔德．霍布森（Jade Hobson）打成一片，並與我作對。」

安娜加入《時尚》時，雜誌有兩個涇渭分明的勢力範圍：時尚領域（也就是照片，由米勒貝拉掌管）和專題報導領域（也就是文字，由專題編輯艾美．葛羅斯（Amy Gross）執掌），兩個領域在《時尚》那層樓以電梯間當作實體的分界。[39]專題部的員工總是開玩笑說，只要走到辦公室另一側（時尚部），智商就會下降一些。兩個部門的表現都非常出色，然而，《時尚》真正的統治者是利伯曼，他在公司走動就像身處宮廷一般，眾編輯（通常是女性）會爭相想得到他的注意。[40]利伯曼會突然有新寵，有時候失寵之輩要接收到一些跡象，才知道自己的身價貶值了。

其中有一人在《時尚》王國裡優雅地走跳，只聽命於利伯曼和紐豪斯，這個人就是安娜。利伯曼不會插手挑選服飾的過程，但到了要決定如何拍攝這些服飾時，他就會參與其中。[41]米勒貝拉會打電話請利伯曼過來，徵詢他對拍攝的意見。利伯曼對自己的新寵著迷不已，他會過去那裡，叫安娜進來，並尋求她的意見。

安娜列席參與討論，對大多數員工來說多半是好奇，而非威脅。她會向攝影師提供建議，並引薦希拉·梅特納（Sheila Metzner）和保羅·羅維西（Paolo Roversi）這樣的大牌攝影師。她提議時尚拍攝應該以藝術作品為背景，就像她在《紐約》的作法一樣。她偶爾會現身拍攝現場和攝影師討論，並確認現場都沒問題。她還會在辦公桌前看著拍立得照片和幻燈片，以此提出回饋，像是「我們拿到第一組照片了，效果很好，繼續保持」，或是「稍微試試看不要拍得這麼鬱鬱寡歡」。[42]

一九八四年一月號的雜誌上，安娜的名字才出現在發行資訊欄第二次，雜誌就刊登了一篇她負責的文章，主題是倫敦的新銳設計師，造型工作還是王薇薇（Vera Wang）負責（後來她成為美國最知名的設計師之一）。《時尚》在米勒貝拉的領導下，大多報導著名的美國品牌，因此安娜這種文章很稀有。米勒貝拉讓安娜的文章過關，也許是她的「新手運」，謝克特說：「米勒貝拉要和安娜作對還不到時候。」[43]

「一提到時尚攝影，就只有女模特兒在街上拍攝，這種概念已經用爛了。我在《時尚》努力的其中一個方向，就是帶入不同觀點，融合時尚和其他文化素材。我認為這就是雜誌未來的走向。」在一九八四年《廣告週刊》（*Adweek*）的一篇專題報導中，安娜如此表示，當時文章的主題是〈嶄露頭角的雜誌人〉，稱他們「有望顛覆雜誌業」。[44]安娜在下一篇文章就實踐了她的想法，她把紐約設計師的繽紛設計配上同樣鮮明的抽象畫背景，這些畫作的靈感來自「俄羅斯構成主義的劇場布景……由丹尼斯・艾許伯（Dennis Ashbaugh）專為《時尚》所創作。」[45]

這些都符合安娜的目標，也就是一心一意把時尚帶進文化脈絡中，一切都是為了提升時尚的重要性，她也以此提升自己的地位。「我認為每個人從小就擁有創意的眼光和品味，但透過接觸文化、欣賞藝術品、閱讀、參觀博物館和看看周遭世界，也可以進一步培養。」她表示：「我認為要盡量接觸創意內容和文化，這點非常重要。」[46]

安娜向《廣告週刊》表示：「我正從雜誌的各個方面著手，從攝影師的選擇到整體的設計。之前都沒有人後退一小步思考：『如何讓這次時尚拍攝不一樣？也許該試試不同的攝影師、也許能夠融合繪畫和插圖，增加雜誌頁面的深度。』」[47]然而，雖然安娜胸懷遠大的抱負，但米勒貝拉不讓她參加會議，安娜覺得米勒貝拉不希望自己加入團隊，團隊也不樂見她成功。[48]

過去時尚團隊習慣只與米勒貝拉和利伯曼打交道，現在還要應付安娜。照片一從拍攝現場送回來，員工就會以攝影師的姓氏通知大家（「梅賽爾進來了！」），米勒貝拉、利伯曼和安娜三人加上當責的時尚編輯，便會匆忙地走進藝術會議室檢查照片。[49]有時候安娜建議重拍，但大家都不喜歡這麼做，不過利伯曼和米勒貝拉也經常這麼要求。[50]然而，員工認為真正的權力掌握在利伯曼和米勒貝拉手中。

米勒貝拉在回憶錄中並非這麼描述。關於安娜，她是這樣寫的：

> 她會列席參加編務會議，無論我做什麼、說什麼，顯然她都不同意，她會搖搖頭，還會咬著嘴

唇，忍著不反駁。接著，她會背著我重新排版、放進新的藝術作品、繞過我和我手下的幾位時尚編輯，越俎代庖地與攝影師籌劃時尚攝影的工作。

只要她無法繞過我的編輯，就會騷擾、批評她們：要求拿到拍立得照片、突然現身拍攝現場、命令她們重頭來過。最後霍布森和梅倫光火了，找上我和亞歷山大，他們揚言，要是安娜再出現在拍攝現場就要罷工。「叫那個女的滾出攝影棚，我們受不了了！」他們這麼說，並開始盡其所能不讓她參與他們的工作。[51]

潔德．霍布森是米勒貝拉團隊的一位資深時尚編輯，其實她很欣賞安娜把畫作當作背景的手法。[52]「有一些畫作很出色，但雜誌的運作方式一直很順暢，她卻試圖要插手、做出改變。」她表示：「我盡量不和她有所往來，因為我實在不想惹禍上身。」

時尚團隊發聲抗拒安娜的干涉，使她剛到職幾個月，利伯曼就被迫要告知她，那些頁面不再是她的職責範圍。[53]之後她會和艾美．葛羅斯一起負責專題報導。安娜在辦公室裝出不以為意的樣子。「她聽到不能負責時尚內容，應該很不高興。」謝克特說。然而，這樣也無所謂，因為利伯曼告訴安娜，自己會保護她，兩人也會一步步解決問題。[54]利伯曼依舊處處展現自己對安娜的喜愛，惹得米勒貝拉十分惱怒。她寫下，利伯曼「時常到我的辦公室裡，向我展示安娜．溫圖拿來的藝術樣品，就像貓咪驕傲地對主人展示自己抓到的死老鼠一樣。『這個多棒啊！』他會激動地這麼說：『妳看看安娜的傑作。』」

米勒貝拉擔任總編輯這麼長的時間，早已學會對接班人選的傳聞左耳進、右耳出，因此利伯曼滔滔不絕地說著自己的新寵，她就順著他的意。「我知道妳很惜才。」利伯曼對她說：「《哈潑時尚》也一樣，我很確定他們很快就會挖角安娜。妳不覺得我們應該讓她留下來嗎？」米勒貝拉想不到其他說法，只好回答：「我們沒有人才就混不下去了。」[55]

一直以來，安娜都在心裡記著，自己掌權要改變哪些地方。[56]她會在晚上把雜誌的樣書帶回家和大衛・薛佛一起審閱，之後這樣的樣書在《穿著Prada的惡魔》中，得到一個永垂不朽的名字——「聖經」（The Book）。[57]兩人主要關心雜誌的視覺流暢性。然而，安娜還是會讀一讀文章，遇到不喜歡的文案，她會在空白處留下「無聊」這樣的評論。[58]

這樣的過程再次證明，薛佛對安娜的編輯工作極具影響力。每天他會打好幾通電話到辦公室給安娜。米勒貝拉和她的蝦兵蟹將阻止安娜參與編務時，安娜設法隱藏自己的挫折感，但並非每次都奏效。謝克特有次在辦公室看到安娜的淚水在眼眶打轉，但安娜只說自己的牙齒裂了。薛佛依舊每週差遣花店送花給安娜。這裡不像《紐約》雜誌，她的辦公桌幾乎是空的，通常只有一本雜誌、一個筆筒和一支電話，所以有空間擺上一盆盆芬芳的白色香水百合。這種花的花粉很容易沾染在其他東西上，因此花朵送來前，雄蕊的花粉都去除乾淨了。薛佛會開著他的海軍藍富豪（Volvo）旅行車來接安娜下班，[59]朋友都戲稱是「精神科醫師專車」。[60]有時候兩人會順道載謝克特回家，她從舒適的皮製後座看見「兩人多麼深情款款、互相扶持又暢所欲言」。[61]

雖然安娜渴望創新，但她擔任創意總監期間，雜誌的風格或樣貌並沒有什麼實質的改變。[62]然而，她的影響力並非局限在雜誌內頁中。她一直在密切關注安德烈・里昂・泰利的動向，泰利曾在

《內幕》、《女裝日報》和《烏木》（*Ebony*）撰寫時尚內容，也是卡爾·拉格斐（Karl Lagerfeld）的朋友。安娜多次聯絡他，設法延攬他加入《時尚》，起初泰利沒有回覆她的來訊，[63]但米勒貝拉經過安娜的推薦，打電話給泰利安排面試後，他赴約了。一九八〇年，米勒貝拉曾面試過泰利，但沒有雇用他，他想不通為什麼米勒貝拉又聯絡自己，渾然不知是因為安娜的推薦。

這次，米勒貝拉當場雇用泰利擔任時尚新聞編輯。後來他推測，米勒貝拉很欣賞自己的一部影片（由亞瑟·艾格特提供給米勒貝拉），影片裡是他正要前去時裝秀，順道在汽車後座面試卡爾·拉格斐。[i][64]他離開《時尚》時，剛好經過安娜的辦公室，注意到她坐在辦公桌前，兩名助理坐在外面。[ii]泰利搭地鐵回到阿斯托廣場一旁的家中，看到門下塞著一張來自安娜的手寫便箋，上面寫著：「歡迎加入《時尚》，我很期待與你共事。」

雖然泰利同樣欣賞米勒貝拉和安娜，不過他隨即加入安娜陣營，縱使他仍不知道自己受雇一事，安娜是重要的推手。（安娜不會談起自己在幕後的作為，因此沒有大肆宣傳此事。）他曾在派對上看過安娜，還覺得她非常可怕，而且是可怕到自己不敢和她搭話。[65]如今，他的工作是完成每一期雜誌兩頁的時尚新聞，他必須依賴安娜，才能順利完成工作。[66]

i 卡爾·拉格斐得到米勒貝拉的引薦，才成為新任的香奈兒創意總監，根據泰利的說法，那是上世紀時尚界最重要的職位。

ii 謝克特忙不過來，因此安娜雇用第二助理伊莎貝拉·布洛（Isabella Blow），但是布洛毫無條理，大部分時候只會幫倒忙。

佛里蘭離開《時尚》後，加入大都會藝術博物館的服裝典藏館（其實泰利在時尚界的第一份工作，就是到服裝典藏館在佛里蘭底下做事），之後有一次，佛里蘭在策劃服裝典藏館的展覽，剛好泰利要為一九八四年十二月號撰寫關於展覽的報導，於是安娜建議他委託安迪．沃荷創作一幅佛里蘭的畫像好用在報導中。沃荷同意了，並提出把佛里蘭的頭像放進達維特（Jacques-Louis David）的畫作《拿破崙越過阿爾卑斯山》（*Napoleon Crossing the Alps*）。安娜很喜歡他的主意，但不認為他能夠如期完成，因此要求泰利每天到沃荷的工廠工作室（Factory）用拍立得拍下進度。[67]〔這樣非常沒效率，但泰利聽說這還不是最糟糕的一次。當時米勒貝拉和梅倫把一件裙子退回去到凱文．克萊（Calvin Klein），要求對方修改，前後來回十七次。之後泰利評論道：「一件裙子退回去十七次，根本就看膩了吧？」〕[68]

泰利認為，安娜「打從心底」知道兩人會成為親密好友，他特別強調「親密」二字。[69]泰利才在《時尚》上工，就和安娜到比奇廚房（BiCE Cucina）享用午餐。安娜點了帕瑪火腿佐酪梨當開胃菜，泰利一口主菜都還沒吃到，她就說：「好，可以了，回辦公室吧。」泰利在回憶錄中寫道：「我們從未談起兩人的友誼，或下功夫培養長久的關係。我們的感情不用說出口，兩人都心裡有數。」[70]兩人有如此深厚的情誼，也許是因為他們打從心底了解對方的想法。兩人都是年輕又時髦的編輯，都不理解米勒貝拉的會議為什麼如此苦悶，又為什麼她對沃荷的「地下影響力」充滿鄙視。[71]（對泰利和安娜來說，沃荷的影響力是「光明正大」的。）泰利表示，米勒貝拉「不怎麼懂我」，他覺得反而是安娜了解自己。[72]兩人有相同的品味，而且同在這個失衡的權力階級中載浮載沉，自然越走越近，最後還推翻這樣的脆弱結構。此時，沒有人知道他們的關係會亙久又複雜，有時候安定，有時候混亂，一度帶來深遠的影響。

有一次，安娜和《時尚》團隊前往巴黎看秀，她和父親在麗思酒店（Ritz）的酒吧見面。此前他們一直沒什麼機會碰面，但開始趁著安娜到巴黎參加時裝秀時，多次相約見面。安娜的父親注意到她戴著一枚精緻的戒指，安娜告訴他那是訂婚戒指。薛佛把戒指給了安娜，但是她和薛佛說：「我準備好嫁給你就會戴上了。」[73]這是典型的安娜作風，就算有人向她求婚，她也得訂出條件。

婚禮之前，安娜接到前男友米歇爾・艾斯特班的電話。[74]他要到紐約來，所以邀請安娜吃午餐或喝一杯，安娜說自己幾天後就要結婚了，還邀請他出席。一九八四年九月七日週五，安娜在翻新之後的麥道格街聯排別墅舉辦婚禮，招待家人、謝克特、泰利（《時尚》只有他倆獲邀）和多位前男友，艾斯特班就是其中之一。[75]安娜和建築師艾倫・布克斯鮑姆（Alan Buchsbaum）一起規劃翻新，她決定把牆都拆掉，主要的兩層結構完全打通，營造無隔間公寓的風格。薛佛的青少年兒子住在下層，上層先前有四間小臥室，現在整個空間都是安娜的主臥室。房間裡的床鋪鋪上簡單的白色羽絨被。主臥室還放上一些擺飾，其中有幾張家族照和安娜的象牙收藏品，包含一把梳子和刷子。安娜習慣使用寬敞的英式浴室，而主浴室就是以這樣的風格進行拓寬，裡面不只有古典的獨立式貴妃浴缸，還有一處壁爐。

十九世紀風格的家具和裝潢，雖然散發著英式氣息，但是又很簡約。[76]「她崇尚精簡，她的聯排別墅也貫徹這個風格，純正的英式風格在各個角落會擺滿東西，但她的作風不是這樣。」謝克特這樣形容。[77]

婚禮在白天舉行，氣氛就像家中（雖然是曼哈頓聯排別墅）風格一樣，低調又簡單。雖然安娜的生活備受矚目，但她從來不喜歡成為眾人的焦點。[78]

婚禮上，安娜穿著一襲奶油色的香奈兒中長裙裝，父親牽著她步下樓梯到一樓，也就是婚禮會場，陽光透過窗戶灑落屋內。[79]安娜的朋友瓊・茱麗葉・巴克從倫敦前來參加婚禮，她是唯一的儐相。巴克陪著安娜到波道夫・古德曼百貨（Bergdorf Goodman），幫她從貨架上挑選婚禮和蜜月服裝，後者也是香奈兒的設計，不過是及踝的藍白條紋絲綢裙裝。[80]泰利得知《時尚》只有兩人受邀參加婚禮，自己是其一後，為此深感震驚，這表示安娜認為泰利和自己很親近，只是她生性不喜歡講明罷了。[81]

安娜換上第二套禮服走下樓，手裡握著以風信子等花卉製成的花束，眾人都在一樓等著她拋花束，但她沒有這麼做，而是把花束塞給泰利。「來，交給你了。」她對泰利說。[82]

婚禮結束約六個月後，安娜在《時尚》埋頭苦幹之際發生了兩件大事。一來是她發現自己懷孕了。

再者，一九八五年四月二十三日週二，碧翠絲・米勒（Beatrix Miller）告訴員工自己要卸任了，她擔任英國版《時尚》的總編輯長達二十一年，擄獲將近兩百萬名讀者，帶領雜誌進入利潤「狂飆」的時代。[83]

安娜・溫圖有望接替她的位置。[84]

第十章 《時尚》雙城記

「天啊，我回到英國了。」安娜告訴利茲．媞貝里絲，安娜二十出頭、在《哈潑名媛》擔任初階編輯時，必須從一桿桿的媚登峰內衣間擠出一條路，當時她經常碰上媞貝里絲。現在媞貝里絲是英國版《時尚》的執行編輯，也是安娜的員工。

安娜第一天以總編輯的身分踏入《時尚》在倫敦漢諾瓦廣場（Hanover Square）的辦公室。這處辦公室叫做時尚館（Vogue House），名稱取得恰到好處，就像私人俱樂部一樣。媞貝里絲給安娜看了一些黑白照，照片裡的年輕女性頭上綁著束帶，安娜說她們看起來「好像從火星跌下來一樣」。

這樣的反應和其他許多事情都表明了，一切就要風雲變色，而且猝不及防。安娜接手一本商業表現極佳的雜誌，但她認為雜誌中的視覺表現既過時又無聊，有時候還「英國」得很離譜：模特兒在鄉村的城堡前和馬匹合影，還穿著全套的馬術服裝，即使是愛瑪仕（Hermès）的設計，仍然和現代女性沾不上邊。安娜希望自家雜誌和米勒貝拉的《時尚》一樣，提供實用的穿搭資訊，以吸引勞動女性，而非只展現時尚編輯的異想天開，畢竟她們自行其事已經將近二十年了。

英國版《時尚》的員工在安娜底下工作可謂是兩樣情。對媞貝里絲這樣的資深員工來說，就像是絕望之冬一樣。（「她不想看到天馬行空和特立獨行。」媞貝里絲在回憶錄中寫道：「我們的職場生活就此改變。」）[1]

對新進員工來說，卻是希望之春。

如果安娜希望讓雜誌重獲新生，接著重返紐約接下更高尚、優渥的工作，她別無選擇只得迅速大膽地行動。然而，她開除許多員工後，他們的不滿情緒左右了小報對安娜的描寫，她被冠上時尚界冰雪新后的稱號，還說她既頑強又難搞。無論如何，這樣的刻劃會揮之不去。

雜誌界的編輯和總編輯間隔著一道紅龍，安娜成為英國版《時尚》的總編輯，也就跨到了紅龍的另一邊。這邊不是誰都能進來的，因此除非是完全離開業界，否則不會輕易地跨回去。然而，雖然總編輯一職給予安娜夢寐以求的地位大躍進，但她猶豫許久才接下這份工作。

碧翠絲．米勒宣布引退後，康泰納仕倫敦辦公室的總經理伯納．萊瑟（Bernard Leser）便設法吸引安娜離開利伯曼的內殿，但她拒絕了。雖然她才剛懷孕，但擔心往後要照顧新生兒時，薛佛卻身在遠方，[2]因為哥倫比亞大學的教職使他抽不開身。[3]

一九八五年六月五日，安娜接下總編輯職位兩個月前，她到四季酒店（Four Seasons）和蒂娜．布朗（Tina Brown）共進午餐。布朗也是英國人，她在眾人的目光下成為《浮華世界》（*Vanity Fair*）的總編輯，因此在康泰納仕的紐約總部同樣相對是新人。布朗自己是康泰納仕集團的新任總編輯〔先前她在倫敦的《尚流》（*Tatler*）雜誌擔任廣受關注的總編輯，接著康泰納仕在一九八二年併購

《尚流》」，當時也許只有她在內的少數幾個人能夠由衷地了解安娜的挫折感。「她顯然已經厭煩只是《時尚》的第二把交椅，還要等著眾星拱月的葛蕾絲．米勒貝拉下台。」布朗在日記中寫道。安娜向她吐露自己想接受倫敦的工作，只要不超過兩年，她的丈夫也支持她。

布朗認為，安娜要取代備受愛戴又傳奇的米勒絕非易事，也會覺得康泰的倫敦辦公室「相比先前的紐約總部，既消沉又陽春」，但她知道「安娜的才華在紐約幫葛蕾絲保住了工作，在倫敦她反而能一展長才，證明自己的管理能力」。[4]

次月，媒體報導安娜最有望拿下總編輯職位。[5]紐豪斯正苦尋接替米勒的編輯，布朗告訴他，英國版《時尚》的位置應該給安娜。[6]正如所望，紐豪斯的確「看起來在考慮」。布朗得知其中一個問題在於利伯曼不希望安娜離開《時尚》，他聲稱安娜和米勒貝拉能消弭歧見。[7]然而，雖然米勒貝拉仍在反駁安娜是延攬來頂替她的傳言，但她把安娜視為引起混亂的危險人物，一心要把她扔向大洋彼岸。[8]

最後，經過幾個月的思考和推敲，安娜接下了新職位，她擔任英國版《時尚》總編輯的消息，在一九八五年九月十八日公諸於眾。她做好延後到職的安排，才可以一月在紐約生下孩子，四月到倫敦上任。[9]

安娜前往倫敦前，希望徵得一名助理。薛佛的朋友，也就是《尚流》的前藝術暨造型總監麥可．羅伯茲（Michael Roberts）和蒂娜．布朗都認識加蓓．多佩特（Gabé Doppelt），她正在倫敦的《尚流》工作。起初，多佩特得到徵詢，以為只要向安娜推薦人選，她也照做了。然而，安娜寄回去一份傳真問道：「那麼妳自己呢？」

多佩特從未想過要到英國版《時尚》工作，因為那本雜誌感覺不正經。人人都知道，那裡的古板上流女性員工都在養老，到《時尚》工作了三十年只是興趣。這些員工開著寶馬（BMW）上下班，而非窮酸地搭乘大眾運輸工具。然而，安娜祭出多佩特現下薪水的三倍，因此她難以拒絕。多佩特接下助理職位的隔天，安娜又傳真過來。「我們還沒見過面，妳明天要幹嘛？我們會寄機票給妳。」她寫道。多佩特早就習慣英國雜誌昏昏欲睡的步調，大家做什麼事都慢條斯理，更不用說有人會即刻就快遞越洋機票過來，她感到嘆為觀止。

不到幾天的時間，多佩特就飛往紐約。她走進康泰納仕的辦公室，但安娜並不在那，她出現早產的宮縮徵兆，必須待在家。因此，那天多佩特就和《時尚》的員工打打交道。當天晚上，她順道拜訪安娜家中。她抵達時，安娜站在門邊，雖然她孕齡超過八個月，但是穿著阿澤丁·阿萊亞（Azzedine Alaïa）的緊身白色裙裝和曼諾洛·布拉尼克高跟鞋，手裡握著一杯紅酒。

多佩特以為她們會花上一、兩個小時，詳談安娜的需求和期待，但她們卻只聊了幾分鐘。多佩特回到飯店後，收到康泰納仕人資部的消息，寫著安娜決定雇用自己，並在六週後報到就職。[10]

安娜獲任為英國版《時尚》的總編輯一事，迅速引發爭議。

據稱，碧翠絲·米勒經營雜誌的方式就和女校長掌管女子寄宿學校一樣。[11]她喜歡邀請貌美的公爵夫人或王妃公主登上雜誌版面，尤其是黛安娜王妃，而且拍攝背景還要是城堡。她在威爾特

（Wiltshire）有一幢鄉間別墅，名為「小豬別墅」（Pig）。她喜歡好走的高跟鞋，從來不嘗試時尚的打扮，[12]但長長的指甲會塗成反光的紅色，方便她指出一整頁文字中，哪裡有錯誤或是寫得很馬虎。她在乎文字勝過服裝，因此時尚團隊幾乎能為所欲為。[13]

另一方面，安娜離開英國、前往美國是十一年前的事，一名記者報導稱，她操著「帶有細微鼻音的口音」，又帶著冷酷紐約客特有的強硬進取態度，空降回英國。「我希望《時尚》加快節奏，變得犀利又性感。」安娜說：「我在乎的不是超級有錢人或有閒人。我希望我們的讀者是積極的女性主管，自己有錢且興趣廣泛。」[14]

米勒有兩位副手，分別是媞貝里絲和葛蕾絲・柯丁頓，她們都曾針對總編輯一職，接受形式上的面試。媞貝里絲認為自己無法勝任，[15]柯丁頓則是喜歡待在拍攝現場，不想要成為老闆。因此在面試當下，她就告訴管理階層要雇用安娜，因為「我覺得她會很出色」，柯丁頓說。她以模特兒身分開啟時尚生涯，時間早了安娜十年，也曾在倫敦的社交場合碰過她。[16]然而，媒體似乎認為，先前安娜欣然斬斷自己的英國根基，現在又為了總編輯職位，把備受喜愛和尊崇、徹頭徹尾是英國人的兩位編輯排擠出局。

安娜設法從紐約招攬人才到她麾下，但困難得令她氣餒，誰都不願意來倫敦。她倒是說服薛佛的朋友麥可・羅伯茲離開蒂娜・布朗的《浮華世界》，以兼任設計總監的身分加入《時尚》，畢竟羅伯茲很討厭紐約。[17]安娜也提供了職位給蘿莉・謝克特，並給她一個月的時間做決定，但這位前助理在這期間拿下《滾石》（*Rolling Stone*）的職缺。[18]安娜還徵求《時尚》的時尚編輯羅伯特・透納（Robert Turner）和自己一起離開，但他不想搬家。[19]安娜詢問了泰利，不過他不希望離開年邁祖母身邊，到這麼遠的地方去，而且生活的安排也不理想，例如，英國版《時尚》沒有預算提供住所，因此他決定留在紐約的康泰納仕，並前去《浮華世界》，在布朗底下做事。[20]幸好，安娜成功雇用老朋友艾瑪．索姆斯擔任專題編輯。[21]

雖然安娜起初只延攬到少數幾個自己人，但只要是比自己資深的英國版《時尚》員工，她幾乎都開除了，這樣做無助於她的名聲。[22]她也終止了和自由撰稿劇評人密爾頓．舒爾曼（Milton Shulman）與影評人亞歷山大．沃克（Alexander Walker）的合作，兩人都曾為安娜的父親撰稿。[23]

「開除他們。」她對索姆斯說。

索姆斯回答她：「安娜，你得自己來。」

不久後，老員工都離開了。幾十年以來，這本雜誌幾乎沒什麼改變，所以此舉格外觸目驚心。安娜決定留下媞貝里絲和柯丁頓，單純因為她很欣賞兩人。[24]「她很有禮貌、也很客氣，她向我們保證她希望我們留下來。」媞貝里絲後來寫道，[25]不過她不怎麼放心，也許是因為安娜不在乎旁人是否安心自在。

安娜搬家後，薇薇安．拉斯奇在娜妮的敦促下聯絡安娜，當時拉斯奇和家人正好造訪倫敦。安娜邀請拉斯奇來喝茶，但縱使安娜表示自己很孤獨，拉斯奇卻感覺安娜沒什麼意願和老朋友重溫舊誼。兩人的見面冷冰冰的。安娜一襲全黑服飾，沒有主動詢問拉斯奇要不要吃的或喝的，隨後她的母親現身，才叫她這麼做。那天，拉斯奇看著安娜，但看不見自己的童年好友，她覺得那個人已經不在了。那次見面代表兩人友誼的終點。

安娜向前看了。[26]

四月的某個週五晚上，碧翠絲．米勒最後一次踏出辦公室。週末時，辦公室漆上柔白色，其中一道牆被打掉，當作新的出入口；許多書架也安裝好了，以存放過期的雜誌。辦公室拆掉地毯，換成擦亮的裸木地板。安娜的辦公桌也搬進來了，這是艾倫．布克斯鮑姆的設計，也是這位建築師翻新安娜的紐約聯排別墅。[28]那張辦公桌「既修長又精實，趣味的桌腳令人回想起一九五〇年代的凱迪拉克（Cadillac）尾翼……桌身採用染黑噴砂的桃花心木，內裡嵌上黑色的仿青銅鋼板。」二〇〇三年《紐約時報》介紹這張桌子時如此寫道（當時，安娜已經十分出名了，她的家具都有單獨的報導）。最後一步是掛上大大的「請勿吸菸」標示。[27]

安娜以前所未有的鐵腕紀律，經營英國版《時尚》。她要求員工準時上班、努力工作，還要凡事都經過她的批准，她的作風和米勒大相逕庭，畢竟米勒准許攝影師前來辦公室挑選照片、批准版面編排。艾瑪．索姆斯曾在米勒底下做事，就看過史諾登勳爵安東尼．阿姆斯壯－瓊斯（Antony Armstrong-Jones, Lord Snowdon）這麼做，史諾登勳爵是一位攝影師，也是瑪格麗特公主（Princess Margaret，英國女王伊莉莎白二世的妹妹）的丈夫。安娜成為總編輯後，有次史諾登勳爵的一整場拍攝，只留下一張郵票大小的照片。索姆斯對安娜說，她不能這麼做，因為對方是史諾登。「她只當耳邊風。」索姆斯表示：「因此她帶來的是澈底、根本的改變。」[29]

與先前的管理階層相比，安娜的上班時間出乎意料地早，剛過七點就離開家中，而且五點半就起床陪著仍是新生兒的兒子查理（Charlie），查理以安娜的父親為名。[30]（柯丁頓擔任米勒的下屬長達十八年，她承認自己變得「懶散」。[31]現在安娜坐鎮辦公室，她感受到龐大的壓力，必須以安娜高效率的風格辦公，但柯丁頓還是習慣性遲到。）[32]然而，安娜也會幫員工加薪，之前在米勒底下工作幾乎不可能有這種好事。[33]

整體來說，這裡的員工薪資不高，津貼也不優渥。有一次媞貝里絲在紐約報導時裝秀時，安娜打電話給她，表示她會得到「大幅的」加薪。最後，她的加薪幅度達到四千英鎊，年薪從兩萬三千提升至兩萬七千英鎊（大約等同於二〇二一年的十一萬五千美元）。

「我不知道該說什麼。」媞貝里絲說。

「妳說謝謝就好。」安娜回答。[34]

安娜尤其希望參與時尚報導的工作，因此開始每週召開規劃會議。[35]（「每一場拍攝工作前，他們都要把服裝推進她的辦公室，光是這點，就是完全不同、且前所未有的事。」多佩特這樣說。）安娜會戴著墨鏡坐在那，如果不喜歡某個想法，就會用鉛筆敲一敲桌面。[36]柯丁頓在回憶錄中提到，自己難以適應安娜的作風，那些都是從米勒貝拉的《時尚》挪用而來。[37]「我們必須經歷好幾個小時的試裝，過程很可怕。」她寫道：「我們在光線昏暗的辦公室裡，把同一件衣服套在錯誤的女孩身上，相比外景拍攝的美麗照片，根本不可能模擬我們希望達到的神情。再者，漂亮的模特兒都不會想來辦公室試穿衣服，就只為了方便我們看看穿起來的樣子，這對模特兒的職涯哪有什麼幫助？」

安娜會檢視每場拍攝的每張照片，員工對此震驚不已。底片一送到辦公室，安娜就會到設有投影機的會議室，一一審視每張照片。[38]她會關上門，戴上厚重圓框眼鏡，如果有員工意外走進來，她便會猛然從臉上摘掉眼鏡。[39]

她還會要求「沒完沒了地重新拍攝」，媞貝里絲這樣形容。[40]安娜計劃第一期封面時，希望找來英國演員亞曼達・佩斯（Amanda Pays）、穿上吉恩繆爾（Jean Muir）的亮橘色外套，外套上有寬大、形狀鮮明的翻領和當時流行的誇張肩部線條。[41]「那件外套一拍再拍，我已經數不清產出多少個版本的備選封面，直到我們在空白的白色背景前，拍出極其簡約的照片，才達到她的要求。」柯丁頓寫道。

幾年前，安娜曾說過自己很厭煩時尚攝影讓女孩走在街上拍攝，但現在她就是如此要求。「我要展現動態、模特兒走在街上、看起來好像要去上班的樣子。」媞貝里絲回憶。[42]這樣的女性形象和安娜是同個模子出來的，總是在前進、從不放慢步調、澈底地投入職涯和外在打扮。[43]

後來安娜坦承，她是直接從葛蕾絲・米勒貝拉那裡得到這個手法的靈感，但她在《精明女人》和《紐約》也對其有所琢磨。「倫敦絕對有天馬行空的一面，我認為很美妙。」安娜說：「但女性也想看到現實面。當時也許我太強調這點了，不過我是新官上任，所以想展現自己的風格。」[44]

並非所有的員工都能適應安娜嶄新的工作風格，他們散發出的不滿情緒，總讓旁人難以消受，安娜的新員工更深受其害。[45]多佩特往往身心俱疲，因此有時安娜外出用餐時，她會躺在頂樓冰冷的石地板上休息。

「工作壓力和緊張情緒讓我心力交瘁，針對安娜的敵意也有點波及到我。」多佩特表示：「但對安娜來說，肯定糟糕一千倍。」

雖然安娜延攬安德烈・里昂・泰利未果，但趁著泰利在倫敦的期間，她仍會徵詢他的意見。

「我會短暫拜訪安娜的辦公室。」他後來回憶：「她會叫員工讓出辦公桌給我用……她會給我看排版，我們會討論服飾的設計，好像還是同事一樣。」[46]她也會想知道泰利對特定時裝秀的想法。[47]兩人的對話總是很簡短，因為「我們的說話風格幾乎一樣」，泰利表示。有次他前去安娜的家中拜訪，發現她在餵查理喝母乳。雖然泰利在另一家雜誌任職，但兩人的關係不受影響。

員工不理解安娜怎麼會如此信任泰利，甚至可能還為此忌妒。他看起來和安娜完全是兩種人，媞貝里絲寫道，泰利是「南方人，偏好奔放浮誇的打扮，像是條紋彈性長褲、紅色蛇皮背包、漆皮淺口鞋綁上羅緞蝴蝶結和人造皮草暖手套」。[48]柯丁頓也寫說，她同樣覺得奇怪：「曾經有一度好像是泰利在當家，因為安娜一直順著他的意見，她會和我們說『安德烈認為我們應該報導這個』，或是『安德烈覺得那個很重要』之類的。」[49]但是泰利沒有察覺到自己影響了辦公室的氛圍。

雖然安娜從紐約延攬人才時處處碰壁，但她富有遠見的名聲逐漸遠播，也吸引了人才加入。安娜曾邀請《觀察家報》（*Observer*）的時尚總監莎拉珍・霍爾（Sarajane Hoare）來面試。

「我希望妳下週上工。」安娜對她說。

「噢，沒辦法耶。我得提前三個月通知《觀察家報》。」霍爾這樣回答。

霍爾猜想，安娜催促自己早點上工，是因為她需要盡快讓雜誌重獲新生。

安娜建議霍爾和葛蕾絲・柯丁頓聊一聊，她以為柯丁頓會告訴霍爾，這份工作很難得。但霍爾回憶起來，當時柯丁頓其實也計劃要換工作，因此她一點也不鼓勵霍爾跳槽。然而，在安娜底下做事，實在太吸引人了，於是霍爾接下了這份工作。[50]

實際上，安娜到倫敦前，就已經有優秀但冷酷又可怕的名聲，一部分原因是墨鏡，另一部分原因也許源自於她是冷面查理的孩子。她的姓氏也有關係，好像與生俱來就要被雙關語纏身（Wintour與winter）。

當然，以「傻女人的勾當」這種說詞，貶低雜誌的內容、以「核子溫圖」（Nuclear Wintour）數落安娜，還有以「引發不滿的溫圖寒冬」（Wintour of Our Discontent）嘲諷安娜的任期。[i]以上的奚落大多是性別歧視，她的冷酷手法也倍受放大檢視，程度遠遠超過男性高階主管。其他指控也和性別歧視脫不了關係，例如，曾有謠言（後來她的弟弟派翠克稱其為「捏造的」）表示，安娜引產只是為了讓生產時間配合時程，才能出席高級時裝秀。[51]安娜父親的老東家報社形容：「她習慣一頭撞進編輯團隊，好像他們是一道道磚牆，留下不規則的破洞和一抹香奈兒香水味。」[52]《私探》（*Private Eye*）還報出她的合約細節：年薪大約等同於二〇二一年時的三十三萬美元，津貼包含全職保姆、一輛車、司機，每月還有兩趟協和號（Concorde）的來回機票讓她和薛佛見面。《私探》也津津樂道地報導又有員工離職的消息，或聲稱安娜舉棋不定，導致《時尚》九月號（傳統上是一年中最重要又最賺錢的一期雜誌）延後發行。

雖然安娜對這些惡言惡語的感受，從未展露在員工面前，但《私探》報導「遲來」的九月號，

i 譯註：溫圖（Wintour）音近冬天（winter），雙關語由此衍生，Nuclear Wintour 原為 nuclear winter，意為「核子寒冬」；Wintour of Our Discontent 原為約翰・史坦貝克（John Steinbeck）一九六一年的小說《不滿的冬天》（*Winter of Our Discontent*）。

可謂壓垮駱駝的最後一根稻草。安娜提出告訴，迫使《私探》登報道歉，且支付她的官司費用。[53]她成功挺過負面的媒體輿論，接下來幾十年遇上相同問題，她也會屹立不搖，但職場外的親朋好友都說，其實她深受其擾。[54]

這些報導讓艾瑪．索姆斯不可置信。「她的全神貫注被誤解成冷漠，但她才不冷漠，她非常慷慨大方。」索姆斯表示：「如果一件事和《時尚》的編務工作無關，她就不會提起，所以她不會噓寒問暖。」[55]

安娜的英國版《時尚》隨即大獲成功，發行量從米勒時期的十六萬四千冊上升到十七萬冊，年收益超過六百萬美元。[56]更重要的是，柯丁頓表示安娜和許多英國設計師建立起關係，他們都渴望得到這樣的人脈，因為安娜代表美國版《時尚》，倫敦的時尚界很景仰美國版《時尚》。「她總覺得英式時尚就是長版下垂裙裝、平底鞋之類的。她認為從現在起人人都應該更性感。」柯丁頓說。其中一個方法是縮減裙長。她會要求設計師裁掉六英寸的裙擺，這裡的設計師會照做，就和美國設計師聽從美國版《時尚》的指示一樣。「她總是支持著他們，我認為她給了他們靈感，也會提供建議。也許他們的生意因此如日中天。」柯丁頓表示。[57]安娜所處的城市不符合她的願景，一部分是因為倫敦絲毫不像紐約，渴望在職場打拚的女性無法在這裡一飛衝天。第一場專題會議中，安娜提議報導英國的女法官，殊不知旁人對她說，這裡沒有女法官。[58]

雖然媞貝里絲聲稱，安娜要求縮減裙擺的舉動「惹火」設計師，但也承認「不久後，從時尚編輯到企業副總，人人都有一套墊肩的紅色氣勢套裝配上短裙，我們都穿著黑色的半透明褲襪和高跟淺口鞋，跑著趕計程車。」[59]

並非所有的業界人士都跟上這股風潮。攝影師布魯斯·韋伯（Bruce Weber）深受安娜之前的總編輯愛用和栽培，他拒絕為安娜拍攝，且宣稱「攝影師要用哪種底片，我不認為還要旁人置喙，還有我覺得比起跑到對街攔計程車的模樣，女性值得更好的拍攝情境」。[60]珠寶設計師湯姆·賓斯（Tom Binns）還製作一款胸針，攻擊安娜的願景是「混濁的時尚嘔吐物」（Vague Vogue Vomit）。[61]

安娜似乎不在乎。「這些反應聊勝於無。」她對《紐約時報》表示：「新任編輯本就會改變雜誌，但人們不願意改變。英國的時尚有一點兒與世隔絕，必須有人疏通一下。」[62]

柯丁頓在英國版《時尚》只多待了九個月。她並非不滿安娜才離職，而是位於紐約的凱文·克萊給了她一個職位，還有難以抗拒的金錢誘因。再者，她的髮型師男朋友迪蒂爾·馬力吉（Didier Malige）就住在紐約，當時似乎很適合搬過去。[63]

柯丁頓一直是英國版《時尚》的核心人物，她的離開是雜誌的一大損失，之後安娜也稱其「根本是倫敦的時尚皇后」。[64]媞貝里絲在安娜底下做事也不好過，她一知道柯丁頓要離開，便流下淚來，但她整理好自己的情緒，請求安娜把時尚總監的位置給她。雖然，照理說輪到她了，但起初安娜遲遲不願鬆口答應。

「妳不能再抱怨了。」安娜在午餐席間對她說：「過去的日子是好是壞，我已經聽膩了。你知道如何達到我的要求，問題是妳願意努力嗎？如果妳想留下來，就要和我站在同一陣線。」

媞貝里絲了解安娜的話有道理。誰都不想要有不願全力支持自己的副手；媞貝里絲也不希望固執讓自己失去職涯的大好機會。她全心投入這個職位，達成安娜的要求，最後，她感覺自己的上司開始信任自己了。[65]

安娜上任大約一年了，她十分不快樂，但沒有向員工透露。現在她有一個一歲的孩子，又懷著第二個孩子，但一如既往地穿著同一套聖羅蘭套裝和高跟鞋，圍上漂亮的長圍巾，圍巾在夾克的翻領間擺動，把她的孕肚藏了起來。[66]丈夫不在身邊很辛苦。她在倫敦沒有廣闊的社交圈，每週六早晨，她會和查理到曼諾洛・布拉尼克的店裡，拜訪這位她鍾愛的鞋履設計師，查理會撞倒每一雙展示中的鞋子。[67]（這並非她和兒子唯一的親子時光；一九八六年，她向一名記者表示：「每個週日，我都會整天陪著兒子。」）[68]安娜也盡可能頻繁地帶著兒子飛往紐約，因為薛佛通常無法從工作抽身來找她。「這種生活安排很糟糕。」起初她加入英國版《時尚》時這麼說：「我在半夜會全身冒冷汗地醒過來。沒完沒了地想『我瘋了，我應該留在家裡顧孩子，過上安定的舒適生活』。然而，我覺得自己不想在紐約養孩子。我在紐約認真打拚了十五年，而且我始終想擔任英國版《時尚》的總編輯。」[69]當然，最後一句話並非全然是真話；安娜知道倫敦出版界只是小聯盟，她肯定很擔心自己離紐約這麼遠，也就是媒體界的頂端。她那麼努力和利伯曼與紐豪斯保持聯繫，原因之一也許是如此。然而，利伯曼似乎也下工夫在注意安娜的動向，畢竟安娜可是他的門徒，也是康泰納仕未來的時尚領袖。[70]只要安娜設計雜誌碰壁，就會飛到紐約和利伯曼一起解決。[71]只要柯丁頓到紐約拍攝，安娜就會要她把底片送去給利伯曼，徵求他的意見。[72]

先前外界就猜測，安娜在七月生下第二個孩子後，就不會回到英國版《時尚》，一九八七年四月，她強烈否認這樣的說法。[73]當年五月，《紐約時報》報導稱，她在爭奪米勒貝拉在《時尚》和東尼·馬佐拉在《哈潑時尚》的總編輯大位[74]（十多年前開除她的就是這位馬佐拉）。同篇報導中，利伯曼否認了這些謠言，但別有用心地主動表示「也許安娜·溫圖在一段時間內會回到美國」。據稱安娜也正在洽談要主掌《她》雜誌和化妝品品牌倩碧（Clinique）。[75]

雖然後來安娜表示，自己確實收到了邀約，但從未認真考慮過。[76]然而，她一心要在生下孩子後搬回紐約，[77]因此有可能向媒體散播了自己要搬遷的傳言，使紐豪斯斟酌她投靠敵營的風險，[78]因此使他採取極端的手法滿足安娜。

事情就是這樣發展的：紐豪斯擔心失去安娜，因此跳上飛機飛往倫敦和她見面，當時安娜處於孕期尾聲，她說自己「根本在產檯上了」。然而，雖然安娜希望是美國版《時尚》，但紐豪斯在早餐席間卻給出完全不同的提議：《居家園藝》的總編輯位置。

安娜很驚訝，不知道該怎麼回覆紐豪斯，她回到辦公室，隨即打電話給利伯曼。

「妳絕對得回來。」利伯曼對安娜說。紐豪斯主張他需要安娜坐鎮《居家園藝》，因為這本雜誌「有問題」。這個職位不全然是安娜想要的，卻是讓她離開倫敦的門票，因此她接受了。

紐豪斯表示，他把這份工作交給安娜，不是為了測試她能否掌管《時尚》。「你不能隨便把人丟在某個位置。」他表示：「這是最糟糕的出版業管理手法，也不能這樣對待淑女。」[79]事實上，他根本就在這麼做。

第十一章　居家園「衣」

安娜再次需要在大洋彼端建立工作團隊，生小孩也不會拖慢她的腳步。前往醫院生下女兒的路上，她打電話給多佩特，徵詢她是否有意願兩週內搬到紐約。[1]

「這是為什麼？」多佩特這麼問。

「我要接掌《居家園藝》。我生完孩子再聊吧。」

安娜生下凱薩琳（Katherine，之後大家都叫她小比（Bee））後，多佩特到安娜家中探望她。她才剛花六個月整修新公寓，難以想像要丟下倫敦的生活搬到紐約，但安娜再次讓她難以拒絕。

「我們會照顧妳的。」安娜向多佩特說。她還說康泰納仕會提供飯店給多佩特暫住，協助她找到住處。

某週的尾聲，安娜離開辦公室，為生小孩做準備，但隔週的週間就回來了。[2]她穿著緊身服貼的條紋洋裝和高跟鞋，員工看到都嚇壞了，他們無法相信這個女人不到一週前才生完孩子，而且完全看不出來。事實上，相比接下來安娜要告訴他們的事，當時她的身材更出乎意料。

「我有一件事要宣布。」她表示：「我要離開了，各位的新老闆會是馬克·伯克瑟（Mark Boxer）。」他是《尚流》的編輯，就是他鼓勵多佩特到安娜手下做事。[3]

安娜離開前，希望照顧到利茲．媞貝里絲。媞貝里絲剛離職，並跳槽到雷夫羅倫（Ralph Lauren），新職位提供她高到嚇人的二十五萬美元薪水。（安娜收到她的辭呈後表示：「妳別開玩笑。難道妳不知道，去雷夫羅倫連一顆衣服鈕扣都改變不了嗎？」）兩天後，安娜知道媞貝里絲要離開了，便把她叫進辦公室，接著關上門。她得確保英國版《時尚》在自己離開後能有好成績，這是為了她自己好，因為她不想讓自己做出的改變看起來失敗了。

「我要走了，」安娜對她說：「妳想成為總編輯嗎？」媞貝里絲當場就答應了，條件是她要以編輯的職稱在新任總編輯伯克瑟底下做事，但安娜離開不久後，伯克瑟就因為腦瘤驟逝，使媞貝里絲獨攬大權。[4]

安娜告訴員工自己要調往《居家園藝》，一週後就離開了。[5]幾週後，她擔任新職位一事登上媒體，各方都在猜測，她現在只是在等著接手米勒貝拉的工作。

《居家園藝》管理階層的變動，從一開始就循著典型的康泰納仕故事線，顯示紐豪斯解雇員工多麼殘忍又任性。

《居家園藝》創刊於一九〇一年，安娜前任的總編輯路易士．奧利佛．格羅普（Louis Oliver Gropp）擔任這個職位已經六年了（先前他負責衍生出版品《居家園藝指南》（*House & Garden Guides*）編輯工作長達十三年，他接掌《居家園藝》後，紐豪斯便不再出版《指南》）。《居家園藝》在他的領導下，吸引了一眾忠實讀者，他們很喜歡指南式的呈現手法。一直到安娜接下職位的新聞登上一九八七年八月十二日的《女裝日報》，格羅普才知道自己丟了工作。消息傳出時，他正在加州度假，幾天後，紐豪斯才打電話聯絡他，兩人的對話記錄在《公民紐豪斯》（*Citizen Newhouse*）中：

「小路，你度假期間會讀《女裝日報》嗎？」紐豪斯問。

「不會。」格羅普回答他。就算在辦公室，他也不會讀。

「《女裝日報》有很多則報導在說安娜．溫圖會成為《居家園藝》的總編輯。」紐豪斯表示。

「噢，那是真的嗎？」格羅普反問。

「真的。」紐豪斯這麼說。[i][6]

格羅普一直待到一九八七年九月九日。[7]然而，格羅普都還沒離開，安娜就在組建自己的團隊了。她計劃和十八個月前在英國版《時尚》採取完全一樣的作法，也就是整頓人事、根除現存的編輯理念，並打掉重練。

九月一日，雖然她還沒正式上工，卻已經打電話給《浮華世界》的蒂娜．布朗，一開始和她寒暄幾句，問問蒂娜的丈夫哈利．伊凡斯（Harry Evans）和家中新生兒的狀況。閒聊後，她對布朗說：「還剩下一件事，我要挖走安德烈。」[8]她真的這麼做，並給予安德烈創意總監的位置。

泰利還記得，當時他非常清楚安娜和自己在居家裝飾的雜誌有什麼目的：「她沒有和我說她如何或為何出此對策，但她不必明講，我並不笨；一切事情的走向很清楚，安娜在一步步邁向葛蕾絲．米勒貝拉的位置，這是公開的祕密，」他坦承。[9]

對格羅普的一些員工來說，紐豪斯眼中《居家園藝》的「問題」似乎比較像藉口，他才能把總編輯的工作給安娜。[10]然而，紐豪斯聲稱他擔心的問題，也許並不完全是捕風捉影。一九七〇年代開始，《居家園藝》就不如《建築文摘》（*Architectural Digest*），[11]後者公認是最高檔的居家雜誌。[12]一九八三年，也就是在安娜得到總編輯職位僅幾年前，為了讓《居家園藝》更時髦高檔，以篡奪《建築文摘》豪華家居雜誌第一品牌之名，康泰納仕砸下八百萬美元投入市場調查、廣告推廣和發行前的其他支出。[13]其他家居雜誌競爭品牌也設法使用相同的手法，例如，《都會居家》（*Metropolitan Home*）和《美麗家居》（*House Beautiful*）。[14]然而，到了一九八七年，《居家園藝》的廣告頁面成長不到百分之一，廣告收益僅增加一百五十萬美元，相比《都會居家》，頁面成長高達百分之十八．一，廣告收益也相應上升百分之四十六。[15]

雖然大部分的批評聲浪，都針對安娜犀利的個性和嚇人的果斷，但當時就是這些特質助她無往不利。《居家園藝》成為她的責任，為了有所改變，她必須著手進行令人不快的工作，像是解雇員工、捨棄報導，而且不為此道歉。她用這個方法彰顯自己對雜誌的標準，也向紐豪斯展現，他對她還來不及有疑慮，自己早就迅速行動了。她知道面對殘酷的非難，必須毫不讓步。

正如所料，安娜努力以自己的想像改造《居家園藝》。她的公司座車每早七點三十分在辦公室放她下車，只要白天有時間，她就會把未刊登的舊文章從藝術部的檔案櫃清出來。[16]多佩特、泰利和她一個抽屜翻過一個，檢視哪些照片看起來詭異地缺乏人類的溫度，例如，完美布置的餐桌，但完全看不出來是給人用餐的。[17]據稱大約三天的時間，安娜就丟掉了合約價值兩百萬美元的文章和照片。[18]在過程中，多佩特得以和安娜相處，並開始以不同的面向認識安娜。「她非常幽默，擁有

i 後來格羅普向《紐豪斯》的作者湯瑪士．邁爾表示，紐豪斯得傳達這個壞消息，其中的尷尬一定讓他很痛苦。也許因為這樣，每次他要解雇員工，才會如此精心安排。

不露聲色的英式幽默，還十分懂得自嘲。我發現她是這種人後，很意外先前在英國完全沒有注意到，但也許當時因為她承受太多壓力了，我才沒有發覺。」她這麼形容。[20]

安娜也開始整頓現存的員工，毫無溫度的手法在旁人眼中，就和她丟掉那些照片一樣。觀察力敏銳的員工迅速買來短裙、名牌服飾和高跟鞋，深怕自己不依照安娜的想像打扮，就會被轟出門。安娜上任時，伊蓮．格林．韋斯伯（Elaine Greene Weisburg）這位編輯已經任職於《居家園藝》二十二年了，她出於不安，砸錢買下高檔的衣服，但她和安娜第一次面談後，便覺得怎麼做都無法得到她的青睞。安娜正式上工一週後，韋斯伯就被資遣了。

「妳一看到我就決定不留我了。妳不懂年紀增添了腦中的智慧，外貌並非重點。」韋斯伯一面走出辦公室，一面對安娜說。

安娜表示自己很遺憾韋斯伯這麼想。

安娜快步去開門，送韋斯伯出去，最後演變成兩人互相大吼。韋斯伯送給安娜的最後一句話是：「我希望妳摔個狗吃屎。」[19]

嶄新的《居家園藝》偏好邀請貝蒂．蜜勒（Bette Midler）[21]和史蒂夫．馬丁（Steve Martin）[22]這樣的明星，以及艾瑞克．羅斯柴爾德男爵（Baron Eric de Rothschild）和葛洛莉雅王妃（Gloria von Thurn und Taxis）這樣的社會名流〔二〇一二年，兩人的女兒伊莉莎白（Elisabeth）成為《時尚》的撰稿人〕。[23]之前《居家園藝》不見時尚的蹤跡，現在時尚成為雜誌重要元素：針對第一期的封面，安娜吩咐泰利讓模特兒穿上卡爾．拉格斐的花洋裝，由亞瑟．艾格特在巴黎的巴加特爾花園

（Bagatelle Gardens）拍攝。為了向全世界展現自家雜誌的新紀元來了，安娜把雜誌名稱縮減為《家園》（*HG*）。[24]康泰納仕指出，市面上約有二十五本家飾雜誌，名稱裡都有家居、居家或園藝等字眼，改名是為了做出區別。利伯曼和紐豪斯都支持安娜的改變方向，不只是名稱，還有內容。[25]每天利伯曼都在藝術部一一檢視排版和照片，他表示：「對於在雜誌中放進時尚內容，我本人持懷疑態度，但她這麼創新又大膽，小賽也很喜歡她所做的。我們很興奮，也很期待能夠打造一本囊括生活風格各面向的雜誌。」[26]

一九八八年的某個二月夜晚，康泰納仕在紐約公共圖書館（New York Public Library）為新版《家園》舉辦半正裝發行派對。出席賓客包括時裝設計大師比爾·布拉斯（Bill Blass）和凱文·克萊，[27]安娜的父親也大駕光臨。[28]安娜抵達現場後，看起來難以招架這場活動，但一部分原因也許單純是她累了。[29]她一直很瘦，現在看起來更是如此，就算穿上閃閃發光的夾克也不難察覺。薛佛向利伯曼的助理蘿謝爾·烏德爾透露，自己擔心安娜太拚命工作。「她的朋友米蘭達·布魯克斯（Miranda Brooks）表示，後來安娜會實施「乳脂飲食法」，她會喝巧克力奶昔，才不會過瘦。」[30]

安娜從巴黎的花園得到靈感，因此雇用羅伯特·伊莎貝爾（Robert Isabell），他是一位創意和收費都過人的派對策劃師。[31]安娜表示：「如果賓客都知道自己該去哪裡，或是接下來該做什麼，就代表派對辦得很成功。」[32]安娜光鮮亮麗的新員工在會場中散開來，引導賓客下樓到晚宴地點。她們也是裝飾品，就像這本改版雜誌裡的模特兒一樣。南西·諾沃格羅德（Nancy Novogrod）表示，這是應利伯曼的要求。原先諾沃格羅德是出版商克萊森·波特的編輯，安娜延攬她到《家園》擔任自己的副手。後來諾沃格羅德聘雇員工，利伯曼覺得對方不夠美麗動人，還為此責罵諾沃格羅德。[33]

紐豪斯在演說中讚美了自家的優秀新任總編輯。蒂娜．布朗也是派對賓客，她在日記中形容紐豪斯「緩慢又結巴地說出內心獨白」。布朗形容，接著安娜站了起來，「一一向潛在的危險人物致意」，包括《家園》的撰稿人格雷登．卡特（Graydon Carter），當時他是諷刺雜誌《密探》（*Spy*）的總編輯，以及安娜在《紐約》的前老闆愛德．柯斯納。[34]

安娜對時尚的熱情遠遠超過居家裝潢，這是難以掩飾的事實。她在雜誌裡刊登許多時尚內容，談及眾多時尚界人士（黛安娜．佛里蘭和曼諾洛．布拉尼克），人們開始稱其為《居家園衣》（*House & Garment*）和《浮華室內》（*Vanity Chair*）。雖然紐約媒體圈只是冷嘲熱諷，讀者卻深感不滿，《家園》還得設立免付費專線處理客訴和退訂。[35]一名康泰納仕高層向《紐約時報》表示：「我們很樂意提供退費。」[36]《建築文摘》的發行人則吹噓，安娜在三月重新發行雜誌後，逼得十幾、二十家廣告客戶只在《建築文摘》刊登廣告。

然而，一些人認為安娜的《家園》只是太過前衛。「她的作為實在前所未有，一些讀者就會覺得被排擠。」麥可．布德羅表示，他是《家園》的專題編輯。布德羅前去室內設計師亞伯特．哈德利（Albert Hadley）在康乃狄克州的鄉村小屋進行採訪，其中一張照片是他家地下室的洗衣房，洗衣機上擺著一盒洗衣粉。「人們覺得太寫實了。」布德羅回憶。他在安娜手下做事，每天醒來都在想今天她就要開除我了。安娜平淡無奇的批准就是最高表揚，要是她有什麼東西不喜歡，就必須打掉重來。然而，布德羅表示：「我記得那是我做過最有趣的工作。」[37]

後來，居家裝潢雜誌就像安娜的《家園》一樣，開始窺探富人和名人的私人空間，而不只是擺放客廳家具的教學手冊。康泰納仕也曾扭轉其他雜誌經營方向，例如《浮華世界》，但《居家園藝》不像這些雜誌已經奄奄一息，這也許是安娜面臨的難題。《居家園藝》的讀者喜歡原先的樣子，安娜的改變過於極端，他們難以接受。《家園》的批評聲浪達到高逢之際，安娜也迎來好消息，那就是她等待已久的時刻終於來了：紐豪斯決定把米勒貝拉的工作給她。

第十二章　總編輯安娜・溫圖

六月的某個早上，安娜去見了南西・諾沃格羅德。

「我要到《時尚》了，而且是從今天開始。」安娜對她說。諾沃格羅德很震驚，她加入《家園》才幾個月的時間，雖然她知道安娜不會久留，但不曉得她這麼快就會離開。安娜向諾沃格羅德表示，紐豪斯和利伯曼都相當肯定應該由她接手自己的位置，但她應該自己說服兩人。他們的一大顧慮是先前《家園》在安娜的領導下丟了廣告生意。[1]

後續的發展可謂康泰納仕史上最不堪入目的一連串事件：安娜爭權奪利造成激烈鬥爭、利伯曼使出狡詐之計，以及紐豪斯表現出對衝突的深惡痛絕。

一九八八年六月二十八日，葛蕾絲・米勒貝拉坐在辦公室裡，她的祕書轉接了一通來自她丈夫比爾・卡漢（Bill Cahan）的電話。

他剛看到八卦專欄作家利茲・史密斯（Liz Smith）在國家廣播公司紐約分台（WNBC）爆料：

> 康泰納仕安排英國版《時尚》總編輯安娜・溫圖回到紐約接手《居家園藝》的改造工作，後來就有謠言傳出溫圖女士會取代資深的葛蕾絲・米勒貝拉，成為美國版《時尚》的總編輯。是的，現

下出版界的最新消息指出，此事可能在九月一日成真。別問我為什麼康泰納仕要換掉葛蕾絲・米勒貝拉。康泰納仕旗下的雜誌就屬《時尚》發展最穩健、收益最可觀。各位都懂吧，如果東西好好的，就不要硬修，但他們就是要修下去了。

「葛蕾絲，這太荒唐了。」他對米勒貝拉說：「這是怎麼一回事？」

米勒貝拉並不知情。她和丈夫說，自己知道更多消息後再打給他。她思考了一會兒，上樓去利伯曼的辦公室，發現他就坐在寬敞的黑色辦公桌前無所事事，顯然在等人，最可能就是在等她。[3]「葛蕾絲，」他說：「那件事恐怕是真的。」[2]

一九八八年夏天，米勒貝拉的位置被安娜奪去，一般說法是紐豪斯和利伯曼擔心美國版《她》的威脅。到了一九八八年，無論是發行量還是廣告收益，《她》都已經超越了《時尚》的老對手，也就是《哈潑時尚》：一九八七年，《哈潑時尚》的發行量有七十萬冊，但自從一九八五年九月，《她》的創刊號問世後，發行量已經躍升至八十五萬冊，隨著讀者數量增加，廣告收益也毫無意外地湧進他們的口袋。[5]同時，在一九八七年到一九八八年上半年期間，《時尚》的發行量下跌，但還是觸及了一百二十萬名讀者。[4]

然而，米勒貝拉的失勢和安娜的崛起，不只是源自於《她》和各項數字。近幾年，米勒貝拉的缺點越趨明顯。[6]一九八七年春初，因為前列腺癌和心臟問題，利伯曼離開辦公室一大段時間。他沒有和同事透露自身病情的嚴重程度，而是告訴他們自己得了急性肺炎。[7]然而，少了利伯曼平時的參與，《時尚》變得群龍無首。米勒貝拉的優柔寡斷搞得員工身心俱疲，他們抱怨雜誌的發展方向不明，[8]因此人資部慢慢出現辦理離職手續的員工。[9]費莉絲．波斯尼克（Phyllis Posnick）在一九八七年成為美妝和健康編輯，她還記得當時的混亂場面：「我不覺得葛蕾絲還能待多久。當時就像卡夫卡（Franz Kafka）的小說一樣。你根本不知道會發生什麼事。」[10]此般窘境不太可能有所改善，畢竟在一九八八年的夏天，利伯曼已經七十五歲了，完全無法像從前一樣出席時尚和美妝會議、管理人員配置、監督藝術設計的方向，以及分派文稿，如此無微不至地照料《時尚》。利伯曼和米勒貝拉到藝術部審閱排版時，當期雜誌的版面都會擺在展示板上，但米勒貝拉時常叫不出自家雜誌刊載的名人或藝術家。琳達．萊斯（Linda Rice）是利伯曼的副手，偶爾就只有她和兩人在會議室裡。「葛蕾絲不知道的事，總是讓我很驚訝。」她回憶：「我很喜歡葛蕾絲，但她不適合這份工作。」[11]

米勒貝拉有另一個問題是安娜沒有的：她和小賽．紐豪斯幾乎沒有交集。兩人在六〇年代第一次見面，當時紐豪斯的父親買下康泰納仕，不久後就有人在二一俱樂部（21 Club）把米勒貝拉介紹給紐豪斯，但往後她從未更加熟識紐豪斯，還刻意避開對方，無顧利伯曼和她說過這是件壞事。[12]如果米勒貝拉無法在紐豪斯耳邊掌控《時尚》的唯一發言權和控制權，誰又做得到呢？實際上只有一個女人能應付經營《時尚》的壓力，她能夠和紐豪斯共事、持續讓利伯曼參與又不會過度依賴他、裁撤利伯曼手下的冗員、讓雜誌升級以對抗《她》、期間又不會自我懷疑。那個女人就是安娜．溫圖。

因此，雖然利茲．史密斯在一九八八年六月底就得到小道消息，但其實早在當年夏天，紐豪斯就決定把這個位置給安娜，也就是新聞爆出整整一個月前，但利伯曼希望延後公開。然而，紐豪斯不忍開除米勒貝拉，就像他不忍開除任何人一樣。再者，因為利伯曼和米勒貝拉是多年好友，他特別不想告訴她，而且成為這個決定的代言人（他聲稱做決定的是小賽）。[13]此外，有次米勒貝拉問到有謠言稱安娜會取代自己，他還對米勒貝拉說：「親愛的，別擔心，那都是謠言。」[14]

然而，利伯曼不像自己說的那麼不擅長開除員工，這也不是他第一次對好友這麼做了。米勒貝拉很清楚，他曾這樣對待佛里蘭。另一次是里歐・勒曼（Leo Lerman），他曾是《浮華世界》的總編輯，在八〇年代初期，為了空出位置給蒂娜・布朗，勒曼慘遭開除，但他可是利伯曼的死黨。（布朗提到：「亞歷山大這樣背棄里歐，彷彿沒有一絲情感。他對此沒有良心不安，使我驚恐不已。」）[15]紐豪斯想開除米勒貝拉，他便順水推舟，事情就這樣結束了。

米勒貝拉慘遭開除的新聞傳出後，《時尚》整層辦公室都籠罩在震驚中。高階員工平常會開著辦公室的門，現在都闔上了，一些初階員工座位就在這些辦公室外，他們把耳朵貼在門上，想知道發生了什麼事。雖然許多人認為安娜終究會坐上米勒貝拉的位置，但實際發生時仍難以相信。

米勒貝拉在《時尚》任職三十七年了，卻這麼迅速又無情地被掃地出門，既令人震驚又悲痛。「此舉可謂大逆不道。」文案人員萊絲莉・珍・西蒙表示。[16]

就算在《時尚》之外，這則消息依舊驚天動地。資深時尚編輯潔德・霍布森接到一通設計師的電話，詢問消息的真實性。[17]她去找了米勒貝拉，想弄清楚發生了什麼事，但米勒貝拉正和丈夫在通電話，並得知這個消息。

次日，紐豪斯和米勒貝拉見面後，要求她向員工宣布這件事。[18]米勒貝拉把幾位編輯叫進辦公室，深呼吸一口氣，告訴他們安娜·溫圖其實就是《時尚》的新任總編輯。當天稍晚，紐豪斯發布兩則備忘錄，第一則宣布米勒貝拉要「退休」了，第二則宣布安娜會頂替她，而且「立即生效」。

前述的動作都是要讓事情順利發展：雖然紐豪斯和利伯曼超過一個月前就決定了，但遲遲沒有宣布，因為他們無法決定時間點。安娜得知自己拿到工作後，便列席參加「小賽和亞歷山大沒完沒了的會議」，她這麼形容：「我們大多數時間在討論日期和時間，因為亞歷山大太猶豫不決了。有時候是九月，有時候又是隔年一月。整件事對葛蕾絲很不公平，因為她還不知情，對我也很不公平，因為我得從會議中回到辦公室，設法編輯《家園》，但我知道自己不會在這裡待太久，還要欺騙所有的員工。太糟糕了，實在很糟糕。」[19]

米勒貝拉的幾位大將決定不續留。艾美·葛羅斯掌理專題部五年了，包括安娜擔任創意總監期間，她短暫調任到《家園》，之後就離開公司了。[20]在安娜擔任創意總監期間，霍布森就不想和她有任何瓜葛，她則是加入露華濃（Revlon）。[21]障礙清除後，安娜就著手打造自己的世界級時尚團隊。除了波莉·梅倫，另一位時尚編輯卡琳·塞夫·德杜澤勒（Carlyne Cerf de Dudzeele）也留了下來，她是先前利伯曼從《她》挖角來的。[22]（後者在米勒貝拉底下做事十分挫折，幾乎要辭職了，但安娜說服她留下來，等著自己成為總編輯。）

重中之重也許是葛蕾絲·柯丁頓看到新聞後，打電話給多佩特問：「妳覺得安娜會考慮讓我回去嗎？」她先前從英國版《時尚》離開安娜的麾下到凱文·克萊任職。[23]

自從安娜回到紐約，她和柯丁頓就會定期碰面。柯丁頓搬到紐約後，才了解為什麼安娜那樣做事。此外，她很想念雜誌的工作。

安娜回電給她，並和她說：「我們見面討論一下吧。」

當天是週四。柯丁頓和安娜相約共進晚餐，到了用餐尾聲，安娜和她說：「我星期一正式上工，妳就一起開始吧？」柯丁頓跟著安娜的步調，只有一天的時間能通知雇主並離職。（她和凱文・克萊仍是朋友。）

安娜也延攬了其他御用人才：麥可・布德羅成為專題編輯、加蓓・多佩特是副總編輯、蘿莉・謝克特是造型編輯。安德烈・里昂・泰利當上創意總監，使他成為「時尚新聞業史上職位最高的黑人男性」，他這麼表示。[24]

米勒貝拉還有最後兩週，但安娜已經把《時尚》員工一個個叫進她的《家園》辦公室。她簡短地面試他們，決定是否續留對方。

對許多米勒貝拉的人馬來說，等著和安娜面談是很可怕的事。安娜想知道每個員工的工作內容，看他們是否擁有人脈、才華、職業道德，或是以上兼備，夠資格在她底下工作，但整個過程只會花上幾分鐘。[25]經過三天時間，面談結束了，安娜把員工從約一百二十人縮減至不到九十人。[26]

費莉絲・波斯尼克是得到好消息的員工之一，[27]最後會成為安娜數一數二資深的編輯。安娜合併了兩個文案職位，並讓滿心期待的西蒙升遷。[28]她留用瑪姬・巴克利擔任人力規劃編輯。[29]利伯曼的副手琳達・萊斯本來負責《時尚》的財務和營運，安娜也續用她擔任副業務經理。她向萊斯表示：「妳的工作是控制安德烈・里昂・泰利。」

萊斯嚇到差一點跌倒在地上。沒錯，泰利的開銷大到完全失控了，控制他似乎不會是小事一樁。然而，安娜都說了，她只好答應。[30]

第十三章　三思風險而後行

一九八八年八月一日週一，安娜擔任《時尚》總編輯的第一天，一開始就遭逢《紐約日報》（*New York Daily News*）刊登利茲・史密斯惡意的八卦文章：

「溫圖寒氣」瀰漫在康泰納仕的辦公室裡。從高層到初階員工，人們連講電話都害怕，大家都人心惶惶地等待著下一步。茶水間裡充滿流言蜚語，人們焦急地等待溫圖的下一個動作，許多人預期是恐怖的高壓統治……人人都在討論溫圖和紐豪斯，還有他們的關係究竟是什麼，謠言可說是止不住。

史密斯還寫道，安娜只不過是「失敗了還晉升」到《時尚》罷了，因為紐豪斯別無他法，只好以此止住《家園》在流失的讀者和廣告收入。

為了破除兩人有婚外情的揣測，紐豪斯向史密斯表示，他和安娜有戀人關係的傳言「也許是我聽過最動聽的好話。然而，我深深愛著我的妻子和她的狗。整件事完全沒有真實性可言。」[1]

安娜的職涯走到這裡，長久以來都是大家議論的對象。她幾乎從不否定報章雜誌上的言論，不過當天早上，她前去上班時，召集了自己的員工，並告訴她們，如果有任何人相信，她來到今天的位置是因為爬上了老闆的床，那就是「依然活在過去，因為之前的年代，女人要爬到頂端只能靠著取悅男人。現在是一九八〇年代，我們不必再這麼做了」。[2]

對安娜來說，那年夏天本應好好慶祝，但婚外情的謠言使其蒙上一層灰。[3]如果有任何八卦讓安娜介意不已，辦公室上下的同事都看得出來，因為縱使她這麼冷冰冰，還是偶爾會看起來相當焦慮。後來安娜坦承，史密斯的說法給她的婚姻帶來沉重的壓力。[4]然而，每次安娜看起來好像要崩潰了，她都只會戴回墨鏡、向前看。[5]

安娜對員工說，她希望新《時尚》能更年輕、好讀、有活力，[6]但她也說得很清楚，這些改變比較是進化而非改革。[7]然而，多佩特還記得，拼湊第一期雜誌時，「感覺很像是吃下迷幻藥後製作英國版《時尚》」。[8]

首先，《時尚》的封面亟需升級。一九六五年，利伯曼以前所未有的一百萬美元合約，吸引理查．亞維登離開《哈潑時尚》、轉投《時尚》，往後都是他拍攝封面。[9]然而，每個月下來，亞維登的封面幾乎沒什麼變化：緊貼臉部裁剪的攝影棚大頭照，模特兒的妝髮都經過悉心打理，最明顯的不同只有模特兒的髮色和各種八〇年代風格的耳環。

安娜並沒有立刻開除亞維登，而是要求他進行試拍，但她沒有說得這麼直白。她想試試在街上拍攝模特兒，以此當作封面，她要求亞維登照著拍攝，但氣氛隨即緊張了起來。亞維登心不甘情不願地遵照指示，但又被要求重新拍攝了兩次。這位攝影師的整個生涯，只有另一位編輯曾要求他重拍，安娜此舉稱得上是羞辱。[10]亞維登不甘受辱，因此斷絕和《時尚》的來往，還據稱要求康泰納仕以四十八萬美元的金額，買斷剩下兩年的合約。[11]

安娜傳奇性的第一期封面見於一九八八年十一月號雜誌上，她邀請以色列演員米凱拉・伯庫（Michaela Bercu）擔任模特兒，並由彼得・林伯格（Peter Lindbergh）操刀拍攝、卡琳・塞夫・德杜澤勒負責造型。八〇年代正適合塞夫・德杜澤勒，因為她本身就是來自法國、光彩奪目的時尚指標，她以「我喜歡把屎變黃金，懂了嗎？」一語概括自己的造型手法[12]。

此次拍攝會成為有史以來最著名的時尚雜誌封面，但起初只規劃為一則內頁新聞報導而已。塞夫・德杜澤勒〔她喜歡混搭名牌服飾和基本款單品，像是香奈兒夾克配上恆適（Hanes）T恤〕[13]讓伯庫穿上要價一萬美元的克里斯汀拉夸黑色絲綢高級訂製夾克，上面有寶石鑲成的彩色十字，搭配一件五十美元的蓋爾斯（Guess）牛仔褲。「其實這件夾克是套裝的一部分，但那件裙子不適合米凱拉。先前她返鄉到以色列度假，體重增加了一點兒。」後來安娜針對這次的封面寫道。[14]伯庫在巴黎的街上走著，金色長捲髮落在肩上，她望向遠方，臉上掛著燦爛的笑容，並露出一部分的下腹部。這是牛仔褲首次出現在《時尚》的封面上。

「管理階層有一些驚訝，印刷業者甚至也提出質疑，但這張照片是一種表態，表明不同的時代來了，我們對時尚有不同的觀點，想更接近大眾、更無拘無束。」安娜這麼解釋。[15]這是前所未有的事，如此一來，《時尚》的過往風格瞬間被抹除殆盡了。

紐豪斯遞了一張便條給安娜，她驕傲地展示在辦公桌上：「妳做得太好了，安娜。我非常以妳為榮。」[16]

安娜擔任創意總監期間，員工並不怕她，但她成為總編輯後，卻非常嚇人。一部分原因在於無論誰擔任這個角色都會如此：米勒貝拉和前面的佛里蘭都有一樣的效應。當然，安娜第一年就解雇了許多人，員工要有安全感也就難了。某些日子，感覺每小時都有員工被請出去。[17]米勒貝拉的辦公室裡有洗手間，[18]但安娜進行翻修時，每天都會經過走廊、使用員工的洗手間，她時常帶著墨鏡，一些年輕員工在走廊上和她打招呼，她通常不予回應。

然而，資深市場編輯蓋兒．平克斯（Gail Pincus）並不覺得安娜沒禮貌：「這不是我的第一份工作。對許多員工來說，如果是第一份工作的話，她的態度這麼生硬，他們可能覺得受辱了。」[19]相比前任總編輯，安娜做起事來訊速許多，但有時她的步調太快了。安娜會要求平克斯與其他市場編輯隔天早上到設計師展示間和她碰面。大家約定早上九點，只有她會八點就到了，而團隊的其他成員都還沒到，她就離開了。

早期的一場專題會議中，安娜召集員工和撰稿人到她的辦公室裡，大家以她的辦公桌為頂點，把椅子擺成V字型就坐，第一排有三張椅子，第二排有五張。[20]會議中只有兩個人有想法能呈報，分別是威廉．諾維奇（William Norwich）和格雷登．卡特，兩人都從安娜那裡簽下合約，成為《時尚》的特約編輯。其餘員工似乎嚇傻了，沒辦法提出任何想法。另一位編輯記得安娜擔任總編輯初期，自己曾出席首次的專題會議，她也描述了類似的情形。[21]「妳是我們的新任編輯，就從妳開始吧？」她這麼說。接著，那位編輯提出了二十個想法。全部講完後，安娜對大家說：「其他人呢？」沒有人開口。大家會私底下找她討論，而非在會議上發言，拉長開會時間。

試裝會議上，編輯會向安娜展示服裝，以得到她的批准進行拍攝。她總是習慣性地低下頭、撥一撥瀏海，接著表示：「不，這樣不對，不行。」通常沒有解釋。[22]曾有編輯認為一件粉紅色的波浪裙短版花洋裝很適合登上五月號的封面，安娜對此以上述的舉動回應。過了不久，她穿著同一件洋裝出現在辦公室裡，而且毫無意外地沒有解釋。

安娜會問問題。「你答得了一百個問題，那她就會問到第一百零一個問題，然後你就答不出來了。」瑪姬．巴克利這麼形容，這位編輯負責接洽名人。她還表示：「當時我才剛開始處理名人業務，她便問我：『噢，這週末有什麼票房不錯的電影嗎？』我毫無頭緒，所以當然囉，下次開會前，我一定先去了解票房的表現。」

安娜始終認為下屬能有求必應，還會給她的團隊壓力，直到要求得到滿足為止。以接洽業務來看，她時常派苦差事給巴克利，例如，確認瑪丹娜是否願意登上單頁的美妝報導。「她會說：『這個做得到嗎？那個做得到嗎？可以還不可以，給我答案。』」巴克利表示。[23]如果安娜沒有得到她要的，她的方法就是不斷打電話，直到對方說出她希望的答案為止。對安娜來說，和好萊塢（Hollywood）打交道特別煩人，因為在她心目中，電影產業很沒有效率。「為什麼那些經紀人還要他們的助理打給你的助理，他們有時間就自己回電給你啊？為什麼他們不把電話接起來就好？」她會這樣問。[24]

「她會要你一直打電話，我不願意那麼做，因為我不想逼瘋大家。」巴克利表示。有次她告訴安娜：「其實我一直避開妳的辦公室，因為我知道妳又要叫我這麼做了。」安娜只是笑了笑。[25]

安娜從小就想坐上這個位置，現在到手了，她就進入了超速運轉的工作模式。安娜編輯前六期雜誌期間，經常和利伯曼與文案人員西蒙留到晚上十一、二點。[26]每天晚上，他們都會在藝術部開會檢視排版、進行編輯。「我會跟著討論，記下她和亞歷克斯的共識。改那個、修這個、改那個、不要用這個字、這個標題可以更好。」西蒙形容：「過程很嚴苛。」

安娜喜惡分明。西蒙認為，安娜有辦法做出特定選擇，使時尚扣人心弦。西蒙寫不出米勒貝拉喜歡的文字，而且對二十多歲的她來說，沒辦法產生共鳴，但安娜的選擇很符合時下流行，包括選用嶄露頭角的設計師。「不會是一樣的那五位亞曼尼和傑佛瑞賓恩（Geoffrey Beene）設計師，重複、重複又重複。」西蒙這麼說。

柯丁頓表示：「她真的把一股清新氣息帶進雜誌界。美國版《時尚》有無窮的可能性。他們有雄厚的預算能自由運用，她想和哪位攝影師合作都沒問題。每個人都想參與其中。」[27]

安娜不像米勒貝拉喜歡待在辦公室裡，她也花了許多時間和設計師相處。「對一些她最親近的設計師，她會表達自己希望對方加什麼或做什麼。」蓋兒・平克斯表示。然而，對自己不認識的設計師，她也得迎合對方，因為《時尚》需要他們的廣告生意。她和歐洲設計師的關係很緊密，但換成美國時尚界的大佬，就不是這麼一回事了，例如，奧斯卡・德拉倫塔（Oscar de la Renta）和雷夫・羅倫，但他們也想認識安娜。

「雙方都有意建立生意關係，多年來安娜和許多歐洲設計師十分友好，但是美國設計師沒有他們的才華。」平克斯說：「因此，她下了些工夫去了解簡單、沒那麼精細的服裝。」換句話說也就是美式休閒服飾。[28]例如，一直到安娜的團隊說服她到漢普頓拜訪雷夫・羅倫，才看見他的好。[29]

安娜做什麼事都很快速，她在辦公室巡視各個部門時就是這樣。安娜的走路速度飛快，經過轉角時，西蒙時常和她碰在一起，因為她是英國人，她在走廊會靠左走。惡名昭彰的試裝會議過去要花上數小時，現在幾分鐘就結束了。西蒙表示：「安娜會直接說：『好，不要，可以，不行，這個好，拿掉。再見。』我記得自己曾想說：『好吧，她來自報紙世家。別忘了，無論你花多少時間在英國的報紙上，隔天都會拿來包魚。』」

事實上，《時尚》的辦公室開始比較像新聞編輯室，只是擺上大量的花卉。安娜把米黃色牆壁、奶油色導演椅和軟椅換成白牆、玻璃辦公室和金屬硬椅，反正沒有人會在那些椅子上久坐。在米勒貝拉的管理下，編輯有事情要找她，必須把問題寫下來，但安娜抱怨自己「淹沒在紙張中」，因此她希望編輯直接進到她的辦公室、站著問問題，轉身出去。[30]椅子幾乎像擺設。人們都說和安娜談事情，「你有兩分鐘，第二分鐘是她客氣給你的」。[31]如果你遲到了，不只可能會遭受死亡凝視，還可能錯過會議的大部分內容。[32]

安娜總開著辦公室的門，但許多編輯習慣關上門享受隱私，新裝的玻璃牆對他們來說是一大調整。[33]現在她可以從辦公桌抬起頭、和某人對到眼，就想到要對方做什麼。西蒙覺得安娜指派這麼多工作給自己，唯一的原因就是她的辦公室剛好在她的視線範圍裡。

她也想把出色的寫作風格帶進《時尚》，因此雇用多位好友撰稿。「她本人不會寫稿，但她看得出來哪些是好文章，」布德羅表示：「她喜歡文字中隱含著幽默。有些人說她沒有幽默感，我知道那不是真的，大笑什麼的她都會。」[34]

然而，不是每個人都能感受到安娜的幽默感。再者，只要有員工站在安娜面前，就會遭受「娜種眼神」（The Look），也就是安娜會快速但明顯地（而且天天如此）考核對方的穿搭。「她會無意識地那麼做。妳走進她的辦公室後，她就會從妳的鞋子一路往上看。」瑪姬．巴克利這樣形容，她知道安娜有這種舉動，因此時時刻刻穿著曼諾．洛布拉尼克高跟鞋，也就是安娜的最愛。

雖然幾十年後雜誌編輯會盡全力經營「個人品牌」，以便在社群媒體上炫耀，但當時就算安娜不明講，她手下的編輯也知道要注意自身形象。在米勒貝拉管理下，編輯會穿著舒適的服飾進辦公室，安娜一接掌後，那些衣服就出局了。新老闆上任後，鞋跟變高了，甚至連標準也變高許多。[35]

人們到《時尚》面試時，如果外表欠佳，就不太有錄取的機會。安娜會一一審查應徵者，才確定要雇用他們。有次《時尚》在尋找記者，一位人資經理在徵才過程中處處碰壁。許多時尚人拚命想得到這份工作，但不會寫作，其他人會寫作，但瞧不起《時尚》。他們總算找到一個完美的人選，但她超重二十五磅。人資部員工都知道，如果要送她去見安娜，一定要先警告安娜，否則她一看到對方、幾乎當場就會決定不予錄用，接著結束面試。因此，人資部請安娜至少給這位應徵者兩分半的時間。她照做了，該名女性也得到錄用。[36]

另一次是西蒙需要人手，她收到一名應徵者優秀的文案筆試結果，而且對方曾待過女性雜誌和美妝產業。西蒙要送她去見安娜前，心裡很緊張，因為這位應徵者戴著一整組的珍珠項鍊和耳環，從安娜的品味來看，打扮得過頭了。安娜會喜歡她的文案，但外表就另當別論了，西蒙這麼想，但又覺得叫對方拿下珍珠飾品不妥當。面試結束後，西蒙對安娜說：「那麼，安娜，你覺得如何？」

安娜看著她說：「一樣的東西戴太多了。」

西蒙對她說：「我就知道妳會這麼說。」她需要再另尋他人了。[37]

大衛．薛佛總是給予安娜工作上的建議，這次經營《時尚》也不例外。有次薛佛在機場裡注意到《希波克拉底》（*Hippocrates*），這是一本健康雜誌，總部位在舊金山。他對安娜說，她應該從那裡延攬人才。後來，《希波克拉底》的資深編輯佩姬．諾索普（Peggy Northrop）接到一通電話，邀請她到紐約和安娜就《時尚》的職位進行訪談。

訪談結束後，諾索普回到舊金山，接著對方就寄來了錄取通知書。諾索普不確定自己是否想搬到東岸，她和丈夫左右推敲，列出各項優缺點，最後決定婉拒這份工作。

「我不覺得《時尚》有哪個面向是我真的喜歡的，」她對安娜說。

「噢，我也是啊。過來幫我解決這個問題吧。」安娜回答她。旁人不會自然而然地給予安娜這種直接了當的意見，也許她很欣賞諾索普這麼誠實。她額外提供諾索普兩萬美元，讓她的薪水翻倍，諾索普就接下工作了。接著，安娜送去「極為漂亮」的插花，「棺材上面放的就是這種花束」，還附上一封短箋寫道：「我很期待與妳共事。」諾索普只覺得，天啊，這就是我要過的新生活。

諾索普抵達紐約時，就只有幾件保齡球襯衫、一件經典的燕尾服西裝外套和一條及膝黑裙，她沒有任何高跟鞋。她到《時尚》的第一天，看到每位編輯都穿著合身的及臀夾克和內搭褲來上班。她到職後的第三週，拍攝編輯費莉絲．波斯尼克（波斯尼克表示她不記得有這次來往）找了她到附近皇家通酒店（Royalton Hotel）的四十四號酒吧（44）用午餐，這間酒吧是安娜的前室友布萊恩．麥納利在經營，康泰納仕的編輯頻繁造訪，酒吧甚至得到了「康泰納仕食堂」的稱號。（安娜也經常前去用餐，因為麥納利能讓她不到一小時就用完餐離開，而且她把大衣往萊姆綠的長軟座一丟，服務生就會奉上一杯濃縮咖啡。）[39]兩人都點了鮪魚尼斯沙拉，不過只有諾索普動叉子。

「妳知道去哪剪頭髮嗎？」波斯尼克這麼問：「要去展示間挑一些衣服嗎？」諾索普以為對方只是好意，還想說兩人正在建立友誼。隨後，她前去城裡的高檔沙龍歐貝（Oribe），把一頭略帶紫色的捲髮染成棕色並剪短。她讓髮型師以熱蠟除去後頸的毛髮，使髮線均勻平整。她還把黑裙改短到「標準的十九英寸」。接著，波斯尼克帶她到唐娜凱倫（Donna Karan）的展示間，她在那裡試穿了一件胸前抓皺的夾克、一條裙子和一套巧克力棕色的套裝。波斯尼克表示，她「希望套裝鈕扣有趣一些，也許換成角質的比較好」，但諾索普還是以一千七百二十三美元的批發價全部買單。

諾索普了解為什麼要好好打扮。「如果妳是以《時尚》編輯的身分出去見人，那就應該要有《時尚》編輯的樣子……我不能一鼓作氣澈底改造，因為我沒有預算，但我絕對願意試試看。」她說。回到辦公室後，安娜很滿意。「妳喜歡妳的新髮型嗎？」她這麼問諾索普：「我很高興看到妳穿上短裙了。」

諾索普和波斯尼克從未再一起吃過午餐了。[38]

在安娜擔任《時尚》總編輯的第一年，她做了一個決定，當時看起來獨樹一格，但十多年後卻稀鬆平常：她讓瑪丹娜登上封面。這全是因為一次邂逅。

當時安娜在搭機，旁邊的男子問起她是做什麼的。她回答後，男子對她說：「那是最了不起的雜誌，既時髦又優雅，所有經典又美麗的特質都體現在這本雜誌裡，就好比凱瑟琳・赫本（Katharine Hepburn）、奧黛麗・赫本（Audrey Hepburn）和葛蕾絲・凱利（Grace Kelly），但絕不會是瑪丹娜。」因此，安娜把他的話視為一項挑戰。[40]

在一九八九年年初，瑪丹娜正面臨爭議的高峰。她的單曲〈宛如祈禱者〉（Like a Prayer）在當年三月推出，歌曲唱出性愛的靈性愉悅，音樂錄影帶裡出現燃燒的十字架、還上演她與非裔聖徒的戀情。單曲推出一個月後，由於宗教團體的反對，百事可樂（Pepsi）只好下架瑪丹娜的廣告。[41]

安娜似乎不喜歡洛杉磯，對名人也沒興趣。[42]然而，她和利伯曼一樣，喜歡打破旁人的預期。她和蒂娜·布朗討論後，對邀請瑪丹娜登上封面的所有疑慮便一舉消散。布朗就是以關於名人、政治人物和社交名流的各式轟動新聞重振《浮華世界》。[43]「她告訴我：『妳一定要這麼做。』她說得完全沒錯。」安娜表示。

瑪姬·巴克利和瑪丹娜談妥時間在洛杉磯由派翠克·狄馬薛利拍攝[44]〔第二位攝影師奧伯托·吉利（Oberto Gili）只受雇拍攝瑪丹娜的住處。〕當時名人不像之後會心心念念想登上《時尚》的封面，藉此證實她們得到了安娜的肯定。「我相信那時瑪丹娜認為自己也在給我們面子。」巴克利這麼說。安娜在巴黎收到服飾的拍立得予以批准後，由泰利帶上一整個行李箱去到瑪丹娜家中為她做造型。「如果安娜還沒看過服裝，就不能帶到拍攝現場，過去從沒有例外。」泰利表示，他讓瑪丹娜穿上派翠克·凱利（Patrick Kelly）的設計。

後來，那一期封面採用極簡風格的照片，瑪丹娜在自家游泳池，濕漉漉的頭髮從臉龐往後梳，嘴上塗著紅色口紅，但沒有配戴珠寶，穿著簡單的白色泳裝，泰利表示安娜不想要任何「誇張」的東西。[45]瑪丹娜一概的形象是波浪捲、網襪和馬甲，這次拍攝對此進行了顛覆。

「我搭飛機坐在那位友善的男士旁邊，他認為讓瑪丹娜登上封面大錯特錯，而且完全無益於遵守《時尚》的傳統——崇尚得體正統的出版品。他的想法促使我打破規範，藉此讓人們從文化上的關聯性、重要性和爭議性切入談起我們的雜誌，我們偶爾都必須有這樣的對話。」她表示。[46]

她的直覺帶來了好成績。[47]相比前一年的五月號，當時總編輯還是米勒貝拉，瑪丹娜的這期雜誌發行後，銷量多出二十萬冊。如此亮眼的結果諭示著時尚界的重大改變，不久後，名人會取代模特兒成為時尚界的門面。

一年後，安娜的直覺告訴她，當年五月號再次採用爭議性的封面，但她有所遲疑。她對布德羅說，「麥可，你覺得讓伊凡娜．川普（Ivana Trump）登上封面會不會太俗氣？」布德羅鼓勵她這麼做，但他在《時尚》效力於安娜的十年間，這是最具爭議的報導之一。然而，安娜擁有精明的行銷頭腦，雖然她不會每個月都這樣安排，但當期雜誌在書報攤賣出將近七十五萬冊，[49]而且收穫媒體焦點，似乎不難證明她的選擇是對的。[48]

對蘿芮．瓊斯來說，《時尚》換掉辛蒂．克勞馥（Cindy Crawford）的泳裝照封面，似乎在說超模時代要開始退場了。十多年前，瓊斯在《紐約》錄用安娜，但在一九九二年十一月，她入職《時尚》成為安娜的主任編輯，發覺兩人的關係對調了。安娜成功說服瓊斯離開《紐約》，而先前瓊斯就預言未來自己會在安娜底下做事，此言也成真了。[50]同年，《時尚》刊登足具代表性的封面，照片中有十位超模穿著白色襯衫，並在衣襬處打上結，搭配白色牛仔褲，她們攀上白色梯子，或是靠在一旁。這是《時尚》的一百週年特刊，安娜想到以一群超模拍攝封面。她和攝影師派翠克．狄馬薛利合作，兩人決定重現歐文．佩恩（Irving Penn）在一九五〇年代的經典作品，並由葛蕾絲．柯丁頓設計造型。[51]「她們都是《時尚》重要的一份子，因此你不會只挑其中一位拍攝這次的封面。」

柯丁頓表示。

然而，一九九三年瓊斯到職幾個月後，當時她和安娜在檢視一場拍攝工作的成果，照片是克勞馥穿著泳裝。從一九九五年到二〇〇一年，每年安娜都會在五月號封面放上泳裝照，雖然克勞馥是安娜最中意的模特兒之一，但現在安娜看著她的照片，[53]卻對瓊斯說：「這些照片不能當封面。」[52]（一九九三年五月號的封面改成黛安娜王妃出訪尼泊爾的照片，由攝影通訊社提供。）[54]

超模一直是大眾文化的重要元素，但名人小報助長了人們對女演員的著迷，薇諾娜．瑞德（Winona Ryder）就是一個例子，進而取代人們對超模的興趣。偶爾安娜會召開異地會議，討論各種雜誌內容的表現。瓊斯還記得，團隊討論到有一些內容要逐步汰除，模特兒封面就是其一。要是同一群模特兒輪番登上封面，雜誌就無法每個月都刊登推陳出新的內容，但選用女演員便能以電影為報導主軸，並刊登她們的人物特寫，還能夠拍出美麗的照片。[55]

安娜不喜歡洛杉磯，但勉強在名人封面上有所讓步，因為大眾文化似乎如此要求。[56]「她知道自己不能原地踏步，」柯丁頓這樣說。[57]

書報攤的銷量表明雜誌的讀者很買單，各項數字也顯現出安娜是成功的總編輯。對安娜來說，她在編務上的亮眼表現，始終是展示自己成功帶領了《時尚》的一項重要又具體的指標，但她也知道雜誌必須得到廣告客戶的歡迎，才能討得老闆的歡心。如果雜誌銷量欠佳，雜誌的廣告生意慘淡，她就可能會丟掉工作。在她上任的第一年，《時尚》的收益成長了百分之十六．七。[58]然而，總編輯這份工作，保住與否可謂轉瞬即逝，過去她也親眼目睹，當紐豪斯和利伯曼心血來潮時，任何人都可以開除。

第十四章　入流不入流

《時尚》的力量和安娜身為《時尚》總編輯的權勢，在於能決定人事物是否入流。然而，「入流」得有實質意義，才會帶來權力和影響力。因此，「入流」從來不簡單，安娜以嚴厲的品味和對細節的執著確保如此。安娜和父親一樣，把社交生活視為工作的一部分。早期安娜在倫敦工作，哈洛德百貨、塞福里奇百貨（Selfridges）、福特南梅森百貨（Fortnum & Mason）和其他重要品牌的派對上，她都是常客。安娜得去巴結討好他們，因為對方是《哈潑名媛》的廣告客戶，或是雜誌需要向他們借用衣服。她接手《時尚》後，做東道主和檢視雜誌排版是同等重要的工作。[1]

《時尚》雜誌上的世界透過安娜的派對在現實中活了過來，而派對的行情就在於賓客。賓客必須互相取得青睞，他們在其他賓客面前，也要覺得自己是特別的。無論派對為了何事或何人而辦，出席名單都掌握在安娜手中。她會邀請三十五位賓客到家中享用晚餐，包括設計師、《時尚》員工和安娜覺得有趣的人士。

加蓓・多佩特會協助籌劃這些活動，特別是監督座位的安排，彷彿不適合的賓客坐在一起會招致國安的風險，多年後相同的手法也用於籌辦慈善晚宴。「我們坐在會議室裡，拿著便利貼，安排上下城人士比肩而坐，這是很奇特的安排，但我們就是這麼做的，而且頗有成效。」多佩特這麼形容。[2]

「安娜希望人們展開對話。大家都說：『哎呀，她在晚宴上把人家情侶拆散了。』」安娜的朋友麗莎・樂芙表示：「比起坐在同一個人旁邊，這種混合不同文化和人生背景的舊時方法好玩多了。」[3]有次派對上，安娜讓人稱「亮片丁字褲版德蕾莎修女」的派對籌劃師蘇珊・巴奇（Susanne Bartsch）[4]坐在前國務卿亨利・季辛吉（Henry Kissinger）旁邊。[5]

安娜很注重社會面，她堅信自己不只是雜誌的總編輯。憑藉著編輯《時尚》，她肯定是時尚界的領袖之一，但她似乎有意利用自己的職位，成為時尚界的共主。為了達成這個目標，她必須提出想法，清楚地定義《時尚》對世界有什麼意義，以及《時尚》作為超越雜誌的品牌有什麼展望。

一九九〇年，佩姬・諾索普成為《時尚》健康編輯的幾個月後，安娜把她叫進辦公室。「佩姬，我想籌劃一個叫做『第七拍賣會』（Seventh on Sale）的活動，我們會召集所有的設計師，舉辦大型的樣品特賣會。屆時會募得一百萬美元，我要妳想一想這些善款要捐到哪裡去。」安娜對她說。〔活動名稱源自於第七大道（Seventh Avenue），也就是紐約的時尚中心。〕

諾索普收到這項指令後，起初覺得無所適從。她才剛到紐約，對這座城市不是很熟悉，也沒有認識太多人。然而，她很欣賞安娜這位主管，其中一點就在於安娜下達指示後會希望是她自己提出想法。[6]

安娜和諾索普決定把善款捐給紐約市愛滋病基金（New York City AIDS Fund）。時尚界雇用許多男同志，他們讓時尚界得以運作，但愛滋病大流行讓他們許多人失去寶貴的性命，時尚界卻毫無動作，因此多年來飽受批評。安娜就痛失多位朋友，例如她在《紐約》的同事亨利・波斯特，她為此悲痛不已。[7]

一九九〇年十一月底，安娜成功說服紐豪斯為活動提供預算，屆時活動會在二十六街（Twenty-Sixth Street）和萊辛頓大道交叉口的第六十九軍團兵械庫（69th Regiment Armory）搭設攤位，共有一百四十八位設計師會捐出商品以折扣價販售。《時尚》的合作夥伴有唐娜・凱倫、美國時裝設計師協會和協會會長暨設計師卡洛琳・羅姆（Carolyne Roehm）。[8]

安娜讓時尚權威和新秀齊聚一堂，就和在《時尚》雜誌裡一樣，像是巨擘雷夫・羅倫和奧斯卡・德拉倫塔，加上明日之星馬克・雅各斯（Marc Jacobs）和蕭志美（Anna Sui）。[9]麥可・寇斯（Michael Kors）捐出以多餘布料製成的灰色法蘭絨套裝；德拉倫塔出售春季樣品；賈尼・凡賽斯（Gianni Versace）印製兩千五百美元的T恤，活動還沒到，但安娜前往巴黎參加伊曼紐・溫加羅（Emanuel Ungaro）的時裝秀時，就已經穿上身了；[10]貝希・強生（Betsey Johnson）貢獻自己最喜歡的波蘭馬鈴薯佐醃黃瓜沙拉食譜，收錄到第七拍賣會獨家打造的烹飪書中（裡面還有比爾・布拉斯的肉捲食譜）。《時尚》提供別人拿不出來的大改造服務，並由頂尖攝影師拍攝肖像。[11]

先前安娜在紐約公共圖書館舉辦《家園》的盛事，是交由羅伯特・伊莎貝爾操刀，這次他以卡車從紐澤西州運來幾十棵白樺木，並在寬廣的會場中以一萬兩千碼的白薄紗隔出攤位。[12]伊莎貝爾和安娜的首要考量都是美感。[13]凱倫看到他的會場設計後說：「我希望這防火。」接著拿起打火機貼近其中一條帷幔。「當然了，」多佩特表示：「全都不防火。」

開幕當晚，安娜在兵械庫舉辦一道菜要價一千美元的晚宴和「優先購物香檳酒會」。[14]香奈兒設計師卡爾．拉格斐從巴黎搭機前來，只是要參加當晚的派對。為了顯示自己的投入，他還在翻領上別了別針，上面有安娜的照片。尚．保羅．高堤耶（Jean Paul Gaultier）也搭機前來，因為「出席這次活動很重要」。他們積極參與都是為了支持活動背後的理想，也就是團結時尚界對抗愛滋病，但他們也是為了安娜。[15]

安娜出席派對時，身穿一席銀色亮片短版洋裝，出自於馬克．雅各斯一九九一年的派瑞艾利斯（Perry Ellis）春季系列，她還戴著墨鏡，看起來一如往常地閃閃動人。[16]她花了大把時間籌備活動，因此開玩笑說：「今年可能沒有《時尚》二月號了。」[17]

然而，安娜也緊張無比。一切都要萬無一失，因為愛滋病這個議題充滿爭議。雖然全球各地像是卡爾．拉格斐的頂尖設計師都熱情響應，但《時尚》其他在大眾市場的重要廣告客戶，不一定認同雜誌在這個恐同世界採取支持立場、對抗當時和男同志劃上等號的疾病。[18]

活動的踴躍程度遠遠超過安娜原先的目標，她決定把募款達標的金額從一百萬提升至三百萬美元。最後第七拍賣會募得超過四百七十萬美元，[19]並全數捐予紐約市愛滋病基金。表面上，第七拍賣會沒有商業目的，活動並沒有讓品牌付費成為贊助商，或是開放廣告客戶購買雜誌的報導版面。[20]安娜的員工以為，她把回饋社會當作自己和《時尚》的一項責任。[21]然而，《華爾街日報》（*Wall Street Journal*）的一篇報導在講述各家雜誌的公益募款作為，文中提出了另一面的說法：「慈善活動的圈子裡出現了全新的熱門字眼：『善因行銷』（cause marketing）。當前的行銷環境實屬艱難，許多傳統的廣告形式已經難以為繼，因此從愛滋病到街友議題再到乳癌，眾出版商採取各式議題，作為他們愛不釋手的慈善行銷工具。」[22]就算在時尚界首個大型、眾所期待的愛滋病募款活動上，《時尚》

沒有高舉自家旗幟，以此向讀者傳達特定訊息，但他們肯定向業界傳達出，《時尚》和安娜更在乎這個議題，而且付出最多行動。

然而，雖然安娜證明自己能為慈善議題吸引善款，但她能為《時尚》引來錢潮嗎？

毋庸置疑地，安娜為《時尚》帶來話題和關注，雖然每次安娜的名字被提及，總是充滿各種八卦，但如果能看透這些流言蜚語，就會發現其實她備受讚賞。一九九〇年二月，安娜獲《廣告週刊》封為年度編輯，報導指出，安娜在《時尚》「無疑敞開了陳舊之窗，帶進新氣象」。[23]

然而，一九九〇年，美國面臨經濟蕭條，在那年的一月到七月，《時尚》的廣告頁數相比去年，下滑了百分之十，但他們的頭號競爭者《她》卻微幅上升。[24]因此，安娜出差錯的臆測是有憑有據的新聞，對媒體來說更是喜出望外。《她》的發行人安．薩瑟蘭．福克斯（Anne Sutherland Fuchs）不放過批評對手的機會，她向《華爾街日報》表示，《時尚》在封面放上瑪丹娜，標題還打上「花少穿好」（「少」代表低於五百美元），他們「又更庸俗了」。[25]

紐豪斯決定使出他一貫的手法：從敵營挖角人才，避免他們成為更棘手的威脅。一九九〇年十二月四日，福克斯獲聘為《時尚》的發行人。[26]繁雜的工作在等著她，但安娜也一刻都不得閒。

安娜能在《時尚》設下高標準，一部分是因為紐豪斯給予她大量的經費這麼做。現在安娜和先前在英國版《時尚》時一樣，擁有治裝費、一輛車配上司機和公費帳戶，這個帳戶似乎足以支付她全數的公務支出，而且還有剩。因為她的標誌性髮型需要整理，所以每天早晨上班前，甚至開始有專業髮型師到家裡幫她做頭髮。[27]然而，雖然安娜和《時尚》的花費很可觀，但公司內部卻覺得她善於理財。[28]公司要她把員工的薪水維持在特定的水準，她照做了（雖然相比其他的康泰納仕刊物，她付給員工高出三成的薪水）。如果有預算限制，她就不會超支。然而，拍攝工作的成本可能高達六位數，但安娜認為就算耗費不貲，拍攝的成果也未必要刊登。她還是會捨棄整場拍攝的成果，以此說明白講清楚，如果編輯和攝影師希望自己的作品登上雜誌，就必須繳出非凡的成品，而且每次都要讓安娜意想不到（當然，不要嚇到她）。她知道捨棄攝影成果會惹怒攝影師、傷到編輯的感情，名人也會卻步，她也知道重新拍攝既困難又高壓，但安娜就是以此壯大《時尚》的：堅持要得到她認為出色的結果，並確保底下的員工無時無刻兢兢業業。她要求團隊就和要求自己一樣嚴格。[29]

安娜身為總編輯，選定封面的主題和照片是每個月最艱難的抉擇。封面主題「必須讓讀者有所共鳴」，她在總編輯的話中寫道：「主題不能讓讀者覺得勢利、冷漠、悲傷或陰沉，必須要時髦、易懂、自然、友善又溫暖。」[30]雖然封面的拍攝成果最少被抹煞，但如果沒有達到安娜的標準，她依然會捨棄不用。

安娜是完美主義者，她設下多道檢查手續，確保照片洗出來是她希望的樣子。然而，最後要達到這樣的結果，只能靠著她本人一一檢視照片，而非把最終決斷權交給別人。安娜從不會現身在拍攝現場，但只要在拍攝封面，她就會聯繫其他二十個在現場的員工，了解當下的情況。她還會透過一些辦法即時地審視照片。如果封面在紐約拍攝，現場員工會以拍立得拍下模特兒，並以計程車趕忙送到安娜手上。[31]如果在其他地方拍攝，拍立得照片會影印、封裝在文件袋，並連夜送到紐約給她，她才能在第二天拍攝行程前給予回饋。[32]

雖然編輯逐漸熟悉了安娜的口味（花園、幸福感、笑容和陽光！因此許多封面都在洛杉磯拍攝），但怎麼樣的成品都可能被丟進垃圾桶。[33]一九九二年，演員烏瑪．舒曼（Uma Thurman）和蓋瑞．歐德曼（Gary Oldman）離婚了，《時尚》的記者花了超過三小時採訪她，據稱兩人的對話精彩無比。然而，第一次拍攝的成果不及安娜的標準，重新拍攝還是不盡理想，安娜便放棄了整篇報導。那名記者想不透，烏瑪．舒曼怎麼可能拍出糟糕的照片，但這麼想也無濟於事，最終決斷權在安娜手上，因此連要把採訪錄音檔轉成逐字稿都免了。[34]

安娜決定讓二十三歲的葛妮絲．派特洛（Gwyneth Paltrow）登上一九九六年八月號雜誌的封面，當時她剛拍完《艾瑪姑娘要出嫁》（*Emma*），又是布萊德．彼特（Brad Pitt）的女朋友。「就算是葛妮絲，她要登上《時尚》封面，也是一路顛簸。」每期雜誌的前面都有編輯的話（editor's letter），安娜在裡面這麼寫道，並解釋過去三年，派特洛已經為《時尚》拍攝四次了。安娜寫說：「葛妮絲第一次的《時尚》拍攝，搭配一位年輕有為的攝影師，當時『拖車垃圾』的可悲造型正是巔峰，那組照片讓她看起來像藥癮末期。第二次則是一位著名攝影師，他決定嘗試魚眼鏡頭，但可憐的葛妮絲看起來像患有罕見疾病。第三次是天公不作美，我們得在最後一刻移往攝影棚。可惜了，葛妮絲自己都說她看起來像『伊芙（Ivory）香皂過時廣告裡的女演員』。」[35]

每次安娜捨棄派特洛的拍攝成果時，因為是巴克利負責洽談，她就得打電話給派特洛的經紀人，承受對方的「叫罵」。[36]巴克利表示，安娜也「知道這件事很棘手又難堪」。派特洛願意一直拍攝是因為她才剛踏上演藝之路，正是需要曝光度的時候，她還希望受到《時尚》封面的認證，也就代表得到安娜的肯定。

在九〇年代，安娜對女性的評判標準很嚴格，但對男性就寬鬆許多。柯恩兄弟（Coen brothers）或史蒂夫・布希密（Steve Buscemi）登上雜誌內頁，她都不覺得有問題，但卻認為四十五歲上下的蘇珊・莎蘭登（Susan Sarandon），年紀太大不適合出現在雜誌上。一九九三年四月號中，她讓一群邋遢的年輕電影導演出現在雜誌上，他們大多是男性，穿著休閒服飾，看起來和超模是天壤之別，只因為安娜希望《時尚》能為他們冠上新銳導演的名號。

雖然安娜很注重優良的寫作手法，也希望《時尚》能刊登無可比擬的報導，但從事文字工作的員工覺得，她的首要考量是視覺性。過去一些記者和文字編輯在其他雜誌可謂高高在上，但他們跳槽到《時尚》後，就得接受現在自己是次等公民了。安娜明白自己在編輯雜誌時，往往聚焦在視覺性而非文字，因此向外部尋求了協助。雖然編輯團隊的業務因此變得複雜，因為現在除了要擔心是否符合安娜的口味，還要迎合外部的智囊團，但他們還是尊重安娜的作法。[37]員工印出初稿給安娜閱讀後，她會潦草地寫下回饋，通常是一個單詞，例如，「糟透了」、「太棒了」，或甚至只有「不行」二字。[38]有時候她會寫下比較具體的評語，例如，她想讀到文章提起某人更多次。布德羅還說，安娜每篇文章都會讀過數次，但比起拍攝成果，她撤除文章的機會低很多。「如果她不喜歡某篇文章，才不會在乎是否出自好友之手。」他這麼表示。安娜只會說：「不是每個想法都行得通。」事情就結束了。布德羅形容：「她不會問：『為什麼行不通？這是誰的問題？』她的意思是：『這樣行不通，不要糾結了。』」[39]

安娜在家裡會把文章拿給薛佛看。[40]蘿莉・謝克特表示：「他會讀一讀。曾經有幾次她把原稿帶回來後，上面有一些並非她會用來討論文章的字眼。如果你提出質疑，她會叫你不要管。」

安德烈・里昂・泰利表示：「我們都知道薛佛醫師是《時尚》的地下編輯。每晚她都會把聖經帶回家，所以當然會和她的精神科醫師丈夫討論。當然，他評估員工的個性後，安娜便會納入考量，因為他是精神科醫師。那時候我不知道自己患有焦慮症和憂鬱症，但現在知道了。他可能還提點她一些應對技巧，來應付我和其他許多優秀、出色、有才華、難以捉摸又神經質的編輯。」[41]

她終於批准文章時，會寫上姓名縮寫加上「通過」（OK），形成「安過」（AWOK）一詞，員工將其當作動詞在使用。「那篇安過了嗎？安過了沒有？」編輯會崩潰地一再重複。[42]無論是一件洋裝、一種時尚趨勢或一則報導，一旦安娜沒興趣了，就不會再回頭。

然而，有時候她會在小地方改變心意。在八〇年代，紐約市到處都有廣告牌以「有錢人的好工具」為標語宣傳《富比士》（*Forbes*）雜誌。麥可・布德羅在處理設計師阿諾・史卡西（Arnold Scaasi）的特寫時，想以「有錢人的薄紗時尚」當作標題。起初安娜駁回了這個想法，布德羅很沮喪，但他再次和安娜提議使用這個標題，安娜就接受了。他回憶道：「如果你對什麼事充滿熱情，她就會尊重你。她不能接受的是你毫不在乎。」[43]

安娜一再地證明自己比任何人都還要清楚，時尚潮流何時來（或是去），以及哪些設計師是明日之星。然而，從另一個角度來看，她對時尚的執著限制了她的視野，雖然她立意良善，但可能招致不良後果。

一九九四年年初的一場專題會議上，安娜吐露出一個想法，靈感源自於她在伸展台上看到的事。「我想做做看亞裔的主題，到處都看得到他們。」她這麼說。一九九五到九六年間，《時尚》的封面都只有白人臉孔，每期雜誌中的女演員或模特兒也大多是白人。媒體大致上不怎麼關注時尚雜誌缺乏多元性的情況。「覺醒文化」（woke）要幾十年後才會興起。當時安娜注意到亞裔模特兒的身影出現在許多時裝秀中，對白人主導的時尚界來說是新興的發展。然而，安娜提起此事的口氣好像在說，因為時尚趨勢使然，整個種族才「入流」，就和下一季時尚圈決定採用黃綠色沒兩樣。

「您要怎麼下標題呢？」一位與會者這麼問，她聽到安娜脫口而出這個主意，心裡非常震驚。[44]後來實際作法是在「《時尚》之美」（Vogue Beauty）這個大標的脈絡下，以〈著眼東方〉（Eyeing the East）為小標進行報導。[45]「亞裔女性再也不願意和溫良恭儉讓或異國危險尤物畫上等號，她們正在形塑自身的身分認同、訴說自己的人生故事。」副標題這麼寫道。安娜認為過去亞裔女性整個族群大多都不受重視，而且往往被刻板印象纏身，但她這樣的看法很無禮。安娜對待有色族群的態度，從一些人看來十分傷人，這次遠遠不是個案。

儘管多年後看來，這種作法十分不明智，但康泰納仕對一定限度內的揮霍行為並不介意。即使一些記者只是負責雜誌前幾頁的短篇報導，也能搭乘商務艙飛往澳洲這麼遠的地方、入住講究的飯店、到最高檔的餐廳用餐，還搭著計程車四處跑新聞。[46]

然而，眾人都知道某些編輯佔公司的便宜豪不手軟。安德烈・里昂・泰利就擁有花錢如流水的名聲。[47]在安娜擔任總編輯的初期，泰利造訪巴黎前會到出納辦公室，領走一萬五千元美金，無須任何解釋，並入住麗思酒店的客房，費用已經付清了，只需把收據帶回來就好。[48]一九九〇年，他搬到巴黎，到康泰納仕在當地的總部上班，他在拉圖莫布爾大道（Boulevard de la Tour-Maubourg）的公寓、租用的電視機、餐費「專用帳戶」、全職助理兼司機、卡爾．拉格斐的衣物要手工清洗、他的床單和襯衫也要乾洗，全部費用由公司買單。他在回憶錄中寫下：「這可是康泰納仕！這可是《時尚》！」[49]後來泰利表示，他不知道自己的開銷是個問題，安娜也從未和他提起。然而，這是安娜典型的作風，也就是避免衝突。「對員工來說，這就是和她共事棘手的地方。有時候你會無所適從，而且會為此很沮喪，因為安娜不喜歡解釋。」泰利這麼形容。[50]

然而，在紐約這邊，眾人頗有微詞，越來越多員工不滿泰利。佛萊迪．甘博（Freddy Gamble）任職於人資部，他表示泰利的例子顯示出，安娜會對特定人士不離不棄：「她認為雖然當時泰利可謂揮霍無度，但他還是帶來許多價值，因此她願意睜一隻眼、閉一隻眼。」[51]瓊斯也說：「她一直在縱容他。」[52]

泰利在回憶錄中寫道，他認為自己對安娜的價值，只在於他和拉格斐的親密友誼。[53]然而，瓊斯認為不只如此。[54]無論是決定雜誌的內容或試穿個人的服裝——安娜的服裝大多由世界頂尖的設計師進行客製化——她都相信泰利的品味。「安娜不會利用別人。」瓊斯表示。

雖然安娜格外容忍泰利，讓他報銷租房和乾洗費用，還帶著他到小賽．紐豪斯那裡，爭取零利率的貸款，以便置產供他的祖母居住，但泰利仍不滿足。[55]一九九五年，泰利認為自己的努力沒有得到相應的肯定，他實在受夠了，於是走進安娜的辦公室辭去了工作。[56]（後來他寫道，他發覺自己再也沒有獲派主理拍攝工作，但後來在採訪中，他表示最後一根稻草，也許是安娜拿掉了他的拍攝成果。）安娜的左右手看到泰利的無理傲慢和忘恩負義，無不備感震驚，畢竟安娜讓他得以享受風光奢侈的《時尚》生活。然而，雖然他在安娜面前重重把門甩上，但安娜依然會繼續幫忙他。「安娜有一些寵兒，她面對這些寵兒時，始終很盲目。她並不總是懂得要論功行賞。」文案人員西蒙這樣形容安娜的管理風格：「許多人說得一口天花亂墜，但安娜信以為真。」[57]

一九九一年二月二十五日週一，安娜在美國時裝設計師協會的年度頒獎典禮上榮獲特別獎，以表彰她對時尚的貢獻。《時尚》和身為總編輯的安娜深受時尚界的追捧，因為業界上下都希望能有一位女王，為眾人指明方向。

安娜選擇自己在《哈潑時尚》的第一位上司凱莉・多諾萬（時任《紐約時報雜誌》的造型編輯）在頒獎典禮上擔任自己的引言人，這場典禮是《哈潑時尚》的母公司赫斯特所贊助。多諾萬走上舞台後，開始介紹安娜的生平大小事，從她在七〇年代中期以二十六歲之姿到《哈潑時尚》任職，說到她生下兩個孩子，致詞長達二十二分鐘。東尼・馬佐拉就坐在人群中，他依然是《哈潑時尚》的總編輯。多諾萬表示，馬佐拉開除安娜是因為她「過於時髦之類的理由」。多諾萬滔滔不絕地列舉安娜的成就，馬佐拉則是委靡地坐在位置上。[58]

安娜身穿動人合身的深色蕾絲長袖洋裝坐在觀眾席，她撇過頭，手裡握著手卡，另一手掩著口鼻。她走上台對著大家說：「我太不好意思了。」接著她感謝了利伯曼、黛安娜・佛里蘭和葛蕾絲・米勒貝拉，也許比較是口音的緣故而非口誤，她聽起來像在說「格累濕」。[59]

先前安娜在《哈潑時尚》的同事都在觀眾席為她喝采。[60]

當年十二月，赫斯特宣布馬佐拉要退休了。[61]

第十五章　雙助理制度

一九九一年夏天時，安娜擔任《時尚》的總編輯三年了，她和薛佛與孩子們前去法國度假。她在風禿山（Mont Ventoux）附近租下附有游泳池的房子，並招待父親、繼母、妹妹諾拉、妹婿、弟弟派翠克和他的伴侶一同前來。她的兩個繼子也待上部分的時間。幾乎每天都有家事服務。「她的生活方式依然讓我大開眼界。」她的父親這麼說。

然而，雖然安娜爬到了高位，而且一向認真工作，卻從未真正地休假過。附近的香腸工廠收到了《時尚》寄給她「源源不絕的傳真」，查爾斯表示：「工廠老闆為此相信，自己終於打進高級時裝的世界了。」[1]安娜年輕時，都是查爾斯打斷家裡的度假行程、處理工作，現在輪到安娜心不在焉。

在一九九二年，安娜向康泰納仕爭取到一百六十四萬美元的零利率貸款，並以此購置了一幢在蘇利文街（Sullivan Street）的聯排別墅到自己的名下。[2]這間希臘復興式的新屋距離她在麥道格街的住處只有一個街區，雖然造價低廉，但有其特別之處：屋子後方有周圍二十戶共享的茂盛綠地。越過安娜家的花園和英式籬笆後，就是社區的庭院。「你可以穿過花園到朋友家，紐約真的、真的不多這種房子。」後來她的女兒小比向《紐約時報》表示。這個街區的房屋吸引了藝術家、音樂家和導演落腳，他們正是安娜所崇尚的創意族群。[3]

他們要搬進去前，安娜雇用了米蘭達・布魯克斯設計自家花園，作為薛佛的生日禮物。她以海灘鵝卵石鋪底，並種上植被。安娜和薛佛一搬進去後，就為孩子找來一隻小黃金獵犬，名叫珊迪（Sandy），但珊迪很快地就把所有的東西連根挖起。（從那時候開始，安娜就一直養狗。）[4]

安娜談起自己年幼的孩子時，似乎最有精神，萊絲莉・珍・西蒙在自己懷孕期間注意到這件事。[5]「她真的變得溫暖許多，完全不是嚇人的時尚界大老。」西蒙表示：「在我懷孕期間，她待我十分熱烈。」

在工作之餘，安娜會騰出時間來陪伴孩子。每早做完頭髮後，她會在七點十五分搭上座車、送孩子去學校。她完成自己的前幾期《時尚》雜誌後，開始六點就離開辦公室。一九九八年的一次《電訊報》採訪中，當時安娜擔任總編輯十年了，她表示不加班是自己的「信仰」，才能回家陪孩子吃晚餐，而她的員工也能這麼做，她還說自己「每週出門盡量不超過兩、三個晚上」，也避免在週末安排事情。[6]（雖然有時安娜自己會在週六跑到辦公室，而且總叫來一名助理陪著她。）[7]她也形容自己為孩子立下了許多規矩，包括無論如何都不能看電視。「我是不會動搖的。」她這麼說：「美國的電視內容實在太糟糕了。他們因此大量閱讀，我也會帶他們去看劇、電影或芭蕾舞表演。他們長大後就能為所欲為。當然了，也許他們已經背著我一直看電視了！」[8]

安娜的孩子和她小時候一樣，許多時間是保姆在照顧。洛莉・費特（Lori Feldt）是其中一位保姆，一九九七年時住在他們家。費特表示自己負責每早打理好孩子、送他們坐上座車前往學校，那時他們才會見到安娜和薛佛。費特說當時孩子經常隔天早上才又見到雙親，因為兩人參加了許多夜間的活動，這個說法和安娜一九九八年接受採訪時所說的相互抵觸。費特也不常見到夫妻倆，大部分時間都把話寫在廚房裡的筆記本上，以此和他們溝通，接著就會收到打字後列印出來的回覆。安娜和薛佛還把費特當成個人助理兼管家。「基本上，我就是打雜的。」費特這麼形容。她會被吩咐要遛珊迪、到藥局領藥，安娜把東西忘在家中時，也是費特要將其交給她的司機。她的工時從早上五點半開始，一路到晚上九點、十點。[9]

儘管如此，無論安娜上班時在做什麼，只要孩子打電話給她，她一定會接起來。[10]只要時間允許，她也一定會親自到場。小時候查理和小比就讀西村的私立聖路克學校（St. Luke's School）（後來他們分別轉學到不同間私立學校，查理轉到聯合學校（Collegiate），小比則轉到史賓斯學校（Spence））。學校裡許多家長很富有，而且身居高位，因此安娜《時尚》總編輯的身分並沒有鶴立雞群。某年萬聖節，孩子們在社區庭院中要糖果時，安娜和查理朋友的家長在她家廚房聚了聚。安娜的其中一個繼子剛好造訪，她幫他煮了一壺咖啡，並從洗碗機裡取出碗盤，同時與其他家長話家常。蘇珊．拜德爾（Susan Bidel）是在場的一位母親，她家兒子是查爾斯的玩伴。拜德爾發現安娜很害羞，但從許多面向來看，她再正常不過了。「她是忙碌的職業婦女，但她會為孩子現身，並盡力完成一名母親該做的。我倆的兒子會約時間一起玩耍。她會帶我兒子去戲院，還會邀請其他孩子到家裡過夜。」拜德爾表示：「在工作允許的情況下，她竭盡全力做個積極參與的母親。」[11]

即使這樣，查理和小比的童年依然稱不上正常，就和安娜一樣。為了有更多和孩子相處的時間，只要情況合適，安娜便會帶著他們出席工作上的活動，也就是光鮮亮麗的時尚派對。在「職場女兒日」當天，安娜帶著小比來上班，小比便在辦公室的地板上著色，她還和蘿莉·謝克特表示自己很同情兒子，因為他也想來。

有時在週五，瓊斯會看見薛佛從麥迪遜大道三百五十號的辦公室接安娜下班，孩子則坐在後座。安娜沒有看向後座，也沒有和孩子打打招呼，而是直接坐進前座。瓊斯表示：「安娜真是個高效率的女人。」[12]

安娜重視效率大於禮節、偏好控制勝過放手，這使她成為大家議論的對象，受盡康泰納仕內外沒完沒了的閒話和流言。據說人們不能和她搭同一班電梯（這並非事實，只是多數人太害怕這麼做了），或是聖誕紅禁止出現在《時尚》的辦公室裡[13]（「你永遠不知道這些流言從何而起。」巴克利這麼說。），[14]以及她無法忍受別人嚼口香糖（其實這是真的，她曾經要主任編輯瓊斯告知一名員工，以後在專題會議上不要嚼口香糖。）[15]

然而，安娜立下了一些不容置疑又別具一格的行為準則，並使其眾所周知，成功地在自己周圍建立起防護罩，如此一來，她就永遠不用碰上自己不喜歡的行為。紐約人喜歡穿全身黑，時尚人喜歡穿全身黑，時裝設計師也喜歡設計全身黑，但在安娜上任的初期，全身黑和圓點花紋就成了她忍無可忍的事。[16]「如果我要求員工該穿什麼，誰要來我這裡上班？」她在一九九〇年七月時向《芝加哥論壇報》（*Chicago Tribune*）表示，[17]但她並沒有說實話：事實上，她的確曾經要求員工該穿什麼。[18]莎拉·凡·席克倫（Sarah Van Sicklen）在一九九四年一月入職《時尚》成為文案人員，她表示每當特定貴賓要造訪《時尚》的辦公室時，安娜便會向全體員工發出備忘錄，上面寫著：「不要穿全身黑。」但對員工來說，無論有沒有訪客，他們普遍認為這條指令就是得遵守。費莉絲．波斯尼克曾針對佩姬．諾索普的外形給予她建議，這種情況就是安娜在確保員工以她覺得合適的方式穿衣打扮。

安娜希望蘿芮．瓊斯協助自己打造一支牢靠的編輯團隊，處理非時尚的業務。[19]瓊斯的其中一項工作是篩選安娜的助理。

安娜的整個職涯中，任何時候都有一至三名助理，但她擔任《時尚》總編輯的年頭裡，大多是二或三位助理。[20]在二〇一〇年代，她的辦公室是這樣運作的：第一助理管理其他兩位助理、負責安娜的行程，也是她主要的助理窗口；第二助理聯絡曼哈頓和長島家中的保姆和廚師、協調底片審查的行程，以及照顧她的小狗（當時有三隻黃金貴賓狗，名字都來自《梅崗城故事》（*To Kill a Mockingbird*）的角色）。安娜的小狗曾經在長島走失了，她便吩咐一名助理去找出來；[i]第三助理負責跑腿、到劇院取票、協助應付時裝週，以及直接和設計師訂購安娜的服裝，通常是訂製伸展台上的設計。（湯姆．福特表示：「通常她的辦公室會有人寄電子郵件過來說：『安娜很喜歡這個、這個、這個，還有這個。』」接著，他會把服裝改成安娜的尺寸後送過去。）[22]第二和第三助理會輪流在週末時待命。

i 助理們列印了傳單，要在馬斯蒂克四處張貼，但安娜的司機還來不及貼出去，小狗就出現了。後來，小狗戴上了追蹤裝置，並由第二助理負責照顧。

安娜會不斷向三位助理發送電子郵件，每封信都沒有主旨，信中會吩咐一些事：「我要和這個人通電話。」「我要和這個人見面。」「麻煩給我咖啡。」週末時，她經常要求助理提醒自己，下週要完成哪些事，有時候還吩咐她們做雜務，例如，尋找紙本的舊報紙文章，或去《時尚》的辦公室拿落下的一本書，因為她在倫敦需要立刻拿到。安娜的助理不清楚她吩咐某些事的理由，但她們知道事出必有因，儘管只因為她們是新人，也許被「刁難」了。（然而，其他人否認安娜會刁難員工，並表示她的舉止不是在測試對方，她的工作方式就是這樣。）她的需求佔據了她們的生活。

第二助理上工時，都會拿到長達二十一頁的手冊，內容綜觀助理工作的各個面向，從處理支出到維修安娜的房子。雖然手冊寫得很詳細，裡面卻註明內容未達詳盡。

她們的工作非常地按表操課。早上七點到七點半時，她們會抵達辦公室，準備好迎接安娜，還得買來星巴克的全脂拿鐵和藍莓馬芬。她們會打開空白的文件檔案或電子郵件草稿，等到安娜一走進來，便拚命打字記下她所說的每件事，因為她一進到辦公室，就會直接開口，毫無句點或停頓地吩咐待辦事項。（她的助理不想和她一起搭電梯，就是出於這個原因。如果和她一起搭，整段時間她都會在吩咐事情，要是沒辦法寫下來，她們得全部記在腦海裡。）

第二或第三助理會在車旁迎接她，扛走「溫圖包」（AW bag），那是一個里昂．比恩（L.L.Bean）的帆布托特包，上面有花押字繡著安娜的姓名縮寫，提帶是海軍藍色的，裡面放著聖經、前一晚她帶回家讀的文件和勃艮地紅色的鱷魚皮精品記事本。只要安娜把記事本寫滿了、需要一本新的，她的助理就會客製化訂購。安娜的助理明白為什麼她不想自己拎著袋子——這個托特包很重，而且偏重功能性，但大家總是盯著她看。

甚至助理要以特定的方式對安娜說話。過去她的助理主要是以便條和她溝通。她們必須寫「重要；請明示」，接著是問題——「請明示今天是否方便我們過去蘇利文街」。她們不會寫「今天我們能過去蘇利文街嗎？」這個作法毫無效率可言，便逐漸廢除了。

並非每個人都能忍受這份工作。許多時候工時動輒不下十二個小時，助理會在半夜想到安娜後驚醒過來，覺得自己應該確認電子郵件、幫她做什麼事。先前有一位助理覺得這份工作太高壓而決定辭職時，安娜還主動安排心理治療師，並持續了解助理的情況，確保她知道自己在這個職位上的最後幾天，能離開辦公室去接受治療。

從當時到現在，擔任安娜的助理就代表也是她的私人助理：助理要完成所有非工作的雜務，安娜才能把醒著的每一秒都用來完成必要的工作。[23]縱使助理的工作既困難又高壓，一些年輕女性還是撐了下來，因為她們敬重安娜，且認為在她底下工作是難能可貴的機會。助理的工作很辛苦，因為安娜要什麼東西，就要馬上拿到，消滅癌症都沒有這麼急。每次有助理讓她失望時，她一定讓第一助理知道。她不會大吼大叫，但無論是說話或寫電子郵件，她的語氣都流露出不悅。這些年輕女性不斷地感應到自己在辜負她的訊號，她們許多人難以承受。一名助理回想起，曾經有助理讀錯了安娜的筆跡，她非常不高興，她們甚至能聽見她拍桌的聲音。安娜的工作態度完美體現出她的個性，而助理們認為正是她的個性造就了她的權威。安娜的時尚知識、品味、經營廣告客戶的手腕、管理混亂辦公室的能耐都深受她們的景仰。她們表示，大部分的負能量並非來自安娜，而是來自她身邊的員工。她的控制狂個性飽受批評，但一些人認為有權有勢的男性卻不用忍受同樣的非難，她的許多員工都深有同感。[21]然而，雖然許多人嚮往成為安娜的助理，但合適的人選依舊難尋。她們許多人動作太慢、壓力太大，因此失敗得太快。「大部分的助理都很忠心、老練又聰明，但她們也得謹慎小心。」瓊斯這麼形容。

瓊斯表示，安娜天生喜歡雇用朋友的朋友或特定人士的孩子，也就是所謂的「人生勝利組女孩」，也偏愛特定大學畢業的應徵者。瓊斯卻說，問題在於這些年輕女性不一定抱有必要的工作態度。她得要幫安娜尋得「經驗豐富、能確實有所貢獻」的人才。[24]

梅若迪絲．阿斯普朗（Meredith Asplundh）在一九九三年進入康泰納仕成為實習生，並在一個月後獲聘成為安娜的第二助理。她的上司是安娜的第一助理，這位「神經質小姐」制定出一條條的規定。阿斯普朗發覺這份工作大部分的規定和恐怖的氛圍並非來自安娜，而是來自第一助理。其中一條重要的規定是，只要第一助理不在，第二助理就不能離開辦公桌，甚至連去廁所都不行。「安娜並沒有告訴我不能離開辦公桌去廁所。」阿斯普朗表示：「這比較是一代傳一代的歪理。」

阿斯普朗還領悟到，如果要勝任安娜的初階助理，你得接受這份工作的重點不在得到《時尚》的編輯經驗。每天早上安娜還未抵達時，便會從車上打電話到辦公室，提醒助理自己在路上了。（儘管她在車上也有電話可以用，助理卻要被綁在辦公室裡的座機旁。）「我還有十五分鐘就到了。」她會這麼說，阿斯普朗就知道要從麥迪遜大道三百五十號的辦公室下樓買拿鐵，還要祈禱電梯不會等很久，因為如果安娜到了，卻沒有拿到咖啡，她會看起來「很不耐煩」。（阿斯普朗能理解，畢竟如果是自己的咖啡晚到，同樣會很不高興。）

一開始，安娜以第一助理的名字稱呼阿斯普朗，而非使用她的本名，而且鮮少和她有眼神接觸，因為安娜戴著墨鏡，或正在處理其他事情。許多年輕女性做不下去，要嘛因為她們放棄了，要嘛是安娜捨棄她們了，因此阿斯普朗了解到，如果一天當中你和安娜一樣要處理那麼多事情，幹嘛費心記名字呢？反正下週那個員工可能就不在了。「她沒有故意折磨任何一位助理。我們需要把事做好，因此如果妳能完成這份工作的要求，我想她就會開始叫妳的本名，妳會覺得天啊，我做到了。」安娜不記第二助理的名字，似乎和她高效率的管理手法背道而馳。當然，她能花心思記下她們的名字，但助理留下來就必須接受這樣的狀況：將其當作不用在意的怪癖，或當作沒什麼大不了的事。然而，辦公室裡的一些員工認為，助理職位辛苦的面向不只有這樣。

在阿斯普朗上工第一週的尾聲，她便以大約兩萬五千美元的年薪獲聘。接著她在這個職位待了兩年，大部分的時間都覺得精疲力盡。這個工作的工時很長，且工作內容就和安娜一樣高強度。每分每秒安娜都有所安排：她會和團隊開會、和時裝公司的負責人開會、和廣告客戶開會。「如果她和卡爾．拉格斐在通電話，而她需要什麼東西，你不能在文件堆裡翻了十分鐘才拿出來，她要馬上拿到。因此你得迅速動作，腦筋也要動得快。我知道她的期待，所以我告訴自己：『好吧，成敗就靠自己了。』」阿斯普朗表示。早上八點前她就進辦公室了，時常工作到晚上八點。每天都有紛至沓來的差事，買咖啡、買午餐、接電話，還要排椅子，安娜會召開短短幾分鐘的會議，她寬敞的辦公室能容納十多人。每天下班後，身為第二助理的阿斯普朗還要留在辦公室裡，等著聖經完成，接著坐車送去安娜家，有時候安娜在晚餐後會穿著拖鞋和她打招呼。而後，安娜會翻閱聖經、檢查視覺效果、看看某張照片如何銜接到下一張、貼上手寫的便利貼，最後裝進袋子裡，隔天早上再帶回辦公室。

外型對助理和對其他員工來說同等重要。阿斯普朗沒錢買下一整個衣櫃的名牌服飾，但她的母親很時髦，給了她一些舊衣服，安娜通常對她的穿著沒意見。然而，阿斯普朗表示，曾經還是有幾次，「安娜會盯著我的穿著，她並非覺得好看才盯著我，反而比較像在說她穿什麼鬼東西啊？你很明顯看得出來，她心想：『為什麼那件上衣配那條褲子啊？』」

然而，有時候安娜吩咐事情，幾乎沒有提供背景資訊，處理這種事才是這份工作最棘手的地方。大家接到這種吩咐時，許多時候心裡都知道不能向安娜尋求解釋或協助，或第一助理會明確地這樣告訴他們。助理甚至不敢向她詢問紙張上她難以辨識的潦草字跡寫的是什麼。

安娜對任何事都有特定的喜好，從辦公室的花飾（她向來不喜歡蘭花）[26]、聖誕節禮物的包裝紙（臨時到藥妝店挑選包裝紙絕對行不通）到她的午餐。要是她沒有外出用午餐，每天都會吃皇家通酒店的一分熟牛排佐馬鈴薯，而且食物得放在盤子上，而非擱在外帶餐盒裡，還要用上銀製的叉子。她吃上幾口就會說：「盤子收走吧，我用完了。」安娜辦公室的對面有洗手間，且只有她在用，阿斯普朗會在那裡的水槽沖洗餐具。有時候安娜會道謝，但就算她偶爾沒有這麼做，阿斯普朗也不會覺得她沒禮貌，單純是她的心思已經在處裡下一件事了。

這份工作最有趣的部分是到安娜的家中支援派對，因為難得有機會親身體驗安娜的世界是多麼地引人入勝，而非只是透過電話或在辦公桌前過乾癮。安娜希望有助理出席派對，以免有賓客需要協助，也確保臨時任務能得到立即的處理。有時候時尚團隊的編輯會對助理說：「我這邊有一件衣服可能適合妳穿去今晚的派對。」也許是因為安娜告訴編輯，助理上班的裝束難登大雅之堂。[25]

一九八六年，漢米許・鮑爾斯（Hamish Bowles）在倫敦第一次和安娜見面，以面試英國版《時尚》的職位，先前安德烈・里昂・泰利婉拒了這份工作。因為泰利還是一直從旁向安娜提供意見，所以到最後她都沒有填補這個職缺，但鮑爾斯一定在安娜心中留下深刻的印象，他形容自己在英國時尚圈是「有幾分古怪浮誇的人物」。鮑爾斯從小就對時尚深深著迷，他曾就讀中央聖馬丁學院（Central Saint Martins），一所倫敦知名的藝術和設計學校，並和另一名學生成為朋友，也就是設計師約翰・加利亞諾（John Galliano），後來鮑爾斯當上《哈潑名媛》的時尚總監。

鮑爾斯在諾丁丘（Notting Hill）的公寓，空間不大但色彩繽紛，他以時髦的復古家具和藝術品裝飾家中，營造混搭的風格。在一九九二年，他接到一通電話，詢問是否能讓他的公寓登上《時尚》的專題報導。雖然鮑爾斯任職於康泰納仕的對手公司赫斯特，但還是同意了。安娜看到照片後，便打電話給鮑爾斯，讓他感到很意外。

「我是安娜，我看著你家公寓的照片，看得出來你對裝潢設計有興趣。」她這麼說。安娜告訴鮑爾斯，自己的造型編輯要離職了，並詢問他是否有意接手。鮑爾斯深受安娜的「吸引」，便「欣然」接下工作，很快就搬到紐約。

美國版《時尚》是截然不同的環境。在《哈潑名媛》時，鮑爾斯都自主進行拍攝工作，有時候等到照片出來了，才告知主管自己在做什麼，但在這裡，每件事都有安娜的參與。鮑爾斯表示：「突然有一位總編輯心心切切地想了解，拍攝成品中會有哪些元素，這包括攝影師、拍攝地點、拍攝對象、妝髮、服飾和飾品的每一個細節、哪件珠寶要配上哪套服裝、鞋子。上一個工作環境沒有訓練我面對這種程度的管理，我猜現在有些人將其稱為微觀管理。」

《時尚》的試裝過程，加上每件事都要得到安娜的批准，她還會抓出每個錯誤，以上種種讓鮑爾斯覺得「不可思議」。「她會檢查文字、照片說明和圖片，但這些內容早就經過無數道的編務把關，才呈到她眼前。她還是會說：『這個標示應該寫左邊而非右邊。』沒有人注意到，但她從來不會漏掉。」鮑爾斯這麼形容。雖然眾人都認為安娜一手控制著雜誌，但幾位最受信任又資深的編輯有辦法規避一部分的監督。[27]

當時費莉絲．波斯尼克負責的是美妝和食品報導的照片，她表示不管多前衛的作品，安娜都能接受。二〇〇三年，安娜要波斯尼克為一篇烤雞的報導產出照片。她正好和漢姆特．紐頓在前往蒙地卡羅（Monte Carlo）進行另一場拍攝，安娜打電話給她表示：「妳覺得漢姆特會願意拍一隻雞嗎？」波斯尼克回電告訴她，紐頓願意拍。「他會怎麼拍呢？」安娜這麼問。

「我不跟妳說。」波斯尼克回答安娜：「妳要嘛很愛，要嘛很討厭。」紐頓拍出來的照片中，一隻微微炙烤過的雞被鬆散地捆起來，兩隻叉開的雞腿，尾端還套著芭比娃娃的高根鞋。安娜看到後笑了笑，並說出：「很好。」[28]這大概是員工能得到的最高榮譽了。

安娜的平淡性情配上她的品味和眼界，使她很擅長處理雜誌內部的爭執，最主要的就是往往時尚編輯會從另一位編輯的衣架上偷走單品，因為他們沒有分到想拍攝的服飾。編輯會計劃要拍攝哪些服裝，安娜要他們以拍立得記錄下來，集結在展示板上等著她批准。她以這個方法確保，服裝或鞋子不會在她不知情的情況下被偷渡到拍攝現場。卡琳．塞夫．德杜澤勒似乎從不照著規則走——安娜的第一期封面就是由她負責造型。她在展示板上貼滿各種單品，但全部「和她實際拍攝的內容毫無關聯」，柯丁頓回憶道。[29]泰利形容自己和塞夫·德杜澤勒曾為一件比爾·布拉斯的洋裝起爭執：「我們在服裝間為那件洋裝大吵一架，最後安娜要我而非卡琳拍攝。因為那件洋裝，卡琳和我有五年的時間沒有和對方講話。」[30]最後那件洋裝出現在泰利的專欄上，而非進到塞夫·德杜澤勒的拍攝成果中。

安娜似乎不喜歡這種騷亂，因此她不會靠近時尚部。然而，也許正是安娜的領導方式造成這些紛爭。編輯在米勒貝拉的領導下遠遠沒有這麼求勝心切，但在安娜的領導下，他們會為特定的單品大打出手。[31]柯丁頓表示，人們向安娜訴苦是「毫無意義」的，因為安娜只會說：「這裡不是女子寄宿學校，自己想辦法吧。」[32]然而，根據柯丁頓的說法：「女子寄宿學校的學生會怒氣沖沖、潸然淚下、幼稚鬧脾氣，《時尚》偶爾就是這樣子。」

安娜很欣賞荒誕浮誇的人士，不只是青睞他們的才華，還有他們的獨特。[33]泰利形容，安娜「讓自己的身旁充滿作風強烈又富有主見的人士，有時候他們會帶來不同的想法」。[34]《時尚》的西岸編輯麗莎·樂芙則是這麼說的：「他們一些人惡毒又糟糕。」樂芙遠在洛杉磯工作，她認為沒有人視她為威脅。「我在《時尚》得以生存是因為我沒有處在總部的那群瘋子中，那些編輯為了得寵，爭得你死我活，他們暗箭傷人、好鬥、陰險又歹毒。」[35]

安娜擔任《時尚》的總編輯才不過幾年，名字就開始浮現在各家媒體上，他們視安娜為亞歷山大·利伯曼的強力接手人選，他是安娜的支持者和良師益友。[36]一九九一年二月，七十八歲的利伯曼突發心臟病而入院，嚴重的糖尿病和前列腺癌使他的病情雪上加霜。他活下來了，但直到一九九九九年年底過世前，他的健康狀況都沒有起色。他的病痛使他無從延續過去三十年的工作方式，但他還是和康泰納仕保持聯繫，似乎無法放棄公司提供的物質待遇，也難以放手他的工作，畢竟這個位置就是他的身分認同。[37]對許多被放逐的康泰納仕編輯來說，失去這些金錢上的好處是被解雇最沉痛的打擊，但利伯曼是少數，他永遠不必擔心一夕之間一毛錢都不剩，因為他和紐豪斯擁有深厚的關係。

安娜和葛蕾絲．米勒貝拉不一樣，她從不依靠利伯曼。如果她依靠了利伯曼，那就永遠不能真正地掌握權力。此外，紐豪斯希望賦予安娜權力。利伯曼熱愛《時尚》勝過其他任何一本雜誌，安娜上任成為《時尚》的總編輯後，紐豪斯告訴利伯曼，安娜應該要「完全掌控」《時尚》。起初利伯曼不滿自己被排除在外，但最終也無可奈何。紐豪斯把他的指示告訴安娜後，安娜開始讓利伯曼過目排版、詢問他的建議，但在利伯曼的餘生中，安娜這麼做只是出於禮貌。[38]

安娜表示，大家「從沒討論到」自己要接替利伯曼，[39]但她的同事認為她渴望的不只是編輯《時尚》。[40]畢竟，她擔任《時尚》的總編輯僅幾年，她的管理觸手就已經伸到她的職權外了。一九九二年，格雷登．卡特收到接任《紐約客》總編輯的工作邀約。消息理應要宣布當天，安娜打了電話給他。

「你會到《浮華世界》才對。」安娜對他說。

卡特很震驚，他擔任《密探》的總編輯，過去五年都在取笑《浮華世界》。安娜告訴他：「小賽打電話給你時，你要裝作不知情。」[41]安娜一直雇用卡特擔任《時尚》的撰稿人。她在康泰納仕內部都會領先其他人得知勁爆消息，公司其他人和她說話時，可能都在聽她會說什麼。

加蓓・多佩特在安娜三段的編輯任期中，忠心耿耿地為她效力，她記得安娜向紐豪斯推薦了自己擔任《摩登小姐》（*Mademoiselle*）的總編輯。多佩特不知道箇中道理，因為她很享受在《時尚》工作，而且並沒有在物色新工作。一些人認為安娜協調這次人事調動，顯示她會成為下一個亞歷克斯。[43]《女裝日報》斷言：「多佩特的任命再次展現安娜・溫圖對康泰納仕的影響力只增不減。」多佩特深有同感。[44]

然而，多佩特在《摩登小姐》的任期到頭來是一場災難。安娜指點她讓利伯曼挑選藝術總監，但她卻不顧這條重中之重的建議。多佩特試圖效法安娜經營雜誌的方式，因此幾天內就開除了全體員工。她澈底改造編輯團隊，以反映九〇年代早期的油漬文化，相比安娜動人、快樂、陽光又活潑的風格可謂南轅北轍。安娜雇用時尚界的傳奇葛蕾絲・柯丁頓坐鎮時尚部，多佩特的編輯團隊人選「看起來卻像是英格蘭的流浪兒童」。她還帶進全新一批攝影師。

任職於康泰納仕這樣的公司，辦公室政治觀察力和編輯敏銳度一樣重要，但多佩特兩者皆無。她選用瘦骨嶙峋的模特兒，惹怒了主打女性衛生產品的廣告客戶。利伯曼被排擠在決策外，為此忿忿不平，《摩登小姐》並非安娜的《時尚》，因此他在紐豪斯那裡絕對說得上話。[42]《摩登小姐》的一九九三年十一月號中，凱特・摩絲（Kate Moss）綁著辮子登上封面，此舉更是激怒了自家發行人，還稱其為「『八年級醜女』封面」。[45]（多佩特表示自己只負責到十月號為止。）讀者和廣告客戶紛紛跳船，多佩特為此在一九九三年九月底辭職。安娜鼓勵她接受音樂電視網（MTV）的另份工作。[46]

當時，利伯曼的繼女法蘭辛・杜普萊西・格雷（Francine du Plessix Gray）正以父母親為主題，撰寫《他們是我的父母》（*Them*）一書，安娜向她表示，紐豪斯「覺得利伯曼顯然心不在焉」。幾個月以來，他幾乎不在辦公室。他的妻子過世後，便和新伴侶梅琳達（Melinda）在邁阿密共度光陰，梅琳達是他故人的一位護理人員。利伯曼得以保留副董事長的職稱、四人的辦公室團隊、白色座車配上司機，還有康泰納仕買單的家務人員。他厭倦邁阿密後，紐豪斯還提供一百萬美元的貸款供他在長島置產。[47]

安娜不滿利伯曼被如此對待。雖然她曾目睹紐豪斯殘忍地開除員工，但從沒預料到他會排擠利伯曼。縱使紐豪斯提供利伯曼優渥的補償，但安娜仍舊不欣賞他的作法。[48]

然而，安娜並沒有成為下一個亞歷山大・利伯曼。一九九四年一月二十六日，小賽・紐豪斯宣布，三十六歲的《型男細節》（*Details*）雜誌總編輯詹姆斯・楚門（James Truman）成為公司的新任編輯總監。[49]

起初楚門進入康泰納仕，是安娜的功勞，她在一九八八年雇用楚門擔任《時尚》的專題編輯。楚門一躍壓過安娜和蒂娜・布朗，兩位都是公司既出名又迷人的標誌性人物，內部的許多編輯和外部的旁觀者都對此深感震驚。[ii]

一些人以為安娜（或布朗）錯失編輯總監的位置是因為性別歧視。然而，多佩特認為這就是典型的紐豪斯手法。[50]「他總是這麼做，以挑起人們的對立。」她這麼說。利伯曼也有同感，他告訴楚門，自己有幾個最由衷的建議：「隨時都要竭盡全力地謀劃算計。」「做起事來要當自己是唯一的老大，同事只是雇來打下手罷了。」「只有阿諛奉承才能得你所願。」「別擔心有人找麻煩，不要隨之起舞，他們撐不到最後。」「不要把工作當成世界的中心，不然你會發瘋的。」[51]

最終，安娜確實晉升到了類似利伯曼的位置，但她還得等上二十年。與此同時，她會以其他方式拓展自己的勢力。

馬賽克（Mosaic）網頁瀏覽器無縫地結合文字和圖片，在當時是首見。一九九四年，也就是馬賽克瀏覽器問世僅一年後，康泰納仕便雇用利伯曼的前助理蘿謝爾．烏德爾，負責開辦公司的網路事業部，名為康泰網（CondéNet）。烏德爾聘用了瓊．費尼（Joan Feeney），她曾在一九九二爭取主任編輯一職，並接受安娜的面試，但並未拿下職位。[52]（安娜的世界說大很大、說小也很小。）烏德爾和費尼必須弄清楚，康泰納仕旗下雜誌的網站應該是什麼樣子，這些網站又要如何提升公司的生意。

烏德爾相信網路就是未來，但她難以說服紐豪斯。雖然紐豪斯感受到網路會變得很重要，但他安於公司的現狀，也就是透過印刷品中的廣告獲益，坦白說，他一點也無法想像，未來印刷不是主流。[53]

烏德爾和費尼決定從美食下手，因為她們只得到授權在網路上發布《美食家》（*Gourmet*）雜誌五千份的食譜存檔。然而，她們沒有把網站取名為《美食家》網（Gourmet.com），因為紐豪斯認為，

ii 三人有一個共通點，那就是他們都來自英國。一九九二年年底，《紐約時報》報導稱，美國出版界正面臨「英軍入侵」，並以安娜、布朗、楚門、多佩特和伊莉莎白．媞貝里絲為例。多佩特是南非人，但在英格蘭受教；媞貝里絲離開英國版《時尚》後，接掌了《哈潑時尚》。來自英國的編輯願意嘗試融合高檔和接地氣的內容，因此廣受讚譽，這樣的手法流行於英國的出版品，包括安娜父親的《標準晚報》，報紙上能看到正經的政治新聞、大眾文化和無頭屍比鄰刊登。

這麼做會損及印刷版《美食家》的名聲。她們的替代方案是將其命名為「好奇饕客網」（Epicurious.com）。網站上沒有圖片，因為在撥接上網的年代中，讀取圖片會耗費過多時間。然而，技術問題還是其次，因為團隊無權在網路上刊登雜誌資料庫裡的照片。[54]

當時安娜未必渴望擁抱科技。〔一九九四年，專題編輯喬・多爾切（Joe Dolce）第一天上工時，向全體員工寄出一封電子郵件介紹自己，但只收到安娜從歐洲傳來一份傳真，上面寫著：「喬，這裡是《時尚》。我們不用電子郵件的，太沒有人情味了。」〕[55]然而，好奇饕客網的專案啟動後，安娜開始打電話給費尼。「什麼時候《時尚》也可以上線？」她會這麼問：「《時尚》沒有網站，已經開始丟臉了。為什麼我們還沒上線呢？」然而，費尼知道她會不滿意網站的技術。「圖片看起來會亂糟糟的。」她這麼說：「我們做出來的東西才會讓妳丟臉。」

「好吧，時候到了跟我說。」安娜表示。

「時尚的整個目的就是要反映時代。」費尼這麼說：「我想這件事讓她這麼急躁，就是出於這個原因，因為她不希望《時尚》有古板或過時的感覺。」她也意識到印刷和數位內容能相得益彰。「她很快就理解我們在做什麼，使她成為絕佳的合作夥伴。」費尼表示：「好多、好多、好多的編輯毫無頭緒。他們看到網站時，只想到是威脅或競爭。」

安娜不斷打電話給費尼，但她得等上幾年的時間，網站才會成形。[56]

第十六章　新猷舊友

一九九五年十二月四日的傍晚，氣溫是反常的華氏四十八度（約攝氏九度），這樣的溫度勉強可以把無袖禮服穿上身，踏上大都會藝術博物館著名的大理石台階。[1] 服裝典藏館是大都會藝術博物館的時尚分部，而「年度派對」（Party of the Year）正是在慶祝服裝典藏館新展覽的開幕。安娜是當晚的東道主，這是她第一次擔任年度派對的主席，她穿上一襲奧斯卡．德拉倫塔的白色緞面直筒修身禮服，戴著成套的白色手套，長度延伸到她緊實的二頭肌下。[2] 活動的贊助商是香奈兒和凡賽斯（Versace），他們在安娜的懇託下，一起貢獻五十萬美元，以得到贊助商的榮譽。[3]

緊接著安娜身後，娜歐蜜．坎貝兒（Naomi Campbell）穿著凡賽斯的緊身無肩帶銀色亮片禮服閃耀入場。凱特．摩絲則身穿凱文．克萊的簡約淡黃色圍裙式禮服。[4] 大廳裡放著一棵以玫瑰花搭建而成的聖誕樹，兩人和同為模特兒的克莉絲蒂．特林頓（Christy Turlington）、莎琳．夏露（Shalom Harlow），還有設計師湯姆．福特、約翰．加利亞諾、凱文．克萊、雷夫．羅倫、比爾．布拉斯、馬克．雅各斯、黛安．馮佛斯登伯格（Diane von Furstenberg）等人，聚在聖誕樹旁交際談天。晚宴的餐桌以更多的玫瑰花妝點，中間還擺上放滿水果的飾架。[5]

大都會博物館的展覽，讓大眾有機會沉浸在一百件高級時裝禮服真品的風光中。雖然當晚出席的賓客，都認購了要價一千美元的晚宴入場券，但大部分人對博物館的展品並不是特別有興趣，他們只想狂歡。[6]（往後的年頭裡，安娜會確保每位賓客都把展覽逛完。）[7]

傳統上，這樣的活動會由博物館的團隊籌劃安排，但安娜希望由自己的團隊負責，就和之前《時尚》的派對一樣。《時尚》的文案人員莎拉・凡・席克倫在一九九五年時正好是團隊的一員。「她們最好不要是胖子或醜八怪，否則就得滾蛋。當時真的是這樣子。」她這麼形容。[8]為了確保團隊成員的外型都合格，安娜還從凱文・克萊訂購圍裙式禮服供員工穿著。這些女性員工駐點在會場的各處，負責引導賓客前往吧檯或洗手間。

晚宴後是舞池派對，場地是館內的丹鐸神廟（Temple of Dendur）展區，這個寬廣的空間有一整面玻璃帷幕，裡頭存放著一座埃及古廟，建造年份約為西元前十五年。這個派對開放年輕群眾以一百五十美元購票入場，[9]他們抽菸喝酒，喝到停不下來，甚至有賓客直接吐在神廟裡[10]（後來某一年慈善晚宴上，宴後派對過於熱烈失控，一名大都會博物館員工還目睹幾名女子在大廳小便）[11]。

如果安娜要持續舉辦這個派對，使其成為隆重的時尚盛事，盡可能華麗耀眼又不容錯過，而且根據安娜的評斷，以獲邀與否顯示誰入流、誰又不入流，並讓其他的時尚活動相形見絀，那麼她有得忙了。

服裝典藏館成立於一九三七年，原名為服裝藝術博物館（Museum of Costume Art），對時尚和娛樂產業是十分重要的資源，館藏也經常用於研究。[i][12]在一九九五年，理查・馬丁（Richard Martin）是時任的首席策展人，而大家都知道先前是黛安娜・佛里蘭在這個位置上，她被《時尚》開除後，需要一份工作。馬丁深受員工的愛戴，先前他在《藝術雜誌》（*Arts Magazine*）擔任編輯，因此把相同的藝術知識和鑑別力帶進他的展覽中。他的身高超過六英尺，深知自己得維持領導者的形象，因此會習慣性地調整儀態和領帶後，才走進服裝典藏館的大門。他早上七點半上班，時常待到晚上十點以後。他鮮少回絕撰文或演講的邀約。[13]

一九九三年，馬丁和長期的合作夥伴哈洛德·幸田（Harold Koda）加入服裝典藏館，兩人曾一起在紐約的時尚設計學院（Fashion Institute of Technology）策展，且廣受好評。佛里蘭一直任職於服裝典藏館，直到一九八九年去世。在一九九二年，大都會博物館策劃了「時尚和歷史的對話」（Fashion and History: A Dialogue）展覽，但少了佛里蘭的參與，《紐約時報》對這次展覽的評語是「不甚亮眼」。[14]馬丁的任務是重燃時尚分部的聲勢。[15]

服裝典藏館在馬丁的領導下舉辦了「東方風情：西方禮服的東域憧憬」（Orientalism: Visions of the East in Western Dress）和「立體主義和時尚」（Cubism and Fashion）等展覽。然而，要找回缺失的亮眼元素，大部分的工作在於重振人們對「年度派對」的期待。服裝典藏館和大都會博物館的其他分部不一樣，因為典藏館的館方必須自行籌募全數的經費，而非從大都會博物館的金庫中拿錢。年度派對募得的款項除了資助策展外，也用於保養和擴展館內不同凡響的館藏。

一九九五年時，安娜接到奧斯卡·德拉倫塔和妻子安奈特（Annette）的電話，詢問她《時尚》是否能協助舉辦年度派對。安娜知道佛里蘭的逝世對服裝典藏館是一大損失。「沒有人帶頭籌劃，

i 像約翰·加利亞諾這樣的世界級知名設計師，以及碧昂絲、瑪丹娜等名人，都曾到服裝典藏館高調的考察參訪，館藏也開放學術研究用。

因此年度派對跌出了時尚界和社交界的視野，不再是熱門的討論話題，也無法募得館方所需的經費。」安娜說。[16]然而，大都會博物館之所以需要安娜的協助，一部分是因為名媛佩特・巴克利（Pat Buckley）打算卸下籌辦工作。館方認為由時尚界人士負責募資較為合適，但也知道如果找來設計師，便會有利益衝突。[17]

顯然，如果安娜要共同主辦這個活動，就會將其辦得與自己過往的派對和募款活動一樣精彩，並募得比任何前人都要多的經費。另外，她得避免自己的工作變得枯燥無味，其中一個方法就是定期找尋新的計畫，就和這次活動一樣。[18]然而，她形容：「我對奧斯卡和安奈特表示，我會欣然擔下責任，但我認為自己實在太天真了。」[19]

首席策展人馬丁全心投入在工作上，就和安娜一樣，但安娜或分部外任何人對他的展覽提供意見時，他都聽不進去。他還讓派對主席輪值，以此制衡安娜。安娜主辦一九九五年的晚宴後，指揮棒就交給她的對手利茲・媞貝里絲，當時她是《哈潑時尚》的總編輯。[20]〔亞歷桑德拉・舒爾曼接替媞貝里絲成為英國版《時尚》的總編輯，先前她是英國版《紳士季刊》（GQ）的總編輯；舒爾曼上任後，安娜還邀請她共進午餐，但美國版和英國版《時尚》是分開運作的。〕[21]

小時候安娜就很好勝，現在媞貝里絲入侵了她的勢力範圍，使她必須拿出更多看家本領。她抱持著「遇強則強」的態度。再者，她已然不是炙手可熱的新任總編輯了，因此毫無意願割讓領土給任何人。[22]媞貝里絲要接下《哈潑時尚》的職位有一個條件：她可以簽下三名自己中意的攝影師。赫斯特同意給她兩個名額，她便簽下派翠克・狄馬薛利和彼得・林伯格，據稱合約金額各是超過一百萬美元，[24]代表他們不能同時到《時尚》為安娜拍攝。[23]

安娜則以專屬合約簽下史蒂芬．梅賽爾作為回應。[25]她還開始要求登上自家封面的明星，只要當期的《時尚》雜誌還在書報攤架上，她們就不能出現在其他雜誌的封面上。[26]媞貝里絲試圖以「十分優渥的薪水」挖腳《時尚》的編輯，安娜便會給出更好的條件留住他們。紐豪斯和安娜一樣好勝，因此很支持她的作法。[27]

一九九六年，媞貝里絲主辦了迪奧（Dior）主題展的派對。她的主客是黛安娜王妃，當時黛妃的名氣可謂空前絕後。馬丁本身也是控制狂，比起與安娜共事，和媞貝里絲合作似乎比較樂在其中。因為媞貝里絲不覺得自己能對馬丁指手畫腳，這使兩人更容易建立融洽的關係。[28]

馬丁策展時會為展品撰文，這件事他很引以為傲。他的文筆既從容自若又富含內容，且他認為雖然自己感興趣的是服裝，而非古物或十七世紀的畫作，但不代表自己的文筆就得淺顯通俗。[29]一九九七年，安娜重回主辦的身分，負責推廣服裝典藏館的凡賽斯展覽。馬丁撰寫了一篇文章，解釋為什麼娼妓是早期影響凡賽斯設計的元素之一。安娜向賈尼的妹妹唐娜泰拉（Donatella）表示，她認為那篇文章應該要改寫。然而，馬丁憑藉著自己和賈尼的私交，拒絕更動文章，最後文章留了下來。[30]對安娜來說，通常事情不會這樣不如她的意。

安娜主辦了她的第一場年度派對後，隔月的一九九六年一月五日，她的母親逝世了，享壽七十八歲。[31]娜妮一直患有骨質疏鬆症，後來又染上肺炎。但在肺炎快要痊癒之際，她的血液毛病又浮上檯面。檢測結果顯示血液問題已經潛伏長達數月。[32]娜妮去世後，安娜有感於娜妮的骨質疏鬆症，因此開始打網球，當作訓練負重承受力的運動。[33]

安娜職場上的一大優勢在於對情緒的控制，她的真實情感似乎都收起來上了鎖，只有她自己有鑰匙。然而，失去母親後，「她的情緒十分脆弱。」主任編輯蘿莉．謝克特這麼形容。[34]後來安娜認為，自己的社會良知是母親灌輸的。[35]

安娜到倫敦參加喪禮時，她打了電話給安德烈．里昂．泰利。泰利已經搬到北卡羅萊納州（North Carolina）的德罕（Durham），他心愛的祖母不久前才逝世，他就待在祖母生前的住處。泰利在回憶錄中寫道，卡爾．拉格斐勸自己和安娜重修舊好，但十個月前，他才大動作向安娜辭職。[36]「也許那時候，他覺得自己的角色沒有清楚的定位。」瓊斯這麼說：「同時，他絕對不會遵守朝九晚五，但安娜希望早上自己到辦公室時，員工也都到了，還要求員工照著她的時間表做事……他加入《時尚》的團隊時，腦中有許多想法，他想有所作為，但要按著時間表、完全依照你的期望做事，對他來說實在很難。」[37]泰利曾公開談論他的離職過程，他向《紐約時報》說，自己在《時尚》的狀況是「創意界的車諾比事件」。「我和老派畫上等號，但我認為這樣再好不過了。我想在高雅純粹的環境中工作。廣告無法創造激動人心的時尚。」（同一篇報導中，安娜回覆：「我們《時尚》的編輯團隊考慮的是編輯工作。」）

然而，安娜認為泰利是自己「認識最久的一位朋友」，[38]這就解釋了為什麼她在哀悼的情況下會想到要聯絡泰利。[ii]安娜打電話給泰利時，雖然下著雪且收訊不好，但泰利聽得出來有什麼事發生了。安娜告訴他，自己的母親過世了，接著電話就斷訊了。下一次電話接通，是大衛．薛佛打過來的，他和孩子們在紐約。「現在安娜不應該獨自一人。」他這麼說。他還告訴泰利，整個美國東北部的飛機都停飛了。紐豪斯提供了私人噴射機供他使用，但得等到天氣好轉後才能起飛。泰利在更南邊的地方，薛佛希望他能找到一班飛機，飛往英國陪伴安娜。泰利成功先搭機飛往邁阿密。他一降落在倫敦，便換好衣服直奔火葬場，並在那裡見到了安娜和她的父親、弟弟和妹妹。[39]

喪禮當天，安娜的弟弟派翠克「不覺得自己有辦法冷靜地說話」，「所以必須交給安娜」查爾斯回憶。[40]泰利坐在後排聽著安娜念出悼詞。「雖然她不常提起母親，但她們很親近。」他這麼說。悼詞唸到尾聲時，安娜的眼眶淚水滿溢，她「扛不住情緒，並在眾人面前跑了出去」。泰利趕忙到她身旁，扶著她離開那裡。[41]

娜妮過世前，七十八歲的查爾斯才經歷胸口疼痛不止的症狀，得尋求醫師的協助，加劇了安娜的壓力。送醫途中，他意外得知自己是心臟病發作。查爾斯在醫院待了五天，其中一些時間是在加護病房。同時，他的視力也在衰退，他的左眼視網膜受損，造成左眼「無法閱讀」，而右眼「在早上往往看不清楚」，他這麼形容。[42]

對安娜來說，近期唯一的起色似乎是和泰利重聚。雖然大家都說她既冷淡又疏遠，但兩人的關係卻展現出安娜的另一面——那就是在光怪陸離又殘酷無情的時尚和媒體世界外，她也是一般人。她支持他人的同時，有時也需要同等的協助，她還懂得原諒他人，但大部分人看不到她的這一面。她的親近好友表示，雖然安娜獲得大把的權力，而大肆顯露自己柔情的一面，也許會讓旁人覺得她

ii 雖然泰利表示，安娜的母親過世後，自己才和安娜重新聯絡。但根據一九九五年十二月八日《女裝日報》的報導，他被看到出現在《時尚》的辦公室附近，兩人還時常一起外出用餐。

軟弱，但再多的權力終究無法撼動她良善的內心。[43]（瓊斯說，這並不表示安娜會擔心自己看起來很軟弱。）[44]

雖然兩人和解了，但泰利並沒有隨即回到《時尚》工作。他繼續住在德罕，仍在消化祖母過世後的情緒，也會往返德罕、紐約和巴黎，不是住在紐約皇家通酒店，就是住在巴黎麗思酒店，藉此保有自己習慣的生活方式。他還成為《浮華世界》總編輯格雷登・卡特底下的造型編輯，回歸拍攝工作的行列。同時，安娜把創意總監的位置給了葛蕾絲・柯丁頓，她原是安娜忠心的時尚編輯。

一九九七年，泰利向安娜表示自己想回到《時尚》，因為「我的心還是和《時尚》同在」，他這麼說。[45]安娜決定以三十五萬美元的薪水重新雇用他，並給他自由編輯的職稱，他的正式職責是撰寫每月專欄，非正式職責則是陪同安娜試穿她的許多服飾。[46]

康泰納仕紐約辦公室中的泰利反對者大軍搞不懂安娜在想什麼。「有時候他百依百順，其他時候又無禮地待她，她總會睜一隻眼、閉一隻眼，還只會說：『噢，安德烈就是這樣啦』。這些年來她對泰利實在很寬容。」瓊斯這麼形容：「她也不是不捨泰利才重新雇用他，而是很信任泰利。他聽命於安娜，安娜提供收入和工作機會，他便得到一份好工作。」[47]

一名人資部經理想不通安娜怎麼會重新雇用泰利，而且相比之前還是比較低階的職位。「妳到底幹嘛這麼做？」她這麼問。

安娜回答她說：「最好把安德烈放在看得到的地方。」[48]

第十七章　向錢走

安娜在時尚界是女王，但在辦公室裡，不過是小賽．紐豪斯王國的一介子民而已。紐豪斯的王國是個不可思議的地方，九〇年代時，這裡稱得上物產豐饒。員工盡情享受大蘋果公司（Big Apple）的轎車接送服務、商務艙機票、五星級酒店和二十九美元的漢堡。大部分的員工自身負擔不起這些玩意兒，使他們淪為手握公司信用卡的奴隸。紐豪斯期待自己的員工每天都盡心盡力，為自己的雜誌帶來收益。公司大部分的資深編輯和高階主管走進他的辦公室時，看到他穿著老舊的《紐約客》運動衫、卡其褲和樂福鞋坐在那裡，從來不知道他要拔擢還是開除自己，[1]甚至連安娜也搞不懂。

九〇年代早期對《時尚》來說並不好過。《時尚》在紐豪斯眼中，從一九九〇年的經濟蕭條後，就從未真的取得難以撼動的地位。一九九四年第一季相比前一年同期，《時尚》的廣告頁面減少了百分之四．五。同時，《哈潑時尚》在媞貝里絲的領導下，雜誌裡的時尚版面甚至連安娜在《時尚》的員工都大嘆華麗又現代，他們的廣告頁面在同期增加了百分之十一。《她》的編輯總監是前《時尚》專題編輯艾美．葛羅斯，這本雜誌為人熟知的地方在於外觀好看，寫作手法甚至更出色。他們的廣告頁面增加了百分之十四．五。一九九三年，《時尚》的收益是一億一千兩百二十萬美元，《哈潑時尚》則幾乎成長了一倍，來到五千七百三十萬美元。[2]

如果紐豪斯的員工沒有達成目標數字，他通常會做出變動。因此，這次就是從《時尚》開刀。幾年前他從《她》雜誌挖角安・薩瑟蘭・福克斯擔任《時尚》的發行人，以解決當前的問題，之後她轉任公司的資深副總裁暨國際總監。紐豪斯從《哈潑時尚》的母公司赫斯特找來了她的替代人選，也就是康泰納仕的頭號對手。

羅恩・加洛蒂（Ron Galotti）之所以在赫斯特擔任《君子》的發行人，只是因為十個月前紐豪斯把他從《浮華世界》炒魷魚，先前他在這裡也是發行人。[3]加洛蒂在《君子》的位置上才六週，康泰納仕就以七位數的高薪請他回來，[4]因為公司害怕他會轉調到《哈潑時尚》，並擊潰《時尚》。[5]這是紐豪斯的一貫手法。一九九四年三月，公司宣布加洛蒂成為《時尚》的新任發行人。

關於加洛蒂的脾氣，人人都聽過傳聞——他會丟椅子又大吼大叫。一些人很崇敬他，但其他人認為他只是個自大狂，操著一口招搖的紐約口音，開著紅色的法拉利，魅力值低到不能再低。加洛蒂在《時尚》期間，他和作家坎蒂絲・布希奈（Candace Bushnell）是戀人，布希奈就是以加洛蒂為原型，創作出《慾望城市》中的角色「大人物」（Mr. Big），因為加洛蒂似乎是「職場的大人物」。先前伯納・萊瑟上任成為康泰納仕的總裁，但加洛蒂在辦公室裡不像安娜會顧好自己的嘴巴，搞得大家都知道他對萊瑟的看法。加洛蒂擔任《浮華世界》發行人的期間，曾有一支攝影團隊到辦公室裡採訪他，以製作他所謂的「企業宣傳片」。《紐約》雜誌的人物特寫中提到他對那次拍攝的印象：「他們問我未來在公司希望看到什麼。我說：『我希望看到伯納・萊瑟走出大樓，然後被公車撞。我不希望他死，只要受重傷就好，他就能回到澳洲或紐西蘭或管他從哪個鬼地方來的。』」幾個月後，加洛蒂就被開除了。[6]

加洛蒂的無情程度正好符合小賽．紐豪斯王國的需求。只要他的編輯沒辦法滿足他，他就會毫無顧慮地告訴紐豪斯。他知道光是把關雜誌，並不值得七位數的薪水，他的工作是讓《時尚》成為時尚刊物的世界龍頭。[7]不久後，媒體上浮現各種謠言，聲稱加洛蒂當上發行人，意味著安娜有麻煩了，她很快就要失業了。[8]

安娜擔任《時尚》總編輯的期間，關於她要離開《時尚》的流言——無論是出於她個人的意願或紐豪斯的選擇——每隔一段時間就會浮上檯面。究竟這是有憑有據的說法，或只是又一次媒體對身居高位的女性群起攻之，答案不得而知，就和所有關於她的流言一樣。

然而，這次的流言有幾分真話。

起初安娜和加洛蒂似乎很投緣。一九九四年九月號的《時尚》是對高檔魅力的致敬，藉此把油漬文化的潮流拋諸腦後。當初就是這樣的邋遢潮流搞垮了多佩特的《摩登小姐》。

「阿嬤襯裙式的洋裝配上運動鞋太難入眼了。」安娜向《紐約時報》表示：「而且她們不化妝，頭髮又不整理，世界的 of the world 的雷納．蘭黛（Leonard Lauder）才不希望看到此景。」她指的是雅詩．蘭黛（Estée Lauder）的總裁，她的公司是安娜重要的廣告客戶。

「單純從商業角度來看，這種流浪風影響了我們所有的人。」加洛蒂這麼附和：「零售商的商品賣不掉，設計師又設法讓自家服飾扯上油漬文化和流浪風、拿掉顏色和曲線。這種設計沒什麼賣點。如果東西賣不了，也用不著打廣告了。」[9]

然而，根據葛蕾絲．柯丁頓的說法，安娜之所以想消滅油漬文化，主要只是因為自己不喜歡。

「我覺得她只是強烈地認為，女性就應該比那樣子還時髦。」她這麼說：「看看她，無論如何，她都會精心打扮。」儘管如此，柯丁頓遠近馳名的《時尚》攝影作品就是一九九二年的一篇油漬文化跨頁報導，攝影師是史蒂芬．梅賽爾，照片中模特兒穿著花洋裝（雖然是要價七百六十美元的凱文．克萊）、格子裙和馬汀靴（Dr. Martens，梅賽爾甚至還加進鼻環）。「她不喜歡那些照片，但還是刊出來了，人們也津津樂道。」柯丁頓表示。[10]

然而，雖然安娜勉強地允許油漬文化登上專題報導，但廣告收益並沒有支配她對拍攝服裝的選擇。加洛蒂很尊重安娜這位總編輯，在他心中，她的才華毋庸置疑。然而，他無法理解安娜的性格和她高高在上的氣場，也不知道旁人怎麼會遷就於她。對加洛蒂來說，她擔任這個職位不是來做自己的，而是和他一樣，要為公司賺錢。

因此，安娜明明有機會拍攝廣告客戶的服飾，卻沒有這麼做，對此加洛蒂困惑不解。他並沒有要命令安娜得讓哪些服裝登上高級時裝報導，但如果她需要白色的上衣，何不選擇安．克萊（Anne Klein），或其他買下廣告的品牌呢？他的團隊會向安娜的團隊提供詳細的清單，列出每個品牌有哪些廣告商品。哪有多困難呢？對加洛蒂來說，安娜的品味不比廣告生意來得寶貴。先前他遭紐豪斯開除時，親身體會紐豪斯喜歡做出難以預料的決定、打破旗下雜誌的權力平衡狀態。因此，他從來不覺得安娜的地位穩如泰山，而且始終在想安娜是否聰明到能從這個角度檢視自己。[11]

加洛蒂向安娜和紐豪斯提起這件事前，必須先帶著雜誌重回優勢地位。一九九七年年初時，廣告生意終於有所起色。《時尚》締造了從一九九〇年以來最成功的三月號，廣告頁面增加了百分之

五．九。當年第一季相同數字上升百分之七，四月則是提高百分之二十二。加洛蒂表明：「一切看起來棒極了。」[12]

這樣的趨勢一直持續著。一九九七年，雜誌整體的廣告頁面上升了百分之十。[13]然而，對紐豪斯而言，九月號的重要性無可比擬。當年他一定既興奮又放心。當年的九月號雜誌總共七百三十四頁，重達四．三磅，裡面滿是廣告〔封面是琳達．伊凡吉莉絲塔（Linda Evangelista）穿著柏格爾．克斯登森（Birger Christensen）的淺藍色蒙古羔羊皮大衣，動物權益提倡者都氣壞了〕。

另外，廣告頁面增加了百分之九．七，單看時尚類廣告，更成長了高達百分之二十。這是九年來廣告頁面最豐厚的一期——先前安娜都還沒上任——更是史上第五的成績。[14]

然而，安娜卻時不時有所反彈。一九九七年，鞋履品牌坎蒂（Candie's）有一則廣告，廣告中珍妮．麥卡錫（Jenny McCarthy）坐在馬桶上，內褲懸在小腿處。加洛蒂批准了這則廣告，但安娜卻予以駁回。之後加洛蒂向《女裝時報》表示：「我們認為這則廣告不太能反映我們希望《時尚》傳達的訊息。品味是很微妙的，我們便決定了。」[15]

然而，加洛蒂真正希望的，是安娜讓廣告客戶的服飾登上編採內容。隨著《時尚》繳出不俗的表現，加洛蒂便和紐豪斯提起這件事，紐豪斯也同意安娜的品味不值得雜誌丟掉生意。兩人都認為安娜需要下更多工夫，這邊的工夫不只是把廣告客戶的服飾放進雜誌裡，而是經營和特定人士的關係，因為他們的公司會買廣告。

為了說清楚，加洛蒂、紐豪斯和安娜到達西瓦諾共進午餐，這是安娜和紐豪斯最愛的餐廳之一。[17]當時安娜擔任總編輯將近十年了，在午餐席間紐豪斯向安娜表達，如果她不助加洛蒂一臂之力，就會丟工作。

紐豪斯和加洛蒂心中有一長串的人選都能取代她。

紐豪斯對她說：「我建議妳向錢走。」

安娜在午餐席間沒什麼反應，但後來她明白自己必須有所改變。她比較刻意地拍攝廣告客戶的服飾，[16]雖然她和泰利的工作藉此才保住，但也就是這樣的作為惹怒了泰利，造成他的出走。她抽出更多時間和廣告客戶見面，包括露華濃到凡賽斯的各家品牌。先前加洛蒂把問題呈報給紐豪斯，安娜也許為此不滿，但她似乎很喜歡加洛蒂。[18]安娜是紐豪斯的愛徒，也許因此只收到嚴正明確的提醒，而非解雇令。

然而，她在公司裡還有另一位盟友，那就是總裁暨執行長史蒂夫．弗里歐（Steve Florio），他堅決反對撤換安娜的主意。[19]

安娜往往在公司裡採取具有爭議的立場，也導致了消費者層面的問題。在紐約曾經有一段時間，幾乎任何人都能走進高檔辦公大樓的大廳、搭上電梯，不會遇到保全人員的阻撓。因此，在一九九三年九月三十日，善待動物組織（People for the Ethical Treatment of Animals, PETA）的抗議者闖進麥迪遜大道三百五十號，也就是康泰納仕的總部，一路暢行無阻。轟炸機合唱團（B-52's）的成員凱特．皮爾森（Kate Pierson）和其他七個人搭乘電梯到十三樓，也就是《時尚》的樓層，抗議《時尚》對皮草的報導。[20]

善待動物組織的抗議人馬穿過辦公室，以大聲公發出巨大聲響，並在牆上貼了反皮草的標語。諾曼．瓦特曼（Norman Waterman）是發行團隊的員工，他跳上前去設法制止他們，嘴裡大喊著：「滾出去！」一名抗議者朝瓦特曼的鼠蹊部使勁踢下去，他痛到倒在地上；自由編輯威廉．諾維奇在他的玻璃牆辦公室裡目睹了一切。安娜的助理關上她辦公室的大門，並守在外面，其他員工則在等著保全人員。[21]最後，警方把抗議者帶回中城南分局（Midtown South Precinct），他們被控毀損罪和侵入罪。[22]

反皮草抗議者對安娜和《時尚》展開激烈的行動，早已有先例，也並未就此喊停。九〇年代時，許多重要的時尚品牌，無論是否以皮草設計為人熟知，都在販售相關的商品，或偶爾把皮草融入單品中。安娜使用皮草幾十年了，如今仍愛不釋手，經常穿上身。

《時尚》的辦公室擺著一個個衣架，每年上面都會掛滿皮草的服飾，某些單品的零售價高達二十五萬美元。每年《時尚》都會刊登關於皮草的報導，就和每年八月必定會登載關於大衣的報導一樣。[23]雖然雜誌上有凡迪（Fendi）等皮草大品牌的廣告，但從商業目的來看，皮草並不是非拍不可。然而，禁止皮草會導致一連串的關切。接下來《時尚》要禁止皮草嗎？一些品牌擁有皮草服飾系列，他們的廣告會受影響嗎？[24]

安娜的助理感覺她們一部分的工作是過濾反皮草的恐嚇信，但這些紙本或親臨現場的侵擾似乎從不太困擾她。[25]因此，善待動物組織的人馬在她辦公室周遭遊蕩又如何呢？如果連她在《時尚》最親近又信任的心腹，都鮮少能改變她對雜誌經營的決定，一群貼貼紙的暴民想必也無能為力。

事實上，安娜持續正大光明地在雜誌上刊登皮草。她好像把這些針對皮草的挑釁行為視為戰帖。與機上鄰座乘客告訴她，自己喜歡《時尚》是因為瑪丹娜永遠不會登上封面一樣，前後兩件事是相同的情況。當時這個議題毫無冷卻的跡象，但在一九九六年九月號的雜誌中，她在編輯的話裡寫道：「也許此時正適合我承認，沒錯，我愛穿皮草，我也喜歡享用多汁的牛排。如果您對我這麼政治不正確言論大感震驚，您應該知道，我本人認為飼養動物做成漢堡和養殖水貂做成大衣沒什麼兩樣。」[26]

據稱就是這樣的言論，激起一名女子在一九九六年十二月十九日，前去紐約州北部的皮草工廠，從垃圾堆中撿來一隻死浣熊，裝進時髦的普拉達（Prada）黑色尼龍托特包，並帶到四季餐廳（Four Seasons）的燒烤廳（Grill Room），安娜和團隊的資深成員正在這裡享用聖誕午宴。[27]這名女子穿著一身黑，要求餐廳領班帶著她到安娜的桌邊。「不好意思，您是溫圖女士嗎？」她這麼問。

「我是。」安娜回覆。

接著，她迅速地取出浣熊屍體，葛蕾絲．柯丁頓也坐在桌前，她注意到那具殘骸「結凍成塊又僵硬無比，還呈現扁平狀，倒像是被路殺的小動物。」[28]這名女子把屍體一把摔在桌上，根據《女裝時報》的說法，她嘴裡大喊著「皮草醜女！皮草醜女！」；《紐約時報》則聲稱她大喊的是「皮草衝腦！」接著便逃之夭夭躲避追捕。[29]安娜扔去一條餐巾蓋住浣熊，殘骸很快就被移走。她還展現了特有的冷面幽默，當時執行長史蒂夫．弗里歐坐在鄰桌，安娜轉向他說：「聖誕快樂。」她也對著身旁的團隊笑著說：「噢，這樣肯定沒有冷場吧。」[30]之後四季餐廳開玩笑地表示，他們把浣熊暫放在冷凍庫中，以免那名女子回頭想要拿回去。[31]

隔年，也就是一九九七年，安娜買下了一處地產，之後她會在這裡度過大把工作之餘的時光。她的朋友米蘭達・布魯克斯得知長島的馬斯蒂克有一幢房屋在待售中，她自己不方便買下來，雖然安娜在附近的貝爾波特（Bellport）已有週末小屋了，但她還是要安娜去看看。後來大家都說只有布魯克斯能左右安娜。[32]

安娜在貝爾波特的小屋並不寬敞，那裡的泳池和花園，都是出自布魯克斯的設計。[33]位置很靠近紐豪斯的房子，就在同一個鎮上，也能說是一項優點。馬斯蒂克在位置上比較靠近高檔的漢普頓地區，但屬於勞工階層的地盤，所以也可以說是相去甚遠。然而，漢普頓雖然炙手可熱，但不合安娜的口味。週末期間，她不喜歡自己的生活還熱鬧得像慈善晚宴一樣，[34]而是想逃離一切（雖然她之前還是偶爾會邀請電影導演巴茲・魯曼（Baz Luhrmann）和《火線重案組》（*The Wire*）男星多明尼克・魏斯特（Dominic West）這樣的名人到家裡）。[35]其實安娜不喜歡冷天氣，[37]因此多次前往多明尼加（Dominican Republic）的托圖加灣蓬塔卡納度假村（Tortuga Bay Puntacana Resort & Club），享受獨棟的海濱別墅，這處典雅的飯店是奧斯卡・德拉倫塔所布置的。除此之外，她比較喜歡在自己打造的舒適小屋裡居家度假。[36]

對布魯克斯來說，這處十八世紀的莊園完美展現了美國壁板外牆式的建築風格。莊園坐落在專屬碎石路的盡頭，位在樹林中，周遭有群鹿漫遊。布魯克斯表示，這裡的房屋和農倉「年久失修」，紫藤紊亂凌散地大量生長。整塊地延伸到河濱，布魯克斯認為十分適合飼養小馬（但安娜始終沒有這麼做）。[38]

朋友們都勸安娜別買下來，因為翻新這個地方會費力勞心，加上那裡可是馬斯蒂克。[39]之後作家凱莉·麥梅斯特（Kelly McMasters）撰寫了《歡迎來到雪利：原子小鎮回憶錄》（*Welcome to Shirley: A Memoir from an Atomic Town*）一書，講述自己在馬斯蒂克長大，並目睹聯邦核子機構的毒廢料外洩到飲用水中，對公衛造成的駭人影響。她為這本書採訪了安娜，安娜形容這個小鎮是「垃圾白人的聚集地」。[40]她開始把清理當地的福吉河（Forge River）當作一項慈善活動，也和麥梅斯特見面討論這件行動。她捐款給福吉河拯救行動（Save the Forge River），邀請當地的藍領民眾到家中參加講究的募款活動，並參加遊行走上街頭。然而，麥梅斯特不免懷疑，安娜只是害怕福吉河的臭味飄進自家後院，才不得不伸出援手。[41]

雖然安娜可能無法忍受臭味，但她並不在乎附近住著什麼人。她進莊園後，就不太和當地人打交道。[42]她開始對莊園加以改造，就和過去編輯的一本本雜誌一樣，但這次有了布魯克斯幫忙。

布魯克斯也是英國人，雖然兩人從未談起這個話題，但她認為安娜和自己一樣思念英國鄉村，安娜希望走進馬斯蒂克的花園，就像「置身原野中，青草自然地長高長長」。[43]這樣的景觀很適合搭配英國鄉村式的室內設計，因此凱里爾公司（Carrier and Company）以繽紛的布魯斯貝里（Bloomsbury）風格裝潢。安娜大讚凱里爾公司的夫妻檔「化一棟棟廢棄農舍為家人的完美莊園」。[44]

布魯克斯說服安娜和薛佛沿著河濱開出一條通往海灘的寬闊道路。薛佛看著推土機運作，樹木一棵棵倒下，他「怒氣沖沖地以為我搞砸了」，布魯克斯還記得。然而，道路一完成，他卻表示自己最滿意的就是這件事。

安娜也遭遇過不順。鮮少有景觀工作立即能讓人滿意，鵝耳櫪樹籬剛種下去時是稀疏零落的樣子。幾年來，每個週末安娜和布魯克斯都會一同巡視樹籬的狀況，記下哪些地方被鹿啃食了需要替換，她會這麼說：「這些樹籬有長好的一天嗎？」

然而，她還是沉浸在無憂無慮的時光中，例如，她會和孩子打好幾個小時的棒球，或玩英國鬥牛犬（British Bulldog），這是一種鬼抓人遊戲。安娜依然是個閃電般的飛毛腿。「大家都抓不到安娜。」布魯克斯這麼形容。兩人建立起親密的友誼，從她們在馬斯蒂克共度這樣的歡樂時光，就能知道她們的深厚情感，之後安娜稱認識對方是「我人生中的一大幸福」。安娜還是布魯克斯女兒的教母，她喜歡在安娜去巴黎出差前幫她整理行李。

安娜通常會採納這位朋友的建議。然而，布魯克斯在設計環狀花園（顧名思義就是圓形的花園）時對安娜說：「妳可以躺在這裡的草地上賞月。」

安娜回答：「我永遠不會躺在草地上看滿月。」[45]

安娜是一個罕見的特例，似乎不需要這種逃離現實的小屋，就能應對工作上的壓力。

安娜遭受事關皮草的激烈攻擊，一直持續到一九九七年的聖誕節。十二月二日，安娜運動後穿著浴袍，一如往常地在清晨六點打開聯排別墅的大門，讓髮型師進來。然而，當天早上，映入眼簾的不只有髮型師，還有一整片的紅色塗鴉。她的聯排別墅從台階到門面，滿是動物腳爪的圖案和潑濺四散的顏料。她離家送孩子上學前，打電話給康泰納仕的人資部，要他們在記者聽到風聲前清掉顏料。早上九點前，清潔團隊就用某種物質清除了顏料，但安娜的居家保姆洛莉．費特說這種物質損害了她的大腦，因此提出告訴。因為派出清潔團隊的是康泰納仕，所以必須負法律責任。七年後的二〇〇四年，他們以兩百一十萬美元和費特達成和解。[46]這件事讓安娜很生氣，但主要是因為害費特受傷了。[47]

十二月十七日週三，也就是安娜住處遭破壞後才兩週，善待動物組織的抗議者重回康泰納仕大樓，但現在大樓配有保全，所以他們不得其門而入，他們的替代方案是在大樓前躺了一整個下午。夜幕時分，他們轉移陣地到熱門的新餐廳巴薩扎（Balthazar），當時《時尚》正在那裡舉辦聖誕派對。抗議者站在柵欄後，手拿電子標示牌，上面顯示反皮草的標語，駐點在門口的《時尚》員工面對著他們，碰巧她身上的大衣就鑲有皮草邊。

燈光絕美的餐廳裡一切正常。安娜和加洛蒂與團隊一同為這一年慶祝，香檳源源不絕地入喉。然而，大家對塗鴉事件都記憶猶新，加洛蒂調皮地向抗議者反擊，他吩咐保全人員送去一大盤半熟烤牛肉（雖然保全團隊拒絕了，他們害怕衝突會加劇）。[48]

然而，安娜並沒有追究這起事件。[49]瓊斯表示：「這種事對安娜來說只是家常便飯。」

在九〇年代晚期，《時尚》的封面歷經了澈底的變革，安娜在一九八九年邀請瑪丹娜登上封面，也許正預示著這波變動，也就是超模讓位、名人接手。一九九七年，一年十二期雜誌中，其中兩期由演員拍攝封面，分別是卡麥蓉・狄亞（Cameron Diaz）和烏瑪・舒曼。一九九八年，十二期雜誌中有七期是名人登上封面。辣妹合唱團在一月時打頭陣。安娜知道這期封面會引來爭議，《女裝時報》就稱她們是「不《時尚》的辣妹合唱團」。安娜解釋說自己認為這期封面在正視「反對聲浪」，[50]因為「當期雜誌在回顧一九九七年值得紀念和不堪回首的事。無論你認為辣妹合唱團是哪一種，她們就是一九九七年的主角。以本期封面展示這點，似乎再適合不過了。」[i][51]安娜的說法難以讓人信服（而且如果你是辣妹合唱團，聽到這種話有一點殘忍）。

以《時尚》的標準拍攝名人絕非易事。[52]「你希望名人完美地撐起服飾上鏡頭，但有時她們的身材就是沒辦法。」主任編輯瓊斯這麼說。柯丁頓表明：「她們沒有模特兒的身材，時常比模特兒嬌小許多。模特兒有一八三，但通常演員最高就一六八之類的。」[53]《時尚》的藝術總監查爾斯・澤沃德（Charles Churchward）表示：「編務工作增加了許多。許多編輯很熟悉和模特兒共事，她們穿起衣服來剛剛好。模特兒也不會為服飾或任何事爭辯，更不會有經紀人在拍攝現場試圖擺弄鏡頭。」[54]然而，《時尚》還是能時不時為名人客製化服飾。[55]接著，歐普拉上場了。

一九九八年是安娜擔任《時尚》總編輯的第十個年頭。從一開始加入《時尚》成為創意總監，她就始終認為總編輯這個位置的壽命就是五年，[56]代表她的在職時間已經超出自己預期的一倍了。十年過去了，她還坐在這個位置上，繳出更勝從前的漂亮成績。

一九九八年十月號的《時尚》雜誌邀請了歐普拉・溫芙蕾（Oprah Winfrey）登上封面。「我們時不時就會碰上名人希望自己不只是翻翻雜誌，而是想成為雜誌裡的夢幻模樣，就像我們的許多讀者一樣。她想接受《時尚》的大改造。」安娜在編輯的話中寫道，並舉出其他接受《時尚》改造的

i 安娜最終認為她們並非最《時尚》的選擇。二〇一一年《華爾街日報》的一次採訪中，她表示：「我對邀請辣妹合唱團登上封面不是非常引以為傲。」

名人，例如，為了拍攝專題報導，寇特妮．樂芙（Courtney Love）擺脫了油漬風格。接著她這麼寫：「聽說歐普拉．溫芙蕾想美麗變身，我們為此無比興奮。她知道自己得減重，雖然過去她試過了，但她承諾在期限前減掉二十磅。她成功了，而且各位在本期雜誌會看到，『大獲成功』都不足以形容我們的合作。」[57]

安娜對自己的信念很坦然，也就是大尺碼不符合她對《時尚》的憧憬。一九九八年十一月《新聞週刊》的一篇特寫中，安娜表示：「我完全認為歐普拉減掉二十磅後看起來會美麗許多。」關於她的員工都必須很苗條一說，安娜則回答：「如果這些年輕女性要在外代表雜誌，我當然期待她們是特定的樣子。」對方問起，要是一位才華出眾的時尚編輯剛好是兩百五十磅的身材，她會有什麼感覺，安娜向對方表示：「我會無法接受。」[58]二〇〇九年，節目《六十分鐘》（*60 Minutes*）的採訪中，莫里．塞弗（Morley Safer）問起歐普拉的封面照，她形容要求歐普拉減重是「友善的建議」，並接下去表示：「最近我才去明尼蘇達州（Minnesota），我看到大部分的人，客氣一點地說，他們的份量堪比一棟小房子。」她繼續說：「我認為美國在盛行肥胖流行病。出於一些原因，大家只在乎厭食症……我們必須花錢、花時間，教導人們怎麼飲食、運動和透過比較健康的方式照顧自己。」[59]

為了客製化歐普拉的拍攝服裝，安娜親自和設計師接洽。拍攝編輯保羅．卡瓦科（Paul Cavaco）表示，設計師得到安娜的指示後交出設計稿，接著由安娜挑選造型。「安娜對他們說『也許你應該這麼做』，他們便會照做。我在這之間沒什麼話語權。她的確權力一把抓。」卡瓦科這麼說。

歐普拉親自打電話給卡瓦科討論自己的髮型。她想用自己的髮型師，但《時尚》不同意。「聽我說，如果妳要體驗《時尚》，就需要接受《時尚》為妳做的。」卡瓦科對她說：「妳必須從頭到腳投入。」

她照做了，並由知名髮型師蓋倫（Garren）做造型，但當天她還是帶著自己的髮型師安德烈・沃克（Andre Walker）。[60]

為了撰寫歐普拉的封面特寫文章，並以她在電影《魅影情真》（*Beloved*）中的角色為報導主軸，記者喬納森・凡・米特（Jonathan Van Meter）前去她在科羅拉多州（Colorado）特魯萊（Telluride）的家中，為了減重，她和朋友蓋兒・金恩（Gayle King）還有健身教練在那裡進行「為期一週的健行和飲食控制」。凡・米特問她小時候是否夢想過登上《時尚》。「夢想登上《時尚》？我是從密西西比州（Mississippi）來的非裔女孩。哪裡會想說能登上《時尚》？我從沒想過這是可能的事，這次機會就是如此特別。」她如此回應。[61]

當期雜誌締造了安娜擔任總編輯期間的最佳紀錄，書報攤賣出八十一萬六千冊，超越上個月的九月號（通常是一年中的銷量冠軍），前一期的封面模特兒是芮妮・齊薇格（Renée Zellweger）。[62]

本來有些許雜誌尚未把模特兒換成名人，但在一九九九年，他們都搭上了這股風潮。一九九八年時，康泰納仕旗下雜誌《誘惑》（*Allure*）的總編輯琳達・威爾斯（Linda Wells）僅邀請了兩位名人拍攝封面，年底時她向員工表示，名人是自家雜誌全新的拍攝方向，還表示「大家都不在乎模特兒了」。[63]

歐普拉出現在封面上之所以引人注目，不只因為她是家喻戶曉的名人，擁有空前絕後的明星光環，更因為至當時為止，只有少數幾位非裔人士登上過《時尚》的封面，她就是其中一位。從一九九四年五月到一九九七年六月間，《時尚》的封面只見白人女性的身影。一九九八年，歐普拉僅是當年第二位登上《時尚》封面的黑人女性，先前只有辣妹合唱團的媚兒碧（Mel B）出現在一月號的封面，但封面上還有她的白人團友。

《時尚》自一八九二年創刊以來，就一直缺乏多元性。截至一九九七年，只有二十七期雜誌的封面選用有色人種的女性。一九八九年，安娜以非裔模特兒娜歐蜜・坎貝兒拍攝《時尚》的九月號封面（一年中最重要的一期），她是第一位這麼做的總編輯。她在每月一次的董事會上介紹當期雜誌後，康泰納仕的男性高層都嚇壞了。「我介紹完整期雜誌的內容，並得意地秀出九月號的封面。就在我報告的尾聲，其中一位與會人員面露驚訝地看著我說：『妳要在九月號的封面放上非裔女孩嗎？妳不擔心銷量嗎？』老實說，我壓根兒沒有想過銷量。無論娜歐蜜是什麼膚色，從各種理由來看，我認為她就是正確的選擇。」後來她這麼形容。[64]

然而，一九九七年七月號雜誌是非裔模特兒基亞拉・卡布庫魯（Kiara Kabukuru）登上封面，安娜在編輯的話中坦承，過去《時尚》的封面確實缺乏多元性：

> ……美國的人民來自各式各樣的背景，但許多人還是不禁讓自己的種族偏見展露無遺。以時尚雜誌為例，封面模特兒的膚色（同時還有髮色）大大地影響雜誌在書報攤的銷量，這是殘酷的事實。雖然每期《時尚》雜誌送印時，大多都有至少一位非裔模特兒在內頁中得到大篇幅的版面，但非裔模特兒登上封面的頻率，卻不及我和各位許多人的期望。你我都知道這種作法就是設計來盡可能吸引潛在讀者。本期雜誌邀請一位年輕、清新的非裔模特兒登上封面，她的名字是基亞拉・卡布庫魯。我由衷地希望基亞拉會受到各地雜誌消費者的歡迎，並非因為她是非裔，而是因為她美麗動人。[65]

安德烈・里昂・泰利經常向安娜寄去備忘錄，敦促她讓《時尚》的內容更具多元性。他尤其鼓勵安娜邀請珍妮佛・哈德森（Jennifer Hudson）和小威廉絲（Serena Williams）登上雜誌封面和內頁，但安娜要感覺到對方的知名度達到了一定的門檻，也認為時間點合適，才會邀請她們登上雜誌，後來兩人一再出現在《時尚》中。因此，雖然她很重視泰利的建議，但並非照單全收。[66]兩名知情人士指出，二〇〇〇年代早期，泰利曾要求安娜採用更多非裔女性，但安娜的回應很怠慢，她向另一名《時尚》的編輯表示：「誰去和安德烈說一聲並非每個月都是黑人歷史月（Black History Month）？」[67]

有兩名人士很了解安娜在九〇年代晚期到二〇〇〇年代的想法，他們表示她在選擇《時尚》的模特兒和封面人物時，大多以直覺判斷誰會引起讀者的共鳴，她不認為自己應該特別下功夫讓缺乏重視的族群成為焦點。

多年後，安娜會以完全不同的作法處理《時尚》的多元性議題，就像她把模特兒換成名人一樣。

湯妮・古德曼接受安娜的面試後，當場就接下了時尚總監的工作，因為保羅・卡瓦科轉往《誘惑》任職，安娜希望隨即找到接任人選。古德曼在一九九九年到職，後來主要負責封面名人模特兒的造型工作。「妳的工作是讓兩大元素在《時尚》的封面上完美地融合和呈現，一是名人的名氣和個性，二是《時尚》的名聲和風格。」古德曼這麼形容：「有時候兩者無法相襯。」

古德曼坦率直言，而非把安娜當作嚇人的上司，因此得到了她的信任。「妳很快就會克服恐懼的感覺。」她回憶道。然而，她在這個位置上幾年後，才敢告訴安娜，除了皮革以外，自己不願意拍攝皮草、羽絨或其他動物皮服飾。「只要我不拍攝皮草時，安娜就會說『湯妮啊』，因為安娜總是穿著皮草。」她表示，但安娜從不強迫她拍攝皮草服飾。

古德曼擔任這個職位的初期時，曾經有一次拍攝工作由海瑟・葛拉罕（Heather Graham）擔任模特兒。古德曼和安娜進行試裝時，向她提議了一件杜嘉班納（Dolce & Gabbana）的洋裝。「那件洋裝別帶了，不適合。」安娜這麼說。古德曼喜歡在拍攝現場還有調整造型的空間，雖然她有所猶豫，但依然沒有帶那件洋裝。然而，她一到拍攝現場、見到葛拉罕後，就發覺自己需要那件洋裝。「從那時候開始……如果她不喜歡衣架上的某件衣服，我就會說：『安娜，我留在手邊吧。我會放在衣架上以防萬一。』」古德曼這麼形容。她也不會從拍攝現場把照片寄給安娜批准。「如果現場有人說：『欸，我跟妳說，我不喜歡那支口紅的顏色。』你看個十秒後可能也會說：『你知道嗎？我覺得應該換一個顏色。』其他人不在現場，不清楚當時的狀況，他們的意見不應該打斷這樣的過程。」她表示。[68]

安娜決定以名人拍攝《時尚》的封面後，不只影響了雜誌界，還使時尚界和名人這個新族群變得密不可分，她們會成為時尚和化妝品廣告的主角、狗仔隊窮追不捨的時裝秀前排座上賓，以及時尚面對大眾的門面。她的決定還使人們更頻繁地在紅毯上問名人：「妳穿的是誰的設計？」名人也會反過來向安娜獻殷勤，以登上《時尚》封面，或是為了得到慈善晚宴的席位，但總歸來說，最終目標都是要得到安娜的認可。

名人向安娜示好的同時，她和團隊也需要討好名人。雜誌之所以扮演這樣的角色，是英國版

《時尚》的先例，他們的員工從八〇年代就開始為黛安娜王妃提供造型建議。安娜不會親自幫人做造型，但能交給她在《時尚》的員工。

一九九三年，希拉蕊．柯林頓的丈夫宣誓就職為總統，隨後《時尚》便提供了這樣的服務。安娜向希拉蕊寄去了短箋，詢問《時尚》是否能在造型上協助她。「這只是提供非正式協助的一個方法。」《時尚》的公關人員保羅．威爾默（Paul Wilmot）向《紐約時報》表示：「我們在報紙上讀到，設計師以設計稿轟炸她，人們也瘋狂地打電話給她。我們自己則每天都接到電話，問我們對她的穿著有什麼看法。我們只是提出要協助她篩選服飾罷了。」[69]希拉蕊接受了他們的協助。[70]

安娜身處一群公眾人物的核心，造就了她一部分的權勢，而她之所以能維持這樣的核心地位，則靠時時刻刻打著如意算盤。二〇〇一年，《時尚》報導了魯迪．朱利安尼（Rudy Giuliani）和茱蒂絲．奈森（Judith Nathan）的婚禮。此前《時尚》提出要協助奈森打理她的婚禮造型。他們帶去了一些珠寶供她選擇，但她想全部戴上身，對《時尚》的編輯來說，這樣做「有一點丟人」，蘿芮．瓊斯這麼說。[71]然而，把名人介紹給設計師的結果就是兩方都受惠於她，她也就積累越來越多的人情。一九九八年，她會要求一份優渥的回報。

對安娜來說，一九九八年是精彩的一年，又加上希拉蕊．柯林頓登上了《時尚》的封面，可謂錦上添花。之前從沒有第一夫人出現在《時尚》裡。那時候希拉蕊的丈夫和莫妮卡．李文斯基（Monica Lewinsky）爆出婚外情，因此她的身影更顯得非比尋常。《紐約時報》報導稱：「柯林頓女士登上《時尚》的封面一事，在國際媒體間掀起了風暴，相關的報導厚到《時尚》的公關部要集結

成冊才能寄出去。」[ii][72]

就像拍攝歐普拉的封面一樣，這次的服飾都是訂製的。安娜打電話給設計師，告訴他們應該為希拉蕊設計怎麼樣的服飾。她的想法都是以個別設計師的服飾系列為出發點，但也考量到希拉蕊本人，以及她身為第一夫人，穿什麼才合適。她會這麼說：「你記得你設計的那件洋裝嗎？如果是勃艮地紅色的，希拉蕊穿起來會很好看吧？也許我們用緞子，不要用絲絨。」[73]最後希拉蕊穿上奧斯卡．德拉倫塔的深色絲絨洋裝，效果很動人。

《紐約時報》報導稱，封面問世後的一週，希拉蕊「以一身《時尚》大改造的結果」在紐約走跳，並和各家雜誌的編輯交流來往，高談闊論自己最關心的議題。其中一個晚上，她出席了《莎翁情史》（*Shakespeare in Love*）的首映會，並和哈維．溫斯坦（Harvey Weinstein）一同進場。這部電影由米拉麥克斯（Miramax）製作，而溫斯坦不只是米拉麥克斯的共同經營者，更是民主黨一流的募款人。電影放映前，希拉蕊發表了演說，她以溢美之詞讚許著米拉麥克斯，表示自己和比爾十分享受在白宮觀賞溫斯坦的電影，現場一千名觀眾為她起立鼓掌。之後安娜會意識到，身為政治募款人能手握大權。[74]

哈維．溫斯坦的其中一個目標就是得到希拉蕊．柯林頓這種大人物的認可。然而，雖然他能以政治獻金討希拉蕊的歡心，但安娜的認可就沒有這麼直接了當地好到手了。

一九九〇年代初期，米拉麥克斯開始製作《英倫情人》（*The English Patient*）這樣的古裝電影，而溫斯坦一心想邀請安娜參加放映活動。溫斯坦渴望抱回獎項，他認為《時尚》報導他的電影會助他一臂之力，理想的狀況是讓電影中的女演員登上封面。他也希望雜誌編輯能親自主持自家電影的放映會，尤其是安娜，他認為這樣會提升自己贏下奧斯卡獎的機會。米拉麥克斯的公關負責人開始打電話給安娜的熟人，懇託他們說服安娜現身，她真的現身了，「那可是超級大事，哈維非常高興。」瑞秋・派恩這麼說，她任職於米拉麥克斯的公關部門。安娜坐在一個好位置，大概在放映室的中間，原因之一在於如此一來，她和三、四名米拉麥克斯的公關人員間才有足夠的距離，因為他們受命監控她的反應，並向溫斯坦回報。

然而，大家都知道安娜遇上任何事都會不動聲色。她坐在位置上，戴著墨鏡觀賞完電影，任何一閃而過的反應都難以察覺。米拉麥克斯的辦公室裡謠傳著其實安娜在睡覺，只是戴著墨鏡掩飾。溫斯坦一度很不高興，他叫一名公關人員去要求安娜把墨鏡摘掉。另一名公關人員很直白地對他說：「哈維，你不能叫安娜・溫圖摘掉墨鏡。」[75]

一九九八年夏天，也就是加洛蒂入職《時尚》四年後，他離職了。他得到米拉麥克斯和溫斯坦的支持，投入了一番新事業：一同和蒂娜・布朗創辦《話題》（*Talk*）雜誌。先前兩人就曾在《浮華世界》共事。布朗離開《浮華世界》的總編輯一職後，在一九九二年進入紐豪斯最愛的《紐約客》，

ii 事實上，原先這篇封面報導只規劃為區區內頁報導。當時撰文工作指派給了歷史學家安・道格拉斯（Ann Douglas），隨著醜聞被披露，她以為文章會胎死腹中，但在安娜心中，這篇文章的急迫程度不減反增，她還把希拉蕊放上了封面。

成為該雜誌史上唯一一位的女性總編輯，但評價好壞參半。理查．貝克曼（Richard Beckman）接手了加洛蒂在《時尚》的位置，先前他是康泰納仕旗下刊物《紳士季刊》出色的發行人。[76]

安娜和貝克曼不像她和加洛蒂一拍即合。[77]事實上，許多《時尚》員工不是很樂見他的加入。他第一次到《時尚》那層樓和安娜面談時，「她讓貝克曼坐在等候室好長一段時間。」瓊斯回憶道。

加洛蒂讓《時尚》的生意翻身。[78]一九九八年，雜誌掙得一億四千九百萬美元的廣告收益，他們盡可能拉高廣告的收費，但相比同類型的雜誌，廣告量仍是第一。[79]一九九七年，《時尚》以兩千八百頁的廣告為當年畫下句點，[80]其後是《她》雜誌的兩千一百頁。《哈潑時尚》曾是一大威脅，但僅賣出一千五百二十五頁。當時《時尚》獨佔鰲頭是不爭的事實，但當然也並非難以撼動。

一九九八年的春天，康泰網的編輯總監瓊．費尼打電話給安娜，捎來了一些好消息。「我認為時候到了。」她這麼說：「我們讓《時尚》上線吧。」費尼對《時尚》網站的想法是發布所有時裝秀的照片，並提供搜尋功能，如此一來，使用者便可以找到——舉例來說——一九九八年春天米蘭伸展台上的每件裙子。安娜隨即愛上了這個想法。

然而，她們付諸行動前，費尼有一個十分重要的問題得問安娜：為什麼妳希望有網站？費尼向公司旗下各雜誌的負責人提出了這個問題，得到各式各樣的回覆。一些負責人希望以網站向印刷版主要的廣告客戶，提供免費的廣告版面。《紳士季刊》的一名編輯則回答她說：「秀奶」。

安娜的回答很單純：「為了賺錢」。

然而，透過網站賺錢卻成了問題，幾十年來緊追著《時尚》和整個媒體界不放。原先費尼想針對網站的內容收費，儘管只是一小筆金額，例如，一年十二美元，就像在訂閱雜誌，但公司裡卻找不到人支持這個想法。廣告銷售額是決定高階主管獎金的因素之一，因此他們不希望做出任何事讓印刷版雜誌的讀者不高興，造成廣告費率下降。同時，高階主管都不太熟悉數位科技。紐豪斯一直到前去費尼的辦公室時，才第一次使用網路，費尼還要示範使用的方式。[81]

費尼考量到無法針對內容收費，她想出《時尚》網（Vogue.com）能結合廣告、發行和電商（透過網站銷售的任何服飾都抽成），並從中獲利。費尼和她的上司蘿謝爾・烏德爾對康泰納仕的數位前景懷著遠大的計畫。在烏德爾的想像中，好奇饕客網不只是網站，她擬出了一份商業計畫書，囊括了電視、印刷版雜誌和商店的想法，但是計畫卻束之高閣，一直沒有實現。[82]

為了搭建《時尚》的網站，費尼和安娜造成原計畫進行，也就是發布所有的時裝秀照片。[83]安娜向費尼寄去一則備忘錄，進一步勾勒出線上的內容：「瓊，這份名單上的設計師絕不能出現在網站上。」泰利表明：「大咖設計師都得到了批准，但我相信有些設計師就是無法達標，只是大家沒有說白罷了。」[84]

要發布時裝秀的照片有兩大挑戰。[85]當時網路這個媒介還在萌芽，光是數位攝影師就不易尋覓。同時，在九〇年代晚期，照片無法直接從相機傳輸到辦公室裡員工的手中，再由他們輕鬆地發布到網路上。人們必須拿著相機在攝影師和電腦間來回奔波，每張圖片都要逐張上傳到電腦裡，並根據裡頭的單品加上標籤。

第二項挑戰在於說服時尚品牌，他們得同意自家時裝秀的每張照片都發布到網站上，這就是安娜能出力的地方了。安娜透過律師的協助，以「《時尚》網」為抬頭擬了一封信，日期註明為一九九九年九月三日，並寄給各個設計師，請求他們同意《時尚》網發布他們時裝秀的圖片。[86]

當時這樣的請求非同小可，許多設計師從沒有使用過網路。費尼開始四處造訪時裝品牌並展示《時尚》網，說服他們同意自己的計畫，但她卻發現許多品牌的辦公室甚至連網路都沒有。同時，時裝秀的進出都有嚴格的管控，設計師會擔心抄襲也是合乎情理。各家雜誌僅獲准在九十天的禁刊期後，發布少數造型的照片（通常少於十張）。

儘管時尚界總是一心追求時尚面的創新，但顯然他們本身卻抗拒改變。當年第一檔的時尚季中大約一半的設計師都拒絕了。紐約的設計師最樂於接受，巴黎和米蘭的設計師則最難動搖。然而，無論如何，費尼還是持續進行計畫，安娜也提供了《時尚》的人力撰寫時裝秀的評論，每一則都經過了她的批准，她的公關團隊也在協助網站的啟用。二〇〇〇年的紐約春季時裝季開始前，安娜邀請了費尼向媒體展示網站，她的背書也就一清二楚。

當時《時尚》透過公車進行宣傳活動，廣告上寫著：「先登上《時尚》，才算是時尚。」現在費尼正式成為網站的編輯，她對安娜說，自己想以「《時尚》網搶先看，才登上《時尚》」這個品牌標語宣傳。她以為安娜會拒絕這個主意，因為看起來削弱了印刷版《時尚》的權威。

「我很喜歡。」安娜這麼說，因為這麼做讓她的品牌更現代化。

費尼在贈品T恤上印了《時尚》網的標誌，當作網站啟用的其中一檔行銷活動。先前她收到指示（不是來自安娜，而是另一位《時尚》團隊的成員）要使用最時髦又昂貴的品牌，當時非參點（Three Dots）莫屬。對方還說只要訂製特小號和小號，這是《時尚》的「規定」，因為他們只希望雜誌的名字穿在這些尺碼的人身上。費尼表示：「他們考量到每則訊息的細節，並加以控制，實在很有《時尚》的風格。」

第一個時裝季後，設計師開始看到允許《時尚》網發布他們時裝秀照片的好處，不只是增加曝光度，相關資訊也更容易取得。撇除其他功能，幻燈片時裝秀就是整個系列的數位型錄，品牌能寄給買家。「我們為他們省下不少錢。」費尼這麼說：「我們有更出色的拍攝品質，並以高出許多的解析度標示和存檔。二〇〇〇年時，時尚界仍很過時，但《時尚》網無疑開闢了新的道路。」

許多品牌和安娜一樣希望營造更現代化、更流行的形象，香奈兒就是其一，並很快就和《時尚》合作了。二〇〇〇年六月七日，香奈兒舉辦了度假系列的時裝秀，安娜居中牽線讓他們和《時尚》網合作，一起實現說不定是第一次的高檔時尚「直播」。《時尚》網即時展示香奈兒的系列，每個單品一離開伸展台，費尼的團隊便進行拍攝和發布，香奈兒的消費者看中哪件單品就能預購。[87]二〇一三年，博柏利（Burberry）採用了相同的方式，並大獲好評，[88]他們稱為「即賞即買」（see-now-buy-now），但眾人似乎忘了，早在十年多前是《時尚》和香奈兒首開先河。

《時尚》網在草創階段時，安娜還促成公司和尼曼瑪格百貨的合作協議，後來更成為常態，當時兩方的合作方式前所未聞。造型網（Style.com）會推薦尼曼瑪格為首選零售品牌（而非薩克斯第五大道等其他百貨公司），只要消費者受網站導向到尼曼瑪格購買服飾，康泰納仕都能抽成。費尼以精緻的簡報向尼曼瑪格說明為什麼雙方應該合作，但後來才知道，對方答應是應安娜的要求。

「她賭上自己的名號和聲望，把興致缺缺的時尚界推向數位時代，因此擔負了沉重的風險，許多功勞都是她的，但我認為她並沒有得到應有的肯定。」費尼這麼說：「現在看來，把時尚內容放上網路是顯而易見的選擇，但當時並非如此。」

《時尚》網啟用一年後，康泰納仕做出了一項決策，後來會大大地影響《時尚》的數位業務。安娜會逐漸發覺自己深陷其中，一方面致力讓自家雜誌站穩第一；同時又和其它許多人一樣，無法預料公司的數位業務會變得如此雜亂無章。

這場數位之戰，源自於造型網的啟用。康泰納仕希望以造型網擴展《女裝時報》和其姐妹出版品《W》的數位業務，後者聚焦在更廣泛的讀者。〔一九九〇年，紐豪斯以六億五千萬美元併購了費柴爾出版公司（Fairchild Publishing），成為這兩份出版品的所有者。〕[90]公司同時把好奇饕客網作為《美食家》和《美食慾》（Bon Appétit）的網站，就是同樣的經營手法：以同一個網站整合兩份出版品，使其共享資源，同時避免相互競爭。費尼表示，紐豪斯計劃讓康泰納仕所有的時尚出版品品牌都隸屬在這個「超級時尚網站」下，他決定稱為造型網。《時尚》網會保留核心的特色，也就是主持幻燈片時裝秀，但現在會成為造型網的其中一個頻道。

當時造型網的網址為衣見公司（Express Company）所有，也就是衣見服飾店的母公司。費尼表示，她和對方協商後，把網址的費用降至五十萬美元，還沾沾自喜地向紐豪斯報告協議結果。

「不行。」紐豪斯對她說：「付他一百萬。我不要他的恩惠，我不希望他以為我欠他人情。」[89]紐豪斯無從得知，往後二十年間，經濟不景氣造成公司的財庫枯竭，先前自己的公司竟然有這麼多錢好浪費，是多麼驚人的事情。

第十八章　夫妻離異

安娜一定知道這篇報導是個悲劇。

當時是一九九九年，她接受《紐約》雜誌記者的採訪後，不久就接到了前同事喬丹．沙普斯的電話，沙普斯依然在《紐約》負責編輯封面。

一名助理接起電話，說出一如往常的招呼語：「安娜．溫圖的辦公室。」

「麻煩找安娜．溫圖。」沙普斯這麼說。

「她現在不在辦公室。」助理對他說。如果電話響起，安娜又處理事情到一半，或不想被打擾，有時候就會告訴助理「說我不在」。然而，她不會刻意躲著別人，即使和對方對話會不愉快也一樣。

「請告訴她，她的朋友喬丹打來過。」沙普斯表示，並留下電話號碼。[1]

《紐約》正以安娜為主題撰寫封面報導，她和丈夫大衛．薛佛離異，又和副編輯凱特．貝茲（Kate Betts）決裂，兩段關係成為報導的主軸。[2]她坐上總編輯大位十一年了，接受這篇報導採訪的期間，《時尚》的收益相比一九九八年的一億四千九百萬美元又成長了百分之九。她的成就顯然達到顛峰，又穩固了時尚領袖的地位，當時正是媒體群起駁倒她的理想時刻。從其中一個方面來看，她讓媒體更容易得手。

二十分鐘後，沙普斯的助理對他說：「電話上有一位安娜．溫圖。」

沙普斯的目標是說服安娜特別為這次封面拍攝照片。先前她把照片寄過去供沙普斯挑選，但他一張都不中意。最理想的一張照片中，安娜穿著皮草大衣、戴著墨鏡，頭髮遮住了臉龐。

「我們都知道文章內容會是垃圾，但我們也知道人們只會記得漂亮的封面。他們不會讀內容，或不會讀到腦海裡，他們只會隨便看看。我希望妳在封面上看起來意氣風發。」他對安娜說。

安娜很重視視覺。沙普斯的論點如果能打動某個人，那一定就是她。「也許你說的沒錯，讓我考慮一下。我得掛電話了，下午要帶孩子去打網球。」她這麼說。

那時週末要到了，沙普斯安排了一位攝影師待命，準備在週一為安娜拍攝封面。一到週一，安娜便回電給沙普斯，表示如果能自己挑選攝影師，就願意接受拍攝。沙普斯表示自己沒辦法同意，但安娜可以擬出五個名字讓他挑選。兩人決定由赫伯．里茲（Herb Ritts）負責。[3]

安娜接到沙普斯電話的一年多前，謝爾比．布萊恩和妻子凱薩琳出席了一場募款晚會，由名媛安．貝斯（Anne Bass）為紐約市芭蕾舞團（New York City Ballet）所舉辦。安娜和薛佛一同出席，布萊恩夫婦則坐在鄰座。布萊恩參加太多這種派對了，當時沒什麼事讓他留下印象，但他唯獨記得安娜，他發覺安娜既迷人又聰穎。當時他對安娜的身分只有模糊的認識，但他很好奇，因此打了電話給安娜，邀請她共進午餐。「我相信在那段不長的時間中，我們對彼此都有了好感。」布萊恩這麼說。

兩人都沒有隱藏自己已婚的身分，言談之間也自然而然地說起另一半，一段婚外情就這樣展開了。[4]

布萊恩出生於德州（Texas）的自由港（Freeport），就在休士頓（Houston）的郊外，他曾就讀於德州大學奧斯汀分校（University of Texas at Austin），並短暫參加美式足球隊，後來發現自己顯然沒什麼天分。《德州月刊》（*Texas Monthly*）形容他是「溫文爾雅的牛仔」，流著「貨真價實的德州血脈」，原因之一在於他是德州之父史蒂芬・奧斯丁（Stephen F. Austin）的遠房後代。

他研讀藝術和歷史，而安娜就讀北倫敦大學學院時，歷史也是少數她真正感興趣的科目。布萊恩還前去法國的科諾伯勒阿爾卑斯大學（Université Grenoble Alpes）交換，完成大學的最後一年。他既聰明又發奮圖強，後來取得德州大學的法律學位。他短暫地在羅夫・奈德（Ralph Nader）的底下做事，接著入讀哈佛大學商學院，之後共同創立了米里通訊（Millicom），成為美國最早的行動電話公司之一，布萊恩也為此搬到紐約。一九九五年他退休後，決定接下光纖網路公司ＩＣＧ通訊（ICG）的執行長一職。一九九九年，公司創造了五億美元的年營收，二〇〇〇年更預期會達到十億美元。安娜的眾男友中，就只有他如此富有。[6]

布萊恩為民主黨貢獻也是眾所皆知的事。在一九九五年到二〇〇〇年間，他向民主黨和其候選人捐獻了三十五萬美元。在一九九七年到九八年間，他還擔任民主黨參議員選舉委員會（Democratic Senatorial Campaign Committee）的全國財務主席，募得超過五千四百萬美元。艾爾・高爾和柯林頓夫婦都是他的好友。[5]

布萊恩和安娜相識幾個月後，兩人一起乘坐商務客機飛往休士頓。布萊恩在休士頓和紐約兩地來回生活，安娜則剛好在休士頓有事，因此兩人一同前去。布萊恩在飛機上發現安娜和他在讀同一本書。那本書很厚，他已經讀完三分之一了，安娜則剛從第一頁開始。布萊恩認為自己的閱讀速度不俗，但安娜翻頁的速度更快，其實他有一些不甘心。

「我覺得她沒有真的在……她看那麼快沒辦法認真讀。」他這麼說。三個半小時後，飛機降落時，安娜已經把書讀完大約十五分鐘了。

「妳才沒有認真讀那本書，妳只是看過去。」他對安娜說。

「嗯，我覺得我讀完了。」她這麼回覆。布萊恩問了她對特定角色的看法，藉此測試她。她表示自己覺得另一個角色比較有趣，但那個角色並非什麼要角，當下布萊恩還需要安娜向他解釋究竟是哪一個角色。「我非常敬佩她的頭腦。」他說。

一到休士頓後，布萊恩看得出來安娜不是很喜歡那裡。「老實說，我想她比較喜歡巴黎或倫敦。」他這麼說：「但她也不會到處抱怨。」

布萊恩的工作需要他不斷跨國旅行。他會精心規劃前去歐洲的出差行程，安娜到那裡觀賞時裝秀時，兩人才會同處一地。

雖然布萊恩和安娜的背景相去甚遠，口音也截然不同（布萊恩操著明顯的德州南方口音），但兩人有許多共通點。他倆都很準時，也都喜歡戲劇、芭蕾舞和視覺藝術。布萊恩對時尚也有興趣，雖然安娜會向她的朋友網球球星羅傑．費德勒（Roger Federer）提供穿搭的建議，但她對布萊恩這麼做。布萊恩和她一樣很「堅持己見」。（他還喜歡聽歌劇，雖然安娜會同行，但她不是很喜歡。）[7]

一九九九年夏天時，各家小報都是兩人的風流韻事。[8]「我不喜歡這樣，當時我可是已婚的人。」布萊恩表示：「我想媒體所報導的最後也都成真了，但當時我們的戀情還沒有發展到他們說的那樣。」[9]兩人的戀情已經攤在陽光下，布萊恩便可以和安娜一起在巴黎出席高級時裝秀。

兩人的婚外情在伸展台旁上演，可謂八卦專欄的可口養分，也激起了人們推敲揣測，兩對夫妻的曼哈頓聯排別墅會分別落入誰的手中。[10]〔布萊恩七月中就搬出了他的別墅，而據傳薛佛想得到他和安娜在蘇利文街的房產，但她留下來了，薛佛則以一百七十萬美元在格林威治村（Greenwich Village）的唐寧街（Downing Street）買下另一棟聯排別墅搬了進去。〕[11]

另一方面，薛佛待在幕後最自在。他還是會讀完安娜每次的編輯的話，[12]並針對雜誌給予意見，[13]安娜的員工時常懷疑，她都是原封不動地把這些意見吩咐下去。但就算薛佛和安娜一起出席派對，他始終毫無興趣要融入安娜的世界。

安娜和他一起生活似乎也沒有不開心。在九〇年代的尾聲，雖然重組家庭與生俱來就有其複雜性，而薛佛上一段婚姻的兩個兒子也和兩人一起生活，但他們的家庭生活似乎很穩定。[14]然而，據傳安娜厭倦了兩人的關係[15]——當時她和薛佛展開戀情時，也還和另一名男子在一起——並為布萊恩所傾倒，因為布萊恩富有、擁有無可比擬的人脈，長相又迷人。然而，安娜欣賞一名男性時，長相似乎並非首要考量。她曾和比爾．蓋茲（Bill Gates）共進午餐，而當時微軟（Microsoft）正在崛起，她回到辦公室告訴蘿芮．瓊斯，自己覺得蓋茲有魅力。[16]瓊斯心想：「天啊，她就是喜歡有權有勢的男人。」

薛佛的朋友都說他是個「複雜」的人，但坦誠直率的布萊恩就不一樣了。[17]雖然安娜極度地煩惱自己和薛佛離婚會如何影響到孩子，但她依然在一九九九年九月著手離婚程序。[18]安娜從父親那裡體會到，家長出軌對小孩是很痛苦的事，但她卻把一樣的痛楚加諸在自己孩子身上。

《時尚》的活動策劃專員史蒂芬妮．溫斯頓．沃科夫和安娜是朋友，她會和安娜聊到私人的事，並發現自己和安娜一起做的事情，其他員工並不會碰上。她們到洛杉磯出差時，沃科夫和小比與安娜一起打保齡球（安娜穿牛仔褲，還套上保齡球鞋）。她們有次到倫敦參加活動時，沃科夫發覺自己和安娜在飯店房間裡談著薛佛，這個場景可謂極其巧合地預示了《穿著Prada的惡魔》中的一幕。電影中，米蘭達．普斯利（Miranda Priestly）在飯店房間裡和小安（Andy）透露自己正在經歷離婚，而且還流下淚來。

這次離婚之所以這麼難受，其中一個原因在於她還是得掙錢養家。「她難過嗎？她當然很難過。」溫斯頓．沃科夫這麼說：「她會在辦公室裡大肆展露出來嗎？不會。她只會繼續打拚。」安娜對於劃分私人和職場的生活無比擅長，一些員工並不欣賞這樣，但溫斯頓．沃科夫毫不在乎，她表示：「就算我和她有私交，但只要我進到辦公室，我和她就像私下沒有來往一樣。」[19]

隨著安娜和布萊恩的關係升溫，她出現了十分少見的舉動，那就是關上辦公室的門——十之八九在接聽布萊恩的電話。她被目擊一大早和布萊恩一同離開旺多姆公園（Parc Vendôme）的公寓大樓，身上裹著栗鼠皮草大衣，顯然是昨天晚上的穿著。[20]

媒體報導之下，布萊恩的魅力之一是他深厚的政治人脈。〔他和妻子分開的消息傳開後，柯林頓總統還從空軍一號（Air Force One）打電話給凱薩琳慰問她。〕然而，安娜自己和希拉蕊也有交情（除了協助這位第一夫人穿搭、邀請她登上《時尚》封面外，安娜還曾和希拉蕊一起在白宮主辦乳癌募款活動）。[21]也許布萊恩確實提升了安娜對政治和政治募款的興趣，但安娜本來就位高權重，如果說她是看到新任男友在政治界的成就，才對政治有所追求，那便是不足為奇的性別歧視。「她本來就對政治有強烈的看法。」布萊恩這麼說：「我什麼都不用做。」[22]

然而，最後安娜和布萊恩在一起，她身邊的熟人都很驚訝。[23]他既聰明又有文化涵養，[24]午餐席間人們在談論無聊的康泰納仕話題時，他會溜去聽華格納（Wagner），但一些康泰納仕的員工和他在派對上有所互動，他們表示布萊恩很白目，似乎也不像安娜一樣收放自如。安娜的成長環境很講求端莊穩重，她期待和自己共事的人都要這樣，但她對自己的要求最嚴格。安娜的電子郵件再短，往往還是花時間寫下「親愛的某某人」當作開頭。布萊恩的幽默感完全是八〇年代的證券交易所風格，口無遮攔又尖酸諷刺。三名對他的行為有所知悉的人士表示，他會以自己的床上功夫為所欲為地開玩笑，還會偷抓女性的屁股。[25]「我從來沒有那樣做。」布萊恩表示，並否認自己有任何不當行為。[26]人們都不知道安娜怎麼能容忍布萊恩的行為。[27]就主任編輯蘿芮・瓊斯看來，他對安娜的一些行為「就是不體貼」。[28]

兩人交往大約五年時，湯姆・福特遇上了布萊恩，兩人到共同朋友的家中進行一趟雉雞射擊的旅行。[29]（那時候福特已經拒絕使用動物產品，並停止以皮草設計。「但我住在英格蘭，人們會去射擊，而你會受邀到真的很漂亮又驚人的房子，很好玩。」他這麼說。）福特出生在奧斯汀，和布萊恩一樣有德州的根源，他表示：「我覺得他很親近，因為他就像和我一起長大的德州人。他有話就說，不怕這些話會嚇到別人。他做事不假思索，這樣的個性和安娜可以說是完全相反的。我一知道天啊，他不怎麼受控，她卻選擇和他在一起，心裡就想說：『哇，好吧，這完全不是我認識的安娜』。」

一九九九年九月，安娜和赫伯·里茲走進攝影棚的那一晚，她正和薛佛在辦理離婚程序。[30]大約七點三十分時，沙普斯騎著腳踏車到了，他到哪裡都騎著那台車。[31]

「天啊，他還是騎著那台車。」安娜這麼說。

她還帶上了泰利充當她的造型師。安娜打算穿著簡單的白色背心，外面套上香奈兒的亮色西裝，泰利也喜歡這個想法。里茲各拍了幾張安娜穿上和脫掉外套的照片。這篇報導的本質很令人尷尬，因此那天泰利在拍攝現場，認為自己的角色就是要讓安娜不尷尬，因此他告訴安娜，她看起來很漂亮。

自從成為《時尚》的總編輯後，安娜便經常就自身的服裝徵求泰利的意見，他也不吝伸出援手。「這是道義上的責任。我認為滿足這種道義上的要求是無比的榮幸。葛蕾絲·柯丁頓曾說過：『唯有安德烈·里昂·泰利看過只穿著內衣的她』。但這樣說也不對。我的意思是她總會到隔簾後或更衣室裡，穿上洋裝或套著設計衣服用的棉坯布，我不會看到她只有穿著內衣。」他這麼說（柯丁頓表示不記得自己說過這樣的玩笑話）。[32]

半小時不到，他們就拍好一切所需了。[33]

安娜五十歲生日的一個半月前，她登上了一九九九年九月二十日《紐約》雜誌的封面，她的身前以大寫的紅色粗體字寫著「溫圖寒冬解凍」（WINTOUR'S THAW），她的髮尾看起來剛修剪，雙臂抱在胸前既修長又有線條。她的臉上沒有笑容，凝視的神情看起來在下戰帖，好像在說「你們要衝著我來嗎」？

報導指出她對經營《時尚》漸失興趣，但這項內容可能有誤。除了離婚的事外，報導還提及《時尚》的時尚報導編輯凱特．貝茲不久前才離職，並跳槽到《哈潑時尚》擔任總編輯，接替因卵巢癌病逝的利茲．媞貝里絲，背後原因是她在安娜手下做事挫折不斷加劇。報導也寫到，柯林頓總統曾任命布萊恩加入外國情報顧問團隊，幕僚要求布萊恩暫緩加入，等待婚外情的八卦平息，但他拒絕了。[34]然而，多年後布萊恩稱這個內容是「杜撰」的。[35]

「我倆都很不高興。」布萊恩談起這篇報導時這麼說。[36]然而，記者針對他和安娜的關係撰文時，他從來不對他們陳述自己的看法，因為他不想讓報導的可信度提高。

這些事情發生的期間，安娜正在籌劃她慈善生涯中最大型的活動。因為媞貝里絲不在了，因此大都會藝術博物館懇求安娜在往後擔任服裝典藏館年度晚會的主席，而且他們已經習慣和安娜合作了，安娜也證明自己辦得很精采。[37]為了大都會博物館這樣的機構籌劃這樣的活動，可謂是吃力不討好的差事，期間會有無窮無盡的意見，告訴你某件事應該以不同的方式處理，對座位安排的怨言更是層出不窮。[38]然而，安娜接下了工作並全力以赴，充當時尚界和大都會博物館的溝通橋梁。不出所料，她和業界的關係就足以引發反對的聲浪，人們批評這些展覽就只是商業化喬裝成藝術而已。另外，各大品牌紛紛簽下支票贊助展覽，代表社交界捐款大戶的重要性漸減，使這些富有的紐約人倍感不悅。[39]安娜一點都不擔心這些問題，她在一九九九年籌劃慈善晚宴後，後來的活動從此改頭換面。

米拉．沃克（Myra Walker）是北德州大學丹頓分校（University of North Texas in Denton）的時尚歷史學教授。一九八七年，她到時尚設計學院參觀首席策展人理查．馬丁和哈洛德．幸田的時尚與超現實主義展覽，從此成為馬丁的追隨者。馬丁和幸田還在時尚設計學院的期間，想到要策劃「搖滾女裝」（Frock 'n' Roll）展覽的主意。這個展覽從未在時尚設計學院成真，但馬丁終於有機會在大都會博物館實現。

一九九八年，沃克得知馬丁患上侵襲性黑色素瘤，還接受了肺部手術，而且她知道馬丁終於要籌劃搖滾展了，她便提議要幫忙。馬丁表示自己可能會需要她的協助，因為貓王（Elvis）後的音樂，他就不感興趣了。沃克搬到了紐約，由於馬丁的健康情形每況愈下，基本上由她接手整個計畫。因為馬丁倍受愛戴又經驗豐富，掌管這個任務極具挑戰性。儘管如此，從鮮少有人料想到的地方來看，最後證明雇用她有其必要。[40]

安娜尋覓贊助方期間，找上了湯米．希爾費格（Tommy Hilfiger）。這位設計師把一九九九年定為他的音樂之年，並選定藍尼．克拉維茲（Lenny Kravitz）當作他的廣告活動門面，還以搖滾為主題舉辦了兩場精緻的時裝秀，一場邀請甜蜜射線樂團（Sugar Ray），另一場則是布希樂團（Bush）。希爾費格很樂意讓自己的名字出現在大都會博物館的展覽中，而且他很敬重安娜，[41]因此簽下了一百萬美元的支票。當年希爾費格也和雅詩．蘭黛聯名推出了香水，因此他邀請艾琳．蘭黛（Aerin Lauder）以共同主席的身分加入展覽，她是一位年輕又時髦的名媛兼商人，很符合《時尚》的形象。

多位搖滾明星的服裝也在展品之列，除了和他們合作外，展覽還要和克里夫蘭（Cleveland）的搖滾名人堂（Rock & Roll Hall of Fame）配合，當中的應對進退很棘手。王子（Prince）想對大都會博物館的售票營收抽成。瑪丹娜希望她的服飾放在獨立的展示櫃中，而且特別是不要擺在小甜甜布蘭妮（Britney Spears）旁邊。[42]瑪丹娜著名的圓錐胸罩是尚・保羅・高堤耶的作品，一度無法取得展出的同意。

「我管你們。」安娜對傑夫・戴力（Jeff Daly）說，戴力設計過「搖滾時尚」（Rock Style）和其他許多大都會博物館的展覽，「想辦法就對了。讓瑪丹娜高興、讓麥可・傑克森（Michael Jackson）的團隊高興、讓披頭四（Beatles）高興。」這些話只是在換個方式說：讓安娜高興。[43]

無論是這次還是往後的晚宴，安娜想做的事都環繞著籌措更多的捐款。她要如何讓參與體驗成為眾人的嚮往，最後一桌的價格才會來到二十七萬五千美元呢？[44][45]

希爾費格的品牌擁有深厚的名流人脈，成為邀請他擔任贊助方的一大吸引力。希爾費格的公司敲定《五口之家》（*Party of Five*）的女星珍妮佛・樂芙・休伊（Jennifer Love Hewitt）入坐他們那一桌，她還能帶上母親一同赴宴。然而，主辦方鼓勵一位希爾費格的合夥人不要攜家帶友，而是邀請光鮮亮麗的人士，像是品牌廣告的模特兒。[46]同樣的外表考量也套用在活動的工作人員身上，從《時尚》

i 安娜和沃克第一次開會時，她就對沃克說：「如果妳需要我們的協助，或是用《時尚》資料庫進行任何研究，請儘管和我們說。」然而，展覽逐漸成形時，安娜幾乎和她零互動。安娜面對那些新助理時，不會費心記下她們的名字，反正也許她們不會久留。她對待沃克也一樣，一位大都會博物館的員工表示，她以「米娜」（Myrna）稱呼沃克。

的員工到服務生都是如此。「現場人員必須很上相。」溫斯頓・沃科夫表示。[47]

《時尚》和希爾費格決定找來尚恩・庫姆斯（Sean Combs）表演，當時他的藝名是吹牛老爹（Puff Daddy），並和女朋友珍妮佛・羅培茲（Jennifer Lopez）一同出席。惠妮・休斯頓（Whitney Houston）與巴比・布朗（Bobby Brown）、克莉絲汀娜・蕾茜（Christina Ricci）、麥斯威爾（Maxwell）、伊莉莎白・赫蕾（Elizabeth Hurley）、葛妮絲・派特洛與父親布魯斯（Bruce）、史蒂芬・泰勒（Steven Tyler）、湯姆・福特、蜜西・艾莉特（Missy Elliott）和瑪莉・布萊姬（Mary J. Blige）都是座上賓。〔《華盛頓郵報》（*Washington Post*）評論道：「饒舌歌手莉兒金（Lil' Kim）身穿裝有飾釘的粉紅色比基尼，大方展露好身材，如果會場有窗戶的話，她的一身火熱打扮一定會讓其起霧。」〕[48]上流社會的各界人物也共襄盛舉，像是蓋斯特（C. Z. Guest）、珍・懷特曼（Jayne Wrightsman）和南・肯普納（Nan Kempner），還有時尚權威卡羅琳娜・海萊拉和奧斯卡・德拉倫塔與她的妻子安奈特。唱片公司高層羅素・西蒙斯（Russell Simmons）沒有票，但不請自來。[49]庫姆斯在表演時，一名賓客無意間聽到亨利・季辛吉說：「這位吹牛老爺是誰啊？」[50]

這是大都會博物館最俗艷、最轟動的一次派對。博物館的傳統贊助人可能從未看過現場的饒舌表演，也許以後也不會再看到了。這並非典型的紐約上城慈善活動。安娜打破光鮮如漆的窠臼，釋放更加時髦的未來可能性，就像她所有編輯的雜誌一樣。然而，理查・馬丁一個月前死於癌症之手，無緣親眼見證這次展覽，大家都有感於他的缺席。

派對為館方募得了三百萬美元。然而，安娜卻以淚水為當晚畫上句點。過去兩晚她幾乎沒有睡。[51]歷經艱辛的一年和眾所皆知的離婚後，當晚應該是她和布萊恩第一次一同亮相的晚宴，他卻提早離開了。泰利看見安娜穿著約翰．加利亞諾的禮服，雙肩圍著厚重的紅狐狸皮草條狀披肩，人靠在牆上，淚滴摻著睫毛膏滾落她的臉龐。「他讓安娜這樣在大庭廣眾下落淚很不應該，」泰利這麼說：「當時她很脆弱。」安娜的朋友奧斯卡．德拉倫塔陪著她從博物館後方坐上她的座車（布萊恩說他不記得自己有惹安娜落淚）。53

泰利的印象中，這是安娜在母親離世後第二次、也是最後一次失態崩潰。52

安娜的新戀情和她的婚姻不一樣。她和布萊恩始終沒有結婚，也一直沒有同居。兩人的戀情公開又和伴侶分手後，便找到了自己的步調，他們時常週末在馬斯蒂克見面，因為週間兩人的工作忙得不可開交。安娜在週末會閱讀《時尚》文章的草稿，但她幾乎不會詢問布萊恩的意見。

偶爾她會和布萊恩回到休士頓，便會安排在那裡整理髮型，布萊恩認為這再正常不過了。「我身邊沒有不做頭髮的女人。哪裡有這種女人？」布萊恩這麼說，並指出畢竟安娜常常入鏡：「如果她頂著一頭亂髮出門，然後說她是女性時尚的領袖人物，我覺得人們會大吃一驚。」

布萊恩很喜歡對朋友說自己有多麼看不起家鄉，也就是自由港。因此，有一天，雖然布萊恩不喜歡還要開車一小時去自由港，但還是載著安娜過去，讓她親眼看看。陶氏化學（Dow Chemical）的廠址就在自由港，這是西半球規模第一大的綜合式化工廠。這個小鎮的人口大約一萬兩千人，沒什麼樹木，蓋滿狹小的平房。唯一算得上美景的是以布萊恩家族為名的布萊恩海灘（Bryan Beach）。汽車穿過小鎮途中，安娜不發一語。

「安娜，妳覺得呢？妳好安靜。」布萊恩對她說。

「這裡比我想的還糟糕。」安娜這麼回覆他。從頭到尾他們都沒有下車。[54]

安娜身為編輯，受到父親查爾斯．溫圖的影響最深，他也是安娜生命中最重要的其中一人，但他在一九九九年十一月四日與世長辭。他在遺囑中寫下：「我沒有留下任何一部分的遺產給我的女兒安娜．溫圖．薛佛，因為她的生活很優渥，但我希望她知道，她的成功和成就讓我非常驕傲，我也同樣很高興她能完美結合職涯和家庭生活。」[55]

查爾斯的追思儀式在倫敦舉行，當天肯定是安娜生命中最難熬的一天，但她依然是攻擊的目標。善待動物組織丟下一綑花束，上面的便條寫著：「請同樣記得好多動物也失去了父母，因為一些缺乏同理心的人還在推廣皮草。」[56]

安娜和父親的關係一直很複雜。她崇拜、欣賞又追隨他的腳步，但父親的不忠也讓安娜留下了傷疤。他帶著安娜走進出版界，而且認真看待她對時尚的興趣。她出名的職場性格和身為編輯的直覺，可以說是因為她是查爾斯．溫圖的女兒，現在那樣無比強而有力的影響散去了。

在往後的職涯中，安娜會一直提起父親的成就和他對自己的影響，她從未這樣說起母親。二〇一九年，她向美國有線電視新聞網的克莉絲汀．艾曼普（Christiane Amanpour）表示：「他熱愛自己的工作，小時候總是有記者和編輯到家裡面來，我在這樣的環境中成長，而且總知道世界上發生了什麼事，我從中得到莫大的啟發，因此很喜歡新聞，也很喜歡文化，這些事物就在我們身旁，他會把工作帶回家，政治人物和編輯這樣的人士也總是到家裡面來。我是何等的幸運呀？」[57]

一些人總強調查爾斯的冷漠，但安娜都會辯解稱，他的個性不如外表無情，也許一部分也是在幫自己說話，甚至也可能在讓自己不要忘掉父親。她會繼續以父親為榜樣，有條不紊地往上爬。

「搖滾時尚」的展覽後，本來服裝典藏館要在二〇〇〇年十二月六日當天揭幕香奈兒的展覽，但卡爾・拉格斐在朋友英格麗・希斯奇（Ingrid Sischy）的慫恿下，撤回對展覽的支持，且在最後一刻要求取消展覽。[58]

拉格斐似乎不在意安娜高興與否，可以說是特例。安娜向《女裝日報》表示，少了理查・馬丁，「就沒有人來定調大都會博物館想呈現的是什麼。」[59]就算有米拉・沃克擔任臨時策展人填補空缺，也已把整場展覽組織起來了，安娜一樣這麼想。[60]

然而，泰利表示，展覽取消後，安娜和拉格斐也熱絡不再了。雖然安娜還是會穿上拉格斐的設計，兩人也會有傳真的往來，但拉格斐拒絕和安娜通電話。二〇〇四年，安娜問了泰利，當下的時機是否適合邀請拉格斐重新考慮香奈兒的展覽。泰利思考了一會兒，告訴安娜她應該著手這麼做。

「說服卡爾接電話幾乎可以說難如登天。」泰利回憶道，但最後他接了安娜的電話。安娜把辦公室的門關上，施展她的手腕，泰利也說這是她最擅長的事：「就算人們不願意答應，她還是有辦法讓他們回心轉意。」泰利還表示：「只要安娜有所表示，人們就會願意聆聽，而且會想要取悅她。」香奈兒展覽在二〇〇五年五月揭幕，顯示拉格斐身為一方時尚領袖，同樣無法拒絕安娜。[61]

第十九章　網路時代

對安娜來說，造型網是一個麻煩。從網站啟用開始，一切都安排好了，因此她沒辦法直接控制。然而，就算《時尚》網隸屬於造型網這個非《時尚》的玩意兒，她依然不希望自家網站宣告失敗。她還認為造型網要更成功，就得更大力地展現《時尚》。[1]

瓊·費尼離開康泰網後，公司在二〇〇一年五月三十一日宣布傑米·佩勒特（Jamie Pallot）接任造型網總編輯。[2]安娜也簽核同意佩勒特的任命，[3]但她偏好由自家人馬主管，三個多月後，公司便宣布安娜的前飾品編輯坎蒂·佩特·普萊斯（Candy Pratts Price）成為造型網時尚總監，當時佩特·普萊斯是企劃負責人，負責推動《時尚》的ＶＨ１流行獎（VH1 Fashion Awards）等新猷。[4]

佩特·普萊斯表示安娜要她「接手」，最後她才會來到造型網，而且她對網站發展方向也有鮮明的想法。幻燈片時裝秀不再是造型網的專利，因為《紐約》等出版品也開始刊登幻燈片。「大家都能刊出一堆幻燈片。」普萊斯對安娜說：「我們應該推出麥金塔電腦（Mac）也能看的雜誌。」

「好主意。」安娜這麼說，她似乎覺得只要有佩特·普萊斯在時尚網，自己就不必擔心了。[5]

佩勒特也有一樣的想法。當時造型網已經成為時尚界的實用資源，但這樣的發展空間有限，因為只有一小群人士需要參考普拉達在二〇〇〇年春季時裝秀的十八號造型。然而，一些造型網員工開始認為，安娜安插佩特・普萊斯是為了把關任何太不《時尚》的事物，因此兩方並沒有合作無間。「我在想大家都覺得我太《時尚》了，[6]不太屬於造型網，原因就在於我和安娜的關係。」佩特・普萊斯這麼說。造型網只有她會和《時尚》團隊飛到歐洲參加時裝秀，並和他們一起住進四季酒店。她會知道安娜對特定系列有什麼看法，並告知評論專員妮可・菲爾普斯（Nicole Phelps）。「我會說，安娜或是《時尚》很喜歡那條麂皮褲。」她回憶道（早年安娜對造型網有興趣的地方，似乎主要是這些評論）。佩特・普萊斯時常到安娜的辦公室討論她的想法。如果佩特・普萊斯無法自行取得資源，安娜會撥空打幾通電話協助她。

當時就算安娜懷有掌理造型網的野心，她也從未向佩特・普萊斯提起。根據佩特・普萊斯的說法，安娜的首要考量是保持《時尚》品牌在各個方面的一致。「你不會講出『麂皮褲最醜了』，然後突然又有一整期雜誌在報導麂皮褲。那會很荒謬吧？」她這麼說。[7]

如果安娜反對任何內容，時常會透過佩特・普萊斯下達吩咐刪減或修改。早期造型網以剪刀姐妹樂團（Scissor Sisters）製作了一部影片，他們是一個表演藝術流行團體，團名來自女同志的性愛體位。影片中他們正在試穿薩蒂（Zaldy）的設計，薩蒂曾為麥可・傑克森和小甜甜布蘭妮設計巡迴演唱會的造型。據兩名知情人士指出，佩特・普萊斯下達來自安娜的指令，要「這個同志色情片團體滾出我的網站」（佩特・普萊斯表示自己不記得這件事）。[8]安娜的話才算數，影片也下架了。

即使安娜對網路媒介沒有澈底的了解，但大約在二〇〇一年大都會博物館舉辦賈桂琳・甘迺迪（Jackie Kennedy）的展覽時，網際網路成為宣傳派對的有力工具。在活動的隔天早上，人們就能透過網路上的圖片，瀏覽富人和名人在大都會博物館慈善晚宴或電影首映會穿上奢華服裝的模樣。原先慈善晚宴是公益派對，出席者盡是光鮮亮麗的社交名流，經過安娜的巧手後變成名人活動，得以吸引主流群眾，出席意願開始突飛猛進。

檯面上，史蒂芬妮・溫斯頓・沃科夫是《時尚》的活動策劃專員，但檯面下她是「主師」。所有的《時尚》派對都由她規劃，其中就包括慈善晚宴。（她的團隊裡有一名助理，但安娜把她當作自己的第三助理。就算安娜知道這位助理的名字，也沒有那樣稱呼她，而是叫她「史蒂芬妮女孩」。只要安娜的助理沒有空，「史蒂芬妮女孩」就會被找去接聽安娜的電話，或在晚上把聖經帶去安娜家。）[9]

籌劃慈善晚宴的第一步是建立賓客名單。溫斯頓・沃科夫會擬出七百七十五人的名單，包括新銳設計師、權威設計師、《時尚》封面明星和熱賣大作的電影演員。接著，安娜會仔細檢視名單，劃掉一些名字，再加進一些。「安娜一手決定整個娛樂界和時尚界有哪些名人能走上慈善晚宴的紅毯。」溫斯頓・沃科夫表示。

為了販售桌位，溫斯頓・沃科夫會向設計師寄出客製化的信函，並由安娜親手簽名，要求他們承諾會認購。「事情沒有你想的簡單。」溫斯頓・沃科夫這麼說。一些人想免費拗到一整桌，但她的目標是盡量讓大家花錢。[10]一些人沒有獲邀，便打電話要求出席，還承諾只要能拿到入場券，便會大手筆捐款。一些設計師才剛出道，但尚未成功到能進入首發邀請名單。好萊塢的經紀公司也會開始打電話，設法讓自家明星入場。「我們很樂意接受您的捐款。」《時尚》的代表會這樣告訴他們：「但是入場券已經售罄了。」[11]溫斯頓・沃科夫說：「你可能有十億的身家，但就是沒辦法取得入場券……你一定要有能進到會場的理由。」

卡戴珊一家（Kardashians）的代表會打電話設法讓她們入場。「卡戴珊一家毫無造型可言，她們如此出名，但背後的每一個原因都和《時尚》扯不上邊。」溫斯頓．沃科夫這麼說，表示在安娜眼裡，她們並非以「正面的影響力」出名，對她們來說是重重的打擊。二〇〇〇年代還有其他賓客和卡戴珊一家同病相憐，同樣被婉拒出席，一個是希爾頓姐妹（Hiltons），[i] 兩人從未參加過，另一個是妮可．里奇（Nicole Richie, 最後安娜最後同意讓她參加）。[12]

一旦有人認購了一整桌，溫斯頓．沃科夫便會協助認購方以安娜批准的賓客填滿席位。這些賓客很多都是名人，不需要自掏腰包，但許多人還是會捐款。名人出席前會提出各種要求，而《時尚》會盡力滿足他們。如果有人希望桌子下擺著特定品牌的龍舌蘭酒，溫斯頓．沃科夫會確保在現場準備一瓶，但不會真的放在桌子下（她曾碰到賓客在化妝室裡醉倒）。人們也會想吸菸。「這是很常見的要求，大家都希望可以吸菸。」她這麼說。雖然大都會博物館裡禁菸，但賓客照抽無誤。

同時有一些賓客是安娜會盡心伺候的，像是湯姆．福特、卡爾．拉格斐和哈維．溫斯坦，[14] 她

i 然而，希爾頓姐妹成功出席了二〇〇一年秋季的ＶＨ１暨《時尚》流行獎（VH1/Vogue Fashion Awards）。《時尚》婉拒提供入場券後，ＶＨ１的人讓她們參加，而且沒有和《時尚》商量。她們穿著紅色的緞面洋裝出席，妮琪（Nicky）的洋裝有胸前皺領，芭黎絲（Paris）的則有不對稱的下擺，兩人都戴著鑽石項鍊。一名知情人士表示，希爾頓姐妹在紅毯上得到的關注之熱烈，讓安娜嚇壞了。

會確保他們得到周全的引導，不用和其他人一起排隊等著走紅毯。

安娜和溫斯頓・沃科夫極其在意賓客的座位，從安娜以《時尚》總編輯的身分在家中舉辦第一場派對時就是這樣了。珍妮佛・羅培茲和馬克・安東尼開始交往後，不希望戀情公開，溫斯頓・沃科夫和安娜決定讓他們背對背分桌坐，他們就可在對方身旁，但不會看起來像一對。一些賓客出於個人因素，不能比鄰而坐。另一些賓客則爭強好勝，得覺得自己的位置比別人還要好，安娜從來不坐主桌，這就是其中一個原因。「每一區都有一個大名人，大家的眼神才會飄過去，但他們不會覺得自己坐在化妝室旁邊。」溫斯頓・沃科夫表示。

然而，安娜也希望大家混著坐，才會偶然迸出生意合作。她可能讓新銳設計師和投資人坐一起，或讓模特兒坐在化妝品公司的高階主管旁。她會刻意拆散情侶，以促成巧妙的相遇機會。「安娜希望人們互相認識，許多生意機會就是從這裡來的。」溫斯頓・沃科夫表示：「這會帶來產業的成長。」她們會讓艾琳・蘭黛這樣的「《時尚》名媛」（Vogue socialite）充當各桌的非正式桌主，帶著一桌子陌生人展開對話。[13]

雖然唐納・川普有一點兒是搞笑版的紐約社交名流，但《時尚》很歡迎他參加活動。[15]在八〇年代初期，安娜就認識川普了，當時她是《紐約》的編輯，受邀參觀那時候還是工地的川普大廈，她對此表示：「我沒怎麼來過這種地方。」但她也說：「唐納親自帶著我單獨參觀，我很震驚也和榮幸，顯示了他對這棟大廈的驕傲。」[16]多年來安娜和川普都會在紐約的活動上見面，安娜的活動之所以歡迎他，單純因為他會掏錢，儘管他參加慈善晚宴時，只有貢獻三千美元，買下兩張最便宜的入場券。[17]

然而，有時候他會吐出更多錢。二〇〇一年四月十七日的晚上，安娜套上橘色的絲綢晚禮服，脖子上圍著一小條的皮草溫暖肩膀，便前去主持巴茲．魯曼的作品《紅磨坊》（*Moulin Rouge*）的放映會。先前安娜邀請了女主角妮可．基嫚（Nicole Kidman）登上《時尚》的封面，以此為電影增光。當晚的重頭戲是拍賣以這部電影為靈感的名牌服飾，為多個愛滋病慈善團體募款。放映會後，競標拍賣在八又二分之一餐館（Brasserie 8 1/2）舉行。眾人一同享用香檳、魚子醬和牛排薯條，包括基嫚、設計師約翰．加利亞諾、魯伯特．梅鐸（Rupert Murdoch），還有哈維．溫斯坦和唐納．川普兩位安娜的信徒，他倆沉醉於安娜的社交圈中，設法鑽入更核心的人際圈。

一件黑色的凡賽斯禮服登上拍賣舞台時，川普和溫斯坦展開競標大戰。人們開始反覆喊著：「唐納！唐—納！」，接著他以三萬美元的出價標下禮服，[18]但卻發現這件禮服在腰際處有堅挺的魚骨構造，她的女朋友梅蘭妮亞．克瑙斯穿不進去。[19]然而，洋裝倒是其次。川普靠著現身活動、翻開支票簿，討安娜的歡心，藉此為自家品牌博得珍貴的曝光度。

《時尚》的活動回顧報導中，刊登了川普和梅蘭妮亞的照片。她穿著白色杜嘉班納的褲裝。[20]二〇〇三年五月號的《時尚》中，一篇專題報導以梅蘭妮亞清理衣櫃為主題，她接受了拍攝和採訪。[21]報導稱川普「曾在三年前試探參選總統的可能性，使梅蘭妮亞有望成為第一夫人，從服飾來看，她大有資格擔當這個角色。」

在二〇〇四年春天，安娜試圖聘用二十二歲的伊凡卡．川普到《時尚》任職。[22]唐納鼓勵女兒把工作接下來。「伊凡卡，我覺得妳該認真考慮一下。」他對女兒說：「《時尚》的工作聽起來很吸引人。安娜在業界無人能夠比擬，妳可以跟她學到很多東西。」但伊凡卡拒絕了，她不願意「耽誤蓋房造樓的夢想」。大約在同一時期，為了沾盡高關注度活動的光，在二〇〇四年「危險關係」（Dangerous Liaisons）展覽的慈善晚宴上，他向梅蘭妮亞求婚了。先前她套不進那件凡賽斯禮服，這次則穿著亮相。

慈善晚宴後，梅蘭妮亞和前《時尚》公關保羅・威爾默前去安娜的辦公室和她會面。梅蘭妮亞和《時尚》正要合作一篇報導，川普便打電話給威爾默，請他在這個期間代理她。先前川普、梅蘭妮亞和安娜就說好，要讓梅蘭妮亞登上《時尚》的封面，而當年夏天她前去巴黎出席時裝秀選購婚紗時，報導也會追蹤整個行程。[23]一些員工難以理解安娜為何決定讓梅蘭妮亞登上封面，因為他們覺得安娜的訪客中，梅蘭妮亞是屬於比較俗氣的。[24]

隔年，經過安娜的批准和泰利的協助挑選後，梅蘭妮亞穿著約翰加利亞諾訂製婚紗，出現在二〇〇五年二月號《時尚》的封面。安娜和泰利一月底出席真正的婚禮前，雜誌就出版了，因此新任川普女士在婚禮上的嫁衣，大眾早就在《時尚》看過了。「其實那期封面不是太出色。」莎莉・辛格這麼說，當時的封面報導出自她手：「比不上辣妹合唱團或瑪丹娜第一次登上封面。」這期雜誌的書報攤銷量僅四十一萬七千冊左右，[26]相比珊卓・布拉克（Sandra Bullock）這樣的女演員或多年前伊凡娜・川普登上封面時，可以說是少之又少。[25]

《時尚》的樓層裡只有一台電視，在安娜的辦公室裡。[27]二〇〇一年九月十一日，上午八點四十六分，美國航空（American Airlines）十一號班機撞進世貿中心（World Trade Center）的北塔（North Tower），就位在康泰納仕時代廣場（Times Square）總部南方三・五英里處。[ii][28]大部分員工還沒有上班，但已有六、七個人在辦公室了，他們聚集到安娜的辦公室裡看新聞，包括幾位助理和康泰納仕的總裁暨執行長史蒂夫．弗里歐。

當時正值紐約時裝週（New York Fashion Week），麗莎．樂芙為了參加而進城。她在九點時抵達辦公室，安娜看著她問道：「麗莎，我們該怎麼辦？」樂芙覺得安娜把自己當作常駐的生存專家，因為她來自地震頻傳的洛杉磯。

「我們去接孩子。」樂芙說。

樂芙和安娜跳上車，朝著安娜孩子的學校盡量往上城開去。樂芙覺得她倆一離開辦公室後，就不再只是同事。兩人就是在那天成為親密好友。首先，他們到了上西城，前去查理的學校接他。小比則在中央公園（Central Park）的另一側，但中央公園封閉了，安娜很擔心孩子，因此她們下車踩著高跟鞋跑了大概二十個街區。二十年後，她會描述自己「清晰地記得」當時公園「鴉雀無聲」。[30]

她們接到孩子後，動身前往奧斯卡．德拉倫塔在公園大道上的公寓。因為當天德拉倫塔本來要舉辦時裝秀，所以並不在家，但安奈特．德拉倫塔開了門讓他們進來。幾人聚在房間裡，電視在背景播著新聞。安娜沒辦法回家，因為十四街（Fourteenth Street）以南都封閉了，回家的路上滿是障礙，因此她在能回家前都住在上城的飯店。[29]

同時，員工在辦公室裡不知道自己是否能回家，最後整棟大樓都撤離了。[31]安娜隨即開始思考，發生這場悲劇後，她身為《時尚》的總編輯應該做什麼。[32]眾人都手忙腳亂、深感震驚，時尚

ii 一九九九年，康泰納仕的辦公室搬往四個半街區外的時代廣場四號大樓（4 Times Square）。

界需要一位領袖，而她就是人們的指望。

二〇〇一年九月十二日，安娜前去上班。[33]她從不會漏掉任何一天，二〇〇〇年年底時，她去接受拉皮手術，接著就回去上班，臉上還看得到黃色的瘀傷，因為她還沒有完全復原。她在大型手術後竟然沒有在家休息而是回到辦公室，員工很擔心她。[34]因此，二〇〇〇年代早期，一名資深編輯因為贖罪日（Yom Kippur）而沒有到辦公室，一名在場人士表示，安娜對這件事的反應是在員工會議上問起：「她請假去當猶太人了嗎？」[35]然而，這次不只關乎她的職場道德，她似乎認為如果《時尚》停止運作、時尚界停止運作、整個世界停止運作，恐怖分子就贏了。[36]

員工從安娜那裡得到的訊息，表達出九一一事件是震懾人心又難以想像的悲劇，但最好的辦法就是向前看。[37]員工在《時尚》不能安心地表達自己的不安，因此雖然安娜的員工都完全被嚇壞了，也無法放心地待在時代廣場的中央地帶，但還是隨著安娜回到辦公室。她們一些人採取了破例的自救措施，那就是穿著平底鞋到辦公室，以免必須跑著下樓梯。[38]

九月十二日時，安娜的助理周艾美（Aimee Cho）幾乎整天都在《時尚》的時裝衣帽間裡整理捐贈物資，只要是實用性服飾都要提供給第一線人員，例如，T恤、牛仔褲、長褲、襪子和運動鞋。[39]同時，溫斯頓．沃科夫和她的助理也收到指示，繼續籌劃紐約客兒童基金會（New Yorkers for Children）慈善晚會，活動原定在九月十九日舉行，並由安娜和紐約市長魯迪．朱利安尼一同主持，朱利安尼希望活動照舊。他們打電話給人們，通知他們慈善晚會並沒有取消，一些人對此感到無比氣憤，特別是有人在這次的攻擊事件中失去了親朋好友。《時尚》的團隊只能聽著他們的反應，努力地忍住淚水。[40]

安娜隨即指派了一則春季時裝的預覽報導給葛蕾絲．柯丁頓，目的在頌揚這次的時裝秀，但實際上九一一事件使相關活動都取消了。不到一週後，柯丁頓和她的團隊與捷克模特兒卡洛琳娜．柯考娃（Karolína Kurková）還有攝影師史蒂芬．克萊（Steven Klein）進行報導的拍攝。報導的首頁照中，柯考娃穿著白色的凱文．克萊背心和長褲，並綁上黑色束腹，手裡握著一大面鑲著金穗的美國國旗，頭髮纏著美國國旗頭巾。照片中只要她不是握著美國國旗，就是站在國旗前、靠著美國半扇旗，或在指甲塗上小國旗。

其中一張照片裡，柯考娃在紐約一棟建築的屋頂邊緣拍攝，雙手各拿一面小國旗，她沒有看鏡頭，而是望向對街的辦公大樓。[41]柯考娃穿著白色的淺口細高跟鞋，搖搖晃晃地站在屋頂高台，雖然高台大約三英尺寬，拍攝團隊仍然很不安。[42]電視和報紙上流傳著好多照片，畫面中的人們從高樓一躍而下墜地死亡。「我還記得看著拍攝進行，對面辦公室也有人在看著我們，他們一定在想，噢，天啊，又有炸彈了嗎？」柯丁頓這麼說：「我們的腦海裡一直浮現出事件發生的畫面。」

安娜從沒有表達自己對這些照片有疑慮，或擔心這張特定的照片並不恰當。「照片必須拍出無畏的神情，這些照片就是要傳達這樣的感覺。」柯丁頓表示。[43]關於安娜是否有同理心，就和她是否害羞一樣，人們各有不同的意見。一些人認為她無法同情他人。她的前夫大衛．薛佛在離婚前後，就向朋友安東尼．哈登－格斯特表示：「安娜沒有同理心。」[44]然而，其他人則認為安娜有同理心，[45]只是似乎丟在家裡了，僅保留給生活中的特定面向。她的團隊不明白，她看著這些照片，怎麼可能沒有和團隊一樣，聯想到人們從世貿高塔往下跳的畫面呢？[46]

第二十章　同盟新關係

即使在九一一事件發生前，二〇〇一年對雜誌來說本來就不好過。九一一事件後，各品牌的行銷人員擔心自家廣告顯得漠不關心，因此全面削減了行銷開支，造成《時尚》面臨廣告收入的流失。二〇〇一年，雜誌的廣告頁面以下滑百分之一．九作收，二〇〇二年一月號的廣告頁面相比去年減少了百分之三十。[1]除此之外，喬治．亞曼尼（Giorgio Armani）在二〇〇一年底從《時尚》撤下所有的廣告，不是因為九一一事件，而是他不滿自家時尚單品的選用次數。[2]

《時尚》需要幫忙。

二〇〇二年初，安娜走進小賽．紐豪斯的辦公室裡表示：「我想要湯姆．弗里歐（Tom Florio）擔任我的發行人。」當時弗里歐是《紳士季刊》的發行人。他在那裡大有所為又樂在其中，他的哥哥史蒂夫，也就是康泰納仕的執行長暨總裁，打了電話給他，表示紐豪斯會打電話和他討論調往《時尚》一事，但湯姆興致缺缺。

「《時尚》發行人這個職位在康泰納仕中是重中之重。」紐豪斯這麼說：「重要性甚至超過執行長。」他說服湯姆．弗里歐去見見安娜。

「妳不會要我來擔任發行人的。」他對安娜說：「行不通的，我有話就說，還會惹得妳生氣。妳就會去找小賽，然後要求他開除我。我不希望這種事發生。」

安娜堅決地表示他這樣想就錯了。「我會是你遇過最好的職場夥伴。」她這麼說。

安娜表示只有弗里歐開始和模特兒拍拖，她才會不高興。除此之外，弗里歐可以相信她不會跑到紐豪斯那裡吐苦水。[3]

弗里歐要來取代時任發行人理查．貝克曼。貝克曼曾是搖滾演唱會策展人，現在業界都稱他是瘋狗（Mad Dog）。據稱在一九九九年六月的一場銷售會議後，他壓著兩名女性的頭部，試圖強迫她們接吻。其中一人的鼻子猛然撞上另一人的額頭，造成嚴重的傷勢，對方還必須動手術，[4]康泰納仕以一筆介於一百萬到五百萬美元間的和解金結束了官司。（據傳比起兩位女性，高層更擔心《時尚》的營運狀況，而且不希望領導階層出現大規模變動，因此讓貝克曼保住了工作，但得公開向員工道歉。）[5]安娜知道這件事後大為震驚，雖然她和貝克曼一直都不是特別合作無間，但「她不至於發難要對方走人」，蘿芮．瓊斯這麼說。[6]

早在貝克曼到《時尚》任職前，康泰納仕和其他許多公司一樣，對待女性的方式從過去就很不像話。低職等的女性會遭受明目張膽的騷擾。九〇年代早期，史蒂夫．弗里歐把一名年輕助理叫到辦公室裡，旁邊還有另一名高階主管，弗里歐對她說：「我們剛討論了很久，一致認為妳要開始穿短一點的裙子。」他們發出爆笑聲，那名年輕女性努力陪笑，但備感羞辱。[7]

蘇珊．伯斯坦（Susan Bornstein）曾任職於《時尚》的業務部門，她表示副發行人諾曼．瓦特曼總在騷擾年輕的女性。他曾在會議上摸了伯斯坦的胸部，伯斯坦還要叫他把手拿開。紐豪斯也許對這樣的行為並不知情，但他「很看重這些惡霸」，伯斯坦這麼說，他會獎勵大男人主義的表現，縱使他自己沒有這麼做。「小賽不會那麼做，但他的內心有一部分是這種人。」[8]

瓦特曼的行為在公司裡眾所皆知，一位曾在《時尚》和他共事的人表示，安娜對此可能知情。然而，《時尚》發行團隊的直屬上司並非安娜。這名人士還指出，人資部對瓦特曼的行為都留有紀錄，也曾和他討論過這件事。然而，他們一直沒有為此開除他，也許是因為他讓廣告賣得出去，錢也進得來。9

湯姆．弗里歐和安娜保證，自己沒有想要藉著在《時尚》工作，接近模特兒。二〇〇二年二月四日，他搬進《時尚》的發行人辦公室。安娜沒有說假話，因為他會發現，安娜確實是他遇過最好的職場夥伴。

湯姆．弗里歐到任之初，曾和安娜共進早餐。兩人同意如果要合作，私底下必須坦誠以對，進到公眾視野後就要展現團結的態度。

弗里歐解釋著，自己認為《時尚》的形象在業界出問題了。一方面，古馳（Gucci）執行長多梅尼科．德索爾（Domenico De Sole）這種人物和設計師湯姆．福特合作，都會等到安娜就座了，才讓時裝秀開始。其他時尚品牌的高層會針對設計師的創作方向和設計師人選，打電話向她徵詢意見。然而，另一方面，一些品牌認為《時尚》很無禮，因為如果安娜不喜歡他們的設計，就會冷凍他們，不讓他們登上雜誌。各方的交互關係是這樣的：設計師、名人和模特兒都想出現在雜誌上，因為雜誌的專題報導只會傳達出正面的訊息。在安娜的治理下，《時尚》之所以讓這些人士登上雜誌，原因在於他們身上有地方值得以好話和歡樂的照片歌頌。然而，如果你從來沒有出現在雜誌上，那就是沉甸甸的否定了。

「我們就像是哈維．溫斯坦。」弗里歐這麼說。

「什麼意思？」安娜問。

「大家都知道我們手握影響力，他們也都想和我們合作，但人們又覺得我們盛氣凌人、粗魯無禮。」他對安娜說：「如果妳不喜歡某項設計，我們就告訴大家啊。妳為了奧斯卡．德拉倫塔、多梅尼科和其他依賴你誠實地給予回饋的許多人，都是這麼做的。如果我們就用這個的作法呢？妳會和大家坐下來，向他們表示妳喜歡或不喜歡某項設計，也說明背後的原因，但像是在和女兒說話一樣。我們不要表現出輕視不屑。」

「為什麼要那麼做？」她想知道。

「因為如果妳這麼做了，就會像時尚界的麥肯錫（McKinsey）。」弗里歐表示：「我們能傳達價值主張，相比我們在報導上什麼都不寫，然後失去廣告生意，這樣的作法顯然有更多好處。」

安娜也同意，但這並不代表《時尚》和時尚界的關係一夕之間會完好如初。

弗里歐開始以《時尚》發行人的身分與品牌進行會議，一開始曾到米蘭（Milan）的麥絲．瑪拉（Max Mara）。他帶上了雜誌的行銷主任編輯維吉妮亞．史密斯（Virginia Smith）。喬治．吉多蒂（Giorgio Guidotti）負責麥絲．瑪拉的公關事務，在弗里歐的印象中，吉多蒂直接轉向史密斯對她說：「我們買了這麼多廣告，編採內容卻都沒有我們的服飾。」

弗里歐認為他一部分的工作是要保護編輯。他從不要求安娜到外賣廣告，也不想當場向對方承諾安娜會報導特定品牌，只為了換取廣告生意。「你一定在開玩笑吧。我和好多人坐下來談生意，就你這個渾蛋最懶惰。」他記得自己這樣對吉多蒂說：「你坐在我家編輯旁邊，可以提出想法和她討論，但你卻在向她施壓，要求編採內容提到你們。」

當天深夜在弗里歐的飯店房間裡，傳真機在嗡嗡作響地運作。安娜向他寄來短箋寫道：「湯姆，謝謝你這麼幫忙，還為我們的編輯挺身而出，但你不必對人這麼強硬。」

同時，媒體都在報導《時尚》和喬治．亞曼尼的關係，視其為耐人尋味又充滿戲劇性的不和事件。「對安娜來說，」弗里歐指出：「如果實際成品沒有魅力的話，她就不會在報導中提到。」亞曼尼就是碰上這種情況。「這種事在時尚界並不尋常，因為就算在《紳士季刊》，我們也會報導到他。」弗里歐這麼補充：「也許我們不會頻繁地提到他，但我們很青睞也認識他。我們從他身上賺錢十五年了。就算他不是當紅的設計師，我們也不會都沒有報導他。」[10]（康泰納仕旗下多個出版品的編輯都表示，自己目睹過亞曼尼設法拖住廣告，以換取在採編內容有更多的曝光，因此這個問題不只發生在《時尚》。）[11]

阿澤丁．阿萊亞也是個問題。安娜在八〇年代很喜歡穿上他的設計，擔任總編輯早期也會在《時尚》報導到他。然而，二〇〇三年初，阿萊亞睽違十年舉辦高級時裝秀，但《時尚》沒有任何人到場。阿萊亞告訴媒體是自己沒有邀請對方，因為他們一直無視自己的設計。[12]後來他表示安娜「的作為就像是獨裁者」，[13]又對一名記者者表示：

> 我一看到她的穿著，便一刻都不信任她的品味。我不怕大聲地說出來！即使我的服飾在美國如此暢銷，我在巴尼斯百貨（Barneys）也有一百四十平方公尺的櫃位，多年以來她進行拍攝都沒有用

上我的設計。美國的女性很愛我，我根本不需要她的支持。安娜，溫圖沒有在處理照片的，她只在乎公關和業務。大家都怕她，但她見到我時，怕的人就是她了……總之，時尚的洪流中，誰會記得安娜，溫圖呢？沒有人會記得。[14]

雖然安娜從未公開說明，但她忽視阿萊亞自有原因。阿萊亞在九〇年代時就停止在時裝週展示設計，代表編輯必須特別前往巴黎參加他的時裝秀。此外，柯丁頓還解釋說，他的服飾都沒有照著期程上市，《時尚》也就無法在特定的一期雜誌中拍攝這些單品，因為沒辦法確定雜誌發行後，讀者能夠入手。安娜「不喜歡讓人們期待落空，如果是買不到的東西，就不會放進雜誌裡。」柯丁頓這麼說。阿萊亞還讓事態雪上加霜，因為他下定決心不允許《時尚》取得任何他的服飾，而且「除非以他為主題撰寫完整的報導，否則《時尚》不能拍攝任何單品，他也絲毫不願意屈服。安娜沒有特別說什麼，只是不予理會，並向前看，她的作風就是這樣。」柯丁頓表示：「後來雙方的嫌隙越演越烈，就像是夫妻不和一樣。因此，後來他就沒有出現在雜誌上了，可惜了，因為我很喜歡他的設計，但他很難搞。他是很有才華沒錯，但也很難搞。」[15]

幸好阿萊亞不像亞曼尼一樣會造成生意損失。湯姆．弗里歐到職前，康泰納仕的執行長史蒂夫．弗里歐和小賽．紐豪斯就去見過了亞曼尼。後來史蒂夫向弟弟表示，亞曼尼曾說過：「你們應該開除安娜．溫圖。她太過火了，做人很糟糕，而且不懂這些道理。格蘭達．貝利（Glenda Bailey）就很知道怎麼做事。」貝利是《哈潑時尚》的新任總編輯。康泰納仕的所有者和執行長前去拜見亞曼尼，顯示他們十分謹慎地在處理這個嫌隙。湯姆．弗里歐認為，哥哥和紐豪斯很可能認真考慮過亞曼尼的要求，但他們沒有立即動作。

當時還有另一件事不利於安娜，那就是她的一名前助理把回憶錄勉強偽裝成小說。[16]

一九九九年聖誕節前後，安娜的兩名助理中，主任編輯蘿芮・瓊斯形容其中一位是那種「公主」。這位助理的父親是一名外交官，只要遇到節慶，就想休假一整個月，大部分的老闆都不能接受，更何況是安娜・溫圖。

接著上場的是蘿倫・薇絲柏格（Lauren Weisberger），她剛從康乃爾大學畢業（Cornell University）。瓊斯和安娜決定雇用她，但不久後就出現了一些警訊，顯示薇絲柏格不適任，最明顯的就是——她無疑想成為記者。[17]

擔任安娜的助理和當記者扯不上邊，而是要踩著高跟鞋送熱拿鐵。一些年輕女性勝任助理工作後，只有極少數成功轉任編輯。有時候她們順利加入時尚部，但事實上就算她們是安娜完美的助理，可能也不會是下一個瓊・蒂蒂安（Joan Didion），也許同樣不會是下一個安娜。[18]

不出所料，「我們沒有分配任何寫作工作給」薇絲柏格，瓊斯表示。薇絲柏格是「可愛的女孩子」，她接下去說，但「寫作不太行，好可憐」。薇絲柏格到職幾個月後，編輯理查・大衛・史多利（Richard David Story）要離開《時尚》轉往《啟程》（*Departures*）雜誌，薇絲柏格便詢問自己是否能前去擔任他的助理。史多利的耳根子很軟，薇絲柏格就和他一起跳槽，但當她設法讓自己的報導刊登在《啟程》時，又一次碰上難關。史多利讀完她的文章時，建議薇絲柏格去上寫作課。

薇絲柏格聽從了他的忠告，開始修習創意寫作課程，並正如預期地開始撰寫小說，她以自己熟悉的事物當作寫作主題，許多寫作老師時常這樣建議，而且她認為人們對此會最有興趣，也就是擔任安娜助理的大小事。她的老師希望把她的寫作素材拿給作家經紀人黛博拉．史奈德（Deborah Schneider）看，雖然她距離完稿還有一大段路，但還是答應了。後來史奈德打電話說：「如果她想把書賣出去，今天下午我就可以搞定。」[19]

二〇〇二年五月二十一日，根據《女裝日報》的報導，據稱《穿著Prada的惡魔》以二十五萬美元賣給雙日出版社（Doubleday）。[20]安娜知道這本書後對瓊斯說：「我想不起來那個女孩是誰。」[21]

為了二〇〇二年十一月號的雜誌，《時尚》指派安妮．萊伯維茲（Annie Leibovitz）前去為電影《芝加哥》（*Chicago*）的演員拍攝，她是安娜的御用攝影師之一。凱薩琳．麗塔－瓊絲（Catherine Zeta-Jones）和芮妮．齊薇格穿著二〇年代的歌舞劇服飾進行了拍攝。哈維．溫斯坦透過米拉麥克斯製作了這部電影，他希望演員穿著戲服登上封面。[22]然而，雖然二〇年代是安娜最崇尚的時尚紀元，[23]但她幾乎從不在封面放上戲服。女性應該要能入手出現在《時尚》上的服飾。[24]

然而，這次封面卻很離奇地搞砸了。麗塔－瓊絲和齊薇格怎麼會拍出糟糕的照片？但就連米拉麥克斯的團隊都認為這個封面行不通。[25]

員工到《時尚》在安娜手下做事，用不著訂定備案，因為一定要照著原定計畫（曾有一箱慈善晚宴的邀請函被誤丟，辦公室卻喋喋不休地在討論要找出邀請函可能被丟到哪個掩埋場了，就是因為上述原因）。[26]因此，安娜要求重新拍攝，還要溫斯坦透過米拉麥克斯提供經費。「當時是必定得要重新拍攝，也必定會花上一筆鉅款，他明確地被要求要負擔全額或是一部分的費用，而他也照做了。」時任米拉派克斯公關專員亞曼達・倫伯格回憶。[27]溫斯坦一心想維持安娜的好感，但事實上，對這樣的大型報導來說，內頁照片應該是電影的寫照，因此製片公司通常會負擔一部分成本，包括架設攝影棚以供《時尚》的攝影師使用，還有在當天提供電影的妝髮和燈光團隊。[28]

溫斯坦和安娜的關係正在深化，他們的交情已經超越安娜在雜誌中報導溫斯坦的電影而已。他在二〇一一年表示：「我遇上瓶頸時，安娜就會舉辦派對，把我放在伯納・阿諾特（路易・威登（Louis Vuitton）董事長暨執行長）旁邊。」他讚許安娜提供這些邂逅，帶來電影製作的商業機會。[29]然而，「要求讓特定人選登上《時尚》的封面是件大事、超大的事。」倫伯格這麼說。沒有其他雜誌會和《時尚》一樣，拍攝美美的照片，以八頁的報導說盡電影和演員的好話。當然，你可以選擇《浮華世界》，但他們的報導哲學不認為只能說報導主角的好話，內容也可能冷嘲熱諷。另外，溫斯坦越來越癡迷於要得到安娜的肯定，並在她的世界取得一席之地。

對溫斯坦來說，他能打著安娜的名號，說服女演員加入他的電影和勢力範圍，這可是龐大的優勢。「他能說出……『我可以讓妳登上《時尚》的封面。我能安排妳和安娜見面。』這件事對他來說很重要。」倫伯格表示。[30]

多年後，安娜出席奧斯卡金像獎（Oscars）典禮時會坐在溫斯坦旁，[31]對她來說，兩人的關係也有其意義。她喜歡在《時尚》報導特定種類的電影，而剛好溫斯坦也喜歡製作這種電影——電影中要有高雅的視覺性，還要由當紅女演員領銜主演。這樣看來，雖然溫斯坦不是善類，而且即使在當時，人們就知道他會幹壞事，但他在製作電影上和安娜編輯雜誌是一樣的手法。安娜這樣的總編輯通常不喜歡和溫斯坦打交道，但他們兩人卻互利互惠。安娜似乎始終善於和自己不喜歡的人保持關係，但只要她認為對方有用處，就沒有什麼好介意的。[32]

「什麼事都有可能，如果安娜想得到什麼，哈維都會掏腰包滿足她。」倫伯格補充道：「他認為打入時尚就是最大的認可。如果你是安娜．溫圖的朋友，就像在說你成功了。」[33]

二〇〇二年十一月號的封面很簡單。麗塔—瓊絲和齊薇格塗上紅色口紅、套上黑色薄褲襪、穿著訂製的雷夫．羅倫禮服，一件是黑色，另一件是白色，兩件都有飄逸的無肩袖設計。溫斯坦的想像不是這樣，但他依然得償所願。

二〇〇三年二月的第一週，《穿著Prada的惡魔》出版了。全部的跡象都顯示此書很受歡迎，像是薇絲柏格登上《今日秀》（*Today*）進行宣傳、首刷就有十萬本，而且電影改編權由溫蒂．菲曼（Wendy Finerman）拿下，這位製作人的成名作是奧斯卡獲獎電影《阿甘正傳》（*Forrest Gump*）。[34]

然而，雖然薇絲柏格在各大媒體高談闊論自己在《時尚》工作的經歷，而且米蘭達．普斯利這個角色以沒完沒了、有時候難如登天，又似乎瑣碎無常的要求折磨主角安德莉亞．薩克斯（Andrea Sachs），但她堅稱「內容不是以安娜為發想」。[35]

小說出版後不久，媒體專欄作家大衛．卡爾（David Carr）的一篇人物特寫刊登在《紐約時報》，安娜在採訪中表示：「我一直都很喜歡閱讀小說佳作」、「我還沒有決定要不要讀這本書」。[36]

然而，就和許多同事一樣，安娜讀了。「大家讀起來都沒有太激動，也沒有太不高興，因為並不好讀。我知道安娜讀了，但她有一些讀不懂。她不覺得被冒犯，而且一點也沒有為此不悅。」瓊斯表示。[37]

安娜的朋友威廉・諾維奇一樣表示，即使小說名列《紐約時報》暢銷書排行榜長達六個月，[39]她對這件事「真的不在乎」。[38]「安娜是文化奇人，大家都對她滿懷好奇，但她本人興趣缺缺。」他這麼形容。安娜曾和朋友表示：「我覺得自己好無趣。」[40]她甚至沒有計劃要撰寫回憶錄，這就是其中一個原因。諾維奇解釋：「她不想停下工作腳步去省思過去。」

然而就算安娜不理會薇絲柏格的著作，她的員工可做不到。「那本書深深傷害了我們的感情。」麗莎・樂芙說。[41]薇絲柏格筆下的安娜和大多數員工的觀感相左，他們對安娜只有忠心可言。薇絲柏格的行為明顯辜負了大家，但眾人的忠誠只會就此深化。雖然安娜看似毫不在乎，但辦公室裡有些人察覺到其實她很不高興，造成那些和她共事的員工，長期的焦慮感只增不減。[42]

小說出版時，周艾美是安娜的助理。除了成品外，她還設法讀到媒體手上的初版樣書，因此意識到裡頭的文字「有滿大幅度的」改動，她記得早先的版本對安娜角色的描寫甚至更負面。「全部的內容感覺都很貼近現實，但以負面的眼光描寫。」周艾美這麼說，她很喜歡自己的工作。「我一直都知道安娜會克服問題，而且會好好地克服。我並不後悔我的人生做出這些職涯選擇，但這個工作卻被別人從如此負面的角度檢視，當時的壓力比較是從這裡而來。」

周艾美在布朗大學（Brown University）主修宗教學，畢業後在二〇〇〇年開始擔任安娜的助理。她一直想打進新聞界，但了無進展，後來剛好認識了《魅力》總編輯辛蒂・萊維（Cindi Leive），萊維把她的履歷表交給康泰納仕人資部。她和人資部人員面試後不到一天，他們便要她去見安娜。

周艾美抵達辦公室進行面試時，安娜正站著在看電視上的網球比賽。她打了聲招呼，並開始自我介紹，安娜才會知道她來了。安娜關掉了電視，走回辦公桌後，面試正式開始了。安娜問起她的大學生活，還有她讀了哪些雜誌。她打從有印象以來就在讀《時尚》，也讀遍安娜所有編輯的話，還留著安娜主編的第一期雜誌，封面是著名的拉夸寶石夾克。

就像是安娜的許多助理一樣，周艾美認清如果能滿足安娜的需求，她不會完全沒有注意到妳的努力，這些需求包括預約每日的妝髮服務；大廚在她家中的活動烹飪晚餐後，收據要歸檔；幫她的朋友搞定美國網球公開賽（US Open）特定一場比賽的門票；確保她在早上喝得到咖啡。周艾美從未忘記自己的工作是照顧安娜，但她也覺得安娜在關照著自己。

某個週三，周艾美要送東西到安娜的住處。回到辦公室的路上，她正和安娜家的保姆在通電話，兩名男子上前奪走了她的提袋，她隨即和一旁民眾追趕他們，但兩人跳上地鐵逃之夭夭。一名警員目睹了追趕的過程，便帶著周艾美回到分局。她和一名警員說明事情的過程到一半，傳來敲門聲，她得知有人在找她。

找她的是的另一位助理。安娜的保姆打電話到辦公室，告訴他們自己和周艾美在通電話，但聽到有什麼壞事發生。接下來便是大家打電話到各個警察分局，直到追尋到周艾美的蹤跡，確定她沒事為止。安娜以近乎軍事化的方式管理《時尚》，無疑使他們能在如此短暫的時間內找到她。

周艾美一回到辦公室後，安娜就問起失竊的提袋裡有多少錢。周艾美回答她，於是安娜打開皮夾、拿出現金交給周艾美。接著兩人就回去工作了。[43]

從湯姆・弗里歐的角度來看，《穿著Prada的惡魔》對安娜是重重一擊，更是十足的背叛。《時尚泉》（*InStyle*）日趨強勁，而《時尚》卻流失了許多生意，亞曼尼也是流失的客戶之一，相比羅恩・加洛蒂時期，雜誌的獲利僅剩下一半。以上任何一件事發生，都會帶來警訊。全部一起發生代表恐慌要潰堤了。

弗里歐對紐豪斯說，自己要去見亞曼尼。

「情況很糟糕，別去。」紐豪斯告訴他。

弗里歐還是去了，一開始他沒有成功挽回亞曼尼。媒體依然在炒作他和安娜的不和。（二〇〇二年十月一日，《女裝日報》的一篇報導是關於亞曼尼的時裝秀，裡面寫著：「安娜・溫圖和她的團隊到場了，但她們坐在劇院型舞台的側邊，這種位置說是『西伯利亞』都算是好聽。」）然而，最後弗里歐讓亞曼尼的廣告負責人羅伯特・特里弗（Robert Triefus）相信，事態已經不受雙方的掌控。「為什麼你們不就提供剛好的生意，結束這個情況呢？」弗里歐這麼說：「我不是在說要你們把廣告都投在我們這邊，就算你們一年只有比如說六頁的廣告，我還是會確保你們享有重要廣告客戶的地位。我也會立刻回去和編輯團隊討論，並對他們說：『亞曼尼是我們的客戶，所以大家提到他們時稍微思考一下』。」

弗里歐的提議奏效了，[44]亞曼尼在二〇〇三年二月號回到《時尚》的懷抱，媒體也就沒話說了。

從《時尚》的過往作法來看，弗里歐的手段也不是那麼截然不同。柯丁頓表示，安娜從來不會強迫底下的編輯在報導中納入特定品牌。有時候她會告訴編輯：「我們已經一百萬年沒有用亞曼尼了。妳們可以試試嗎？」然而，柯丁頓形容：「不會有一把槍抵在你頭上之類的。她鼓勵你這麼做，你做了，那就謝謝你，也不是說會加薪啦。我認為各方的需求都要考慮，當然，如果有什麼問題，哪一家品牌說要撤掉廣告，你不會轉身就說：『去死吧』，其實你會設法留住廣告，因為不這麼做就太蠢了。我的薪水可是從這裡來的。」[45]

亞曼尼的問題解決了，《穿著Prada的惡魔》正在改編成電影，安娜則轉移注意力到下一件大事上：精心挑選下一個世代的美國頂尖設計師。

第二十一章　互惠互利

安娜為《時尚》覓來了一些最重要的機會，都是從危機而生，像是第七拍賣會。設計師協會／《時尚》基金也一樣，並在她的照看下打造下一世代的設計人才。

九一一事件後，紐約時裝週剩下的時裝秀都取消時，時尚社群目睹了安娜創造機會。「《時尚》的每一個人顯然都很震驚、無力，無法理解發生了什麼事。我看著這種情況上演，心想我能做什麼讓團隊動起來？我能從小地方做什麼？我們能做什麼，可以帶來任何幫助？」安娜表示：「我們之間都在說，我們不會被擊倒，我們會重回工作，我們會帶領大家。」[1]

攻擊事件後還一心只在乎時尚，人們很容易會覺得，這麼做對剛發生的悲劇毫無意義又漠不關心。然而，對安娜和其他許多時尚界人士，全力發展時尚代表著對未來的樂觀態度。為了展現影響力，她用上一些《時尚》的經費和人脈，為十位新銳紐約設計師組織了一場時裝秀。《時尚》負責預聘模特兒、安排妝髮和展務的其他面向，也邀請巴尼斯百貨、布魯明黛百貨、亨利班戴爾百貨（Henri Bendel）、尼曼瑪格百貨、波道夫古德曼百貨和薩克斯第五大道百貨的代表出席。[2]周艾美記得安娜一如往常地事先看過各個設計系列。[3]

《時尚》淹沒在設計師的電話中，他們爭先恐後地要加入，安娜有感於他們的熱絡迴響，想再一次舉辦。[4]「我真的開始更加透澈地了解到，年輕設計師從事這個行業是過一天算一天，他們一直很辛苦，這是大家都知道的。然而，這些新秀設計師必須和這麼多大公司在一個市場裡競爭，他們時常沒有相同的資源，說到工廠和布料，他們可能也是撿剩下的。」那段時間前後她向《女裝日報》表示。[5]她找上美國時裝設計師協會（Council of Fashion Designers of America, CFDA）商量，建議他們和自己還有《時尚》合作，創立年度基金支持年輕設計師。她說服小賽・紐豪斯簽下一百萬美元的支票，並任命她的編輯進入遴選委員會。

年輕設計師要在美國時尚界起步，且走得長遠，當今設計師協會／《時尚》基金是主要的途徑之一，他們或許還能走入安娜眼中。安娜砸錢又透過《時尚》進行把持，當時基本上就是在資助自己青睞的品牌（雖然優勝者確實是委員會所遴選，但委員會由安娜和她的人馬所組成）。每年，十位決選設計師會成為《時尚》「家族」的一分子，並和雜誌建立起關係。[6]十年後，共有一百名設計師效忠於《時尚》。

第一屆基金的首獎優勝者成為安娜往後二十年的寵兒：傑克・麥克洛（Jack McCollough）和拉薩羅・赫南德茲（Lazaro Hernandez），兩人成立了普羅恩薩施羅（Proenza Schouler）。

赫南德茲在二〇〇〇年第一次遇見安娜是廣為流傳的軼事。他在邁阿密（Miami）要飛回紐約，因為他就讀於紐約的帕森斯設計學院，他的母親和他一起在登機門附近。空服員在邀請頭等艙旅客登機時，赫南德茲看見安娜走上飛機。「媽，那是安娜・溫圖。」他說。

「誰？」她這麼問。

「她是《時尚》的總編輯，這個女的是個大人物。」他告訴母親。

「噢，去和她說說話啊！」他的母親對他說。

赫南德茲坐進飛機尾端的座位，鼓起勇氣要遞給安娜一張便條。他身上沒有紙，所以在飛機清潔袋上草草書寫。[8]

「我答應我媽要和您說話。」他寫道：「我是帕森斯的學生，我不是在跟您要什麼，但我想要無償打工，我想成為實習生，我想了解這個產業，我知道您也許可以給我一個機會。」

他前去頭等艙到安娜的身旁。「溫圖女士。」他喊著安娜，但她沒有回應。他更賣力地一鼓作氣，拍了拍她的手臂，她還是沒有回應。「現在我知道她當時在睡覺了，不過那時候我心想，搞什麼？我都拍拍她了，她就真的這樣不理我。」赫南德茲這麼說。

她身旁的桌上有一杯飲料，所以赫南德茲就把便條壓在杯子底下。他下機後就沒有再看到安娜。

一、兩週後，赫南德茲接到麥可・寇斯助理的電話。安娜告訴寇斯，赫南德茲很大膽，他應該會一會。赫南德茲因此拿到了實習工作，這樣的實習機會幾乎不可能到手，所以非同小可。

當年的一段時間後，赫南德茲在後台協助寇斯的團隊準備時裝秀，麥可找到他並說：「來吧，你應該見見安娜。」

安娜總是提早到時裝秀現場，她獨自坐在前排。兩人到伸展台前朝著她走去。「我要妳見見拉薩羅，在飛機上遞便條給妳的就是這個孩子。」寇斯這麼說。

「恭喜啊。」她對他說：「如何呢？你學到東西了嗎？我很高興事情這麼順利。」

赫南德茲和麥克洛在帕森斯讀大四那年，得到時任系主任提姆．岡恩〔Tim Gunn, 之後在《決戰時裝伸展台》（*Project Runway*）擔任設計師的導師而成為名人〕的准許一同設計畢業系列。寇斯提供他們布料，麥克洛在馬克．雅各斯底下實習，雅各斯則協助兩人找到工廠製造服飾。

兩人在帕森斯的年度時裝秀奪得年度設計師獎項，其中一位評審是巴尼斯百貨的時尚採購茱莉．吉爾哈特（Julie Gilhart），她買進了他們的整個系列。安娜耳聞此事，要其中一位時尚助理蘿倫．戴維斯〔Lauren Davis, 後來冠上夫姓成為蘿倫．聖多明哥（Santo Domingo），她共同創立了網購平台摩達時尚（Moda Operandi）〕打電話邀請他們來會面。

兩位設計師把整個系列裝進衣物掛袋裡，吃力地拽到安娜在時代廣場四號大樓的辦公室，並在那裡把衣服掛上移動式衣架，方便在會面時展示。兩人走進辦公室後，赫南德茲便對她說：「嗨，您還記得我嗎？」

「天啊，我無法相信你就是飛機上的那個人。」她這麼說。

「我認為從那時候她就覺得『哇，我提供了機會給這個孩子，現在他竟然在我的辦公室裡，太剛好了』。但她可以說是開啟了我們的職涯。」赫南德茲表示。

隔天，葛蕾絲．柯丁頓打電話借來他們的系列，當作一則報導的重點服飾，並由漢姆特．紐頓拍攝。[7]

二〇〇三年初，哈維．溫斯坦帶著一個電視節目的計畫來見安娜和湯姆．弗里歐。原先米拉麥克斯和康泰納仕計劃在節慶前後合作舉辦電影活動，但前者不久前才背棄後者退出了，只要溫斯坦注意到有更好的合作機會，他的公司經常這樣臨陣脫逃。溫斯坦決定向安娜和湯姆・弗里歐奉上實境秀的合作機會和他們示好。

這檔節目叫做《決戰時裝伸展台》，節目會讓時裝設計師在競賽中一較高下。溫斯坦和他的米拉麥克斯團隊認為，他們需要有雜誌作為合作方，提供優勝者登上封面或其他版面的機會，節目才會受到認真的看待。多年來他討盡安娜的歡心，才使他能讓安娜與弗里歐願意和節目製作人伊萊・霍茲曼（Eli Holzman）見面。[i]

《時尚》和《她》脫穎而出成為潛在的媒體合作方，而且《她》表示有意願參加計畫。先前米拉麥克斯退出電影活動，他們預料《時尚》會冷淡以對。也許因為這樣，溫斯坦才差遣霍茲曼前去康泰納仕大樓，自己沒有隨行。

霍茲曼一到那裡，員工就領著他進會議室，那裡的天花板大幅挑高，還有「超漂亮、要價……我不知道，上千美元的插花。」他如此形容。偌大的會議室中間是一張雙人桌。霍茲曼坐了下來，接著安娜就進來了。一名助理跟在後面，分別為兩人端上水果盤，上面盛著幾片大小剛好的楊桃、幾顆草莓和四、五顆藍莓。

通常安娜會在她的辦公室進行會議，但也許她設法要讓霍茲曼覺得自己是貴賓，因為她自有目的。她很可能知道，溫斯坦想要《時尚》和米拉麥克斯在實境秀上合作，但她倒希望米拉麥克斯以剛問世的設計師協會／《時尚》基金為主題製作節目。

安娜和霍茲曼談了許久。她覺得《決戰時裝伸展台》只是噱頭，會議大部分時間她都在和霍茲曼介紹時尚基金。霍茲曼則想說服她拍成紀錄片而非電視節目，因此他們討論了也許可以怎麼進行。

其實霍茲曼認為安娜的想法能做出一部優質紀錄片，但他到那裡實在不是為了這個。如果安娜能持續推動她的想法，製作關於時尚基金的節目，就會和《決戰時裝伸展台》打對台，米拉麥克斯比較擔心這一點。無論如何，《她》已對《決戰時裝伸展台》表示興趣，相比和《時尚》合作，最後溫斯坦和《她》共事也無妨。霍茲曼此行不是要保全安娜的計畫，而是設法讓其胎死腹中。

最後安娜和弗里歐婉拒參與《決戰時裝伸展台》。他們很難想像節目要如何實行，也無法保證節目的品味會達到雜誌的水準，畢竟《時尚》的插花美麗到也許能增色皇室婚禮，一旁還放著大小剛好的楊桃供貴賓享用。[9]

儘管如此，弗里歐對這個決定有一些不滿。[10]他想讓《時尚》上電視，以創造潛在的收益流。設計師協會／《時尚》基金不是成立來讓他賺錢的。安娜希望以此鞏固《時尚》業界領導者的地位，他很尊重這點，但這麼做卻無益於雜誌的生計。

甚至《決戰時裝伸展台》都成真兩年了，也得到空前絕後的成功，安娜對自己的決定還是堅定不移。她在一場業界會議上演講時表示：「無論從短期來看一件事可能會多麼地得人心、賺大錢，都要避免任何讓品牌貶值的可能性。」她指的是《時尚》婉拒參加節目一事，她接著說：「《時尚》

i 原先溫斯坦想製作以模特兒為主題的節目，但霍茲曼看到《小導養成計畫》（*Project Greenlight*）聚焦在新手製片人，而且大獲成功，於是認為拍攝時裝設計師的節目會更精彩。對節目緣起知情的人士指出，他在提案中加進一小個橋段讓設計師挑選自己的模特兒，溫斯坦才依然以為節目是以模特兒為主題。

要做的不是把新進設計師的困境變成餘興節目。我們的工作是培育下一個世代的美國人才。」11

普羅恩薩施羅在二〇〇四年贏得時尚基金的首獎，獲得二十萬美元的大獎和導師指導的機會，麥克洛和赫南德茲便躍升為紐約時尚界的寵兒，還成為成功的典範。其他年輕設計師認為，只要走進正確人士的視線中——其實就是安娜・溫圖——他們也可以開創自己的一番事業、享受成功。然而，就算拿下二十萬美元，「當時我們還是負債累累，錢可以說是賺進來就付出去了。」麥克洛形容：「但別人拿不走蘿絲・瑪莉・布拉弗（Rose Marie Bravo）的指導機會。撮合我們的是安娜，而那段關係持續了好多年。幾年後布拉弗甚至是我們的董事會成員，還投資了公司。從許多層面來看，這樣的關係對我們大有幫助，肯定比錢財要持久得多，這是一定的。」布拉弗當時是博柏利的執行長。

麥克洛和赫南德茲一季會和安娜開一次會，時間一久便和她成為朋友。安娜拜託兩人和傑克・葛倫霍（Jake Gyllenhaal）一起在女兒小比的十五歲生日派對上，端出印著照片的蛋糕。二〇〇四年的慈善晚宴後，兩人還帶著安娜到八號平房夜店（Bungalow 8）跑派對（她待上幾分鐘就離開了，表示裡面滿是二手菸，很「噁心」）。「人們都形容她有一點兒冷淡，所以我想對外人來說，她有些嚇人。只有在你了解她後，才會知道她根本都不是那樣的人。」麥克洛這麼說。

「她全力在職場上衝刺，也全心照顧家庭，我認為她沒有時間跟你在那邊五四三。」赫南德茲表示：「我想她會受到無端的批評，有一點是因為這樣吧。她沒有時間話家常、和人們廝混。她在應付家庭，也在處理工作，她很忙的。」

就算安娜再忙，也不離麥克洛和赫南德茲的左右。他們的職涯初期，收到了多個歐洲時尚集團的誘人工作邀約。他們第一個就是打電話向安娜徵求意見，因為她很了解所有邀約他們的公司，也會誠實告訴他們要如何一一應對。

投資方會定期打給安娜，徵詢要投資哪一個品牌，她也會相互引薦，她就是這樣幫忙他們兩人的。「我們真的很年輕。」赫南德茲表示：「因此從很多地方來看。她就像我們的神仙教母，我們會打電話給她，然後說『出事了』或是『我們要沒錢了』或是『我們需要新的投資方』。」二〇一一年，席爾瑞（Theory）創辦人安德魯．羅森（Andrew Rosen）透過安娜的引薦，投資了普羅恩薩施羅。

「她對很多人十分慷慨大方，她的權勢很大部分是從這裡來的。」赫南德茲這麼說：「她為許多人付出大把心力，她要你做什麼，你就會照做，並非因為她是有權有勢的人物，只是因為她介紹了機會給你，為你付出這麼多，當然你會依著她。」[12]

一些時尚界人士會主張，麥克洛和赫南德茲很幸運從職涯初期就得到安娜和《時尚》的全力支持。設計師艾薩克．米茲拉希（Isaac Mizrahi）享有安娜的支持長達三十年，縱使隨著一年年過去，她的支持似乎也會時有時無。米茲拉希失去財務資助後，被迫在一九九八年結束自己的品牌。雖然最後重新開辦了品牌，但他「很羨慕其他設計師得到安娜的關注」，他在回憶錄《艾薩克》（*I.M.*）中寫道。品牌終於重新開辦後，二〇一〇年代早期的一場時裝秀上，他等著安娜坐到她的前排座位上。二十分鐘後，她很明顯沒有要來了，他們便把位置讓給了其他人。「這是個打擊。」他表示：

「我認為這件事說明了，我身為女裝設計師的歲月在走下坡了。」[13] 他還提到：「這是個光鮮亮麗的產業，但其中的差事既困難又費力。你想滾床單或出名，其他方法比較簡單。」[14]

安娜對設計師的興趣也可能短暫得不得了。

冼書瀛（Zang Toi）從一九八九年開始得到安娜的支持，當時她在《時尚》才起步不久。「她愛上了我的作品。我是第一個得到安娜・溫圖支持的亞裔設計師。」冼書瀛這麼說，他來自馬來西亞。

安娜的一位市場編輯前去查看他的第一個系列，裡面只有十三件單品。編輯拍下拍立得照片，帶回去供安娜檢視，後來雜誌借來三套服裝。他們把其中兩套送回去，要求留下第三套，這是一件亮橘色和粉色的娃娃洋裝。他們在摩洛哥（Morocco）拍攝，並把照片放進一篇關於年輕設計師的報導，收錄在一九九〇年二月號雜誌。

冼書瀛的服飾開始定期出現在雜誌上。隔月，冼書瀛登上了「一九九〇年代必關注的設計師」報導，文中形容他「身材嬌小、皮膚黝黑，生動的神情加上一副厚唇，就像是異國小精靈。」[16] 不久後，安娜親自走訪了冼書瀛兩百平方英尺的工作室，查看他的第二個系列，且無時無刻在寫筆記。她在衣架上注意到一件紅色丹寧風衣，上面有金色縫線和心形鈕扣。

「我可以看看那件風衣嗎？」她問。

「那件還沒有完成。」冼書瀛對她說。

「沒關係，我可以看看嗎？」她堅持。

她請冼書瀛把風衣套在辦公室裡的一名女性身上，寫下一些筆記後就離開了。兩個小時後，那位市場編輯從《時尚》打電話過去。「風衣完成後，安娜想盡快拿到。請通知我們，快遞員會過去拿。」她這麼說。冼書瀛把風衣送過去後，風衣便出現在一九九一年二月號的《時尚》雜誌中。

冼書瀛很感激有安娜的支持。事實上，他覺得安娜很暖心。「她第一年就很正面地報導我們，也鞏固了我的名聲。」冼書瀛表示，他藉此開始吸引到家有私人飛機的富裕女性成為顧客。冼書瀛參加一九九〇年的一場年輕設計師競賽時，安娜還親自贊助他，他贏下比賽後，聲譽進一步地提升。

一九九一年春季時裝發表季前，她去見了冼書瀛，以查看他的系列。「你應該要辦時裝秀。」冼書瀛記得她這麼說：「你是非常優秀的設計師，也是我最看重的年輕設計師。他們都會崇拜你的作品。」

「我沒有這麼多錢。」冼書瀛對她說。舉辦伸展台走秀很花錢，設計師必須支付場地、模特兒和妝髮的費用，而且無法保證服飾的銷量會提高。安娜鼓勵他無論如何就舉辦一場，所以他在最後一刻租下一間飯店的舞廳，成功舉辦他的第一場時裝秀。

冼書瀛和安娜還有《時尚》的友好關係到了九〇年代中期依舊不減。他還記得時裝秀前的幾天，安娜總會前來查看他的系列，她從未要他對服裝有任何改動。然而，有天她到不了，兩位《時尚》團隊的成員便前去查看他的系列，但他錯過了兩人到訪的時間，因為重新安排了時程表，那時候他得要和《哈潑時尚》的編輯共進午餐。

他在午餐後回來，助理對他說：「他們很喜歡這個系列，覺得很好看，但他們告訴我其中兩件洋裝不是很《時尚》，所以不要展示出來。」冼書瀛不以為意。他為這次的時裝秀準備了四十五套服裝，所以如果《時尚》不喜歡其中兩套又如何？安娜總會拍攝他的服飾。此外，這個指令是來自市場編輯，而非直接出自安娜口中。

冼書瀛表示安娜沒有出席他那一季的時裝秀，但先前《時尚》要求了七、八個前排座位。他依然在時裝秀上展示了有問題的洋裝。從那時開始，安娜或她的團隊再也沒有應他的邀請出席時裝秀，或到工作室查看他的系列。他的生意沒有受影響，那些家裡有私人飛機的女士繼續光顧。「她們一點都不在乎安娜・溫圖的意見。」他這麼說。

兩人最後一次見面是在比爾布拉斯的時裝秀上，當時冼書瀛失寵大約十年了。記者攔下了冼書瀛採訪他，而安娜現身了。她看著冼書瀛兩分鐘，什麼話也沒有說，就和保鑣走開了。[15]

第二十二章　時尚大家族

《時尚》在安娜的領軍下，成為同類型雜誌的龍頭，價值也領先群雄。她借助這個職位，充當整個時尚界的總經理。[1]在一九九〇年代中期，她協助約翰·加利亞諾取得他需要的財務資助。安娜還安排他掌理路威酩軒集團（LVMH）旗下的紀梵希（Givenchy），後來他才到迪奧（Dior）。[2]她也引薦馬克·雅各斯擔任路易·威登的設計師。[3]安娜還動員時尚界投入慈善工作，她希望自己的慈善貢獻能比編輯成就更得到後人的景仰，安娜的母親就是這樣，她對世界的長遠影響，不在於她的電影評論，而是社會工作。然而，總有其他方法能讓自己百尺竿頭、更進一步。

那就是擴展工作範圍。

二〇〇〇年代，《時尚》品牌進行了擴編，增添《男士時尚》（*Men's Vogue*）、《少女時尚》和《時尚生活》（*Vogue Living*）。安娜開始以「時尚大家族」（Big Vogue）稱呼她的版圖。[4]編輯這些雜誌「就像籌劃晚宴派對一樣。你要有漂亮的女孩、討論話題和寬慰人心的事物。」她在報導中這麼說。然而，並非每次晚宴派對都有好的結局。

《少女時尚》在二〇〇三年問世。先前安娜要《時尚》的長期美妝總監艾美·阿斯利（Amy Astley）打造新雜誌的樣板。[5]她以兩年的時間完成四個版本。安娜在處理試刊號期間，晚上回家會帶上兩本聖經，一本是《時尚》，另一本則是《少女時尚》。（每天她的員工必須先完成所有《時尚》的工作，接著再完成《少女時尚》的任務，有時候周艾美會空等到晚上十點，《少女時尚》的聖經才完成。）[6]

阿斯利形容她的願景是專為年輕女性打造一本雜誌，以促進自我表現、職涯發展、生理和心理健康的角度，報導美妝和造型——而非聚焦在怎麼找到男朋友。她回想起安娜的金玉良言就是要自己讓雜誌充滿「妳自己」的風格。[7]

《少女雜誌》試發行幾次後，紐豪斯才承諾讓這本雜誌成為常設出版品，縱使二〇〇一年的兩期試刊號合起來只有一百二十三頁的廣告，讀者規模也只有競爭刊物《嬌點》（*Cosmo Girl*）的一小部分。[8]試刊號的負面意見都說雜誌內容對少女來說太高檔了，視覺和感受上又太像《時尚》。[9]小比・薛佛打算投身新聞業，但對時尚不是很有興趣，[10]不過她的名字卻出現在發行資訊欄中，因為「她顯然是《少女時尚》的理想讀者。她和她的朋友是現成的焦點團體。她們很聰明、富有品味，而且明顯地十分了解時尚，但她們依然是一般的女孩」。阿斯利向《紐約觀察家報》（*New York Observer*）表示。[11]〔二〇〇四年時，小比以十六歲之姿穿上巴黎羅莎（Rochas）的禮服，首次出席慈善晚宴。〕[12]

然而，只要紐豪斯碰上競爭，他就會以砸錢解決問題，因此《少女時尚》的辦事風格和《時尚》一樣揮霍。二〇〇三年的創刊號雇用了赫伯・里茲在馬里布的海灘上拍攝關・史蒂芬妮（Gwen Stefani）的身影作為封面。

《時尚》的設計總監查爾斯・澤沃德去了拍攝現場。他知道在海邊拍攝總是一樣的安排，那就是模特兒在水邊奔跑。史蒂芬妮希望拍攝期間有音樂在播放著，但她在戶外的海灘上奔跑，難以這樣安排，因此里茲找來平板卡車載著音響大聲地播放音樂，並隨著史蒂芬妮在海灘上移動，「音量大到像在迪斯可舞廳裡一樣。」澤沃德這麼形容：「當時我想：『哇，天啊，我們怎麼會做到這種地步？』」

他們做到那種地步是因為康泰納仕在二〇〇〇年代早期處於花錢不手軟的高峰期。澤沃德表示：「這種誇張行為越來越多，因為我們的野心壯大了、目標也提高了，成果很成功，但遲早要付出代價。」[13]

安娜在《時尚》的衍生出版品上投注了大量心力，疏於處理《時尚》在造型網上的呈現，後來證明這樣做是她失算了。[14]然而，阿斯利指出，當時自己有預感未來是數位的時代，[15]因此《少女時尚》設置了社群媒體經理的職位，成為康泰納仕眾出版品的先驅。

二〇〇三年的慈善晚宴是歡慶服裝典藏館的「女神的古典時尚」（Goddess: The Classical Mode）展覽，展覽內容在探討古典服裝對現代時尚的影響，安娜在籌劃當下，也許沒有預料到共同主席湯姆．福特會如此強烈地表達意見。

福特是古馳的首席設計師，他同意擔任共同主席，並贊助了幾百萬美元。那些日子裡「花錢沒有極限」，福特這麼說：「你是為了推廣品牌才這麼做，你是為了安娜才這麼做。」

福特積極到想攬下全部的籌劃工作，於是安娜讓他深入地參與，這次經歷使兩人私交甚深。福特希望餐點和餐桌布置都經過自己的批准，因此史蒂芬妮．溫斯頓．沃科夫讓主廚搭機前去倫敦向他演示一番。福特表示：「我們端上去的各種食物，在盤子上必須很和諧。我不只要看到餐點裝盤的樣子，如果有蔬菜還是什麼東西的顏色不協調，就必須換掉。我還記得她對此表示：『不過那些是胡蘿蔔耶』。我就說：『我知道啊，不過都是橘色的，不能放在那個顏色旁邊，不好看啊，絕對不準這麼做』。」[16]

雖然安娜在試菜過程中幾乎不試吃，但她對食物很講究。「她會確保餐點很賞心悅目。」溫斯頓・沃科夫這麼說。她還禁用細香蔥、大蒜、洋蔥和歐芹，這些東西會卡在牙縫裡，口氣也會很難聞。此外，因為關乎氣味，餐點從來不會有魚肉（曾出現過冰鎮龍蝦沙拉）。安娜最喜歡羊排、牛排和法式四季豆。然而，她似乎喜歡在《時尚》的活動上供應雞肉派勝過其他餐點，這道料理很符合安娜的需求，因為一道菜就什麼都有（蛋白質、蔬菜等）。至於甜點，她中意的是烤布蕾。

福特也不放過其他面向，包括服務生的頭髮要完全往後梳成油頭（那時候雇用服務生「就像在試鏡一樣」，溫斯頓・沃科夫這麼形容，但安娜信任她能選出五十個正確的人選）。宴會當晚，溫斯頓・沃科夫還得要求服務生吐掉口香糖。[17]她也表示，只要是任何可能在場的人士，安娜都始終很在乎他們的行為舉止，從賓客到服務人員到表演者。[18]（另一名《時尚》的編輯表示，只要有賓客在安娜眼裡行為不檢點，就可能會影響到未來登上《時尚》報導的可能性。）[19]

安娜出席當年的晚宴時，穿著約翰・加利亞諾的合身白色絲綢禮服，配上浮誇的皮草夾克，她是踏在裸露的花崗岩石階上面，因為當時入場不會走紅毯。溫斯頓・沃科夫表示，安娜在派對上「很強硬」，她在台階最上面歡迎每一位賓客，如果有誰和她說話超過二十秒，她就會要對方不要逗留。大約八成的賓客會遵從安娜的造型意見，穿上她批准的服飾（大部分明星欣然接受協助，因為是免費的造型服務）。[20]她和福特之外的另一位共同主席是妮可．基嫚，她身穿福特自家的服裝，挽著安卓亞．布洛迪（Adrien Brody）出席。兩人都曾經抱回奧斯卡最大獎（基嫚贏得最佳女主角，布洛迪則是最佳男主角），服裝典藏館策展人安德魯．波頓（Andrew Bolton）第一次出席慈善晚宴，他表示：「大家都為他們瘋狂。」波頓之後會當上首席策展人，掌管整個部門，不過當晚「我一定看起來非常格格不入，就像個菜鳥，因為有一位女演員要我拿給她一杯紅酒，她還以為我是服務生，」他說：「我一定看起來很不自在。」[21]

《男士時尚》這種雜誌只有在廣告富足的形勢下才得以誕生，但這種環境很快就會感覺恍如隔世。

在二〇〇〇年代早期和中期，弗里歐這樣的發行人能賣出大量的廣告，因此《時尚》以男性時尚為主題發行副刊，並把廣告賣給男士品牌，可以說是再合理不過了。[22]傑．菲爾登（Jay Fielden）是安娜底下的藝術編輯，他就曾編輯過幾期這樣的副刊，這些副刊附屬於《時尚》之下，特色在於封面都是柯林．法洛（Colin Farrell）和大衛．貝克漢（David Beckham）這樣的演員和足球明星。

弗里歐回憶道，這些副刊大獲成功，使紐豪斯開始認為可以有一本男性雜誌，瞄準市場的頂層，男性雜誌的龍頭出版品是赫斯特的《君子》和康泰納仕的《紳士季刊》，但兩者都沒什麼在瞄準這個讀者群。[23]紐豪斯和菲爾登認為，《男士時尚》能瞄準特定的男性，他們有閒錢，喜歡名錶、豪車和訂製西裝，而且也許坐擁滑雪小屋，牆上還掛著動物頭標本。

菲爾登以這個概念製作了四十頁的樣板，得到安娜的全力支持，便向紐豪斯展示。二〇〇五年初，紐豪斯點頭同意讓《男士時尚》在秋季創刊，由安娜擔任編輯總監，菲爾登則是總編輯。然而，就算表面上是菲爾登在發號施令，但這本雜誌掌握在誰的手中，可謂毋庸置疑。[24]

安娜和謝爾比・布萊恩前往紐西蘭參加安娜繼子的婚禮，但只在那裡待上三天，他們途中討論到《男士時尚》。[25]「我跟她說，這麼做很愚蠢。」布萊恩表示。

安娜以管理《時尚》和《少女時尚》的方式經營《男士時尚》，而且在初期她的參與度甚高。她每晚會帶著聖經回家、親自面試潛在的員工，評估他們的出身是否適合《時尚》品牌。她會批准雜誌上的每一行說明文字、每一張照片和每一件服飾。[26]隨著時間過去，她越來越少親自動手（但並不代表她曾放手）。

員工從沒有觀察到她和菲爾登在爭權奪利。另一方面，菲爾登有一點大大地增加了他的優勢：他是異性戀。[27]安娜的世界裡沒有太多異性戀男性，而且從她的職涯早期開始，只要有異性戀男性在場，她似乎就會使出招牌的魅力調情技。

「她很欣賞菲爾登，也很喜歡那些男的。」瓊斯這麼說，她也投入到了《男士時尚》。[28]菲爾登上班會精心打扮、品味不俗，又完全地敬重安娜這位編輯。

對安娜來說，《男士時尚》不只是商業機會或爭權工具，而是一樁樂事，縱使她並沒有很關心男性的西裝。[29]她被綁在同樣的工作內容上已經幾乎二十年了，這本雜誌帶來了新氣象。菲爾登到《時尚》前任職於《紐約客》，他確保《男性時尚》贏得恰如其份的時尚聲望和知性影響力。雖然安娜從未在《時尚》上刊登針砭時事的報導，但她認為自己和菲爾登可以在《男士時尚》上這麼做，他們便得以加大報導的力道，以觸及政治這樣的主題。[30]

安娜和菲爾登從一開始就知道人們會嘲笑《男士時尚》，就和他們調侃《名模大間諜》（*Zoolander*）出於一樣的原因。雖然後來無性別穿搭會成為主流，但當時對目標讀者來說，高檔男性時尚到底是什麼？蕾絲無袖背心嗎？各種服飾在巴黎和倫敦男裝週（Men's Fashion Week）的時裝秀上登上伸展台，但從許多設計就知道，走在最前面的男性時尚對大眾沒有吸引力。[31]

然而，安娜想報導的不是這些內容，並非是她沒有興趣，而是沒有足夠的讀者有興趣。《男士時尚》的讀者「一點兒也不在意另一半是女強人，又熱愛履行父職，這是全新的男性思維。」湯姆・弗里歐表示：「他們的妻子投入職場中，而有一些男性會參與裝點家中的過程，我們就是想專為他們打造這本高檔雜誌……我覺得除了我自己和安娜，其他人都不懂。」[32]

然而，紐約的媒體報導起《男士時尚》毫不留情面。「這本新雜誌以喬治・克隆尼（George Clooney）為封面，古馳的服飾又時不時出現在內頁中。」雜誌就要正式問世前，《高客網》（*Gawker*）這麼寫道：「他們的目標是瞄準一個尚未成形的男性族群：他們什麼都不缺，但還是嚮往穿上精緻的衣著，享受打獵活動，扛著大步槍和死鵪鶉或雉雞之類的，營造出公子哥的形象」[33]

二〇〇五年九月八日這天要結束時，安娜把菲爾登找來辦公室，討論隔天早上《今日秀》關於《男士時尚》的環節。他們搶到了黃金時段，可以和主持人麥特・勞爾（Matt Lauer）對談，作為創刊宣傳活動的一環。兩人一起登上早晨現場節目接受採訪前，安娜想確保菲爾登不會不自在。

「我想你就向大家說明，我們在為這樣的男性做一點不同的事。」她這麼說。

隔天早上，他們大約清晨六點在國家廣播公司（NBC）的攝影棚碰面。安娜在休息室裡似乎很焦慮。演說和上電視時常讓她很緊張，但她總是堅持到底，咬著牙就對了。然而，只要她說話，聲音就會顫抖，她還會雙手緊握，把下巴縮向鎖骨。[34]

他們終於進現場了。勞爾以問題開場：「男性在乎嗎？」

安娜和菲爾登談起他們的理想讀者（「品味成熟的男性」），也說到《男士時尚》會報導的主題（「打獵、美食、好酒、高爾夫和運動」）。接著，勞爾轉向安娜並說：「安娜，我們在這裡講到這個話題很奇怪，但大家提到這樣的雜誌，有時候會說到性向。我想人們有一種觀感，那就是在某些情況下，部分男性雜誌開始迎合同志讀者群的口味。」

「沒錯。」她這麼說。

「那麼，妳對此有什麼看法？妳又是怎麼看待這本雜誌和這個議題呢？」

安娜表示，「這個嘛，我同意，我認為許多男性雜誌在瞄準同志，顯然這個產業比較在服務所謂的時尚消費者。然而，我想異性戀男性在伸展台上看到的一些時尚趨勢和他們是相當脫節的。我就要再提到，我認為傑透過《男士時尚》很成功地解決了這個問題，這才是貼近現實生活的時尚，這才是屬於你這種男性的時尚，麥特。」[35]

十五年後她也許不可能講出這種話。就算是當時，《男士時尚》的員工也很驚訝她這麼說。勞爾顯然引她上鉤了。從對《男士時尚》的相關討論來看，他的問題很合理，但在早晨節目提出來就很奇怪了。然而，一想到公司很擔心男性看到這本雜誌會覺得是給同志讀的，拿起來翻一翻也不願意，《男士時尚》的團隊便想說也許她覺得自己別無選擇。[36]

安娜確實偶爾會表示，自己擔心《男性時尚》的報導內容看起來「同志感太強烈了」，[37]還往往偏好找來女模特兒在男模特兒身旁一起拍攝。[38]然而，雖然一些人很快就下定論認為她恐同，其他人則認為她在利用政治不正確的言語聚焦傳達特定的觀點。一些員工認為她多慮了，因為就像《時尚》還有整個康泰納仕一樣，這本雜誌的員工大多是異性戀白人，不必擔心他們無法傳達自身觀點。[39]馬克．雅各斯曾有一檔廣告由余爾根．特勒（Juergen Teller）拍下迪克．佩吉（Dick Page）和詹姆斯．吉布斯（James Gibbs）兩名男性在接吻，《男士時尚》卻拒絕刊登，雖然導致了轟動的頭條新聞，但雜誌這樣做可以說是毫無意外。[40]

雖然《男士時尚》在紐約媒體界無法擺脫被笑話的命運，但雜誌的表現卻不俗。[41]安娜在監督採編內容的過程中，還處理了一些《時尚》也碰過的名人問題。

二〇〇七年，菲爾登敲定了演員歐文．威爾森（Owen Wilson）和導演魏斯．安德森（Wes Anderson）進行拍攝，成果本來要用在封面上。然而，威爾森遲到了好幾個小時才來到科尼島（Coney Island）的拍攝地點，第一個小時又都在海裡游泳，害得團隊的拍攝時間吃緊。威爾森的行為傳回安娜耳裡後，她和菲爾登便開始爭論是否有任何照片值得成為封面。菲爾登認為是有的，安娜則不敢苟同。

那時候並不會邀請名人登上封面後又變卦。好萊塢和經紀公司握有生殺大權，他們會決定要不要把聯繫明星的門路施捨出去，編輯可不想惹惱他們。然而，安娜從不明確地保證對方會登上封面，以此為自己留下一些轉圜的餘地。如果她要把《時尚》的聲望借給對方沾光，她也要對方遵守自己的規則。[42]

此外，《男士時尚》要和明星洽談都不會碰壁。[43]除了《每日秀》（*Daily Show*）的主持人喬恩·史都華（Jon Stewart）外，大多數名人都想出現在雜誌裡或登上封面。（史都華三番兩次拒絕登上封面的提議，因為他覺得《男士時尚》這個概念很荒謬。）

相比《時尚》，《男性時尚》的封面很多元。丹佐·華盛頓（Denzel Washington）和威爾·史密斯（Will Smith）相繼在二〇〇七年登上封面。一名對安娜想法知情的人士指出，安娜知道以非裔人士當作封面模特兒很重要，但她還是會三思而後行，先前她就在一九九七年七月號的附信中和讀者表明此事。[44]「非裔人士不好賣」，這位知情人士記得安娜針對《男士時尚》的封面這麼說。有時候安娜這樣的編輯在高層會議上都會聽到這樣的說法。公司多年來也向她和其他總編輯提供市場調查和書報攤銷售數據，並期望他們依此選擇編採的內容。[45]

哈維·溫斯坦一直密切關注《男士時尚》的走向，也許是因為他知道安娜很看重這本雜誌。二〇〇七年的某個週日晚上，他寫了一封巴結的電子郵件寄給安娜，裡面寫道：「我讀完《男士時尚》後，對彼得·布雷克（Peter Blake）的作品很有興趣，也想邀請沙巴斯帝安·庫克（Sebastian Koch）演出我的其中一部電影。我的作品和生活絕對深受妳的影響。」[46]

然而，縱使安娜很希望在封面放上明星，但她要求合作雙方要互相尊重，拍攝對象得要和她的員工一樣認真看待拍攝工作。他把威爾森和安德森的拍攝成果降格成內頁報導。[i][47]一些人視其為權力的展現，但許多經紀方都有意把客戶弄上安娜旗下的雜誌中，從他們看來，訊息很清楚：他們得好好表現。[48]

安娜持續盡力地協助《男士時尚》的發行團隊取得佳績。她會追蹤他們在努力爭取哪些品牌，還有採取哪些策略把廣告獲利賺進來。她從來沒有隨銷售團隊去開會，也絕不要求客戶保證他們會買廣告，但她會在言談間慫恿客戶下廣告，她大概會這麼說：「我們對《男士時尚》的成績很引以為傲。我們會很感激貴公司的支持。」她的示好策略奏效了。[49]

隨著《時尚》在壯大，安娜的名聲也水漲船高。二〇〇五年五月，新聞傳出梅莉．史翠普（Meryl Streep）要在電影裡飾演米蘭達．普斯利，也就是小說《穿著Prada的惡魔》裡形同安娜的角色。[50]

導演大衛．法蘭科（David Frankel）堅持，以電影貶抑安娜．溫圖之能事，自己可不參與。「安娜．溫圖的成就不凡，許多職業婦女都很出色，這部電影要向她們表達景仰之情。」他向製片公司表示。他希望電影描繪出「如果要那麼成功，必須做出哪些犧牲，其一是無法那麼友善和藹。如果這是成功的代價，那也是沒辦法的事情。」當然，小說不是這樣塑造故事的。

製片公司堅稱他們不是在拍「安娜．溫圖的故事」，史翠普也強調自己不是在飾演安娜．溫圖。法蘭科表示，史翠普這樣飾演她的角色，其實發想自她和演員兼導演克林．伊斯威特（Clint Eastwood）還有導演麥可．尼可斯（Mike Nichols）的共事經驗，他表示：「克林．伊斯威特不會提高嗓門，安娜．溫圖也從來不會，你就知道是剛好很像而已。」然而，無論法蘭科說什麼，安娜無疑是電影的靈感來源，就像小說也是以她為啟發一樣。電影的美術指導還溜進康泰納仕大樓裡，拍

i 後來當期雜誌的封面人物是雷夫．羅倫。

下安娜辦公室的照片，以便進行複製。[51]

史翠普簽約加入不久後，便碰見設計師艾薩克・米茲拉希，她對米茲拉希說：「我同意要飾演安娜・溫圖。我瘋了吧？」她請米茲拉希看看劇本，但在答應前，他先和安娜一起吃了午餐，確保如果自己在電影上幫忙，安娜不會覺得被背叛了。「她的反應和我預期的截然不同。她似乎很高興，還告訴我不要猶豫。」他在回憶錄裡寫道。[52]

法蘭科找上其他設計師讀劇本、提供回饋，但他們只有在絕對保密的情況下才同意這麼做，因為他們太害怕安娜了。先前他拍攝另一部電影時，認識了娜歐蜜・坎貝兒，他說服坎貝兒答應飾演一角，但她又莫名其妙地退出了。[53]吉賽兒・邦臣（Gisele Bündchen）和《時尚》確認過亮相沒問題，最後飾演一名美妝編輯。[54]

就法蘭科看來，時尚界和紐約市的許多人士心中很害怕不小心就惹到安娜。這部電影的劇服設計師是派翠西亞・菲爾德（Patricia Field），她以參與《慾望城市》出名，但設計師卻害怕把衣服出借給她。法蘭科沒辦法在大都會藝術博物館或布萊恩公園（Bryant Park, 時裝週就是在這裡舉行）拍攝，因為人們害怕惹怒安娜。他甚至無法在紐約現代美術館拍攝，因為董事會成員和安娜有所往來，而且也畏懼她。晚宴場景只好在美國自然歷史博物館（American Museum of Natural History）拍攝，法蘭科表示：「她的影響力唯獨無法觸及這裡。」[55]

二〇〇六年六月三十日，《穿著Prada的惡魔》首映。然而，平民百姓能看到電影前，安娜早在五月二十三日的晚上就前往紐約的巴黎劇院（Paris Theater），出席了一場特映會。[56]電影的公關團隊邀請了她，她也接受了，並和謝爾比．布萊恩、女兒小比還有《時尚》的特約編輯威廉．諾維奇一起出席。也許她是出於好奇，也許她想現身支持放映會後的慈善拍賣，也或許她認為這是自己絕佳的公關機會：她巧妙地穿上普拉達（此舉也沒什麼不尋常之處，因為她本就經常穿著訂製的普拉達服飾）。

法蘭科坐在安娜和小比身後。安娜的座位在某一排尾端，雖然每每台上節目太無聊，她就習慣快步跑出場外，但她看完了整部電影。[57]小比還一度轉過去對她說：「媽，他們真的很了解妳。」[58]片尾名單跑完後，觀眾還沒有開始閒聊，安娜就溜出去了。[59]

電影對她的形象，帶來難以估量的影響。她經營著時尚大家族，展現高明的管理手腕，因此康泰納仕有足夠的理由發行另一本衍生出版品《時尚生活》，並在年尾前就會推出。[60]她以入選芭芭拉．華特斯（Barbara Walters）的年度十大魅力人物（Most Fascinating People）為二〇〇六年畫下句點，也成為主流名人，只要說出名字不用姓氏，大家就知道是誰，就像雪兒（Cher）和瑪丹娜一樣。她的親密好友安．麥納利表示，她的目標從來不是如此：「她視其為工作的一部分。她很清楚當下有這樣的形象是因為她擁有那份工作，一旦離開了那份工作，她知道一切都會不一樣。」[61]

然而，就現在而言，她已經是大名人了，如今名氣威望不只局限在時尚和媒體界，往後康泰納仕要她走人，會是難上加難的事。

第二十三章　財務衝擊

《紐約》雜誌有一篇報導是關於《時尚》籌劃二〇〇五年以《危險關係》為主題的晚宴，卡特勒（R. J. Cutler）覺得很精彩，原先想以慈善晚宴為主題拍攝紀錄片。卡特勒曾共同製作《戰情室》（*The War Room*），講述比爾・柯林頓（Bill Clinton）在一九九二年的總統競選活動。卡特勒成功和安娜的公關總監派翠克・歐康納（Patrick O'Connell）見面，並以這個想法遊說。然而，雖然《時尚》和安娜樂於接受，大都會博物館卻持反對意見。即使如此，卡特勒並不想放棄製作《時尚》的紀錄片。「聽著，我們很想和你們合作。也許會有其他想法，也許會有其他辦法，請儘管提出來。」他告訴歐康納。

幾週後，歐康納打電話給卡特勒，表示他們有想法了。卡特勒從洛杉磯飛到紐約，還去外面修指甲，接著前去安娜在時代廣場的辦公室，並在會議室裡第一次見到她。安娜坐在會議桌的主位，建議卡特勒以《時尚》的九月號雜誌為主題拍攝紀錄片。這樣的製片人拍攝這樣的紀錄片會為《時尚》帶來商業利益，同時也有利於安娜，因為有政治紀錄片的製片人認真地看待她。

「編輯九月號要多久？」他這麼問。

「一月的高級訂製時裝週結束後，我們會開始動工，並在七月底、八月付印。」

整個過程歷經數月，一直到一整年中最重要的一期雜誌拍板定案後，編輯工作才就此告終，卡特勒很看好這點。然而，他有一件事要先處理，而且是趁著現在和安娜單獨討論，而非之後透過律師交涉：他要求最終的剪輯由他說了算。

「如果我們要拍下去，最終的剪輯由我來負責。」卡特勒告訴她：「任何以妳為主題的電影，大家都該認真看待，這是妳應得的，但紀錄片的最後剪輯是安娜．溫圖來決定的話，我不覺得人們會重視。」

安娜隨即表示：「我父親是記者，我也是記者，所以這件事不成問題。」

卡特勒的團隊在二〇〇七年開始拍攝，當時大部分《時尚》的員工都不知道他們是誰，或他們來辦公室幹什麼。安娜還沒有告訴他們有拍攝團隊要過來。事實上，卡特勒和他的團隊最先感受到真心歡迎之意，是來自安娜的女兒小比，而非《時尚》的任何員工，但安娜指派了不同的員工帶著他們逛逛、四處看看。她還委託安德烈．里昂．泰利在巴黎高級訂製時裝秀的期間照看卡特勒一天，並帶著他到夏維（Charvet）入手訂製襯衫。「我穿上夏維訂製服的那些日子裡，安娜的態度完全不一樣。」卡特勒這麼說。[1]

卡特勒的團隊得以捕捉一些率真的時刻，例如，特約編輯愛德華．埃寧弗（Edward Enninful）把照片呈給了安娜看，照片中是他要和史蒂芬．克萊進行色塊拼接拍攝的地點。「好黯淡啊，愛德華，光采去哪裡了呢？」她這麼說：「我們是《時尚》，好嗎？我們要有趣一些。」接著，他們為同一場拍攝進行了試裝，埃寧弗向安娜展示造型，但安娜拒絕了其中幾套，後來埃寧弗找到葛蕾絲．柯丁頓，她似乎能理解他的痛苦之處。「死一死算了！」他備感壓力地說。

「怎麼了？」柯丁頓問他。

「我已經不知道自己在搞什麼了。」他表示。

柯丁頓試著安慰他。「做人不要太和藹，甚至是對我也一樣。」她這麼建議：「我是說真的，因為你會輸的。」[12]

柯丁頓既有能耐，也不怕反對上司，使她在卡特勒的電影中成為不可或缺的一號人物。唯一的問題是她覺得卡特勒的團隊十分煩人。「他們要把我逼瘋了。他們待在我們的辦公室中長達一年。我很討厭這樣。」她這麼說。[3]團隊在一月的高級訂製時裝秀拍攝期間，她控訴卡特勒的收音師以吊桿式麥克風重重擊中她的頭部。「我非常喜歡葛蕾絲，但沒有人敲到她。」卡特勒表示：「但她以這個理由變本加厲地頻繁拒絕我們找她拍攝。」[4]

安娜也不是怎麼拍都可以。曾有一次，攝影機正在拍攝．弗里歐神情擔憂地進到她的辦公室。康泰納仕有一項名為時尚搖滾演唱會（Fashion Rocks）的企業倡議，會製作一檔特別電視節目，以及發行一年一度的《時尚搖滾演唱會》副刊。《時尚》和其他姐妹雜誌一樣，一直為其提供經費。《時尚》需要把一部分的廣告改投到《時尚搖滾演唱會》中，舉例來說，凱文．克萊買下了二十四頁的廣告，其中十二頁會放到副刊裡，代表不會刊登在《時尚》中。然而，廣告頁面和收益事關重大，對九月號來說更是如此。

「安娜，這樣下去不行。」弗里歐這麼說。

她要求攝影團隊離開。

「如果我們不行動，二〇〇七年九月號就要薄得跟手冊一樣了。」

為了彌補倡議所造成的收益損失，弗里歐想出把數位內容和印刷版面綁在一起賣。然而，造型網的版面並非由他負責銷售，因為他從未得到授權這麼做，而背後有其原因。他改而決定和印刷版廣告客戶承諾，他們的廣告也會放在全新的影片網站，並開放讀者選購他們的商品，以此慫恿客戶投廣告。這個網站名為時尚購物電視網（ShopVogue.TV），上面有四個頻道播放著雜誌的原創節目〔其中一個節目叫作《六十秒變時髦》（*60 Seconds to Chic*）〕，讀者能購買節目中的商品。在整個產業靠著品牌置入內容賺錢前，《時尚》早就在內容中置入廣告商品了。

「我會讓妳看所有的內容，確定妳那邊沒問題。」弗里歐這樣告訴安娜。她同意了，並要弗里歐繼續執行。[5]

《時尚》的廣告客戶迴響熱烈：他們都想加入時尚購物電視網，使二〇〇七年九月號雜誌的廣告銷售量突飛猛進。之後弗里歐表示，這個方案為雜誌額外帶來了一百頁的廣告。[6]弗里歐在橫掃九月號廣告預訂的同時，接到了一通電話。電話的另一頭是紐豪斯、康泰納仕執行長查克．湯森（Chuck Townsend）和康泰網負責人莎拉．查布（Sarah Chubb），他們三人很不高興。「你們在幹嘛啊？」他們這麼問：「你們就這樣建立了自己的數位頻道。我們得開個會。」

弗里歐和安娜的行為損及公司現有的網站，可惜目前的數位體制讓這樣的衝突無可避免：弗里歐的出發點只是要銷售印刷廣告。安娜沒有監督造型網的職權，同樣也只會積極地照顧自家雜誌。

i 最終埃寧弗的色塊拼接拍攝成果被拿掉了，並由柯丁頓接手重拍。後來埃寧弗投入拍攝化妝師佩特．麥格雷斯（Pat McGrath）的肖像，並刊登在雜誌上。

正式會議前，弗里歐和湯森商量了這件事。「你們得把網站下架。」湯森告訴他。

弗里歐告訴他，自己攬下了多少生意。湯森不怎麼相信，但他表示：「好吧，你就要進去開會了，你不會太好過的。」

弗里歐向安娜回報：「他們叫我來開會，小賽和其他人都來了。」

「我跟你一起去。」她對弗里歐說。

會議期間，安娜看著弗里歐拒不讓步。大家很生氣他一股腦兒為《時尚》打造了數位平台，但照理說《時尚》早就有平台可以用了。然而，弗里歐堅守自身的決定，隨後安娜出面了。

「我跟各位說，」她向整個會議室的人員表示：「我們發行了史上最精彩的一期雜誌。」[7]確實，二〇〇七年九月號雜誌囊括了七百二十七頁的廣告，總頁數達到八百四十九頁，超越以往任何一期《時尚》，從整體的消費者月刊來看也是空前絕後。[8]「你們應該要恭喜他，這場會議在浪費所有人的時間，我覺得應該要結束了。」接著她就離場了。

弗里歐的方案依然健在。[9]

然而，時尚購物電視網的一連串事件，揭示了問題不只是這樣：康泰納仕的數位策略實在模糊不清。安娜要強化《時尚》品牌、拓展自身權勢，就需要經營《時尚》的網站。然而，儘管她在組建時尚大家族了，也還要數年才能全員到齊。

一個品牌冠上「《時尚》愛用品牌」，在產業中有其作用，這是毋庸置疑的。史考特・史登伯格（Scott Sternberg）是服飾品牌「法外之徒」（Band of Outsiders）的創辦人（該品牌在二〇〇四年推出男裝、二〇〇七年推出女裝），他表示：「《時尚》就是巔峰，要嘛是金字塔的頂端，要嘛是整個產業的根基，取決於你看產業結構的角度，但所有的事情都會指向《時尚》。」

史登伯格曾衝著二十萬美元的獎金，申請了設計師協會／《時尚》基金。然而，他也意識到，自己的女裝事業尚在起步，而且他的服飾製作成本高昂，整體定價不斐是必要之惡，因此他需要《時尚》這樣的雜誌和安娜這樣的人物認可他的品牌。他走的是批發的商業模式，代表重點是把服飾賣給薩克斯第五大道百貨這樣的百貨公司。如果要把批發生意做大，口碑就是關鍵。安娜在產業中就是決定口碑高低的主要角色。

史登伯格在二〇〇七年成為時尚基金的決選設計師，之後便進入了安娜的眼界。《時尚》開始借走他的服飾進行拍攝，他也注意到自己處理事情都變得比較順利。「我的品牌好像一下子就得到了份量。」他這麼說。安娜從不要求史登伯格設計特定的款式。然而，他認為安娜會提供明智的建議，例如，安娜告訴他不要花時間和金錢在紐約建造「法外之徒」的門市，而是把一個個衣架推到尚未完工的空間中，然後就開始販售服飾。「我一直記得她的建議，因為她說的完全沒有錯。我們打造了這個完美的店面，但錯失八個月的銷量和聲勢。」史坦伯格表示：「這麼做敲響了品牌的一聲喪鐘。」[10]

果然，在二〇一五年，史登伯格宣布「法外之徒」要歇業了，他應該要聽從安娜的建議。[11]

安娜身為《時尚》的總編輯，身兼了編輯和時尚界顧問二職。

二〇〇六年，威廉·麥康姆（William McComb）獲任麗詩加邦（Liz Claiborne）的執行長後，安娜便邀請他共進午餐。原先麥康姆前一任的執行長和納西索・羅德里奎茲（Narciso Rodriguez）正在討論一檔合作，安娜長期支持羅德里奎茲這位設計師，因此很關心這個合作案。羅德里奎茲曾和義大利製造商法拉帝（Ferretti）有合作協議，現在他需要資本從中解脫，並重獲品牌的控制權，因此他了打電話給安娜。[12]安娜建議他和麗詩加邦談一談。[13]接著，麥康姆就上任了。

安娜帶著麥康姆到時代廣場辦公室附近的布呂德現代小酒館（db Bistro Moderne）。她似乎對建立私交沒有特別感興趣，她真正在乎的是最後羅德里奎茲不要又遇上糟糕的生意夥伴。安娜希望麥康姆能接手談妥先前雙方在討論的合作案。「我們只有談生意，完全沒有廢話。她沒有充當掮客，也沒有參與協商或在幕後動手腳。她只是在聲援這次合作。她很清楚地提到羅德里奎茲是天才，而且未來無可限量。」麥康姆這麼說。

麥康姆是新官上任，接續了前任執行長的舉措，其中就包括羅德里奎茲合作案，也為此和安娜會面了數次。然而，雙方的夥伴關係建立才不久，他就很清楚這次合作案和自己對公司的轉型計畫並不相容，公司必須從中抽身。因此，安娜又插手了，這次是主導雙方拆夥的過程。「最後，這麼做對納西索也是好事。」麥康姆表示：「他需要可靠的商業夥伴來提供資金，我們不再能這樣花錢了，所以我們再次還他自由。」羅德里奎茲得以保住他的同名品牌和品牌控制權，正如安娜所望。[14]

設計師之所以深怕惹到安娜，就是因為她會如此在幕後以權勢居中交涉。在極其難熬的時尚產業中，設計師希望得到她的支持和忠告，因為能扭轉乾坤。

二〇〇七年，米茲拉希和目標百貨（Target）的五年合作案進入了尾聲，麥康姆再次打電話給安娜。[15]米茲拉希的目標百貨服飾系列，每年銷售額高達三億美元，[16]但對米茲拉希來說，這樁交易並非完美，因為他希望商業夥伴出資，幫他的時裝秀重現榮光。麥康姆知道米茲拉希和安娜是朋友，因此打電話向她尋求建議。米茲拉希適合麗詩加邦嗎？麗詩加邦又適合米茲拉希嗎？安娜表示兩者皆然，於是麥康姆便開始洽談，並達成了協議。[ii]

麗詩加邦對康泰納仕的期下出版品來說都是重要的廣告客戶，但麥康姆從不覺得，安娜這麼願意幫忙，有任何一丁點是為了自家公司的廣告量。安娜很欣賞麥康姆把設計師擺在第一位，這樣的理念庇蔭了所有在他管理下的品牌，從幸運牌（Lucky Brand）到凱特絲蓓（Kate Spade）再到裘西時裝（Juicy Couture）。對安娜來說，身為時尚界的第一號顧問，設計師成功就是她成功。

麥康姆曾受邀在幾年的慈善晚宴上認購座位，他很清楚不是因為公司的廣告量。「我很確定安娜並不看重我，但她見過我，也認識我，所以我這個小生意人認為，她相信我會有分寸。」他表示：「這點非常重要。」[17]

有時完全不需要打廣告就能引起關注。周艾美離開《時尚》，並推出風衣系列後，安娜便在雜誌中進行了報導。有天安娜要到辦公室附近參加時裝週，外面在下雨，她要助理集結一小個衣架的風衣供她選擇並穿上。當時周艾美在附近工作，安娜的助理打電話要她趕快送來一件大衣給安娜瞧

ii 不料，米茲拉希的麗詩加邦系列從未開賣，但這並非安娜或麥康姆的問題。這個系列本應在二〇〇八年九月進入批發市場，但雷曼兄弟（Lehman Brothers）卻在同月垮台，麥康姆表示：「世界迎來末日。」

瞧。周艾美照做了，安娜也挑中她的大衣，對她的系列來說，這是意想不到的成就。[18]就這樣，安娜又一次推了設計師一把。

因為《時尚》和時尚品牌公司來往密切，安娜和弗里歐在二〇〇八年年初到歐洲出差時，注意到了一件事：歐元和美金的幣值差異甚大，二〇〇八年四月擴大到一歐元兌一．六美元，[20]因此古馳這樣的品牌難以在美國銷貨獲利，必須降價求售。古馳的獲利下降，意味著他們在《時尚》登廣告的經費也減少。如果連古馳都面臨損失，代表幾乎所有的歐洲品牌都處於水深火熱當中。

弗里歐擔心，各家品牌的困境會重挫《時尚》的廣告生意。

安娜和弗里歐領悟了兩種貨幣沒有平價所導致的效應，對兩人的小天地會產生毀滅性的衝擊，因此擬出了甲方案、乙方案和丙方案，以此撙節開支。丙方案最大動作，包括員工辭職就不再替補，也停止到海外拍攝。

接著，事態雪上加霜。二〇〇八年年初，貝爾斯登（Bear Stearns）垮台後，弗里歐召開了康泰納仕發行人會議。企業銷售部的人員還在洋洋得意地說著這裡上升一成、那裡又上升一成時，弗里歐面露難色地站起身來。「我來告訴各位，我看到的完全不是這樣。」他說。他解釋自己很擔心貝爾斯登的事，也害怕其他銀行會出問題，以及康泰納仕的生意會受影響。

一名企業事務團隊的資深人士不把弗里歐的話當作一回事，還表示：「好啦，如果發生那種事，大家不管怎樣都完蛋了。」

弗里歐感到很震驚，並前去安娜的辦公室。「我們有麻煩了。我剛眼睜睜看著其他人的傲慢姿態，我們會為此陷進賠錢的困境，而且會賠掉好多錢，除非我們有所行動。」他告訴安娜。他們一致同意採取丙方案。原先弗里歐都在巴黎的麗思酒店預訂一晚兩千一百歐元的客房，現在開始住比較廉價的客房，以盡到自己在縮減開銷上的一份力。「二〇〇八年時，在康泰納仕還要控制花費，可以說是前所未聞。」弗里歐表示。[19]安娜這邊派遣比較少編輯到歐洲參加時裝秀。[21]泰利表示自己的薪水調降五萬美元變成三十萬美元，他覺得很不高興，因為時尚編輯的薪水是七十萬美元起跳（蘿芮．瓊斯記得泰利的薪水調降，比較是因為工作表現，而非經濟不景氣）。[22][23]結果，二〇〇八年時，公司只有兩本雜誌獲利，《時尚》就是其一。[24]

然而，雖然他們的先見之明拯救了《時尚》免於陷入財務危機，安娜在職涯中的一大失策也發生在二〇〇八年。當年的《時尚》四月號雜誌是「線條特刊」，安娜在編輯的話中寫道：「本期致力於展現人人都能擁有的時尚穿搭和完美身材」。[25]

《時尚》鮮少邀請男性拍攝封面，至今也只有男女一起入鏡。先前喬治．克隆尼曾出現在二〇〇〇年六月號雜誌的封面，照片中還有吉賽兒．邦臣環抱著他。當時邦臣還很年經，完全不知道克隆尼是誰，[26]也許就是因為這樣，兩人合作起來才如此輕鬆自在。然而，這次拍攝幫助邦臣建立了這樣的名聲：也許一些男性名人沒有高級時尚的拍攝經驗，但邦臣能和他們完美合作。[27]四月號封面的男主角是勒布朗．詹姆斯（LeBron James），他會成為首位登上《時尚》封面的非裔男性，而邦臣的名聲使她在《時尚》的心目中，成為詹姆斯搭檔的不二人選。

拍攝工作在克里夫蘭進行，當天氣溫不到零度。全部的暖氣都對著詹姆斯和邦臣，而非攝影團隊。縱使條件惡劣，詹姆斯的表現好得沒話說。[28]

其中有一張照片是在攝影棚中拍攝，照片中詹姆斯在運球、露出牙齒、張大嘴巴，手臂還攬著邦臣的腰，邦臣則穿著綠色的緞面襯衣式洋裝。安娜批准這張照片當作封面。《時尚》的多位資深編輯都提醒安娜，那樣的封面會出問題。一些人看到封面後，腦海會立刻浮現出金剛（King Kong）和費・芮（Fay Wray）的意象。「大家說了好多次：『安娜，這個封面不會有好下場』，但她不以為意。」主任編輯蘿芮・瓊斯形容：「安娜沒有看到偏見，她看到激情、她看到個性、她看到名氣，我不覺得那樣的意象……她就是沒有看到。」

安娜的員工十分欣賞她的果斷，但這次正是她的果斷讓她吃了虧。瓊斯表示：「她決定大小事時總是自信滿滿。如果我們的上司在那邊擺弄著手指說：『嗯，我該不該這麼做呢？』我們會集體發瘋的。」[29]

本來各界大肆宣揚詹姆斯登上《時尚》封面是標誌性之舉，但封面一問世後，取而代之的是口誅筆伐。娛樂與體育節目網（ESPN）的專欄作家潔梅兒・希爾（Jemele Hill）寫下：「也許這期封面的重點是對比肌肉和美貌、陽剛和陰柔、力量和優雅。然而，非裔運動員經常遭受獸性形象的聯想，而《時尚》在追求突顯明星運動員和超級名模的同時，卻只做出固化這種刻板印象之事。」並接下去寫著：「我們一如往常地勢必要質疑，究竟是哪些人在會議室中決定了這次的封面。」[30]就這次看來，問題不只是哪些人在會議室裡說了哪些話，而在於最終是誰下了決定。那個人就是安娜。

儘管如此，瓊斯認為安娜似乎沒有在煩惱這樣的強烈反彈。這種事也不會讓小賽・紐豪斯多麼擔心，也許擔心一分鐘，但接著他就向前看了。[31]在辦公室裡，大多數的《時尚》員工並不理解，人們看到這期封面照片怎麼會如此不悅。[32]他們把這起爭議看作麻煩的小事，之後就會平息。

當年夏天，《時尚》的團隊到巴黎進行一場由葛蕾絲．柯丁頓負責的高級時裝拍攝，他們出外晚餐時，談到了封面一事。柯丁頓的助理索妮亞．穆尼（Sonya Mooney）表示，他們一群人無法理解為什麼人們這麼不高興。她向他們表示，問題在於刻板種族形象（racial trope），長久以來人們以不當的方式描述非裔男性，這種事就是一例。

「對話戛然而止。」穆尼表示：「他們並非存心裝笨，而是無知的程度實在……誰都沒有緩下來思考為什麼那期封面很侮辱人，因為他們一點都沒有偵測到警訊。」[33]

《男士時尚》的團隊對二〇〇八年有不好的預感。[34]無論安娜多麼喜歡這本雜誌、其下的員工和雜誌的編輯工作，她要改變事實也是束手無策，這本接近三歲的雜誌和他們對理想讀者群的構想在苟延殘喘了。

一開始的發展確實很順利，但對廣告客戶來說，新意似乎慢慢褪去，他們投放廣告不再優先考量《男士時尚》。二〇〇八年的年度預算會議中，小賽．紐豪斯對此很不滿，他並非針對安娜，而是不高興《男士時尚》的虧損。當然，紐豪斯那樣子開辦《男士時尚》，就預料到會出現虧損。[35]一次時尚專題報導的拍攝工作，扣掉高昂的攝影師費用，輕輕鬆鬆就花掉五萬美元，成品的美感總比預算來得重要。[36]然而，如今《男士時尚》的讀者規模，顯然不足以說明未來雜誌會賺錢。

彌補高開銷唯一的辦法就是維持高收入，但費爾登到歐洲參加男性時裝秀回來後，就像烏雲帶來凶兆般表示：「廣告的前景一片黯淡。」[37]同時，《男士時尚》有意為紐約現代美術館的電影收藏計畫籌辦慈善晚宴，屆時就會像他們自己的大都會慈善晚宴。《男士時尚》的特別企劃編輯邦妮・莫里森（Bonnie Morrison）表示，本來她應該以一桌十萬美元的價碼賣出大約四十桌席位。莫里森打電話給自己在香奈兒、湯米・希爾費格和其他時尚品牌的熟人，但大家都不承諾會認購。各家品牌都已經編列當年的預算，沒有十萬美元的閒錢用在一場電影慈善晚宴，就算是《男士時尚》的活動也一樣。晚宴的贊助方是路易・威登，他們只保證貢獻十萬美元，而且出於經濟狀況，他們預計在二〇〇八年支付半額，二〇〇九年再支付另一半。

二〇〇八年十月三十日的早晨，莫里森沒有進辦公室，而是直接前往紐約現代美術館開會。她到那裡後，館方有人告訴她：「我們收到消息說你們雜誌已經停刊了。」[38]

當天早上，《男士時尚》大約三十五名員工抵達辦公室後，康泰納仕執行長查克・湯森便和安娜一同下來辦公室。

「現在的市場狀況就是這樣子，我們必須停辦雜誌。」湯森這麼說：「這本雜誌是我的最愛，我很遺憾雜誌要停刊了。」

費爾登講了幾句話，安娜在一旁大力地點頭，眼框看得到淚水。[39]雖然雜誌的績效消沉是毫無疑問的，金融危機也是現在進行式，雷曼兄弟在上個月破產，經濟的骨牌還在持續倒下中，但雜誌的資深員工還是很震驚。《最佳投資》（*Portfolio*）是一本短命的奢華商業出版品，幾個月後也停辦了，還賠掉公司一億美元，[41]但是當時《男性時尚》的虧損遠遠不及《最佳投資》。[40]二〇〇九年，經濟衝擊導致康泰納仕喪失了百分之三十的營收，公司選擇不再向成立時日尚短的出版品提供資金。[42]然而，就算是開辦比較久的雜誌也無法挺過難關，《美食家》就是其一。

也許因為紐豪斯對雜誌停辦很不高興，又肯定不改沉默寡言的溝通風格，所以沒有下樓和員工說說話。有其他人代他這麼做。隔天，他在辦公室裡和費爾登開會，並以他結結巴巴的說話方式表示：「費爾登先生，我不想這麼做。本來我沒有要這麼做，他們逼我的。我只是要和你說這些。」不用明說也知道「他們」指的就是紐豪斯。費爾登會留任到《男士時尚》完成後續的幾期增刊號為止，之後公司便沒有他的位置，他也就離開了。[43]

《男士時尚》停辦的隔天，安娜對一位很同情她的朋友說：「我向前看了。」[44]

二〇〇八年的財務衝擊是一個轉捩點，對康泰納仕、對整個媒體產業都一樣。各家公司削減廣告預算，雜誌訂閱量下降，也許重中之重是人們的閱讀習慣大幅改變。二〇〇八年後，康泰納仕的雜誌再也無法和過去一樣財源無憂。二〇〇八年上半年，相比去年同期，《時尚》的整體發行量下滑了百分之六，書報攤銷量減少了百分之十五。[45]雖然相比其他雜誌，《時尚》還維持比較久的榮景，而相比其他總編輯，安娜也比較晚放手康泰納仕買單的極致奢侈生活，但整個產業還是迅速地轉移到數位媒介上。面對這個新常態，公司內外任誰都沒有完善的商業模式。

對安娜來說，情況證明她的名氣和毅力已經不足以支撐下面的幾本雜誌。《少女時尚》發現能透過音樂電視網的實境節目《比佛利拜金女》（*The Hills*）宣傳，他們讓節目成員惠妮·波特（Whitney Port）和蘿倫·康拉（Lauren Conrad）到雜誌實習，並進行拍攝[46]（安娜批准了這個合作案，但從未看過節目），效果可謂出乎意料地成功，因此《少女時尚》成功撐了下來。然而，在二〇〇八年年底，《時尚生活》（負責人是漢米許·鮑爾斯）獨立發行僅一期雜誌後，也一樣收掉了。[47]謠言很快開始傳出安娜要退休了，而且《時尚》法國版總編輯卡琳．洛菲德（Carine Roitfeld）會取而代之。

當時安娜經營《時尚》已經二十年了，雖然紐豪斯反駁了那些報導，稱其是「我聽過最白癡的謠言」，這件事還是顯現出一部分的時尚界和媒體界在鼓動權力的挪移。[48]根據公司高階主管的了解，事實上，安娜從來都不可能在那時離開。[49]當年秋天時，她出席了美國國家圖書獎（National Book Awards），《紐約》的記者夏洛特．考爾斯（Charlotte Cowles）向她問起退休一事，她的不悅反應很明顯。

「我很抱歉。」安娜回答她：「我覺得那個問題非常沒禮貌，別問了。」

「我們可以問一下，如果您退休了，之後要做什麼嗎？」

安娜說：「不行，請妳走開。」[50]

然而，對安娜來說，她的盤算裡絕無「走開」二字。

第二十四章　政治參與和慘痛經驗

媒體界經歷了糟糕透頂的一年，到了二〇〇九年的秋天，安娜得到了其他編輯沒有的東西：一部電影。

當然，她已經「有」一部電影了，不過是虛構而成的，沒有講明是改編自她這個真實人物，而且雜誌的運作方式也經過粉飾描繪。安娜計劃趕在《時尚惡魔的聖經》（*The September Issue*）的九月上映日前，於二〇〇九年八月十九日在紐約現代美術館舉行首映會。先前亞曼達．倫伯格在米拉麥克斯負責公關事務，現在則是公關公司西肆貳（42West）的合夥人，也是R．J．卡特勒的公關人員，她在首映會當天巡視了活動場地。安娜的團隊在大都會博物館舉辦慈善晚宴時，習慣要什麼有什麼，因此他們在現代美術館竟然問「是否能出於美觀把藝術品從牆上撤下」。一名館方代表解釋：「那是展示品耶。」[1]

幾個月前，紀錄片的剪輯流程進入尾聲，卡特勒在紐約的蘇活俱樂部（Soho House）為《時尚》員工安排了一場放映會。[2]安娜沒有和她的團隊一同出席，而是幾天後體驗了一場更私人的放映會。她邀請幾位《時尚》的記者一起觀影，包括戲劇評論亞當．格林（Adam Green），和安娜唯一的一位伴娘、也是《時尚》電視評論的瓊．茱麗葉．巴克。[3]之後安娜寫下一些評語給卡特勒，主要的一條是「這部紀錄片好像家庭電影，演著兩個老太太（安娜和柯丁頓）在走廊上你一言我一語。」卡特勒說：「她想知道這部片的魅力何在。」對他來說，這部紀錄片很不一樣，因為在述說身處職涯之巔的兩名女性、描繪他們的相互關係和共事情形。[4]

根據另一名知情人士，安娜還表示也許該是時候讓卡特勒找來另一位導演了。

好在對卡特勒來說，根據他們最初的協議，安娜無權干涉最後的剪輯結果，但他還是很感謝安娜的回饋，也邀請她還有想到什麼評語的話，儘管寄過來。安娜沒有自己寫評語，而是轉發《時尚》團隊的評論。其中一篇以〈搞砸大解析〉（How He Fucked Up）為標題。

安娜設法以她對電影的「支持」換來卡特勒的默許。她理應要出席電影在日舞影展（Sundance）的放映會，但沒有非得要現身。卡特勒並不在乎，如果安娜不支持，他就能以「安娜．溫圖不想要你看到的電影」加以宣傳。[5]

湯姆．弗里歐沒有任何疑慮。[6]《時尚惡魔的聖經》可謂當季最熱賣的紀錄片，全國戲院的電影票都售罄了。最後安娜決定予以支持，不只是出席了日舞影展，還登上大衛．萊特曼（David Letterman）的節目，錄製了一個環節。然而，檯面下似乎不難聽出她的酸言酸語。[7]柯丁頓對安娜說：「好奇怪。電影裡怎麼這麼多我的畫面？」安娜笑了笑，並對她說：「宣傳工作都由妳來做吧，反正是妳的電影。」[8]

《時尚惡魔的聖經》就要公開上映了，但也許安娜把比較多的心思放在二〇〇八年經濟不景氣的持續衝擊。經濟崩盤使購物幾乎成了見不得人的事，抵押品贖回權喪失讓窮人失去了房子，因此就算富人在景氣低迷期間要購物，也只能偷偷來，這重挫了時尚品牌，也讓《時尚》碰上困難。安娜和弗里歐要做的是說服人們重拾購物的習慣。推動買氣，而且是讓人們實際到店裡購物，成為《時尚》全新的無私使命。

安娜安排了所有國際版《時尚》的編輯到巴黎開會集思廣益。她認為許多問題的解答，第一步都是辦派對，眾人提出了時尚不夜城（Fashion's Night Out）活動，期間商店會籌辦慶祝活動吸引人們入店消費。[9]

安娜要時尚界做什麼，他們只會唯命是從，至今已經是常態了，時尚不夜城也並非例外。參與品牌提出了想法後，都要經過安娜的批准，她的回饋經常是「那樣不夠盛大」。[10]

「我心裡想，妳是要我們U2找樂團來表演嗎？」邦妮．莫里森這麼說，當時她任職於時尚公關業。[11]二〇〇九年九月的一個晚上，紐約市超過八百間商店都在舉辦活動，許多是提供免費的酒水。安娜前去皇后區（Queens）的梅西百貨開啟她的一晚，她穿著合身到一點都不差的時尚不夜城上衣和關．史蒂芬妮一起拍照。其他活動包括邀請演員出身的時裝設計師瑪莉凱特（Mary-Kate Olsen）和艾希莉．歐森（Ashley Olsen）擔任調酒師（波道夫古德曼百貨）、《時尚》的自由編輯漢米許．鮑爾斯唱卡拉OK（裘西時裝），還有維娜卡瓦（Vena Cava）的設計師掉進落水池（dunk tank）裡，浸得一身濕〔鳥兒時尚（Bird），位在布魯克林的一間店〕。[12]安娜和她的團隊與群眾廝混在一起，可以說是異乎尋常，彷彿《時尚》始終主張接地氣一樣，但那時是非常時刻。

結果，問題不在吸引人們進到店裡，而是說服人們真的在店裡消費。當晚變得很混亂，最後人們幾乎是在街上聚眾鬧事。這樣的混亂場景並沒有激起買氣，而是使順手牽羊更容易得手。然而，活動持續舉辦和壯大，到了二〇一二年，這個年度活動擴展到了五百個美國城市和全球三十個國家，但二〇一二年後，活動取消了，康泰納仕拒絕提供理由。[13]

時尚不夜城的終結，讓許多業界人士鬆了一口氣。但這個活動也清楚顯示了購物派對並沒有辦法改變經濟低迷的效應，以及高級時尚不是全球問題的萬靈丹，就像九一一事件後一樣。而且在《時尚》之外，大眾普遍認為高級時尚並不值得特別下工夫挽救。

二〇〇九年九月，小比從哥倫比亞大學畢業的幾個月後，R・J・卡特勒的《時尚惡魔的聖經》上映了，大多數評價是正面的。然而，影評曼諾拉・達吉斯（Manohla Dargis）在《紐約時報》上狠批卡特勒寫道：「他的拍法太拍馬屁了，不妨就去那裡上班吧。」並表明安娜支持這部紀錄片，可能只是因為時尚的黑暗面都沒有拍進去，像是「模特兒讓自己挨餓、被剝削的中國勞工粗製濫造時裝贗品，以及動物被殘忍地屠宰、取下毛皮」。[14] 演員席安娜・米勒（Sienna Miller）的封面拍攝是紀錄片的一條故事線，但該片讓湯妮・古德曼和米勒的關係陷於尷尬。[15] 古德曼被拍到她形容米勒的頭髮「黯淡無光」。「對於在鏡頭上那樣說，我已經和席安娜道歉無數次了。」古德曼表示：「我們把她全部的頭髮盤起來，讓她露出臉龐，她的臉蛋很漂亮，這麼做是對的。」

然而，這部紀錄片主要不是衝擊到安娜或《時尚》，而是葛蕾絲・柯丁頓，幾十年來她安於打點業界的辛苦活，如今在六十八歲出名了，但她始終排斥的就是名氣。

安娜不是那種害怕員工功高蓋主的老闆，因此讓這個成名的時刻歸於柯丁頓。

雖然安娜的摯友經常形容她不離不棄，但她還是會斷絕長久的友誼。

二〇一〇年底，安娜決意要採訪艾斯瑪．阿塞德（Asma al-Assad），也就是敘利亞總統巴夏爾．阿塞德（Bashar al-Assad）的夫人，安娜認為她的外表很適合登上《時尚》。這份工作分派給了安娜的朋友瓊．茱麗葉．巴克。

這篇報導碰觸到中東政治，巴克不放心接下這份工作，因為她並非專家。「我不是政治記者。」她這麼告訴編輯。

「我們不是要看到那個。」編輯這麼回覆她：「這篇報導是關於博物館。第一夫人說服羅浮宮（Louvre）幫忙挖掘敘利亞的遺跡。妳喜歡遺跡吧。」

巴克前往大馬士革（Damascus）展開為期九天的旅程，期間沒有如她所期待的造訪帕米拉（Palmyra）的遺跡，但她倒是和第一夫人前往一處青年中心，那裡的青少年在討論民主。她在當地的最後一天，一位突尼西亞水果販引火自焚，也點燃了阿拉伯之春（Arab Spring）。

她一到家就告訴編輯，報導應該緩一緩，但編輯並不同意，還表示：「反正也沒有人會注意到妳的報導。」[16]

《時尚》的傳統是只刊登值得歌頌的人物，巴克為此交出了吹捧性的報導。報導中形容艾斯瑪．阿塞德「迷人、年輕又時髦，第一夫人中就屬她形象清新、魅力出眾」，還稱敘利亞「是中東最安全的國家」。巴克也得到時間採訪巴夏爾．阿塞德，並在報導中指出，他表示自己學習眼外科是因為「這門學問很精準，幾乎沒有突發狀況，也鮮少流血」。報導沒有提到阿塞德是獨裁者（報導刊出的當年，他屠殺了幾千個平民和幾百個兒童），[18]而是指出阿塞德「以懸殊的九成七選票」

贏得選舉。[17]

蘿芮．瓊斯表示，自己告訴過安娜，他們不該刊登這篇報導。專題編輯不會在團體會議上提出這種意見，但他們會向瓊斯表示自己很擔心這種問題，瓊斯便會轉達給安娜。然而，安娜很喜歡艾斯瑪的報導首頁照，她緊握肩上的洋紅色披肩，身後是大馬士革的鳥瞰美景，是否刊登一篇報導，仍舊取決於照片。[20]「我們一次又一次地設法說服她不要刊登。」瓊斯表示：「我們講到人權議題和人民受到的所有屈辱，也提到她的丈夫是個壞蛋，但安娜就是要刊登那張照片，她就是要刊登報導。」

她也想著如果報導出了問題，那就從網站撤下來就好，但卻沒有領悟到——根據瓊斯的說法——網站還很「簡陋」，沒辦法這麼迅速地動作。[19]

幾乎在報導一上線時，就掀起反彈的聲浪。「抨擊來得迅速、激烈又全面。每天我都在網路上被羞辱，被說是敘利亞人的黨羽。我讀著這些批評，心中難以置信。」巴克在回憶錄中寫道。當年，她沒有再從《時尚》分派到任何報導，接著她的合約就被解除了。[21]

報導刊登後，安娜一次也沒有打電話給巴克。[22]兩人的友誼超過五十年前在倫敦萌芽，現在畫上句點。蘿芮．瓊斯在安娜底下二十年了，她表示：「對我來說，《時尚》在編輯上出問題，那一次最具爭議……你懂的，她碰到任何事情都不會不高興。然而，我們都求她不要刊登的那篇報導了。」

瓊斯非常景仰又尊敬安娜，縱使兩人共事多年，偶有意見不同，但一直到颶風珊迪（Hurricane Sandy）在二〇一二年十月底襲擊紐約市後，她才慎重地重新斟酌自己的角色。颶風珊迪造成紐約市和周邊區域前所未見的毀壞，還使整個曼哈頓市區斷電好幾天。地鐵站淹大水，也因此停擺，導致市內運輸一概癱瘓。

颶風遠離後，安娜打電話給她說：「蘿芮，明天我要大家都回到崗位。」她始終是一樣的態度：大家重新站起來，繼續往前走。

然而，過著安娜這種生活，要繼續往前走才比較容易。雖然她住在曼哈頓市區，但得以往市郊移動到馬克飯店（Mark Hotel）這個愜意之境，她在那裡有電、有熱水，又有奢侈的享受。她有專車送她上班，但同時她的員工正從停電的公寓出門，步行穿越布魯克林大橋（Brooklyn Bridge）到辦公室。

瓊斯身在康乃狄克州，樹木傾倒擋住了她的出路，因此沒辦法去上班，她不打算跋涉走過殘骸，直到發現路上有汽車路過，再設法搭便車。幾個月後她便退休了。「經歷那些事實在太累了。」她這麼說。[23]

二〇一一年七月五日，安娜出席了好友卡爾・拉格斐在巴黎的香奈兒時裝秀。她經常穿著香奈兒的服飾，因此這樣的時裝秀一直是她的入手良機，也方便她得到雜誌的靈感。然而，這次她不能像平時一樣悠哉購物，因為隔天法國總統尼古拉・薩科吉（Nicolas Sarkozy）要頒予她榮譽軍團勳章（Légion d'Honneur），這是法國的最高榮譽之一，因此她需要有好衣服能穿。

時裝秀一結束，安娜就和泰利一起前去香奈兒的巴黎總部，她就住在對街的麗思酒店。這種購物體驗可謂世界一等一的精緻，安娜也認真以對。這個時裝總部有一道著名的階梯，幾位香奈兒員工會在階梯頂層歡迎著安娜，接著她會進到一個房間，看到衣架上掛著服飾。她會從中挑選、試穿，泰利便會適時給予意見。當晚，他建議安娜試試白色鑲邊的海軍藍套裝。安娜進到試衣間把衣服穿上，接著走出來望向鏡子，並問了泰利的想法。通常一件高級訂製服的製作過程中，安娜會試裝三、四次，但授勳典禮就在隔天了，因此那些服飾快速地依據她的身型修改，當晚就送過去給她（她和平常一樣，腳踩上面有交叉布面設計的曼諾洛・布拉尼克涼鞋，某些特殊場合比較有準備時間，就像慈善晚宴，他們會把服裝的布樣送過去義大利，方便鞋子的訂製）。

隔天早上，泰利陪著安娜出席典禮。他發現和安娜共度社交時光「一刻都不得閒」。授勳儀式在愛麗舍宮（Élysée Palace）舉行，泰利坐在角落，拿著安娜的皮包。拉格斐、唐娜泰拉・凡賽斯和湯米・希爾費格都是座上賓。後來泰利和安娜坐回車上，前去美國大使館參加招待會。安娜發現手機不見了。「你把我的手機拿去哪裡了？」她問泰利。

「我沒有拿妳的手機。」他對安娜這麼說：「妳沒有從皮包裡拿出來。我從來不會翻女人的皮包。」

他們抵達招待會後，泰利打電話到麗思酒店，要門房查看安娜的手機是否在房間裡。對方在安娜的辦公桌上找到了手機，並送到大使館。泰利把手機遞給安娜時，她咕噥一聲、撥一撥頭髮，接下了手機。

隔天早上，安娜把麗思的信封撕開當作便條，並寫信給泰利，謝謝他的一切幫忙。[24]

時尚界本身就頗為傾向支持民主黨，這是不用多說的，但只要讓安娜和民主黨的結盟，就能搭上整個時尚界。

巴拉克・歐巴馬（Barack Obama）不只是一次，而是兩次幸運地成為《男士時尚》的臉面。第一次是登上二〇〇六年的九／十月號雜誌，當時他是參議員。第二次則出現在二〇〇八年十月號雜誌，那時他第一次的總統競選活動進入尾聲。一直到歐巴馬獲得二〇〇八年的民主黨提名，他的競選團隊都很感謝安娜・溫圖對歐巴馬的支持，當時幾乎每一個紐約人都還是希拉蕊・柯林頓的忠實支持者。「我不會把不是自己的功勞攬在身上，但我認為是我建議她支持巴拉克・歐巴馬的。」謝爾比・布萊恩這麼表示，他曾聽過歐巴馬的演講：「我對她說：『選出一位非裔總統對美國人，尤其是非裔族群來說很重要，他也相當有能力。』她隨即就全力支持他。」[25]

安娜也希望邀請希拉蕊登上其中一期《時尚》。「各位想想看我有多驚訝。」她在編輯的話中寫道：「我得知希拉蕊・柯林頓，也就是唯一有望登上總統大位的女性，決定在競選活動的這個階段迴避我們的雜誌，因為她怕自己看起來太柔弱。現代女性追求權力必須有強硬的模樣，旁人才會認真看待她們，我聽到這樣的觀念實在很失望。我們的文化怎麼會成了這個樣子呢？一位參議員只是細微無比地露出乳溝，《華盛頓郵報》怎麼就避之唯恐不及了呢？這裡是美國，不是沙烏地阿拉伯。」[26]希拉蕊之所以拒絕登上雜誌，無關女性氣質的整體性問題，而是因為安娜轉投歐巴馬陣營，或許安娜這麼寫是在精明地掩飾這種可能性。

歐巴馬第二次的《男士時尚》封面問世前，安娜一不做二不休，出力為歐巴馬募款。過去幾十年的時間，安娜一直把政治內容放進《時尚》中，無論讀者有沒有興趣，她都希望每一期都有政治報導。茱莉亞・里德（Julia Reed）曾撰文介紹過總統大選的兩方人馬——小布希（George W. Bush）和副總統艾爾・高爾、小布希的國安顧問康朵麗莎・萊斯（Condoleezza Rice）等政治人物。如今安娜施展自己的慈善才幹，以左右選舉。二〇〇八年六月，歐巴馬取得民主黨提名後，安娜和安德烈・里昂・泰利、凱文・克萊和謝爾比・布萊恩主理了一次募款活動，當時主客是蜜雪兒・歐巴馬（Michelle Obama），她已經在試水溫，建立自己時尚指標的形象了。捐款人以一萬美元的價碼就可以在克萊家中和她共進晚餐。[27]

歐巴馬的競選活動中有一項倡議稱為「改變的伸展台」（Runway to Change），納西索・羅德里奎茲和王薇薇這樣的設計師會設計無袖上衣和托特包等單品在歐巴馬的網站上販售，收益會投入競選。二〇〇八年九月時，安娜和演員莎拉・潔西卡・帕克（Sarah Jessica Parker）主辦了一場雞尾酒會，也是倡議的一項活動。[28]這些募款系列都是安娜的心血。每次有新貨開賣，在一天內就會售罄。每次的總統大選年，安娜都會以這樣的倡議作為自己的主力募款活動，使她被譽為歐巴馬最認真又好合作的募款人之一。[29]競選團隊認為安娜舉辦了募款成效甚佳的活動，但又不求回報。許多募款人的籌措金額遠遠不及安娜，但卻要求百百種，像是他們要和家人一起親自見上歐巴馬十五分鐘。安娜以軍事化的精準管理方式籌辦募款活動，如同從家庭派對到慈善晚宴的所有活動一樣，因此競選團隊很好辦事。[30]雖然安娜不可能沒有想過要邀請蜜雪兒・歐巴馬登上《時尚》封面（最後她三度登上雜誌封面，每次都給予《時尚》整整一天的時間，對她這種位居高位的人物，這麼長的時間很可觀）[31]，但她的心思無疑以大局為重。

二〇一二年時，安娜持續和大牌好友一起舉辦別緻的募款晚宴。她打電話給湯姆・福特，邀請他在倫敦的家中和自己主辦一場晚宴。[32]「我總會答應，因為我贊成這麼做。」福特表示。「我覺得自己好不中用。」他還這麼說：「大部分時候，我只是捐錢，安娜則實際參與其中。」

當年的民主黨全國代表大會後，歐巴馬的競選團隊需要經費，他們自然而然找上了安娜。團隊打電話給安娜，詢問她是否能為他們出更多力，還附上了一項誘因，表示她很適合擔任大使，雖然或許安娜不需要好處也會答應。

歐巴馬勝選後，駐各地的大使開始卸任，位置才能輪到其他人，競選團隊意識到，他們必須兌現給安娜的提議。安娜的名字被當作駐英大使的潛在人選，提給了歐巴馬，這是最夢幻又享有聲望的位置。歐巴馬認為她很值得考慮。從安娜舉辦的所有募款活動中，競選團隊已經相當了解她了，而且沒有發現不適任的警訊。

然而，競選團隊的財務主席馬修．巴茲（Matthew Barzun）對駐英大使的位置表示了興趣。巴茲的權勢順位排在安娜前。然而，安娜為競選團隊貢獻那麼多，他們還是有欠於她，至少要和她談一談這個位置。

歐巴馬的顧問艾莉莎．馬斯托蒙納克（Alyssa Mastromonaco）前去和安娜會面，並告訴她巴茲有意擔任駐英大使。安娜聽得出來她的意思，也就是巴茲會優先取得這個職位，但她很欣賞馬斯托蒙納克有勇氣當面對她說，畢竟競選團隊的男性在大選後，甚至沒有費心要告訴她任何事情。安娜對這則消息沒有表現出任何不悅，她對這種事很了解。

馬斯托蒙納克有一項任務是詢問安娜，有沒有任何她感興趣的職位。「法國如何呢？」她這麼問安娜。

「我不知道耶。」安娜表示：「我一開始的想像不是這樣。他們要我考慮一下，我會考慮的。」

然而，馬斯托蒙納克回報給歐巴馬的團隊，表示自己要安娜考慮法國時，他們表示國務卿希拉蕊．柯林頓卸任前的唯一要求，就是要避險基金經理馬克．拉斯瑞（Marc Lasry）拿下法國，他也是歐巴馬的募款人。馬斯托蒙納克都對安娜說出口了，歐巴馬不想出爾反爾，但他感覺自己別無選擇，因為希拉蕊就要求這麼一件事。[33]（拉斯瑞從未成為駐法大使，報導稱他和賭博集團有掛勾，因此退出了候選名單。）[34]

安娜似乎不介意駐英大使的職位無望了。[35]雖然媒體報導她在謀取大使職位，以離開康泰納仕，但歐巴馬團隊始終不清楚她是否真的有意更進一步。她的上司小賽．紐豪斯和查克．湯森也無從得知。[36]她從未對他們提出自己有可能離開公司，去擔任大使。紐豪斯也不擔心這件事，心想她永遠不會放棄自己的氣派工作和權力大本營，然後擔下大使這種吃力不討好的位置，接受相對微薄、六位數出頭的薪水。富人接下大使的位置時，薪水通常是走走形式而非誘因。駐外大使必須自行負擔娛樂費用，安娜是否能或是否願意承受這種重擔，就不得而知了。

然而，她有其他更進一步的方法。安娜在選後向旁人透露，好事會降臨在自己身上。[37]她擔任大使的可能性出現變動後，不久康泰納仕終於宣布了她的升遷，人們以為她在二十年前就會得到這個位置了，也就是公司的藝術總監，這個職位讓她得以統轄《時尚》加上幾乎所有其他的康泰納仕雜誌。

安娜沒有向老朋友安．麥納利提到升遷的任何事情，麥納利是從媒體知道的。[38]她寄簡訊恭喜安娜，安娜回覆她：「安，謝謝妳，我可能會為此受到很多抨擊。」

第二十五章　藝術總監安娜・溫圖

二〇一二年年底，邁入八十五歲的小賽・紐豪斯不再執掌雜誌部門的日常職務。「連想都不用多想，安娜最有資格接下指揮棒，握緊大權向未來跑去。」當時康泰納仕的執行長查克・湯森這麼說。安娜坐上藝術總監的位置，隨即成為「雜誌發行界最有威望的女性」，《紐約時報》報導稱。[1]小賽・紐豪斯的王國如今是安娜的囊中物了。

公司在二〇一三年三月十二日宣布安娜的升遷，她得到拔擢當然有其理由：安娜如今六十三歲了，顯然把《時尚》經營得有聲有色，這本雜誌一直是公司的活招牌。安娜表示，她認為這個角色「幾乎是一人顧問公司」，她在擔任總編輯之餘就已經在提供意見、協助把設計師引薦給投資人，或撮合設計師和時尚品牌，因此前後兩個職位的性質類似。[2]其實，她一直在充當整個時尚界的藝術總監。

對公司的一些編輯來說，這次任命似乎沒有道理。除了《時尚》外，安娜還成功經營哪些雜誌了？《男士時尚》、《時尚生活》和《家園》都以失敗收場。現在她如何能成功地管理接近全部的康泰納仕出版品呢？畢竟其中囊括了《連線》（*Wired*）、《高爾夫文摘》（*Golf Digest*）和《新娘》（*Brides*）等雜誌，可以說是五花八門。

藝術總監的位置比起經營單一的雜誌品牌，需要不同的技能組合。安娜從擔任《時尚》總編輯以來，得心應手地推動了單一的願景，但如今這不是重點了，她得要扶持各家編輯實現各有不同的理想。安娜從經驗中了解，無論紐豪斯有什麼缺失，他還是促進了各式各樣編輯面的理想。他確實很喜歡激起各家雜誌、各個總編輯間的競爭。（《浮華世界》的總編輯格雷登・卡特禁止自家編輯在電梯裡討論報導內容，深怕其他的康泰納仕雜誌會捷足先登地報導；《男士時尚》和《紳士季刊》的敵對關係也很激烈，[4]安娜和費爾登一同現身男裝週時，貌似刻意冷落了《紳士季刊》的編輯，他們很不高興。）[3]然而，雖然紐豪斯偏心旗下的特定幾本雜誌，但他幾乎不會干涉編輯。[5]相反地，安娜管理《時尚》幾乎從不參考員工的意願。理想是她訂下的，也只能是她訂下的，人們要樂於實現她的理想，才會得到錄用，無法或不想這麼做的員工是待不久的。

安娜、格雷登・卡特和《紐約客》總編輯大衛・雷姆尼克（David Remnick）的直屬上司一直是紐豪斯（他生病後，三人開始聽命於湯森），而繞過了公司的編輯總監，例如，湯姆・華勒斯（Tom Wallace）和前任的詹姆斯・楚門。這樣的上下級結構沿用下來了，也就是安娜管理所有的總編輯，唯獨卡特和雷姆尼克仍是湯森的直屬下級。然而，高層都明白，安娜的升遷可能會造成尷尬的局面，因為她依然是《時尚》的總編輯，代表其他總編輯如今要聽命於競爭對手，但高層希望提拔安娜成為公司門面，對潛在隱患的擔憂不足以讓他們卻步。[6]

安娜拿下這個職位的時間點，就財務角度來說，已經不可能讓每本雜誌各自為政，代表在運作方式上得有貫徹的變革，使各方的相互關係更加複雜。印刷版雜誌是安娜擅長的領域，但這種媒體形式正搖搖欲墜，加深了公司未來的財務不確定性。康泰納仕還有多少時間，能依賴印刷版雜誌作為主要的收益流呢？各家雜誌在安娜的監督下，必須保持眾人皆知的高標準，同時持續削減成本。

二〇一〇年，康泰納仕削減部分雜誌百分之二十五的預算，因為先前公司請來麥肯錫（McKinsey & Company）的顧問，針對經濟不景氣的餘波提供應對的建議，並得出這個數字。[7]然而，情況始終不見好轉。二〇一二年年底，新聞透露康泰納仕旗下雜誌在二〇一二年夏天，被要求減少次年預算的百分之十，現在又要降低百分之五（紐豪斯的幾本心頭肉雜誌不在此限，包括《紐約客》）。[8]

這些事顯然是壞消息：安娜擔任康泰納仕藝術總監的成功之路上，碰到了非同小可的障礙。然而，這些事同時也是好消息：雜誌業如此慘澹，無論安娜有什麼作為，她可能犯下的錯誤，都能以產業耗弱加以掩飾或當作理由。

安娜的職掌有所成長，她的馬斯蒂克莊園也向外擴展了。二〇一三年夏天，安娜以三十五萬美元購置了相鄰的六英畝土地和房屋，不到開價金額七十九萬九千美元的一半。[9]現在她的莊園在河流上下方各有一棟房子，還有兩座游泳池和許多改建倉房，大部分倉房當作客房，但有一處「小酒館倉房」是用餐場地。

安娜在馬斯蒂克的模樣和在辦公室裡截然不同。「我們可能會一天走上十英里，就只是在屋子間來來回回、做做雜務、搬搬東西，以及擺擺餐桌。」麗莎．樂芙表示：「她會問妳是否需要浴巾，看起來是微不足道的細節，但她就和大家一樣。你去拜訪任何朋友都是這樣。『我倒杯水給妳好嗎？妳要喝什麼嗎？』這樣裡裡外外的款待在辦公室裡似乎不明顯，但她在家裡真的是這樣子。」[10]

為了在早上八點打網球，安娜會穿上深藍色或褐紅色的普拉達運動服，她喜歡以此開啟在馬斯蒂克的週末時光。「她從來不會失誤。」米蘭達．布魯克斯這麼說。接著，她會和布魯克斯巡視花園，找尋需要修整的植物。[11]正餐時間時，安娜的私廚會準備大量的食物，羊肉、魚肉、雞肉、冷湯和烤馬鈴薯，料理都是一盤盤上桌，大家自行取用。[12]布魯克斯曾設法說服安娜在花園裡栽種蔬菜，但她不願意，因為「她不喜歡吃青菜」，布魯克斯表示。[13]〔事實上，康泰納仕的辦公室搬遷到世界貿易中心一號大樓後，安娜午餐的不二選擇是附近棕櫚餐廳（Palm）的牛排和卡布里沙拉不加番茄。〕[14]

瑪斯蒂克的午餐和晚餐會大約有三十個人供襄盛舉，[15]開溜失敗就得要玩遊戲，例如，有一個遊戲是桌邊人人必須講出——舉例來說——一個六〇年代的藝術家，如果輪到你了，但你想不出來，就必須像安娜一樣把一杯水從頭上淋下去。[16]晚餐後，賓客可能會移駕到莊園的其中一個倉房，那裡有一顆小型迪斯可球在轉著。大家會喝酒跳舞，安娜很喜歡跳舞，[118]所以她也不例外，然後在大家離開前就不見蹤影了。[17]

每年夏天，她會為親朋好友舉辦馬斯蒂克夏令營（Camp Mastic）。他們可以參加藝術課、游泳或唱歌，當然也可以和安娜的教練打網球（或羅傑．費德勒，有一年他為了安娜的生日前來參加）。「她會舉辦完整的網球活動，獎盃什麼的一應俱全。通常是她們家的人拿下勝利，球賽非常激烈，她家就是這樣。」麗莎．樂芙這麼形容。她也會「經常安排電影之夜、賭場之夜和各種主題活動，她很喜歡開派對」。[19]她佔地四十英畝的豪華莊園正好位於長島的勞動階級區域中，她似乎依然覺得這樣的地理位置很荒謬好笑，曾開玩笑地製作「馬斯蒂克高級濱海區」（Mastic Sur Mer）

T恤送給全體賓客。[20]

她買下房子的十八年後，一定是認為樹籬終於夠茂盛了，足以讓花園首次接受拍攝登上雜誌。然而，布魯克斯和安娜看到《紐約時報》旗下的《風尚誌》（*T*）的報導後，兩人很不開心。「我認為他們看到安娜如此任憑花園自然生長，就覺得見獵心喜，因此有點故意挑選特定的照片，讓花園看起來好像很雜亂。」布魯克斯說。「她的花園茂盛又芬芳，夏天會開出好多花朵，也有許多漂亮的地方能走走，但照片都沒有拍出來。」她還補充：「這般景色是精心照顧的成果。」[21]

二〇一四年年初有一個文化現象在時代潮流中達到巔峰，因此安娜當然對其有所打算。當時金．卡戴珊（Kim Kardashian）和饒舌歌手兼時裝設計師肯伊．威斯特（Kanye West）已經是安娜的多年好友了，兩人要共結連理。[22]安娜對葛蕾絲．柯丁頓說：「金和肯伊要結婚了。何不找來《週六夜現場》（*Saturday Night Live*）的演員扮演他們進行拍攝呢？」

柯丁頓回答她：「這樣的話，如果我們能請到他們，要不就直接用本尊吧？」

「天啊！」安娜這麼說，她意識到這麼做才對，並向柯丁頓露出了驚喜的眼神：「成果會很不錯的。」[23]

拍攝正式敲定前，安娜和威斯特當面進行了討論，這次拍攝會是《時尚》品牌的轉折點。[24]那些年來卡戴珊這號人物要出席慈善晚宴一直受阻。她終於在二〇一三年五月第一次如願以償，溫斯頓．沃科夫心想，安娜真的出賣靈魂了。當時溫斯頓．沃科夫不再負責籌劃晚宴，但依然和安娜交好，她也理解為什麼安娜改變了心意。「到頭來，《時尚》還是在賣雜誌。」她表示：「我認為到了特定的時間點，你還是得順應整個文化和大眾的口味。」[25]

後來安娜談及這次封面人物的選擇：「金和肯伊是當下的熱門話題之一，要是《時尚》不認清這個事實，就會是一大失策。然而，同時我也知道他們登上封面會造成很大的爭議，我們許多讀者和受眾會很震驚。」[26]

她知道自己得讓整件事保密到家。柯丁頓幾乎從不設計名人的造型，但找來許多設計師為卡戴珊訂製婚紗。有時柯丁頓為了拍攝工作會委託設計師訂製服飾，她在自己的代表作〈愛麗絲夢遊仙境〉（"Alice in Wonderland"）跨頁報導中，就要求約翰・加利亞諾和卡爾・拉格斐等設計師以全藍色設計服飾。訂製卡戴珊的婚紗時，柯丁頓只提供了她的三圍。設計師也許從這些數字感覺得出來他們在設計誰的婚紗，但一直到卡戴珊現身試裝後，他們才得以證實。[27]「所有的設計師都超級興奮。」漢米許・鮑爾斯這麼說，封面報導的文字由他負責。[28]

柯丁頓提早從巴黎時裝週離席，祕密地進行拍攝，《時尚》員工便知道有什麼大事。《時尚》的時尚新聞總監馬克・霍蓋特猜想，其實她是動身為劍橋公爵夫人（Duchess of Cambridge）凱薩琳・密道頓（Catherine Middleton）拍攝。[29]

柯丁頓和鮑爾斯前去洛杉磯偕同安妮・萊伯維茲進行拍攝，安娜要兩人喬裝一番（雖然跨頁報導中有夫妻倆沿著巴黎塞納河（Seine）漫步的照片，但其實他們是在洛杉磯的一處私人機場跑道上奔跑以進行拍攝，接著再後製上巴黎的場景）。如果有什麼人看到《時尚》的員工出現在萊伯維茲和卡戴珊身旁，就會知道照片會刊登在哪本雜誌。因此，柯丁頓用圍巾纏繞起自己的頭髮，塞進帽子底下，因為人們一眼就能認出她一頭蓬鬆的紅髮，她還戴上了深色墨鏡。[30]霍蓋特記得藝術部的展示板還掛著模特兒凱特·阿普頓（Kate Upton）的封面，金肯夫妻檔的照片才不會外洩到媒體那裡去。

有天安娜把霍蓋特找來辦公室，討論五月號雜誌的編輯的話，以往每個月都是霍蓋特負責撰寫。霍蓋特一踏進她的辦公室後，兩件極不尋常的事發生了。首先，她的助理在霍蓋特身後關上了門。接著，安娜從辦公桌後走了出來，手裡拿著一個文件夾。一切都太奇怪又誇張了，霍蓋特還一度以為自己要被掃地出門。

「馬克，我想給你看一樣東西。」她這麼說，接著從文件夾裡拿出真正的封面：「這是最高機密，這才會是封面。我要你撰寫另一個版本的編輯的話。」[31]

封面照片中，卡戴珊穿著亞伯·艾爾巴茲（Alber Elbaz）在浪凡（Lanvin）的設計——一件象牙白的A字型公爵夫人緞面婚紗，威斯特則身穿海迪·斯里曼（Hedi Slimane）設計的聖羅蘭深色西裝外套。封面終於問世了，但隨即遭致反彈。#抵制時尚雜誌（#boycottvogue）的標籤登上了推特（Twitter）的流行趨勢，人們也揚言要退訂雜誌，過去廣大群眾欣然接受《時尚》長期宣揚的時尚優越感，往後會為此奚落安娜。[32]

柯丁頓不是特別中意這組照片。[33]她很喜歡其中的一張，照片中金和她的小孩諾絲（North）在自拍，肯伊則在一旁拍下兩人的幸福模樣，但她覺得其他刊登的照片——兩人在私人飛機上、塞納河旁邊，以及搭在一台消光黑藍寶堅尼（Lamborghini）上——都「太不出所料又正常」了。

霍蓋特和安娜一起出席過許多時裝秀，這件事本身就是不同凡響的體驗。通常安娜會提早到現場，前去後台查看整個系列，接著走到她的座位。她可能會對霍蓋特說：「好多斜紋軟呢，」或是德姆納．格瓦薩里亞（Demna Gvasalia）在巴黎世家（Balenciaga）推出第一個系列時，她就表示：「他的系列看起來很不錯，我們送出報導邀請了嗎？」她的一句話讓霍蓋特得趕在系列在他面前走上伸展台前，趕緊從位置上向巴黎世家寄去電子郵件，要求以瓦薩里亞的巴黎世家首作進行專題報導。（霍蓋特表示，前排的對話都環繞著公事。「我不會跟上司閒聊說，」他形容：「我不知道耶，『啊，我剛在丹佛街市集（Dover Street Market）看到一件好好看的巴黎世家夾克。』」）

然而，安娜不只有權限能事先查看一流的時尚系列。就算是每天和她共事，有時也會覺得她在媒體文化界的地位似乎非同小可。霍蓋特曾到肉品包裝區（Meatpacking District）的蘇活俱樂部，出席一場狹小放映室裡的特別會議，便親身體會這件事。安娜應演員休．傑克曼（Hugh Jackman）的要求，還集結了漢米許．鮑爾斯、市場總監維吉妮亞．史密斯、數位創意總監莎莉．辛格和娛樂編輯吉爾．德姆林，霍蓋特覺得這場會議「很不真實」。傑克曼就當時尚未開拍的電影《大娛樂家》（*The Greatest Showman*）進行簡報。他詢問在場團隊對戲服和選角等方面的意見，霍蓋特感覺得出來他和安娜是朋友。傑克曼還徵求女演員的人選，她要適合穿古裝，又得有一副好歌喉，霍蓋特推薦愛黛兒（Adele，但最終不是她拿下角色）。

《時尚》在二〇一七年九月號雜誌刊登了《大娛樂家》的專題報導，並以電影的上映當作報導主軸，搭配一組安妮．萊伯維茲所拍攝的照片。報導內文出自鮑爾斯之手，形容傑克曼「的魅力有違常理」。經過那次相當特別的會議，他才了解安娜的影響力一如往常在幕後作用著，但《時尚》

的讀者永遠不會知道，因為報導裡從頭到尾沒有提及那次會議。[34]

如果安娜成為康泰納仕的藝術總監後，各家總編輯對她有所提防，也是情有可原的事。每次她成為一本雜誌的總編輯後，首要之務就是開除大部分的現存員工，然後找來自己的人馬。然而，購物雜誌《幸運》（*Lucky*）的總編輯布蘭登·霍利（Brandon Holley）決定嘗試和安娜積極地合作。當時《幸運》深陷泥沼，二〇一二年的廣告頁面已經下滑了百分之二十，截至二〇一三年四月又減少了百分之二·七。[35]

安娜升遷前，霍利就得到了高層的支持，她希望安娜能協助《幸運》洽談到比較出色的攝影師和模特兒。霍利認為數位才是《幸運》的未來，雖然她很在乎印刷版雜誌，但視其為苟延殘喘的媒體形式。安娜在時尚界手握龐大的權勢，對改良印刷版雜誌比較志在必得。[36]她主要考量雜誌的視覺性，沒有干涉報導文章。[37]然而，她很快就涉入《幸運》的細微面向，包括參與試裝。不久後，安娜一週內會好幾次去《幸運》的樓層，對霍利和其他編輯指手畫腳，促使他們往高級時尚的方向移動，老實說看起來就像《時尚》的風格。

二〇一三年四月，安娜上任成為藝術總監的大約一個月後，她找來任職於《少女時尚》的陳怡樺（Eva Chen）到《幸運》「提供意見」。到了六月時，霍利就被開除了，陳怡樺獲任為《幸運》的新任總編輯。[38]從康泰納仕的員工看來，安娜想要是自己的人馬坐在這些總編輯的位置上，[39]但時任康泰納仕總裁鮑伯·索貝爾格（Bob Sauerberg）表示，這次人事變動不只是安娜的決定：「我和安娜會考量許多財務、消費者指標和企業策略的資訊，一同評估每次重大的決策。我們會聽取各個群體的意見，並一起下決定。」[40]

不只是《幸運》的員工開始擔心自家雜誌看起來像《時尚》的翻版。《悅己》（*Self*）的總編輯露西．丹齊格（Lucy Danziger）由《柯夢波丹》的張喬伊絲（Joyce Chang）取而代之後，也經歷了拍攝上的高級時尚大改造。不久後，《悅己》的封面開始是瓊．史摩絲（Joan Smalls）和坎蒂絲．史汪尼普（Candice Swanepoel）這樣的模特兒穿著時髦的鏤空泳裝，而非菲姬（Fergie）這樣的名人穿著短褲，辦公室上下都諷刺《悅己》是「陽春版《時尚》」。一名高層坦承，安娜採取這個作法是失策了。[41]

她擔任藝術總監的前幾年，以李蜜雪兒（Michelle Lee）換掉了《誘惑》的長期總編輯琳達．威爾斯，以皮菈．古茲曼（Pilar Guzman）取代了《悅遊》（*Condé Nast Traveler*）的克萊拉．葛洛齊斯（Klara Glowczewska），緊接著把這些雜誌改造成近似《時尚》的風格。康泰納仕的辦公室本來在時代廣場四號大樓，周圍是多采多姿的劇院和餐廳，現在搬遷到世界貿易中心一號大樓，位在紐約的金融區（Financial District），相對地枯燥乏味。員工都深有同感，康泰納仕的雜誌在安娜的管理下，原創性正在流失。[42]整個產業都在衰退，她在這個位置上，也許對提高各本雜誌的績效，沒辦法有什麼作為。然而，她似乎接二連三地在失算：《幸運》在二〇一四年和線上零售商碧明特（BeachMint）合併，但對方卻在二〇一五年結束雜誌；[43]《悅己》在二〇一七年停止發行印刷版，不料二〇一八年輪到了《魅力》和《少女時尚》。[44]眼看以上的種種發展，各家雜誌的員工都在納悶，安娜的升遷到頭來究竟是不是好事。

這整個過程中，安娜的團隊預計她會比較少參與《時尚》品牌的事務，因為現在她有這麼多職責。然而，就他們看來，她並沒有放手任何《時尚》和《少女時尚》的職務，反而有些日子清晨四點就起床（雖然有時她會賴床到五點半），[45]並要求《時尚》的員工依據她的行事曆安排會議，而非想找她討論事情時，就飄進去她的辦公室又飄出來，以此每天擠出更多時間。[46]她對《時尚》業務的參與「其實毫無變化。」漢米許．鮑爾斯表示。

鮑爾斯始終認為安娜的作息很不可思議。他們在二〇〇年代早期一同出席了巴黎時裝週，鮑爾斯參加了會後派對因此晚歸，在凌晨四、五點間回到麗思酒店。他晃過門口時，安娜剛好要外出到城外打一小時的網球。「早安！」兩人擦肩而過，安娜對他說，並笑了笑。到了早上九點，安娜打完了網球、回到市區，又整理好妝髮，坐在當天第一場時裝秀的前排座位，呈現完美無暇的樣子，旁邊的鮑爾斯則累壞了。[47]

《浮華世界》的總編輯格雷登．卡特希望盡可能不要和安娜有所來往，安娜似乎也感覺到了。她升遷後，沒有試圖要管到卡特頭上，但設法把他的雜誌納入到自己的成本削減計畫下。二〇一六年夏天的某天，安娜打電話給卡特告訴他：「我們要把你們的藝術、攝影、事實查核和文稿部門移到別的樓層和其他雜誌合併。」

卡特正前去舊金山參加《浮華世界》的新銳企業高峰會（New Establishment Summit），聽到她這麼說後氣炸了。《浮華世界》的報導很錯綜複雜，他認為需要有專責的事實查核團隊，而且他們不必同時還要處理《少女時尚》等雜誌的業務，報導品質才最有保障。「妳他媽的在開玩笑吧，我要上飛機了，我現在不想跟妳講這些。」他這麼說。

他回來後和安娜提起了這件事。「妳沒有和任何人提到這件事，就直接做下去了，這樣不合理。」他表示。

她回答：「你錯了，我和非常多人談過。」

卡特問她：「妳和誰談過？」

安娜回答：「矽谷那裡的人。」

「他們懂個屁啊？」卡特這麼說，不只是他一位總編輯為此動怒，大家都不想失去對自家團隊的掌控。

卡特正處於續約的過程中，他接下去商討合約內容時，提出了兩項條款：他不會被要求到高層主管的樓層參加會議，也就是安娜的編輯專責小組（Editorial Task Force）會議，她會邀請知名人士和康泰納仕的多位總編輯對談；[49]他的員工也不會受到約束。

先前卡特認為安娜很支持自己。她會把《時尚》和《家園》的撰稿工作派給卡特。卡特擔任《浮華世界》總編輯的頭兩年，這份工作感覺起來特別困難，但安娜讓他很安心。「我沒有聽到小賽對你有任何疑慮。」安娜對卡特這麼說。

然而，經過二十多年到了如今，那種感覺已不復存在。[48]

安娜的權勢在康泰納仕內部穩定茁壯，同時在公司外部也在增長。二〇一四年五月五日週一，安娜的兒子查理和大學時的青梅竹馬伊莉莎白・科德里（Elizabeth Cordry）結婚的大約兩個月前，[50]蜜雪兒・歐巴馬造訪了大都會藝術博物館，剪綵啟用安娜・溫圖服裝中心（Anna Wintour Costume

Center）。

「安娜不只對時尚界大有貢獻，對這個重要的博物館也是如此，我來到現場是因為我深感佩服。」第一夫人蜜雪兒表示。[51]這處中心進行了改建，並刻上安娜的名字，館內有服裝典藏館的展示廳、一處圖書館、服裝保存實驗室和多間辦公室。這處中心得以成形有賴於億萬富翁蒂施（Tisch）家族的捐獻，他們是重要的藝術慈善家，[52]加上安娜舉辦慈善晚宴將近二十年，籌措而來的善款在這次也是無可或缺。

「其實我今天來到現場是因為安娜。我來到這裡是因為我十分尊敬和仰慕這位女性，我很榮幸能說她是我的朋友。」蜜雪兒・歐巴馬對眾人這麼說，當時有許多重要的時裝設計師在場，形成浩大的陣容，其中有普羅恩薩施羅的傑克・麥克洛和拉薩羅・赫南德茲、馬克・雅各斯、奧斯卡・德拉倫塔、唐娜泰拉・凡賽斯、凱文・克萊和雷夫・羅倫。[53]她還補充道：「只有少數人能出席時裝秀或在特定的百貨公司購物，但時尚並非他們獨享。只要在乎時尚、關心時尚對文化和歷史的影響，這個中心就是為你而打造的。」[54]

這個中心表彰了她的慈善作為，正是安娜朝思暮想的成就，她曾和朋友這麼說過，而且勝過在出版界收穫名聲或在辦公室裡多管理幾本雜誌。[55]也許正是如此，當天早上安娜顯露出了另一面，她的員工鮮少看到她這樣激動、滿溢著驕傲，臉上明顯看得出歡喜之情。[56]

原先坎蒂・佩特・普萊斯是《時尚》的飾品編輯，後來轉任為造型網的執行時尚編輯，但在經歷經濟不景氣後遭到裁員，安娜自此在造型網便沒有了耳目。造型網顯然請不起佩特・普萊斯後，安娜簽核了她的開除令，對網站業務的參與也隨之減少。[58]

二〇一〇年，康泰納仕把造型網整併進費柴爾出版公司（《女裝日報》的母公司），並把網站的員工移到費柴爾的辦公室後，安娜進一步和網站脫節。此舉是希望造型網能脫離康泰納仕和安娜，以前所未有的獨立程度運作，網站的編採內容也開始取得佳績。然而，安娜認為這樣的數位策略並不合理。《時尚》是時尚媒體的全球龍頭品牌，但品牌沒有大力在線上開展，反而把內容餵給了造型網，協助其成長。二〇一〇年時，康泰納仕的高層達成共識，同意安娜把《時尚》網從造型網拆分開來，以此透過《時尚》品牌的力量發展數位媒介。

為了設計《時尚》的網站，安娜決定聘用碼論（Code and Theory）這間外部公司，而非使用康泰納仕現存的技術量能。碼論負責維護網站，湯姆．弗里歐很輕鬆地就能把《時尚》網的廣告賣出去。[57]

到了二〇一三年的夏天，康泰納仕的數位業務開始好轉。網站的功能不再是為了討好廣告客戶，而把什麼東西都丟上去，或當作促進印刷版雜誌訂閱的廉價手段。除了造型網和好奇饕客網，康泰納仕雜誌的網站都是各家編輯在經營，並由發行人負責銷售廣告。這些網站一年帶來大約兩億美元的生意，驅使公司加碼投資。同時《時尚》網的每月不重複瀏覽訪客數卻停留在大約一百萬，但公司人人都不太知道安娜有何作為，因為網站不是公司內部在管理。[59]

安娜也需要下功夫了解數位媒體的經營方式。「降低事實查核的力度、三十分鐘內完成報導，這些都不是她固有的工作模式。」康泰納仕總裁鮑伯．索貝爾格這麼說。索貝爾格告訴安娜，造型網必須加快上傳報導的速度，並雇用熟諳網路新聞週期的編輯：「每天我都這樣告訴她，但我不知道她是否聽得進去。」她在矽谷從科技公司經營者那裡得到相同建議，似乎就改變心意了。「身為安娜的上司很有趣，其實你不要告訴她得怎麼做，因為她很有信心能自己找到解答，所以只要稍微引導她朝著特定結果前進，但讓她自己想辦法。」索貝爾格這麼解釋。她從矽谷回來後，想法似乎有了轉變，索貝爾格形容，安娜發覺自己「做事要更快速，我必須找來各式各樣的員工，我得要開闊我的想法，周遭也要有多元的人才。如果印刷版雜誌的員工對數位媒體不了解，我就不能叫他們處理數位業務，不然絕對得不到我想要的成果。」[60]

安娜知道自家網站沒有競爭力，因此希望班・貝倫森（Ben Berentson）能予以協助。貝倫森從二〇〇九年到二〇一二年效力於《魅力》，協助《魅力》把網站的不重複瀏覽訪客數提高到五百萬，因此成為康泰納仕的數位大師，並投身到一本本雜誌，協助編輯建立網站計畫和運作模式。同時，公司高層也引領期盼，因為他們一直等著安娜來告訴他們，她想要《時尚》「全力發展」數位媒介。安娜得到貝倫森的指導後，得以成功說服眾上司買單，提供資金讓《時尚》網擴編，之後她會讓網站回歸到康泰納仕的平台下。

《時尚》網得到公司的新投資和新員工，並以此重新啟用，開始巧妙地以影片或圖形交換格式（GIF）重新呈現原創的時尚攝影成果。網站的不重複瀏覽訪客數在兩年內從一百萬增長到五百萬。[61]

接著，安娜掌握到造型網的財務狀況，終於明白網站一直沒有在賺錢。[62]一名參與數位業務的人士表示，她以此為理由，說服康泰納仕高層讓她把造型網併入日漸茁壯的《時尚》網。只要造型網還存在，公司就絕不會提供經費給《時尚》網製作時裝秀內容；只要《時尚》網還存在，公司就絕不會提供經費給造型網製作更多的日常內容。這就代表兩個網站永遠沒辦法發揮最大的潛力。幾週後，高層又找上安娜對她說：「我們不會把造型網併入《時尚》網，但兩者都交給妳經營。」這是當時她最不樂見的。[63]

一些人認為安娜接掌造型網，是不擇手段地在爭權奪利。其他人則認為造型網和《時尚》是競爭關係，安娜兩者皆管的情況維持不久：當然，造型網併到《時尚》的管理層下很尷尬，但安娜也無從改變。

安娜一定是意識到，造型網的合作名單中有許多傑出人物，像是街拍攝影師孫湯米（Tommy Ton）和評論暨時尚界名人提姆．布蘭克斯（Tim Blanks）。她著手設法向他們獻殷勤。[64]二〇一四年年底，安娜飛往倫敦和布蘭克斯會面，她住在麗思酒店，便把布蘭克斯請來飯店大廳旁的會客室。

布蘭克斯曾主持一檔時尚電視節目，並在八〇年代晚期和九〇年代早期在節目上採訪安娜，他從那時就認識安娜了。當時兩人的交往很熱絡融洽，但經過這些年後，他們的關係冷卻下來了

他姍姍來遲地前來會面，安娜對他開門見山。

「我想和你保證，造型網和《時尚》網都會持續下去。」她表示：「兩個網站會各有路線，但會相輔相成。你做得還不夠，我希望你經營社群媒體。」她建議布蘭克斯去看看《紐約時報》時裝版編輯史都華．艾姆里奇（Stuart Emmrich）的推特動態，幾年後她也會雇用艾姆里奇掌理《時尚》網。

「妳覺得『懷舊星期四』（Throwback Thursday）怎麼樣？」布蘭克斯這麼問。造型網有一系列影片，素材來自赫穆特．朗恩（Helmut Lang）和克洛德．蒙塔納（Claude Montana）等設計師過往的時裝秀片段，網站從布蘭克斯的舊電視節目《時尚檔案》（*Fashion File*）取得這些片段的授權。

「可有可無吧。」安娜說。

「為什麼？平台上最受歡迎的就是這系列的影片。」布蘭克斯表示。

「誰想回到過去啊。你必須邁向未來。」安娜對他說。

他打從心底不同意安娜。回首過去也能形塑時尚的未來。「安娜，孩子們很喜歡，他們很愛看這個系列。他們喜歡看自己錯過了什麼。」布蘭克斯表示。[65]

造型網員工和安娜的觀點相左，不只是這一樁。安娜並非特別了解數位媒介，當時也沒有很明白為什麼特定報導很熱門，或流量從何而來。造型網的團隊覺得，過去網站由數位行家管理得很妥當，這些主管知道網友很嚮往過去，不像安娜．溫圖只關心未來，但現在有一個印刷版雜誌的總編輯侵門踏戶。造型網的團隊不想聽見《時尚》的員工告訴他們應該雇用誰、開除誰。他們也不想要安娜的人馬對自己手上的工作說三道四。[66]

這番處境歹戲拖棚的同時，掌理康泰納仕國際事業的喬納森．紐豪斯（Jonathan Newhouse），也就是小賽．紐豪斯的堂弟，正在醞釀要搭建電商網站的計畫，多年前公司沒有收購波特女士（Net-a-Porter），[67]但其價值在二〇一五年三月時估計來到七億七千五百萬美元，[68]這次的計畫是要彌補先前的失算。這個電商網站會聚焦在透過編採內容展示可供選購的商品，但實際上不會履行訂單或處理客戶服務。某次會議上，相關團隊向康泰納仕的高階編輯展示了網站，一名《時尚》的資深員工無法掩藏對這個概念的失望。[69]

二〇一五年年初的某天，安娜把貝倫森找來辦公室，並把門關上，她幾乎從不這麼做。她吐露時任康泰納仕執行長鮑伯．索貝爾格要把造型網的品牌和網址交給康泰納仕國際事業開展商店。[i][70]安娜很樂見這個新舉措，並和索貝爾格一起坐進電商的董事會中。[71]「顯然如此一來，她就得以自由自在地發展《時尚》。」索貝爾格表示：「她一直想達成這個目標。」如果造型網不是一個品牌了，就不需要維持一家媒體的編制，代表如今網站員工的未來面臨了危機。

安娜一如往常地只管向前看。造型網移轉到國際事業後，現在她得以無拘無束地執行自己的計畫，也就是把《時尚》網打造成康泰納仕、乃至於整個媒體界的數位時尚未來。[72]

[i] 這個電商事業從安娜手中拿走了造型網，倫敦《電訊報》的報導稱其花掉了公司一億美元，而且最終以失敗收場。

第二十六章　改變

《少女時尚》到二〇一五年前可以說是好事連連。數位和印刷版的廣告銷量都有所提升，而且雜誌削減掉許多成本，因此前景一片看好。如果扣掉各本雜誌都從預算中支付的行政成本，例如，辦公室空間和共用的收發室費用，《少女時尚》的營收創下了新高（雖然納入三到五百萬的行政成本後，雜誌就沒有賺錢了）。[1]《少女時尚》的領導層因此有把握說服高層接受一項提案，過去這個提案始終沒有被採納。

《少女時尚》的總編輯艾美．阿斯利意識到，一本少女雜誌沒辦法靠印刷版養活自己。她已經一直把資源過渡到數位媒介上。如果印刷版的職位空了出來，她會盡力把員額轉移到網路團隊。[2]

然而，她的雜誌從商業觀點來看有一個大問題，而且從雜誌創辦以來就存在了，也就是雜誌名稱中的少女字眼。大部分廣告客戶不想推銷商品給少女，因為他們認為少女沒有雄厚的可支配所得。此外，少女甚至不想承認自己是少女。出於這個原因，《少女時尚》總是把受眾定位在十六到二十四歲的女性，她們還在讀大學，或才剛找到第一份工作。[3]因此，阿斯利和她的發行人傑森．瓦根漢（Jason Wagenheim）提出和前面多任發行人一樣的意見：《少女時尚》要去掉少女二字，也許重新命名為《小姐時尚》（*Miss Vogue*），或塑造成《摩登小姐》的重啟版；由於廣告銷量下降，《摩登小姐》在二〇〇一年停刊了。然而，他們認為最有望成真的是轉型為《時尚真相》（*Story by*

Vogue），雜誌內容會主打非主流族群的聲音。當時《時尚》品牌在推動具多元性和包容性的報導角度，《時尚真相》的概念很符合這個願景。[4]《少女時尚》二〇一五年八月號的封面人物是伊曼．赫門（Imaan Hammam）、莉妮西．孟蒂羅（Lineisy Montero）和艾亞．瓊斯（Aya Jones）三位非裔模特兒，結果廣受好評。美妝編輯伊蓮．韋特羅斯（Elaine Welteroth）在封面報導的內文中寫道：「時尚界發生了顛覆性的革新，我們把多元的臉孔當作時尚的門面，三位模特兒的生涯對此起到了重要的作用。」[5]後來阿斯利形容這次是她「有史以來最喜歡的《少女時尚》封面」。[6]

安娜一直在參與《少女時尚》的業務。無論她的職責增加了多少，她總會出席《少女時尚》印刷版每月的試裝會議。有時她會到《少女時尚》的樓層，就只是要看看雜誌的情況。她大概一個月會檢查一次《少女時尚》的聖經，接著以常用的便利貼貼滿其中，但她似乎主要關心封面照片和時尚拍攝，不會太在意美妝之類的其他內容。[7]

她也總知道有哪些品牌在《少女時尚》中刊登廣告。每當有品牌試圖把廣告撤掉時，發行人只需要表示「安娜很失望貴品牌不支持我們」，廣告就會留下來。這種方法能提醒客戶，安娜都知道誰是夥伴、誰又不是。她擁有這樣的權勢，難怪康泰納仕想把她的影響力善用在所有的雜誌上。

安娜一直以來堅決反對去掉少女二字。她的想法有其道理：如果《少女時尚》變成了「年輕女性的《時尚》」，那麼《時尚》就是「老女人的《時尚》」了嗎？這種定位可無法吸引廣告客戶。《時尚》是公司最有力可靠的收益引擎，挖其牆角沒有道理。[8]

當時菲利浦．皮卡迪二十二歲，擔任《少女時尚》網站的編輯僅九個月，他在會議室中發覺身邊都是長他幾十歲的高層，他們設法找出辦法拯救品牌，並為此苦惱不已。「我想從我進入職場以來，從來沒有看過一群這麼重要的人士在會議室裡那麼激動心煩。」他回憶道：「無論你向他們提出什麼主意，《少女時尚》都玩完了，我並不知道情況是這樣，但沒想到他們心知肚明。」[9]

阿斯利和瓦根漢花上整整一年，說服安娜和其他高層接受兩人的主意，也就是去掉少女二字，並逐步廢止印刷版，但對方從未認真考慮。因此，二〇一五年十一月時，兩人向高層進行了最後一次的簡報，安娜也坐在下面。他們的提案內容有所更動，不再是為了讓《少女時尚》登峰造極，而是只求雜誌生存下去。

安娜和其他高層接受了他們的提議：合併《時尚》和《少女時尚》的業務，以節省成本。當天下午，瓦根漢就被開除了。[10]

阿斯利流著淚告訴團隊這個消息。[11]

瓦根漢離開了，《時尚》和《少女時尚》又算是合併在一起，因此阿斯利沒有好日子了，大家都沒有好日子了。

皮卡迪也不例外。某天早晨上班前，他在春分健身俱樂部（Equinox）跑跑步機，七點四十五分時接到從康泰納仕打來的電話。「這就是安娜．溫圖出名的作風，員工接到通知都是以她的時間為準，親愛的，你最好提早到，懂嗎？你最好提早到，而且還要打扮好才到。」他這麼說。

電話上是安娜的助理，對方向皮卡迪表示安娜想見他。皮卡迪以為自己要被開除了。他跑到置物櫃換衣服，但身上只有赫穆特．朗恩的網格T恤、美國老鷹（American Eagle）水洗刷破牛仔褲和紐巴倫（New Balance）慢跑鞋，他把上班鞋忘在家裡了。他趕到辦公室，前去安娜位在四十二樓的高層辦公室。安娜的辦公室裝飾精緻又很奇妙，皮卡迪一走進去後，感覺好像置身在英式鄉間別墅中。

安娜坐在圓桌前，「你坐吧。」她對皮卡迪說：「你的好表現，我時有耳聞。」

他坐了下來。

「現在班．貝倫森是你和艾美的直屬上司了。」她表示：「你們合作的情形要讓我知道，也隨時和我更新網站的進度。我們很滿意目前的進展，也需要你們讓進展持續下去。」

安娜不會解釋東、解釋西，所以皮卡迪依然搞不清楚狀況。[12]

接下來的六個月裡，《少女時尚》的感覺很微妙，也許對阿斯利最是如此，她開始說自己在《少女時尚》的工作完成了，準備好向前看了。瓦根漢離開不久後的某天，大家收到了一封電子郵件，寫說安娜想召集《時尚》團隊進行會議，包括《時尚》和《少女時尚》的主管。大家都不知道開會的原因，而且因為大部分的《少女時尚》員工和安娜沒有太多來往，所以大家心裡都很不安。[13]

安娜總坐在主位，但阿斯利以為自己要主持會議，所以安娜走進會議室時，便看到她坐在自己的位置上。安娜在眾人面前要阿斯利讓座。阿斯利換到另一個位置後，開始簡要地說明下一期雜誌的安排，但安娜一直打斷她。只要阿斯利開口說什麼，安娜就會以「好的」打斷她。阿斯利二十多年前以副美妝總監的身分加入《時尚》，現在安娜似乎在重新檢驗她。如果阿斯利成功地吐出不只隻字片語，安娜就會轉向阿斯利的員工問道：「妳覺得怎麼樣？」[14]

安娜經常在會議上這麼做。[15]她掌管《男士時尚》期間，某位編輯挑選了一整個衣架的服裝，安娜就問特別企劃編輯邦妮．莫里森有什麼想法。「這是個測驗」，莫里森記得當下自己這麼想。我要怎麼確保答案是對的，以後她才會徵詢我的意見？因為現在我在其他人眼中，是她會徵詢意見的對象，而且參與試裝的其他人都在看著。如果我們之後參加另一場會議，而她沒有徵詢我的意見，我估計所有的同事都會覺得我上次的測試不合格，他們不只不會敬畏我，也不會尊重我。[16]

阿斯利的團隊很喜歡這位上司，他們在她面前該如何回答是好？不同意她的決定嗎？覺得她沒有把工作做好嗎？這些員工感覺，當下他們好像在安娜和阿斯利的面前接受面試，以頂替阿斯利的位置，但同時他們也知道離開會議室後，他們的直屬上司依然是阿斯利。[17]

後來阿斯利把目光放在另一份總編輯的工作上。

亞歷山大．利伯曼向來以不擇手段為傲，安娜的管理風格就是從他那裡一脈相承而來，也許正是因為這樣的手法，也許是因為康泰納仕在經濟不景氣後有所式微，如今安娜和康泰納仕的名氣已經不足以留住人才。

《時尚》網的團隊和安娜都設法謹慎地處理造型網的接收業務，並保留這個網站吸引人們的地方。然而，提姆．布蘭克斯這樣的員工感覺自己被逼上了絕境。即使對安娜和她的團隊來說，這次接收合理又符合商業考量，而且得以保住兩個網站，但許多布蘭克斯的同事依然認為此舉充滿惡意。雖然安娜親自挽留布蘭克斯，他還是和許多員工一樣另尋去處。[18]

然而，無論有沒有造型網的頂尖人才，《時尚》網都很成功。網站團隊把受眾群擴展到一千萬每月不重複瀏覽訪客數，留住全部廣告客戶之餘，又降低了成本。安娜處理網站業務也樂在其中。

網路是新媒介，成長空間不可限量，這點就和印刷版雜誌不一樣。她開始以總編輯的身分客串《時尚》網的影片，[19]其中一支影片在宣傳《名模大間諜2》（*Zoolander 2*），並在范倫鐵諾（Valentino）時裝秀的後台錄製，安娜和班．史提勒（Ben Stiller）還有歐文．威爾森一同入鏡。[20]

《時尚》能如此輕易地洽談到名人，一部分是因為如果團隊無法讓這些明星照著他們的想法做事，安娜會親自打電話糾纏這些明星。她的態度是「行行好，我們這麼做都是為了他們，他們能發推文」。安娜唯獨無法讓碧昂絲屈服。她登上了二〇一五年九月號《時尚》的封面，但堅持要主導自己的封面拍攝紀錄影片。碧昂絲的團隊就只是把帶子寄過去給《時尚》網發布（影片的拍法不是《時尚》網的風格，但觀看次數非常多，因為主角是碧昂絲）。

網站成長茁壯的過程中，安娜開始對流量數字很執著。《時尚》網在二〇一五年第一次大篇幅報導大都會博物館慈善晚宴，並創下當年的單日流量紀錄，之後每年派對的隔天，都會發生這種事。這件事不容小覷，因為他們搭配這個內容，賣出了大量的廣告。[21]雖然在早年《時尚》的銷售團隊被規定不得把晚宴的內容當成搖錢樹，但現在公司沒有本錢看到錢還無動於衷。[22]

年輕世代的價值觀認為，每個平台和品牌都應該充滿深刻的社會和政治訊息，《少女時尚》體現了這個觀點。安娜在康泰納仕的辦公室外也許能越加清楚地注意到這個趨勢。

奧羅拉．詹姆斯（Aurora James）成立了維利斯兄弟（Brother Vellies），這個品牌一系列的高檔鞋品和飾品都是非洲的工匠以永續的手法製作而成。兩年後，也就是二〇一五年，她申請了設計師協會／《時尚》基金。她不覺得自己有任何機會拿下獎金，對她來說，入圍就是得獎。第一場活動在西村的飯店裡舉行，安娜還來到現場和幾位決選設計師說說話。詹姆斯穿著瑞秋・科米（Rachel Comey）的牛仔褲、古著短衫和蹬羚毛涼鞋，她表示：「我嚇壞了。」

接下來的幾個月，詹姆斯多次見到安娜，其中一次發生在她位於布魯克林的店面。雖然詹姆斯非常害怕，她還是認為自己要盡量誠實地回答安娜所有的問題，這是最好的互動方式。「當時我講到永續性，我講到工匠的作品，我講到時尚週期太快了。說實在的，其實這位女士不想聽我講到的這些東西。誰都不太想聽到一個年輕世代批評他們一直以來做事的方法。」詹姆斯這麼說。她是少數進入時尚基金決選名單的非裔設計師。

然而，事情不只這樣。詹姆斯分別和基金評審還有安娜交流的期間，還說明了自身事業的各個元素有哪些微妙的地方和觀點，而且大部分現存的品牌、商店和雜誌都予以忽視或視為理所當然，例如，「使用皮草，白人不了解非洲黑人的文化和農業養殖，劈頭就認為這麼做很有爭議。因此，他們只想把自己的道德觀強加在其他文化上，說到底就是殖民行為偽裝成進步思想而已。」[23]

當時高級時尚不會和社會行動並肩作戰。沒錯，除了為民主黨募款外，安娜還籌辦了許多募款晚宴和活動，提升人們對愛滋病大流行和乳癌等議題的意識。二〇一三年時，她和王薇薇合作為紐約長老教會醫院（New York-Presbyterian Hospital）的青年焦慮防治中心（Youth Anxiety Center）募款。[24]「薇薇和我有同齡的孩子，他們進入青春期去上大學後，那個年紀可能很難熬，他們看起來是大人了，也應該有大人的樣子，但他們還是小孩。」安娜在二〇一五年時這麼說。然而，這些都只是零星、個別的慈善行為，安娜舉行這些慈善活動為各種議題募款，卻沒有意識到要解決這些問題，也許需要自我檢視，並考慮不一樣的賓客名單。

「妳可能需要決定，」安娜告訴詹姆斯：「要成為全職設計師還是社運人士。」

詹姆斯回覆她：「也許我可以兼備兩個身分。」安娜看著她，露出了淺淺一笑。

「我想就是在那個時刻，我們都有幾分領悟到，哦，其實兩種身分可以並存。我們人、女性或創意人士不再只能有單一面向。」詹姆斯表示。

詹姆斯贏下了時尚基金的首獎。二十萬美元的獎金對她來說是龐大的數目，她也盡可能使其細水長流。她還取得與安娜接觸的門路。如果詹姆斯需要什麼，她知道自己可以寫電子郵件給安娜，不出多久就會得到回覆。「我希望自己更常叨擾她，因為也許在每個時期我都有一些事特別需要幫忙，我知道她會伸出援手。」詹姆斯這麼說，她舉了一次「不良合約」為例，她認為安娜會建議她不要簽下去。[25]設計師時常尋求安娜的建議，托莉·柏奇（Tory Burch）記得自己曾經需要安娜的建議，便在清晨五點半寄電子郵件給她，結果隨即就收到了回覆，信中表示安娜六點半打完網球後，就會打電話給她。往後柏奇針對許多事尋求安娜的意見，包括她應該雇用誰來擔任高階設計的職位，安娜把一份名單寄給了她。[26]

安娜還四處舉薦詹姆斯。二〇一六年時——當年安娜雇用了第一位非裔助理——路威酩軒集團旗下品牌伊登（Edun）的創意總監卸任了，安娜力薦詹姆斯接下職位。伊登是由波諾（Bono）和妻子艾莉·休森（Ali Hewson）所創立，品牌的使命是以符合道德和永續的方式在非洲製作服飾，藉此支持當地的社群，這點和詹姆斯的品牌相去不遠。如果詹姆斯接下工作，對時尚界的女性是一大勝利，特別是非裔女性。鮮少有女性擔任大品牌的創意總監，非裔女性就更不用說了。

「路威酩軒集團決定不聘用我，而且空著那個位置，我知道原因嗎？」詹姆斯說：「我不知道，你要問他們，但我知道安娜真的幫我盡力爭取了。」[27]

不只設計師協會／《時尚》基金有所改變。二〇一六年一月底，一則聲明震驚了整個時尚界：葛蕾絲·柯丁頓擔任安娜的創意總監長達二十五年，如今要卸任轉為自由撰稿人，以報導的篇數計酬，而非支領固定薪水的員工。《時尚》的網站擁有五十四名員工，雜誌也越加重視把內容丟上網，凡事還要能省則省，柯丁頓不可能在縮減預算的年代中，重現自己在《時尚》輝煌時期所做的報導。[28]安娜想改變柯丁頓的做事風格，但當時柯丁頓已經七十四歲了，不想做出改變。

「嗯，也許你應該自由撰稿就好，偶爾進行一些拍攝。」安娜對柯丁頓這麼說，她同意了。

「我喜歡盡善盡美地完成所有的事，但當今的世界不是那樣運作的，我永遠沒辦法放任事情順其自然。」柯丁頓說：「我想我有太多疑慮了。她希望身邊有一個年輕的團隊，她要他們去哪裡做什麼，他們能跳上飛機去完成，她想帶入那樣的新血，所以我就說：『我懂了。』」

柯丁頓在安娜底下超過二十年，從未認真考慮過要離開《時尚》。「有時工作很辛苦，她是位嚴格的上司。她的標準非常高，要達成並不容易，但除此之外，她對我總是很公正、誠實又坦率，我很敬重這點。我也認為，我到其他地方不會比較好，我當然應該留在這裡。偶爾我得處理無聊的事，但有時有機會完成頗有成就感的工作。」

柯丁頓談起自身職位的變動，沒有一絲怨言，因為她覺得安娜始終很照顧她。二十年前，安娜幫柯丁頓談妥了退休金福利，除此之外，還介紹一位財務顧問給她。「她不只是我的日常工作夥伴，工作之餘也很照顧我。」柯丁頓這麼說。

柯丁頓離開《時尚》後，對安娜依然很忠心，「她沒有這麼要求，但你會自願這麼做，因為我真的很尊敬她這位編輯。我不認為有誰能達到她的成就。」[29]

公司內部的新進展不只柯丁頓的職位變動。新世代對身分認同和社會責任的態度也有所轉變，《少女時尚》的下一個階段顯然以此為重點。

二〇一六年五月，安娜再次把菲利浦・皮卡迪叫進她的辦公室。她告訴皮卡迪，往後他和美妝總監伊蓮・韋特羅斯還有創意總監瑪莉・蘇特（Marie Suter）一同經營《少女時尚》。其他兩人也都收到通知要和安娜進行簡短的非正式面談，輪到她們時，兩人還在電梯間擦肩而過。皮卡迪會繼續主理網站，唯獨現在安娜是他的直屬上司。他的前任上司艾美・阿斯利成為《建築文摘》的總編輯。[30]阿斯利從一九九三年加入《時尚》的美妝部後，就毫無二心地在安娜底下做事，員工以為安娜把她留下來是因為她的忠誠，但這次任命比較像是阿斯利積極爭取的結果。[31]阿斯利從大學畢業後，第一份工作是在南西・諾沃格羅德的團隊裡做事，諾沃格羅德接任安娜成為《家園》的總編輯，安娜很快就想通阿斯利很適合《建築文摘》。「艾美在找尋不一樣的機會，我認為她有能力勝任好幾個品牌的位置，但她的興趣就是在這裡。」鮑伯・索貝爾格表示。

美妝總監韋特羅斯和安娜會談時，也得到了相同的訊息，那就是她會管理印刷版雜誌，並和其他兩人一起帶領品牌。安娜向她表示，她會得到一萬美元的加薪，[32]但安娜在此期間的公務費用涵蓋了家中暖通空調系統的修理費用，光是這筆就至少花費五千美元。[33]「妳是《少女時尚》的編輯了。」安娜告訴她：「把文件簽了吧。」

韋特羅斯和皮卡迪一樣很困惑。她得到提拔，成為康泰納仕旗下雜誌的第二位非裔總編輯（第一位是琪雅．麥諾爾（Keija Minor），她在二〇一二年成為《新娘》的總編輯）。然而，她沒有冠上總編輯的職稱、沒有搬進更豪華的辦公室，也沒有得到感覺起來和職責相符的加薪幅度。她還覺得自己不能對安娜說到此事，因為先前有一名人資部員工告訴她，安娜是「不談錢的」。[34]

安娜把《少女時尚》的管理權交給他們三個人，也許是想以這個巧妙又新潮的方法，經營這個成功又新潮的年輕品牌。然而，對《少女時尚》的新任領導階層來說，一切都很混亂。[35]至少有一名同事認為，安娜似乎只是打造出了內鬨三人組。[36]此舉是安娜在改革創新；還是從恩師亞歷山大．利伯曼那裡學來的把戲呢？利伯曼曾坦承自己會「一個職位雇用兩個人，讓他們爭個你死我活」。[37]

然而，從外部看來，衝突似乎在別處引發。如今《少女時尚》趨向以多元、包容和採取進步派立場的報導聞名，但《時尚》和《少女時尚》這樣的消費者雜誌一向不走這種路線。皮卡迪、韋特羅斯和他們的同事（私底下）制定了《少女時尚》的中心思想，那就是嬰兒潮世代的現狀不再受到接納。唐納．川普正在競選總統，並在全國挑起種族歧視，《少女時尚》的目標讀者是史上最多元的世代，她們忿忿不平也忍無可忍。[38]安娜長久以來經營雜誌的模式，直接牴觸了千禧世代和Z世代對工作和機會的想法。如今媒體產業處境不佳，業界內的機會比以往都還要有限，新世代不大可能接受唯安娜獨尊的作法。

韋特羅斯在她的回憶錄《妳已經夠好了》（*More Than Enough*）中寫到她成為《少女時尚》總編輯

的那天：「在外界看來，那時是我職涯中最風光的時刻，但當下我是多麼的無能為力，好多次我回想起來，心中難以克服羞愧、甚至是自責的感覺。即使多年過去了，各種感覺依然交雜難解。」[39]

韋特羅斯得到總編輯的位置，並回到《少女時尚》的樓層後，安娜和阿斯利隨即集結了員工到阿斯利的辦公室要宣布這件事。韋特羅斯甚至還沒有時間思考要如何談條件，但當場安娜就說：「伊蓮，過來吧。」皮卡迪和蘇特都站在她旁邊了。她準備好要宣布《少女時尚》的新任三巨頭。[40]

也許安娜以為這樣的安排在扶持韋特羅斯，但實際上卻有損於她，韋特羅斯感覺自己被迫接受這樣的局面。她在回憶錄中寫下自己的納悶：「如果我是白人男性，事情還會是這樣發展嗎？」[41]其他事情也導致韋特羅斯做起新工作很不自在，例如，她因為「語氣」被叫進安娜的辦公室。[42]

安娜每個月會造訪藝術部一次，並和韋特羅斯還有蘇特一同審核《少女時尚》的封面和時尚頁面的排版，這些是她的主要考量。她不會什麼內容都要干涉，但想看到所有的照片和一旁的服飾清單。她提醒兩人，雖然行動主義是雜誌內容中心思想的一部分，但《少女時尚》依舊是本時尚雜誌。韋特羅斯和蘇特想盡可能替《少女時尚》打造新的意象特徵，但安娜特定的偏好（多年以來都是一樣的：花園、自然妝容、花卉服飾和大量採用歐洲品牌的服飾）讓這件事很不容易。安娜會在《少女時尚》的聖經裡留下便利貼，有時上面寫著「陰暗」或「消沉」，這種評論出現在模特兒都不是白人的頁面上時，一位編輯覺得很不舒服，但從另一位編輯看來，幾十年以來安娜推行英式花園派對的外觀，但新的美學風格不走歡樂路線，還增加了現代元素，這些評論只是安娜對這件事的反應罷了。

然而，安娜是民主黨的重點募款人，她全力支持雜誌團隊的其中一項作為，而且相比少女的字眼，廣告客戶也許對此更排斥，那就是《少女時尚》的左傾政治報導。[43]唐納．川普當選總統，安娜在團隊面前流淚後，二〇一六年十二月十日，《少女時尚》網（TeenVogue.com）發布了一則報導，之後會引起瘋傳，報導標題寫著〈唐納．川普以情感操縱著美國〉（"Donald Trump Is Gaslighting America"），作者是蘿倫．杜卡（Lauren Duca）。[44]各家媒體看到《少女時尚》產出這種政治性文章，無不深感震驚。「大家對《少女時尚》的刻板印象是版面上充滿了美妝撇步和名人八卦，沒位置放嚴肅縝密的政治性評論，但他們刊登如此尖刻的文章，對一些人來說很意外。」《華盛頓郵報》的凱蒂．梅特勒（Katie Mettler）這麼寫道。[45]皮卡迪和韋特羅斯還到《每日秀》節目上談論這篇報導。[46]丹．拉瑟（Dan Rather）也成為他們的粉絲。[47]

安娜一直以來就很希望《時尚》以政治性報導見稱，但始終無法如願，因為她的信條是雜誌應該報導值得歌頌的對象，而非想批評的對象。安娜放手讓皮卡迪和韋特羅斯加碼刊登批評川普的報導。她認為當時二十五歲的皮卡迪是天才，也很興奮看到在平面媒體垂死的年代裡，《少女時尚》能發光發熱。[48]雜誌網站的流量從兩百萬飆升至一千兩百萬，印刷版雜誌的訂閱量也增至三倍，可以說是意外之喜。[49]

雖然《時尚》網沒有得到同等的讚譽，但也在刊登自家的進步派報導。二〇一六年秋天，網站發布了蕾貝卡．班戈爾（Rebecca Bengal）的專題報導，講述人們在南、北達科他州的立岩保護區（Standing Rock）抗爭，阻止達科他輸油管（Dakota Access Pipeline）的建造。幾個月後則有奇奧瑪．尼亞迪（Chioma Nnadi）的專題報導，談論ＡＫＡ姐妹會（Alpha Kappa Alpha），這是第一個專屬於非裔美國女性的姐妹會，時任參議員賀錦麗（Kamala Harris）就是成員。二〇一八年，亞歷山卓·歐加修—寇蒂茲（Alexandria Ocasio-Cortez）拿下眾議院的席次，《時尚》網是第一批採訪她的媒體。[50]

然而，對許多康泰納仕的員工來說，安娜的管理風格和這些進步派的立場是相左的。大約在這段期間，公司成立了多元包容委員會，鮑伯·索貝爾格指派安娜負責監督。這個委員會讓員工齊聚一堂，討論多元化和包容性，並依照預定時程向安娜回報結果。[52]「我認為她開始從外取得資訊，大家也真的開始坦率地交流，她會有所觀察的。我認為就像矽谷之旅，她看到或聽到什麼，隨即會改變思維，並想說『哇，』」他這麼形容：「『我們得採取行動。』因此，從她的作為中，無論是處理雜誌內容還是聘用員工，你會清楚地看到實質的措施，以帶領公司往多元包容的方向前進。」[51]

然而，一些員工看不出來，安娜究竟有多麼認真看待委員會主席的角色。曾有一名員工找上安娜，向她表達自己對委員會的意見，兩人的對話中，安娜似乎一反常態地煩躁，她也無意把委員會業務視為當務之急。[53]安娜表示解決多元化和包容性的問題「很簡單」。這名員工回憶道，她的訊息傳達出問題已經解決了，她要向前看，不再拘泥於此，就像她處理大多數問題的態度。

韋特羅斯上任一年了，她很享受這份工作，但很厭煩得在這樣的環境中做事。「我們的品牌激發了年輕女性和有色族群的潛能、提升了她們的權力，這才得以脫穎而出。我們把許多價值觀寫進報導裡，但顯然沒有體現在企業文化中。」之後她在回憶錄中寫道。

因此，她去見了安娜，一一道出她接下這份工作後，沒有辦公室，沒有相應的薪資條件，康泰納仕雜誌的總編輯一般都會得到相當的敬重，但她也沒有同感。她告訴安娜，自己已經無法在這樣的條件下工作，走人的意願很澈底。

安娜立刻對她說：「妳能給我二十四小時解決嗎？」安娜對韋特羅斯沒有任何疑問，彷彿當下她就了解韋特羅斯完全是對的，或一直以來她都知曉。

不到二十四個小時後，安娜便滿足了她所有的要求。[54]

安娜的編輯團隊以進步派報導造成轟動，她也藉此更加投入青年行動主義，但同時間她的另一項作為，對外界來說似乎和她的政治信念大相逕庭。雖然她已經很厭惡川普了，但依然認為有必要邀請他到辦公室裡和幾位同事見面。[55]格雷登．卡特對川普的數落在競選期間還成為報導的主題，因此他並不想出席，但安娜一直要求他現身，並表示：「格雷登，他會是美國總統，我們都得和他共事。」卡特只回覆她：「妳也許需要，但我大可不必和他共事。」[56]

況且，許多重要的民主黨人士都設法向全國傳達團結的訊息，表示川普應當有一次領導國家的機會，希拉蕊．柯林頓也在這個行列中，她在就職典禮會坐到最後。（據報導，旁人無意間聽到安娜在說閒話：「川普的基金會一事無成。」「他們在董事會安插了許多親戚，而且他要用這次總統任期大肆宣傳自己和他的品牌，還要裝滿自己和家人的口袋。」[58]也許就是因為她渴望這次會面能成行，所以在二〇一六年十二月，還費心地透過她的公關團隊發表聲明，為前述言論道歉。）[57]

安娜同意這次的會面不予公開，代表任何內容都不會上報。[59]事實上，所有編輯專責小組的會議都不公開，先前他們和希拉蕊．柯林頓開會就是如此。然而，這次是川普，他受邀進到辦公室大樓，而且還沒有要他接受讓談話內容公開發表，編輯對此都很生氣。安娜的雙手緊扣托腮，對著貴賓露齒而笑，卡特則垮著臉列席會議。[60]然而，在座的其他總編輯聽到川普的言論似乎還是嚇了一跳，仍無法以平常心看待。[61]川普的顧問凱莉安・康威（Kellyanne Conway）也出席了會議，旁人看到她在手機上打訊息寫著：「您的髮型很帥氣，總統先生（也許因為世貿中心一號大樓的大門前經常刮起大風）。」[62]接著卡特在《浮華世界》編輯的話中寫道：「這次會面不予公開（此舉有違我的意願，會面本身也是）。」[63]

當年晚些時候，那次會面對安娜已成往事，川普擔任總統的調性也極其明朗了，她就無後顧之憂地登上詹姆斯・柯登（James Corden）的《深夜秀》（*Late Late Show*），表示她再也不會邀請川普參加慈善晚宴。[64]

《少女時尚》顯示出多元包容應該如何呈現在青少年消費者媒體中，因此成為典範，但《時尚》本身似乎就落後了。

安娜多多少少知道自家雜誌需要有所改變，因此她開始雇用特定的編輯，他們會追求更加多元的眼光。然而，她難敵舊習慣，時常不假思索就回頭找上自己的寵兒，例如，攝影師馬里歐・特斯堤諾（Mario Testino）。《時尚》的運作方式好比鄉村俱樂部，如果沒有熟人已經是會員，最好連申請入會都甭試了。[65]（有次《時尚》開出助理職缺，一名前《時尚》員工回想起自己在辦公室裡聽見「安娜想要名流或公主來填補這個助理的位置」。）[66]因此，有時招募新人才到雜誌需要打一場硬仗。哈莉・維爾（Harley Weir）是一位年輕的英國女攝影師，曾拍攝多次大型行銷企畫，似乎會成為下一個大人物，一名編輯決心要擴展《時尚》的女性攝影視角，力薦她為《時尚》拍攝。這名編輯反覆舉薦她整整一年的時間，一直到她和知名經紀公司藝術夥伴（Art Partner）簽約，又在《時尚》

的非公開活動上和雜誌編輯打照面，證明自己適合《時尚》的世界後，才得以加入雜誌，她的攝影作品首見於二〇一六年九月號雜誌。[67]

然而，其他人才似乎命中註定要在《時尚》打出一片天。克萊本・斯旺森（Claiborne Swanson）是冷凍食品品牌斯旺森（Swanson）創始家族的後代，先前她曾登上二〇〇七年九月號雜誌，出現在「美國佳人」（American Beauties）的報導裡，文中講述一些「社會權貴的女兒家沒有走上實境秀或以公眾醜聞爆紅的道路」，[68]她在二〇〇八年從安娜的助理做起。二〇〇九年年初，她離開了這個位置，轉換到攝影跑道，並在二〇一〇年十月號雜誌中首次掛名為攝影師。《時尚》的員工注意到，只有來自名門望族或擁有常春藤名校的學歷，才會得到類似的特別待遇。[69]

只要新進攝影師想拍攝多元背景的模特兒，安娜就會提出意見，例如，「這期雜誌不是夠多男同志（男性、女同志或黑人）了嗎？」安娜從未解釋她是什麼意思，[71]但似乎傳達出，多元化點到就好。[70]另一位人士曾和安娜緊密地共事，處理時尚跨頁報導，他記得安娜表達過這樣的顧慮，但也表示這並不能證明她不支持報導呈現多元性，反而展現了她希望雜誌能代表每個讀者，因為如果沒有她的支持，《少女時尚》就不會是當時的模樣。[72]

安娜對聖經裡的照片，評論依舊毫不留情。（先前她的員工說服她看ＰＤＦ檔案，才不需要一位助理每晚等著一本冊子完成，再帶到她家，但安娜拒絕了。）[73]她的便利貼通常寫著單字，例如如果她很喜歡一張照片，上面就會寫「好」，不喜歡就會寫「不行」。[74]然而，她可能會更嚴厲，一名編輯形容有次收到回饋，便利貼上頭寫著「差」，加上三條底線。《時尚》的照片會這麼大幅度地修圖，其中一個原因就在這裡（每張《時尚》的照片都會修圖）。特斯提諾這樣的攝影師會從拍攝現場送來挑選過的修圖成果，接著《時尚》編輯會再次修圖，安娜才不會看到有什麼東西，讓她要把照片拿掉。他們知道安娜不喜歡特定的事物，例如臉龐或服裝有太多皺紋或褶皺，因此他們會先柔化人物和服飾的線條，才把照片照片呈給安娜。[75]有次她要求攝影部修飾一個嬰兒脖子周圍的肥肉。[76]修圖完成後，各個層次的個性和特色也被抹去了。即使是最標準的美人，也難逃這種抹飾。在一次關於美妝企劃的會議上，一名編輯提出報導葛普（Goop）的護膚產品系列，也就是葛妮絲・派特洛的品牌，但安娜表示：「如果要報導這個，確保她的照片要修圖，因為最近她看起來相當粗糙。」[77]攝影成品中，派特洛一條皺紋都看不出來。[79]安娜本身也很在意自己的脖子在照片和影片中是什麼模樣。[78]

安娜身為領導者的一大優勢，在覺醒的媒體時代原來是一大弱勢：雖然她當機立斷，但往往無法改變思維、把不同觀點納入視野。眾人面對安娜就像廷臣侍奉君主。只有少數員工是安娜的親信，能和她有話就說，其他員工則是篤信一條不成文的規定，也就是：除非她先開口，否則不能看向她或對她說話。[80]

二〇一七年三月號雜誌的主題是「多元化」，編輯過程中，安娜管理風格的問題相當顯而易見。兩名知情人士表示，安娜想到讓超模卡莉・克勞斯（Karlie Kloss）打扮成藝妓，拍攝時尚大片。克勞斯和特斯堤諾一樣是《時尚》的寵兒。[81]之前《時尚》也做過類似的事情，以文化挪用的服飾打扮白人模特兒，但沒有遭遇反彈，舉例來說，二〇一二年七月號雜誌中，克勞斯打扮成墨西哥畫家芙烈達・卡蘿（Frida Kahlo）拍攝大片。[82]二〇〇七年六月號雜誌以「解脫」為主題，綺拉・奈特莉（Keira Knightley）為此前往非洲拍攝，她穿著高檔時裝和馬賽人一起趕牛（一名員工發聲指出，這些照片實質上充滿殖民意味又無禮，但一名安娜團隊的資深成員表示，這些照片很花錢，所以會刊登）。[83]

然而，《時尚》的員工都知道藝妓的報導會出問題。[84]他們決定不要發布在《時尚》網，但願誰都不會注意到報導，[85]但只要選用卡莉．克勞斯，她的粉絲就會掃描各家雜誌，上傳她所有的照片，最後在網路上看到這篇報導也難以避免。

克勞斯以推文道歉後，安娜很生氣。[86]接著美國亞裔記者協會（Asian American Journalists Association）聯繫了《時尚》[87]，一名《時尚》的代表和他們進行談話，但內容感覺很敷衍，協會的建議也被當成耳邊風。[88]

安娜有好多機會能重新斟酌這些照片。她每天花時間到藝術部，每晚又把聖經帶回家，這之間照片經過她過目無數次，最後才付印。她一定無法想像這件事對雜誌本質的傷害。對爭議性內容的限度，她的直覺曾準確無誤，例如，瑪丹娜的泳池封面，但現在卻在衰退中。

即使經過當期雜誌後，安娜也未必完全理解了那些照片有什麼種族面的問題。二〇一七年十一月號雜誌中，一則跨頁報導以《時尚》所謂的「華麗休閒風」服飾為主題，照片中模特兒吉吉．哈蒂德（Gigi Hadid）在公園裡，旁邊是一群非裔籃球員，他們看起來像是拍攝道具，[90]這種冒犯行為是時尚雜誌長久以來的問題，但到了二〇一七年，他們對此依然出乎意料地遲鈍。[89]

二〇一七年，雖然媒體業的式微帶來了職場上的挑戰，但安娜的家庭生活熱鬧又幸福。當年是安娜的人生里程碑：她的媳婦伊莉莎白．薛佛（Elizabeth Shaffer）誕下她的第一個孫兒，這個小女嬰名為卡洛琳（Caroline）。[91]小比在Instagram上傳了一張照片，照片裡是小嬰兒戴著醫院的小針織帽，小比面露笑容地抱著她。她以照片說明文字恭喜哥哥和大嫂，並補充：「期待有更多的時髦小帽子！」

幾個月後，凱洛琳在學爬時，安娜和安．麥納利到了多明尼克渡假，兩人一同顧孩子。「她愛死孫女了。」麥納利這麼說，她看著安娜和卡洛琳玩耍、替她換尿布。[92]安娜的第二個孫女艾拉（Ella）在二〇一九年二月三日出生，她為此高興不已。[93]孩子並不知道祖母就是鼎鼎大名的安娜．溫圖，但當然了，就算在顧小孩，「她依舊是安娜。」麥納利表示。[94]

大約在這個期間，安娜決定強化《少女時尚》品牌的印刷版，菲利浦．皮卡迪為此感到很挫折。印刷版預算仍然超過他的網路版預算。（在皮卡迪的印象中，原因在於安娜認為印刷版還有轉圜的餘地，但情況並非如此，後來雜誌只剩下線上版，使韋特羅斯在二〇一八年年初離開了雜誌。）

儘管如此，皮卡迪還是表示，他很慶幸自己的主管是安娜。每週安娜會和《少女時尚》三巨頭召開編採會議，她會大笑、問問題，看起來對三人的工作進展由衷地有興趣。有次皮卡迪向安娜說起，一則以性事為主題的報導帶來了無數流量時，他臉紅了，安娜便表示：「菲利浦，相信我，你說的這些，我早就都聽過了。我知道你以為是年輕人發明的。」在他們任期的一開始，他便發現安娜和她的外在形象有所差異。有次他們要助理幫安娜扶著門，她告訴他們：「其實啊，我不需要有人幫我扶門。」

「如果你讓她凡事管著你，她就會管東管西，但我從不覺得安娜想管理更多員工，反倒認為她想要員工借她的力量使力。我覺得那是兩碼子事。」皮卡迪說：「我們經常碰到遇上麻煩的編輯，他們說：『哦，你們不用寄一大堆東西給她批准嗎？』我們絕不會有這樣的流程。幹嘛要設計這種流程，讓別人能每個步驟都否定你，然後削弱自己的信心呢？」[95]「特定的編輯會照顧自己，我一年只需要和他們開會一次。」安娜曾說過：「我能做的就是恭喜他們，並表示他們做得太好了，其他一些編輯就比較需要我留意了。」[96]

皮卡迪到競爭對手公司面試後，安娜才終於耳聞他待得不快樂。她邀請皮卡迪到康泰納仕的會議室裡享用鮭魚當午餐。「我是你的老闆，如果你有問題，我想從你這裡了解，而非聽信其他人所說的，因為這是我給你的尊重，」她這麼說：「所以你希望怎麼樣？」

皮卡迪向安娜提出自己想建立全新的 LGBTQ 青年數位媒體品牌，名字叫做《他們》（*Them*）。安娜欣然採納了皮卡迪的想法，接下來的三個月裡，他也開始和安娜還有其他高層開會，把商業計畫建立起來。計畫完成後，皮卡迪得向整個管理委員會呈現。安娜出席了，她戴著墨鏡坐在會議桌前的位置上。

皮卡迪被康泰納仕執行長鮑伯．索貝爾格嚴加盤問的當下，幾乎無從得知二〇一七年會是特別難過的年頭，[97]成本縮減就要來臨了，但索貝爾格肯定心裡有數。根據《紐約時報》，康泰納仕的虧損總額最終超過一億兩千萬美元。[98]（公司決定一次性地投資特定項目，因此他們對當年部分的損失有所預期，但總額的大約三、四千萬美元讓高層措手不及。）[99]

最後安娜摘掉墨鏡說：「我們要籌得多少錢才能說服你呢？」

全體人員轉過頭看向安娜，在此之前她一句話都沒有說。

索貝爾格只說出：「什麼？」

「如果你覺得不想提供資金，因為公司沒有財力這麼做，我們會去找資源驗證這個概念。多少錢才夠？」她這麼問。

「我需要至少一百五十萬美元。」皮卡迪記得索貝爾格這麼說。

安娜從桌上一把拽起她的康泰納仕識別證，轉頭向皮卡迪說：「菲爾，恭喜你得到許可。我很期待和你一起為此努力。」然後走出會議室。

接著，她四處打電話，打給凱文・克萊的執行長、博柏利的執行長，還有蘋果（Apple）和谷歌（Google）的高層。「您好，我是安娜。」她向人們打招呼：「謝謝您和我們通話，我們很感激您支持康泰納仕專為LGBTQ打造的新事業。」之後她會把電話掛掉，交由業務人員收尾。[100]

索貝爾格表示他許可《他們》前，沒有照例要求進行財務審查，這個程序會花上幾週的時間。康泰納仕的員工經常向索貝爾格問起性別友善廁所等措施，他知道他們很在乎《他們》要報導的議題，也認為皮卡迪是獨一無二的人才。「他們很有力地表明市場準備好接受新聲音了，而且是當代的前瞻性觀點。」索貝爾格表示：「這次和推出《最佳投資》是不一樣的。」[101]

《他們》在二〇一七年十月上線。

安娜盡心盡力地啟動新事業的同時，兩則震驚的辭職消息讓康泰納仕登上了頭條。當年九月，格雷登・卡特在經營《浮華世界》整整二十五年後，宣布要離開了。一週後，《魅力》長達十六年的總編輯辛蒂・萊維也宣布要退下了。[102]《紐約時報》的報導刊出前，卡特繞過他的上司，只有告訴幾位直屬下級。他想控制離職過程中的輿論，但事實上，他走人是因為安娜。安娜在打造統一的管理團隊，處理多本雜誌的業務，卡特並不想配合他們。[103]二〇一八年，韋特羅斯離開後，菲利浦・皮卡迪也跳槽成為《出櫃》（*Out*）雜誌的總編輯。[104]安娜和《紐約客》的大衛・雷姆尼克是為數不多還續留的明星編輯。

索貝爾格急需找到《浮華世界》總編輯的接替人選，雷姆尼克替他請來了《紐約時報》出版品部的編輯總監瑞蒂卡・瓊斯（Radhika Jones）。索貝爾格希望瓊斯做事能不受安娜的左右，也不需要在內容或封面的選擇上得到她的批准。安娜一直都是這樣處理和《時尚》在同個市場的雜誌，例如，《魅力》。「她的藝術總監職位是要監督，而非處理日常業務，但要她不管日常業務談何容易。」索貝爾格這麼說。然而，最後安娜還是「對瑞蒂卡下指導棋，並把她整合到公司、到產業裡邊。」[105]

她的權勢再次擴張了。

雖然安・麥納利表示兩人從七〇年代認識以來，安娜都沒有改變，但其他友人發覺她端莊了許多。過去這位女性在晚宴上會咯咯笑出聲、擁抱友人，甚至偶爾喝醉酒，但現在取而代之的是女王般的人物，雖然她一樣和顏悅色，但不想親吻臉頰打招呼。[106]安德烈・里昂・泰利在回憶錄中寫道，安娜「無情地把好朋友換成各個領域最頂尖的人士」。[107]

劇作家大衛・海爾是安娜二十多年的好友，他形容席安娜和演員席安娜・米勒特別親密。安娜和演員布萊德利・庫柏共進晚餐和一同登機的照片，在網路上四處可見。她把網球明星小威廉絲當作最親密的朋友之一，[108]小威廉絲也是這樣認定的，雖然兩人見面大多在慈善晚宴和奧斯卡獎派對等活動上。小威廉絲認識丈夫後，也就是熱提（Reddit）創辦人亞歷西斯．瓦尼安（Alexis Ohanian），她希望對方見一見安娜，就和她所有的前任一樣。瓦尼安甚至還聯絡安娜，詢問她對訂婚戒指的意見。「我訂婚的當下，幾乎還沒有答應就打給了安娜。」小威廉絲說：「妳沒有點頭，我可是不嫁的。」

事實上，小威廉絲任何事都會徵求安娜的意見。她抱回第二十三座大滿貫金盃前，碰上了網球的瓶頸，有次連續輸掉幾場決賽後，她打了電話給安娜。

「我們的談話助我一拿下溫布頓（Wimbledon）冠軍。」小威廉斯這麼說（特此強調，她從未和安娜打過網球）。[109]

對安娜這種人來說，名流也許能給予愜意的陪伴。她們和安娜一樣，了解權勢、財富和忙碌出差行程的包袱和好處，因此鮮少有時間和朋友交際。

二〇一八年二月二十日週二，安娜一如往常地坐在倫敦時裝週伸展台旁的前排位置，準備欣賞年輕設計師理查．昆恩（Richard Quinn, 他以卓越的印花使用手法出名）的最新設計，霎那間全部人倒抽了一口氣。真正的皇室成員伊莉莎女王二世（Queen Elizabeth II）本人步入了會場，她穿著淡藍色裙裝、戴著黑色手套，提著黑色手提包，她的座位是一把扶手椅，上面鋪著絲絨椅墊，她就座後把手提包放在腳邊。女王就坐在安娜身旁。[110]

女王之所以到場是為了把首座伊莉莎白女王二世英國設計大獎（Queen Elizabeth II Award for

British Design）授予昆恩。[111]安娜早在二〇一七年五月就和女王有過互動，當時她在白金漢宮（Buckingham Palace）的典禮上受勳成為女爵士，之後她表示，女王不知道該把象徵新身分的勳章別在她香奈兒粉紅色套裝的哪裡。[112]

然而，說到女王出席昆恩的時裝秀，人們大部分都是記得她和安娜有說有笑的照片，當時安娜還戴著墨鏡。之後她描述，自己和女王在說著「兩人在目前的位置上都好久了」。[113]兩位神祕又世界知名的指標人物齊聚一堂，顯然很高興有對方相伴，粉絲對此津津樂道，照片也四處瘋傳（《時尚》上傳了其中一張照片到 Instagram，安娜罕見地同意自己的身影出現在社群媒體動態中）。[114]

安娜也樂在其中。「好好笑，那些照片實在太有趣了。」大衛・海爾這麼說：「如果你知道我們笑了多久，你會很驚訝的，因為那些照片就是她生活胡鬧的一面。」海爾的太太是時裝設計師兼藝術家妮可・法希（Nicole Farhi），安娜在他們面前能放下戒心。「安娜在公眾場合中會使出生存絕技，她當然會這麼做了，但不代表她就是那樣子。」他說：「一些人認為安娜只在乎權勢，我覺得他們完全錯怪她了。我認為安娜有好奇心，也喜歡動手做，這是完全不一樣的。她身處自己想要的位置，因為這個位置讓她能看見任何事、認識任何人……她一點也不麻木。」[115]

這次她和女王的照片爆紅，驗證了一件事，如今她似乎終於明白了：未來是數位當道，她就是行走的點擊率保證。

二〇一八年，《時尚》的數位創意總監莎莉・辛格靈機一動要安娜登上 YouTube。她設計出《安娜溫圖隨你問》（*Go Ask Anna*）影片系列。他們在街上拍攝路人提出平淡無奇的問題要安娜回答，接著錄下安娜坐在辦公桌前給予回覆。辛格特別不希望這個系列環繞著安娜，才不會加深她早已濃厚的神祕感，[116]但這個系列正是因為安娜是主角才有趣。

然而，這些影片的目的不只是為了滿足安娜長久不變的理想，也就是跟上當代潮流，同時也要把品牌還有安娜和「非《時尚》」族群串聯在一起，也就是街上問問題的人們。[117]其他康泰納仕的品牌都在以長相和穿著一般的對象拍攝影片，他們一點兒也不符合亞歷山大．利伯曼理想中康泰納仕的模樣。這個系列就是安娜和《時尚》在滿足那樣的需求。除此之外，YouTube會帶來收益，而安娜對財務表現一向很在乎。[118]

銷售團隊想把這個系列賣給贊助商，並隨口地提出要安娜和廣告客戶的產品一起入鏡。縱使銷售團隊很熱切，但她並不喜歡這個計畫。星巴克的杯子放在她的辦公桌上很自然，因為她老是在喝星巴克，但要是銷售人員希望她和——假如說——巧克力品牌一同亮相，這樣的要求就比較棘手了。以這個例子來看，一名人士曾出席相關會議，討論潛在的巧克力贊助商，他指出安娜是瑞士牛奶巧克力的忠實粉絲，特別是蘇巧德（Suchard），但只同意和金莎（Ferrero Rocher）或瑞士蓮（Lindt）一起上鏡頭。然而，其中還是有限制的：據稱她堅持不要和黑巧克力一起入鏡。[119]對安娜的要求還是適可而止就好。

第二十七章　大都會博物館慈善晚宴

五月的第一個週一是大都會藝術博物館的安娜．溫圖日。[1] 一直以來，博物館每年只有三天會閉館，[i] 除了聖誕節和感恩節外，就是安娜．溫圖日了，館方才能為慈善晚宴進行場地布置。這個活動的綽號已經從年度派對進化成如今浮誇許多的「東岸奧斯卡」。

二〇一八年五月七日週一，安娜一如往常地恰好在六點鐘第一個抵達。[2] 台階鋪上了以鏤空模板手工印製的奶油色瓊麻地毯，安娜穿著香奈兒的銀色高級訂製禮服，脖子上的長鏈垂掛著一副鑽石十字架（她總依照活動的主題打扮），她輕輕地步上台階，自此宣告二〇一八年的展覽「天賜美體：時尚與天主教意象」（Heavenly Bodies: Fashion and the Catholic Imagination）要登場了。她的光采亮麗不變，但比起從前這次更象徵了她的韌性。她的女兒嫁給了法蘭切斯科．卡羅齊尼（Francesco Carrozzini），男方的母親是備受愛戴的義大利版《時尚》總編輯法蘭卡．索薩尼（Franca Sozzani），她不久前逝世了，[ii] 兩人的婚禮在七月七日舉行，謠言傳出在那之後安娜就要離開康泰納仕，因此

i　二〇二〇年，新冠肺炎疫情開始肆虐，迫使閉館更加頻繁，此處指疫情前。

ii　法蘭卡在二〇一六年十二月二十二日死於癌症，安娜得知消息當下，旁人目睹她在辦公室裡落淚，這樣的事為數不多。

有大約一個月的時間，她都在擊退流言蜚語。[3]〔小比的婚禮和哥哥一樣在馬斯蒂克舉辦，主婚人是演員柯林．佛斯（Colin Firth），現場有嚴格的禁止上傳社群媒體規定。〕[4]

安娜在博物館大廳的迎賓隊伍中站定位，她的身後聳立著三十英尺高的巨大花飾，這座花飾以八萬朵玫瑰仿製羅馬教皇的三重冕，重達四千磅。[5]安娜很興奮，每年到這個晚上都是如此，畢竟晚宴的準備期長達一年，而且在此之前的慈善晚宴都在為今晚鋪路。然而，她一刻也不得閒，因為她依然在工作。「大家去哪裡了？時間到了耶。」她對她的團隊說：「他們在哪裡？你可以跟我說他們在哪裡嗎？他們人呢？」

《時尚》的員工都有所掌握。大家都有抵達的時間，《時尚》團隊知道賓客的車子在哪裡、搭乘什麼車輛抵達、是否離開家中了，還有拉鍊是否在路上壞掉了，而需要修理。[6]

安娜的腳下是地下室，她的數位團隊坐在筆記型電腦前，拚命發布各種內容（《時尚》甚至還雇用一名動作指導，指點賓客在八秒鐘的 Instagram 影片中展示身上服裝）。雖然地下室的員工在工作，他們還是穿著禮服和正裝，因為通常他們得以上樓幾分鐘看個表演，今年是瑪丹娜擔綱演出。《時尚》的服裝團隊會為需要的員工借來名牌服飾，如果你是穿特小號，這個服務就很有幫助。超過這個尺碼的員工往往羞於要求更大件的衣服。接著，員工會穿著禮服拍照，[7]讓安娜最資深的時尚編輯進行批准。[8]

晚宴期間，每一個細節都考慮到了，他們甚至知道要為特定的賓客提供無靠背的椅子，因為她們的禮服塞不進一般座位，但安娜還是會為細節過份操心。二〇一九年的晚宴以「敢曝」（camp）為主題，金．卡戴珊穿上訂製的蒂埃里．穆勒乳膠禮服，可以說是重新定義了緊身。當時安娜一直對麗莎・樂芙說：「妳可以請她坐下嗎？」樂芙得要解釋說，其實卡戴珊是坐不下去。[9]

二〇〇八年經濟不景氣的餘波震垮了出版發行業，但安娜的慈善晚宴卻逆勢成長。活動的聲望和眾星雲集的程度都有所提升，相比安娜在一九九五年主辦的第一場晚宴，已經不是一個樣子了。一些人會反駁說晚宴也越加揮霍無度，因為館方會設法滿足安娜為了提升晚宴品質的每一項要求。[10] 然而，在安娜的心目中，她做出的每一個決策，都是為了抬高進場的價碼，為博物館籌措更多善款。[iii] [11] 二〇〇八年，七萬五千美元就能認購一桌的席次，入場券則是七千五百美元，但到了二〇一八年，一桌最低要價二十萬美元，入場券則是三萬美元。[12]

當年的慈善晚宴一結束，隔年的籌備工作就開始了。從初秋開始，每隔四到六週就會在大都會博物館召開早上七點開始的會議。[13] 籌備過程是《時尚》和安娜對上大都會博物館的拔河。館方團隊想降低成本和會場範圍，但《時尚》希望晚宴成為那種需要四千磅花飾的活動。其實在籌備過程，館方都在設法把成本從五到七百萬減少至三到四百萬，但每年為了讓一切更加雄偉、奢華，預

iii 每年，就算特定人士願意掏錢，安娜也有餘裕拒絕他們出席。其中一個貼切的例子就是麗詩加邦的威廉・麥康姆想帶提姆・岡恩，也就是他們公司的創意總監和《決戰時裝伸展台》名人。自從岡恩在他的著作《岡恩的黃金準則》（*Gunn's Golden Rules*）中寫下，他在時尚界看過最荒謬的事情，就是「安娜的兩名保鑣以消防員抬人的方式，扛著她下樓梯，以便快速離開時裝秀會場」，在公開敘述這件事後，他就得罪安娜了。即使安娜的公關人員和律師要求岡恩撤除這樣的內容，但他表示自己的說法不變，也從未收回。無需多說，麥康姆表示自己很清楚地被通知，岡恩不可能獲准出席。

算都不減反升。

一名前員工回憶，安娜面對一些和她一同籌備晚宴多年的館方人員，習慣不記住他們的名字，就和對待她的助理一樣。有時她以「你」稱呼他們，然後指著對方，其他時候，她會以他們名字的變體稱呼他們。安娜的指令往往很荒唐，館方團隊只會一笑置之。曾經有一次，安娜走過埃及展廳，展示櫃是空的，因為櫃子正在更換，她轉頭向館方團隊問：「她在哪裡？對，就是妳，妳可以到地下室，拿一些藝術品上來放到櫃子裡嗎？」另一次，她讓一名館方人員感覺，她覺得丹鐸神廟很難看，並表示想以木板封起來，最後她妥協，直接在神廟前架起凱蒂・佩芮（Katy Perry）表演的舞台。[14]

館方還在煩惱要如何騰出空間，《時尚》團隊已經在販售桌位、擬定賓客名單了。《時尚》邀請了兩百位賓客坐在品牌桌。「眾名人都想得到造型和妝髮服務，費用總有人要負擔。」麗莎・樂芙表示：「但不能從《時尚》的預算而來。」[15]

雖然名人出席慈善晚宴從不用自掏腰包，因為他們的桌主會買單（但一些名人還是會捐款給服裝典藏館），[16]館方還是會承擔些許的責任，滿足這群難伺候人士的各種要求。卡爾・拉格斐出席晚宴的其中一年，館方必須和他的團隊合作採購他想要的飲品，也就是健怡可口可樂（Coca Cola Light），而且館方還將其鎖在館內的辦公室加以保存。[17]喬治和艾瑪・克隆尼（Amal Clooney）要求有私人酒吧，他們喝酒時才能遠離其他（比較小咖的？）一線名人，他們也如願以償。館方還為艾瑪在書店擺上高檔的租借家具，她才有私人更衣空間。晚宴期間，不同明星的休息室散布在博物館各處，以供她們補強妝髮，例如，莎拉．潔西卡．帕克，還有安娜和她的女兒小比。[18]針對最大咖的明星，館方會花上超過十萬美元，以私人噴射機接把他們接來晚宴，有一年他們就為了碧昂絲和傑斯（Jay-Z）這麼做。另一方面，表演嘉賓還有酬勞可以拿，有時極其可觀。經過漫長的協商後，蕾哈娜在「中國：鏡花水月」（China: Through the Looking Glass）那年的晚宴上表演，收費超過一百萬美元。[19]（中國政府害怕展品受損，不想將其運送到大都會博物館進行展覽，安娜還為此當日往返中國和當地的政府官員會面，成功說服他們出借展品。）[20]

雖然成本和鋪張的程度攀升，但募款金額也與日俱增。二〇一一年的總收入是一千兩百五十萬美元，晚宴和展覽的開銷則是五百萬美元，募款淨額來到七百五十萬美元。二〇一八年的總收入是兩千零五十萬美元，開銷為八百五十萬美元，一舉入袋一千兩百萬美元。[21]時尚歷史學家暨策展人金柏莉．克里斯曼—坎貝兒（Kimberly Chrisman-Campbell）表示：「對時裝產業而言，這個募款晚宴很重要，因為館藏的維護成本很高，你需要文物管理人員，你需要團隊，你需要大量的儲藏空間。大都會博物館很成功地善用服裝典藏館的晚宴，維持館藏所需的經費。他們的館藏是全世界最好的，我認為這樣說並不過份。」[22]

「慈善晚宴已經淪為化妝舞會了，這是我唯一不樂見的事。」湯姆．福特形容：「往年只是時髦的人們穿上動人的服飾，參觀關於十八世紀的展覽。你不需要穿得像身處十八世紀，你不需要穿得像一個漢堡，你不需要站在廂型車裡抵達現場，因為你把一整盞水晶吊燈穿上身，所以坐不下去。過去人們只是穿上漂亮的衣服，我很懷念那些日子。我不設計戲服的。只要有誰找我設計禮服，我說的第一句話就是：『我會替妳設計漂亮的禮服，我會讓妳閃閃動人，我們可以討論，告訴我妳最喜歡什麼顏色，但我可不做戲服。』」[23]

然而，安娜很喜歡浮誇的造型。[24]她特別欣賞蕾哈娜穿著絨毛鑲邊的黃色斗篷現身「中國：鏡花水月」的晚宴，之後網友將其比作是蛋煎。「這是她英式的一面，她熱愛扮裝派對。」樂芙這麼說。

雖然史嘉蕾・喬韓森（Scarlett Johansson）在二〇一八年步上「天賜美體」的紅毯時，是穿著當晚比較端莊的瑪切薩（Marchesa）晚禮服，但卻引起了另一種全場關注。瑪切薩的設計師是喬治娜・查普曼（Georgina Chapman），這是她的丈夫哈維・溫斯坦被世紀大新聞擊落神壇後，品牌設計首次登上重要的紅毯活動。

二〇一七年十月五日，《紐約時報》刊登了茱蒂・坎特（Jodi Kantor）和梅根・圖伊（Megan Twohey）的報導，講述溫斯坦面對性騷擾和性侵害受害者的指控，長期花錢了事。[25]五天後，康泰納仕的《紐約客》登載了羅南・法羅（Ronan Farrow）的爆炸性報導，針對溫斯坦的性侵害和性騷擾罪行補充打擊性的記述。[26]

一直以來溫斯坦都是眾所皆知的惡霸。一位當時和安娜密切共事的人士表示，沒有跡象顯示出安娜對《紐約時報》和《紐約客》中的詳細指控是知情的。[27]儘管如此，她對特定人士的忠誠不會一夕動搖，她和溫斯坦的關係似乎超越典型的業界友人。[28]就是出於這個原因，安娜一再通融溫斯坦和周仰傑（Jimmy Choo）的共同創辦人塔瑪拉・梅隆（Tamara Mellon）分擔慈善晚宴的桌位費用，別人都沒有這種待遇。[29]《紐約時報》的報導爆出後，旁人還得說服安娜不要應溫斯坦的邀請共進午餐（避免同時入鏡的可能性），似乎也有所解釋了。[30]大概也是因為這樣，《紐約時報》的報導刊出整整八天後，她才登報譴責溫斯坦的行為。[31]

安娜發表聲明前，她斷絕了和溫斯坦的聯繫，並安排和他的妻子通話，安娜支持她的時尚生涯已經十多年了。[32]慈善晚宴的隔天，安娜登上了《荷伯報到》（*The Late Show with Stephen Colbert*），並表示「喬治娜是出色的設計師，我不認為她應該因為丈夫的行為遭受罵名。我覺得史嘉蕾在如此公開的場合，穿上那件禮服、那件漂亮的禮服，是她表現支持的絕佳方法。」[33]那件禮服很可能經過了安娜的批准，就和她對待大部分賓客一樣。

慈善晚宴的當週，《時尚》二〇一八年六月號雜誌中查普曼的特寫報導刊登在《時尚》網上，這是《紐約時報》的報導爆出後，她首次針對溫斯坦一事接受採訪。[34]「新聞傳出不久後，我去看了喬治娜，她震驚到幾乎說不出話來，設法消化各種情緒，憤怒、罪惡、厭惡和恐懼，同時也在克服這件事更廣泛又嚴重的人際損害。」安娜在當期雜誌的編輯的話中寫道，這篇文章也發布在網路上：「我堅信喬治娜對丈夫的行為毫不知情。為此責怪她是錯誤的行為，我們這個毫不留情的數位時代有太多人攻擊她了。」

然而，安娜最心愛的設計師被醜聞打倒時，她似乎認為替他們平反是自己的工作，因此她的介入充滿了爭議。安娜得以決定誰值得拯救。約翰．加利亞諾是她一直以來很中意的設計師，但他在二〇一一年被拍到在酒吧裡口吐一大串反猶太言論，還說出「我愛希特勒」，之後從迪奧被開除，但安娜立即採取了行動。她在馬丁．馬吉拉（Maison Martin Margiela）為加利亞諾謀得一職前，還打電話到帕森斯設計學院，詢問是否有教職提供給加利亞諾。[35]原先校方準備要提供三天的課程供他執教，但面對強烈的反彈後，只好被迫取消。[36]

安娜拯救瑪切薩的行為同樣充滿爭議。《紐約》雜誌的《式樣》（*The Cut*）專欄上，總編輯史黛拉．巴格比（Stella Bugbee）在一篇短論中寫道：「這位設計師沒有加利亞諾的天分，但查普曼的丈夫有權有勢，他的時尚編輯朋友也不惶多讓，而她的設計生涯是這樣的關係所資助、造就的。縱使查普曼和一個眾所皆知的惡霸和暴徒關係匪淺，這位編輯還是確保她的作品能重回紅毯，以前好多女演員在她的鼓動下穿上查普曼的設計。安娜．溫圖就是選擇這樣發揮她的權勢。」[37]

溫斯坦身敗名裂後，《時尚》的御用攝影師馬里歐．特斯堤諾和布魯斯．韋伯也在#MeToo運動中被指控有不當性舉止，因此安娜和權威男性的親近關係受到了進一步的檢視。[38]雖然兩人和安娜有私交，但她在當月宣布，《時尚》會立即停止和他們合作。[39]派翠克．狄馬薛利也是《時尚》長年合作的攝影師，他緊接其後面臨不當舉止的指控。[40]

湯妮．古德曼依舊是安娜最得力的編輯之一，她和韋伯還有特斯提諾很親近，兩人還是她兒子的教父。「我不會為這種行為找藉口。」她這麼說，但也坦承對她來說，討論這個話題很複雜：「他們沒有經過正當的程序就被定罪了。」她從未和安娜談起這些指控或她對此的感受。「我不曉得，但我想她和我們一樣很心痛。」古德曼表示。[41]

媒體上對這些攝影師的指控，並沒有具體指明發生在《時尚》的拍攝現場。《時尚》高調的拍攝工作往往控管嚴實，不像非公開的試鏡程序中，經紀公司會把模特兒送進飯店房間裡和攝影師見面。然而，名人進入時尚圈後，超模就被擠出去了，取而代之的是一輩默默無聞的時裝模特兒，她們通常很消瘦、年紀輕又來自貧困的家庭。

當時海蓮娜・蘇里克（Helena Suric）是《時尚》的人力規劃編輯，她表示安娜一向很在乎模特兒的福祉，因為她們是高檔時尚產業中最年輕也最脆弱的族群。她希望模特兒產業能再次打造出單名的大明星（吉賽兒、娜歐蜜、克莉絲蒂和琳達），過去也堅持模特兒獲選拍攝《時尚》前，她要見過每一位。這個流程就像典型的模特兒面試，安娜會問她們來自哪裡或在學校裡讀什麼。她喜歡和自己談話還能泰然自若的模特兒，例如，坎達兒・珍娜（Kendall Jenner）和艾希莉・葛拉罕（Ashley Graham）。

特定的模特兒能和安娜建立關係、受到重用，就和設計師一樣。葛拉罕懷孕後，聯繫了蘇里克，向她請教要如何登上《時尚》的封面。當時蘇里克已經不在《時尚》了，但她要葛拉罕寫電子郵件給安娜，分享她的最新消息，並表示自己很想和《時尚》合作。後來，葛拉罕便登上了二〇二〇年一月號雜誌，展現以懷孕為傲的姿態。

在#MeToo運動之前，安娜主要擔心模特兒過瘦、健康有虞，而非遭遇性騷擾。「安娜很在乎模特兒的體態。我這樣說吧，如果每次她對我提起模特兒會不會太瘦了，我就拿到一塊錢的話，我早就發財了。」蘇里克這麼形容。[42]安娜在《少女時尚》的聖經裡留下便利貼，許多回饋都是模特兒看起來太瘦了。[43]蘇里克表示：「我真的和她爭論過某位模特兒是否太瘦了。我會說：『她的手臂就長這樣啊。』這樣的對話經常發生。」[44]

先前《時尚》和美國時裝設計師協會合作推動了模特兒健康倡議（Health Initiative），旨在對抗飲食失調，而且在#MeToo運動的十年前就啟動了。安娜認為只選用年滿十八歲的模特兒是很重要的一環，一部分是因為女性的身體在這個時候會發生變化，她希望以此解決過瘦的問題。

「我們確實開始更積極地提倡，不只是嘴上說說要舉辦座談會，討論模特兒不應該太瘦而已。」蘇里克表示。《時尚》舉辦了時尚界領袖的焦點團體會議，擬出一份行為準則，其中禁止拍攝現場出現酒精和藥物、要求事先得到模特兒的同意，才能進行裸體或裸露服裝的拍攝、規定攝影師在現場不得執行康泰納仕沒有批准的拍攝工作。[45]

試鏡指導詹姆斯．史卡利（James Scully）也參與了焦點團體會議，他表示康泰納仕承諾不會和未滿十八歲的模特兒合作，此舉「基本上擴及到了整個產業，實質的效果在於停止未成年的女孩不斷湧進市場，因為情況真的越來越危險了」。他還說：「《時尚》和康泰納仕以此保護自己，因為那樣的拍攝現場一定會發生事情吧？後果會回過頭來找上他們。」[46]

安娜攆走特斯堤諾這樣長期簽約的攝影師，不只展現了她面對特定行為的態度，對《時尚》也有龐大的影響，那便是為新生代人才騰出空間。雖然安娜喜歡把自己定位成新進設計師的後盾，但對時尚和媒體其他面向的人才，例如攝影師，她的支持就差多了。碧昂絲堅持由非裔攝影師拍攝她在二〇一八年九月號雜誌的封面，《時尚》推薦了二十三歲的泰勒．米契爾（Tyler Mitchell），原先他就在為《時尚》網拍攝了。[47]後來封面廣受好評，但許多人想不通，為什麼安娜一開始經過這麼久才雇用非裔攝影師拍攝封面。

二〇一九年的慈善晚宴揭開了「敢曝」展覽的序幕，這是新冠肺炎疫情橫掃全球、舉辦派對成為危險之舉前，大都會博物館得以舉辦的最後一次晚宴。安娜出席穿著串珠禮服，外面罩著香奈兒羽毛披肩出席晚宴，她這身造型的靈感來自〈論『敢曝』〉（Notes on "Camp"）一文，蘇珊．桑塔格

（Susan Sontag）在文中寫道：「『敢曝』意指女性穿著以三百萬根羽毛製成的禮服逛大街。」[48]然而，羽毛這個選擇很奇妙。前一年的秋天，博柏利才宣布他們不再使用真正的皮草，[49]大約在同一時期，安娜也決定不再穿真正的皮草。[50]（古馳在設計師亞歷山德羅・米凱萊（Alessandro Michele）的帶領下，早在二〇一七年十月就停用皮草。）安娜把一些皮草服飾送還給設計師，其中包括思琳（Celine）和凡迪的設計，一些捐予服裝典藏館，其他的則賣出，收益用於慈善目的。

安娜主辦晚宴多年，第一次離開博物館入口處的迎賓崗位，並站在友人小威廉絲身旁觀看一位名人抵達紅毯。安娜同意給予額外的時間後，女神卡卡花了十六分鐘走台階，脫去一件又一件的服裝，最後只剩下閃閃發光的內衣。安娜熱衷於看戲，因此很喜歡這樣的噱頭。[51]（此外，好在這個表演很短，不像戲劇一樣。安娜的不耐煩很明顯，她會開始在座位上翹腳又換腿。大家都知道她到百老匯看表演時，只要覺得無聊就會在開演不到一小時就離場。）[52]

當年，安娜也得到一項殊榮，她的模樣永久留存在托特包和衣服的刺繡圖案上，並在大都會博物館的禮品店販售。她以商業化雜誌編輯和藝術界大人物出名，如今她的形象經過商業化，陳列在世界上最知名的藝術博物館之一。「我們想找出擁有獨特造型和身分的人物。我認為要成為『敢曝』的象徵，你本身得活像個漫畫人物，還要有十分特別的樣子，人們一眼就能認出來，一方面可以說是在玩弄自身形象。」策展人安德魯・波頓表示。[53]這個系列還選出卡爾・拉格斐和蘇珊・桑塔格當作象徵人物。

此舉可謂恰如其分。安娜曾告訴朋友，她想要後人記得自己是偉大的慈善家，而不是區區總編輯，戴如今人們絕對不會忘記，她就是時尚的象徵。

後記　新冠肺炎疫情

一切都結束了。

二月底時，安娜出席了二〇二〇年的巴黎時裝週，但人們早早就回家。當時媒體專欄作家班・史密斯（Ben Smith）在《紐約時報》寫道，安娜多次向她的團隊傳達，疫情「沒什麼大不了的」。[1]然而，《時尚》的時裝總監維吉妮亞・史密斯表示安娜很擔心。他們目睹許多美國設計師到巴黎展示他們的新裝系列，期望賣出他們的服飾，但完全無從賣起，因為很多零售商沒有下單，提早打道回府。[2]

三月時，疫情的影響範圍可能很龐大，但尚未明朗，美國實施封城，安娜打電話給湯姆・福特，當時他是美國時裝設計師協會的會長。

「我們得有所行動。我們該怎麼做？」她問。

「嗯，遺憾的是我不知道還能做什麼，許多人會歇業。」福特這麼說。

「不行，我們得有所行動。我們能做什麼呢？你會幫忙我嗎？」她表示。她的團隊一直在聯絡設計師，所以了解情況有多糟糕。安娜想幫忙時尚品牌付房租、付員工的薪水，單純生存下去。[3]

福特和安娜決定透過設計師協會設立基金，並取名為同線協力計畫（A Common Thread）。雷夫・羅倫捐獻了一百萬美元，大眾也收到號召慷慨解囊。基金總共募得超過五百萬美元，並分發給一百二十八個領受單位。[4]維利斯兄弟的設計師和二〇一五年設計師協會／《時尚》基金的優勝者奧羅拉・詹姆斯在三月時流失了九成的銷售額，也無法為公司取得政府貸款，但幸好有同線協力計畫的補助金，才得以發薪水給員工。[5]

安娜也在適應她的新常態，包括減薪兩成、[6]在家工作、白天穿著運動褲、[7]開始慢跑，還有享用小比的自製藍莓瑪芬。[8]現在沒有一個個衣架的衣服從她的辦公室推進推出，她開始透過Zoom會議進行試裝會議，而且使用《時尚》幻燈片時裝秀的照片，而非實際的服飾。[9]她舊時的同事只有一個想法，那就是她以這種方式工作一定很沮喪。

同時，疫情對非裔、原住民和有色人種（BIPOC）美國人造成特別大的衝擊，富人和窮人的對比也極其明顯。[10]二〇二〇年三月十三日，布倫娜・泰勒（Breonna Taylor）死於警方槍下，而後在二〇二〇年五月二十五日，喬治・佛洛伊德（George Floyd）也遭遇相同的下場。後來抗議行動橫掃全球，幾百萬名的民眾走上街頭，為非裔人士爭取正義。大約一週後，《時尚》網發布了一篇專欄文章，文中主張總統候選人喬・拜登（Joe Biden）應該選擇有色人種女性為競選搭檔，安娜寫道：「改變是必須的，我們享有龐大特權，所以應該扛起責任。我們得要聆聽、了解和採取行動，確保國內的有色人種群體得到社會正義和基本人權……即使我不鼓勵暴力，我們的城市和社區受損，我也由衷地感到悲痛，但這些抗議行動傳達出怒氣和憤慨，我致上尊重和敬意，我也支持高喊黑人的命也是命（Black Lives Matter）的人們。」[11]

幾個月後，疫情肆虐、社會正義抗議四起，加上唐納・川普仍然在位，而二〇二〇年的大選只剩下幾個月，此時媒體界系統性缺乏多元話和包容性的問題成為關注的焦點。《少女時尚》的總編輯菲利浦．皮卡迪和伊蓮．韋特羅斯在他們的平台一直在大聲疾呼這個問題：年輕人無法忍受現況了，包括制度性種族歧視，但安娜的世代似乎多半視而不見。年輕人在職場也感受到強烈的壓抑。

第一波起義發生在年輕女性網站二十九號精煉廠（Refinery29），這個網站面臨不良工作環境的指控，之後高階主管便辭職了。[12]接著是《美食慾》的員工群起反抗，他們控訴總編輯亞當．雷帕波（Adam Rapoport）邊緣化有色人種，包括有次他要求底下的非裔史丹佛畢業生助理清理他的高爾夫球桿，之後他便下台了。雷帕波是安娜的直屬下級。[13]

安娜的管理風格從未如此顯得不合時宜。她採取了立場，贊同黑人的命也是命運動，設法把《時尚》定位成進步的出版品，但許多《時尚》的忠實讀者卻認為她的支持並不合理或真心。《穿著Prada的惡魔》在二〇〇六年上映，雖然她的專橫跋扈在片中得到崇尚，但現在似乎是包袱，也許這種事始終不應該當成好事。

安娜應對公關危機的策略是迅速地道歉，希望以此平息問題，接著向前看。[14]六月四日，她向員工寄發了一封電子郵件，但馬上就走漏到《紐約郵報》（*New York Post*）的八卦版，她在信中坦承：「我知道《時尚》沒有找到足夠的方法拔擢非裔編輯、記者、攝影師、設計師和其他創作者，並給予他們發展的空間。我們也曾犯錯，發布有損人格或無法容忍的照片或報導。我為那些錯誤擔下全責。」[15]不到一週後，《紐約時報》發表了一篇報導，標題是〈安娜．溫圖能挺過社會正義運動嗎？〉（"Can Anna Wintour Survive the Social Justice Movement?"）。[16]

媒體界似乎很確定，其實就連時尚界的象徵人物安娜．溫圖也凶多吉少。

大約在《紐約時報》問出安娜是否會「挺過社會正義運動」的前後，她寄了一封電子郵件給奧羅拉．詹姆斯，表示想更加了解百分之十五承諾（15 Percent Pledge）。詹姆斯在二〇二〇年六月初發起這個倡議，要求目標百貨這樣的公司承諾，貨架上百分之十五的商品要來自非裔人士所擁有的企業。「我們安排個時間聊一聊百分之十五承諾吧。」安娜寫道：「我想真的了解倡議的內容。」

詹姆斯透過 Zoom 視訊會議向她解釋，但當時她把重心放在說服零售商加入，沒有想過要讓《時尚》或其他雜誌簽署。

詹姆斯很快就為百分之十五承諾忙得不可開交，幾乎沒有時間和任何人講電話。然而，她的朋友喬丹．卡斯蒂爾（Jordan Casteel）一直設法聯絡她，終於在某天的晚上十點，詹姆斯回電給她了。

「我明天早上得要告訴《時尚》，妳是否要和我一同進行這個計畫。」卡斯蒂爾說。

「什麼計畫？」詹姆斯這麼問。

「我要繪製九月號雜誌的封面，我們想要放上妳的畫像。」卡斯蒂爾對她說。

詹姆斯不明所以。誰會打電話說要為《時尚》九月號封面繪製妳的畫像？

「為什麼？」她問。

「我開始在留意時尚界的有色人種女性，我一直很欣賞妳的百分之十五承諾。」卡斯蒂爾表示：「所以我告訴他們，我想畫妳，大家都很興奮。我告訴他們我會問問妳，所以他們知道妳是否會加入，已經等上一整週了。」

詹姆斯同意了，兩天後，她穿上皮爾．莫斯（Pyer Moss）的藍色禮服在布魯克林的自家樓頂進行拍攝，最後卡斯蒂爾會依此作畫，並和另一幅作品一起登上二〇二〇年九月號的《時尚》。

卡斯蒂爾進行拍攝的不久後，安娜便詢問詹姆斯是否想進行另一次的 Zoom 通話。詹姆斯在通話中從未看過安娜如此興奮：九月號雜誌讓她很興奮、挺過疫情讓她很興奮、即將到來的選舉讓她很興奮。她想問詹姆斯一個問題：「百分之十五承諾倡議能落實到出版發行業嗎？」[17]

安娜如此激昂地在出版發行業支持有色人種的發展已有先例，她在一九八八年時任命安德烈·里昂·泰利作為《時尚》的創意總監，後來他形容自己是「時尚新聞業史上職位最高的黑人男性」。[18]然而，三十二年後，他出版了回憶錄《雪紡風衣》（*The Chiffon Trenches*），並在書中談起自己和安娜的關係，包括他好幾次感覺安娜冷落了自己、兩人在九〇年代的決裂和後來的和解，還有自己在慈善晚宴的紅毯上被 YouTube 明星取代。

他的回憶錄成為《紐約時報》暢銷書，宣傳活動巡迴的期間，他在珊卓·伯哈德的播客節目上稱安娜是「殖民主義壞女人」，並表示：「她是殖民主義大環境的一環。她有權又有勢，我不覺得她會讓任何事阻擋她享受白人特權。」[19]

泰利的著作和言論讓安娜很痛心，她的親朋好友對書中的嚴厲批評深感不解。[20]「人人都做得到普通的仁慈之舉，但她就是沒辦法。」泰利寫道。[21]然而，從他們看來，安娜對他已經無比仁慈了，他需要工作，安娜就雇用他，他的奢華生活都是公司來買單，他要付清稅款和買房子供祖母居住，安娜還幫他取得零利率的公司貸款。[22]先前安娜擔心他的體重，還在康泰納仕時代廣場辦公室的會議室裡組織了一場干預活動，[i]並安排他到北卡羅萊納州德罕的杜克生活與體重管理中心（Duke Lifestyle and Weight Management Center）進行三個月的減重計畫，而且由公司買單。[23]

然而，泰利減重後，總是重蹈覆轍，他也跌出了安娜的社交圈。他不再獲邀參加晚宴，兩人的關係剩下敷衍地互相祝福生日快樂，還有安娜試穿衣服時會找來泰利。「我認為他覺得我又胖又老。」泰利這麼說，也意識到她的工作和家庭讓她忙得不可開交：「她單純變成大人物了，沒有時間跟我瞎混。」[24]

康泰納仕和其領導階層承諾要改變現況，也就是後來安娜向《紐約時報》表示的「有所作為」，但有一派聲音認為，他們的舉動既充滿了種族歧視又虛假，泰利的著作可以說是火上加油。[25]然而，蘿芮．瓊斯表示，安娜對泰利的舉止從不是出於惡意。[26]「安娜完全不想和安德烈作對，諷刺的地方就在這裡。她完全不想惹怒安德烈。他遭受不當的對待、又是非裔，還是同志，人生中還發生了許多糟糕的事情。安娜很體諒他的背景。」她表示。

然而，安娜從未想辦法讓自己的說法登上媒體，本來人們認為她理直氣壯得有骨氣，又時不時遭到誤解，但如今形象急轉直下成為手法惡毒又傲慢的女人。康泰納仕和時尚界一貫的價值觀不是她建立的，但她擁立這樣的信念體制，達到前所未有的高度，還從這裡得到了好處。《時尚》的白人特質和菁英主義從古至今帶來了好評和雜誌銷售量。安娜對待助理的方式遭到質疑，但不久後《穿著 Prada 的惡魔》就對此展現了崇尚之情。安娜任職於康泰納仕的年頭，公司任命了許多女性和男同志坐上高位，相比美國其他的白領機構已經進步許多。然而，安娜手握大權又善於察覺文化變

i 根據劍橋詞典（Cambridge Dictionary），干預活動（intervention）係指親友或醫護人員共同開會，勸導有酗酒或毒癮等問題之人士接受現實，並開始接受治療。

革，卻未能宣揚多元化和包容性，也沒有為康泰納仕的進步派年輕員工，反思康泰納仕的價值觀，直到她似乎不得不這麼做了。正是這樣的失察，讓許多和她緊密共事的員工感到很震驚。

雖然許久之前安娜和謝爾比·布萊恩就分開了，而且布萊恩還不記得原因，[27]但兩人分手的消息登上媒體不久後，《紐約時報》在二〇二〇年十月二十四日刊登了關於安娜的另一則報導，標題是〈白人問題：安娜·溫圖推動多元化是否為時已晚？〉（"The White Issue: Has Anna Wintour's Diversity Push Come Too Late?"）。[28]「總共有十八名人士表示，《時尚》在溫圖女士的領導下，只歡迎特定類型的員工，她們又瘦又白，通常來自富裕人家，而且在菁英學校受教。」李埃德蒙（Edmund Lee）寫道：「這十八位人士中有十一位表示，從他們看來，溫圖女士應該停止掌理《時尚》，並讓出康泰納仕編輯主管的位置。」報導也談及她和愛德華·埃寧弗的關係，埃寧弗在二〇一七年時成為英國版《時尚》的總編輯，他讓雜誌更加現代化和多元化，並立即收穫讚賞：「一些紐約和倫敦的員工能直接觀察到兩人的互動，他們表示兩人的職場關係很彆扭。」

遺憾的是，這樣的對話似乎沒有意識到，雖然安娜有錯，掌權幾十年以來大多以排外的手法在做事，但她同時也受盡了公司的影響。她在亞歷山大·利伯曼這樣的男性底下做事，而利伯曼期待員工要楚楚動人。她也在市調的引導下做事，這些市調的目的就是要告訴編輯，哪一種雜誌封面會大賣，一直以來答案都沒有有色人種。對安娜來說，採納這些價值觀如此有利可圖，只有她能讓自己開始質疑這些價值觀。

對安娜來說，身處媒體的社會正義時代，挺過負面新聞並非易事。[29]

「我想她擔心的是這些事情對我們的銷售表現有什麼影響？」她的朋友威廉·諾維奇表示這是

她對批評大致上的感受：「她受雇於人，而且是兢兢業業的員工。只有繳出了銷售成績，她才能放心。難怪他們捨不得讓她離開。」[30]

然而，安娜並非完全任由公司高層和社會大眾擺布。她選擇留在自己的位置上，維持時尚象徵的地位，隱患和好處都照單全收。

多年以來和安娜緊密共事的員工認為，以少得可憐的預算在數位時代中經營康泰納仕，對她來說肯定沉重乏味。她面臨激烈的檢視和壓力，他們很驚訝她依然堅守崗位，因為她大可以從馬斯蒂克莊園的兩座游泳池中任選一座，然後在池畔享用魚子醬和香檳，過上她的七十年華。同時，他們很驚豔，因為安娜和《時尚》前面兩任的總編輯不一樣，縱使跌跌撞撞，但她一再下工夫要適應當下的時代。

《他們》的創辦人菲利浦．皮卡迪在二〇一八年八月離開康泰納仕後，安娜找上溫布莉．休維爾（Whembley Sewell）接任，當時二十五歲的休維爾負責《少女時尚》的品牌置入內容和社群媒體。「我不是傳統的編輯。我當面對她這麼說：『我不會隨身帶著紅筆，也不會在句子下面劃底線。』」休維爾回憶，過去她從事社群媒體和影片工作，但沒有標準的報導作品集：「我不是大衛．雷姆尼克，她對這點很能接受。」

休維爾是一位非裔酷兒女性，她在二〇一九年時成為《他們》的執行編輯。隔年，知名造型師兼《酷愛》（*Love*）的總編輯凱蒂．格蘭德（Katie Grand）創辦這本雜誌經過十二年後，宣布自己要離開了，這是一本在英國營運的前衛小眾時尚雜誌。康泰納仕得決定是否要繼續發行這本雜誌。安娜決定把《酷愛》交給休維爾和《他們》一起經營。[31]她是安娜底下幾位有色人種總編輯的其中一人，另外還有《浮華世界》的瑞蒂卡．瓊斯和《美食慾》的唐恩．戴維斯（Dawn Davis）。〔休維爾沒有擔任總編輯太久，二〇二一年夏天，她宣布自己要離開康泰納仕跳槽到網飛（Netflix）。〕[32]

幾十年以來，只要和安娜共事過，都知道讓她等是滔天大罪。到頭來很多人卻在等著安娜讓康泰納仕和《時尚》更現代化，這兩個地方是職場也是文化的指標，而且他們等太久了。也許往後安娜的一大挑戰是要不斷體會這件事。

預測時尚界的走向就必須了解有「入流」和「不入流」之分。安娜的世界中，人們分屬這兩個鮮明的類別。一些人始終「不入流」，例如表現不佳的助理不入流；她在《萬歲》被迫選用閣樓寶貝（Penthouse Pet）當模特兒，這些女孩不入流；大都會博物館的活動策劃師告訴她，不能在稀世雕像的上方懸掛吊頂，他們也不入流。有些人的成功、權勢、創意和美貌毋庸置疑，當然他們始終「入流」，例如，小威廉絲、羅傑．費德勒、蜜雪兒．歐巴馬和湯姆．福特。一些人一開始「入流」，但被趕到「不入流」，就像是泰利。其他人起初「不入流」，但晉升到「入流」一掛，好比金．卡戴珊。然而，「入流」往往要面臨兩極意見，就像紐約州選區的眾議員亞歷山卓．歐加修—寇蒂茲出席二〇二一年的慈善晚宴，穿著奧羅拉．詹姆斯設計的白色晚禮服，禮服背後以紅字寫著「課徵富人稅」時，她就碰到了這樣的情形。[33]即使只進入安娜的世界一個晚上，批評也會蜂擁而至，其中《紐約時報》的專欄作家莫琳．多德（Maureen Dowd）就寫道：「歐加修—寇蒂茲盛裝打扮出席慈善晚宴，想和統治階級廝混，但這樣的活動讓每一個有思想的美國人想和羅伯斯比爾（Maximilien Robespierre）一樣向富人宣戰，而且也牴觸她所有的信念……」[34]

安娜得以決定人們的份量，同時又能瞬間把人們歸進「不入流」之輩，這就是權勢的一大來源。「如果你被她冷凍，那就沒救了。她是天蠍座的，所以你玩完了。」麗莎・樂芙這麼說：「事情就是那麼冷酷。」[35]只要她在位，時裝設計師、記者、編輯和攝影師就永遠無法高枕無憂。他們被冷凍怎麼辦？

詹姆斯表示：「如果你試圖在紐約攀爬社會階梯，設法獲邀出席慈善晚宴，那就是另一回事了，你永遠不會覺得自己成功了，你會一直感受到失敗。如果你只是在尋求權威人士的認可，那也是無法相提並論的事。然而，如果你熱愛服裝、表現、顏色和文化，相信衣著能讓女性體悟自我、尋得自己在世間的位置，這都是衡量成功的方法，從中得到的成就感受是任誰都無法剝奪的。」[36]

雖然有一派聲音認為安娜應該被開除或被迫辭職，但她的影響力依舊深遠又難以抗衡。十二月中有消息傳出，她以升遷成為康泰納仕內容長為災難性的二〇二〇年畫下句點，這個職位給予她全部雜誌品牌的監督權，包括《紐約客》和所有的國際版雜誌。[37]無論多少負面報導，似乎都無法撼動她的崇高地位。〔艾莉希・麥肯蒙（Alexi McCammond）的遭遇就差多了，安娜在二〇二一年春天聘用她經營《少女時尚》，但她十年前的推文引發了反彈，使她和康泰納仕「分道揚鑣」，她在推特上這麼表示。〕[38]只要提到安娜的名字，仍舊足以阻止廣告客戶從康泰納仕雜誌抽掉廣告預算。她的一通電話就得以說服品牌掏出幾百萬美元贊助博物館展覽。[39]不管有多少下面的員工認為她應該辭職，或她的管理風格有多麼唯我獨尊，在資本主義的社會中，她正是康泰納仕這樣的公司會不惜一切留下來的人才。

安娜建立起自己的王國，裡面住著世界上最美麗、最有權勢的人們，其餘人等只有在旁觀望的份。安娜對離開康泰納仕和自己的未來肯定有所規劃，[40]但她只告訴朋友，也許她要做的是提供收費的諮詢服務，而非免費給予建議，她沒有告訴他們具體的內容。[41]談論自己並非她的本性。

致謝

大約在二〇一〇年，當時我一心以威廉王子（Prince William）和凱特・密道頓（Kate Middleton）的婚禮為主題撰寫文章時，凱琳・馬克斯（Karyn Marcus）把我從部落格界揪了出來。我絕對沒有想到，將近十年後，部落格會步上墊肩的後塵，我又有機會和她合作出版如此耗時費力的著作。凱琳，謝謝妳這些年來這麼相信我，也給予我機會完成這份困難但讓人欲罷不能的工作。

艾梅・貝爾（Aimée Bell），我也要謝謝妳把這本書託付給我。妳在漫長又艱辛的報導過程中提供協助，對書中描寫的世界也有深厚的知識，因此妳的回饋使其躍然紙上，沒有妳的幫忙，這本書就不會是今日的模樣。

蕾貝卡・史托博（Rebecca Strobel）在過程中細心地編輯、給予協助，我也要向她獻上最真摯的感謝。蕾貝卡，謝謝妳的耐心，還有總是有求必應。

我很感激書廊出版社（Gallery）的整個團隊很支持這個計畫：珍妮佛・伯斯壯（Jennifer Bergstrom）、珍妮佛・朗恩（Jennifer Long）、莎莉・馬文（Sally Marvin）、吉爾・希格爾（Jill Siegel）、麥肯琪・希奇（Mackenzie Hickey）和茱莉亞・麥加里（Julia McGarry）。喬・卡普（Jon Karp），我也要謝謝你對這本書的熱忱和美言。

我的經紀人吉莉安・麥肯基（Gillian MacKenzie）是完美的工作夥伴。謝謝妳一直當我的後盾，還有就這本書和各個方面給予我建議。

傑夫・尚德勒（Geoff Shandler），謝謝你出色的編輯工作。你最知道如何取捨內容，我要謝謝你的努力和周全。

幾位朋友一路上好心地閱讀這本書的草稿，並給予我回饋。其他朋友則在我的低谷時刻對我說我做得到。薩梅爾・阿布薩比（Samer Abousalbi）、奧馬爾・阿爾維（Omar Alvi）、阿希維妮・安布拉贊（Ashwini Anburajan）、桃樂絲・強生（Doris Johnson）、達拉・卡普爾（Dara Kapoor）、林詹姆斯（James Lim）、梅若迪絲・戈德伯（Meredith Goldberg）、派蒂・格雷科（Patti Greco）、賈斯汀・拉維茲（Justin Ravitz）、奇拉・理查茲（Kyra Richards）和瑪莉亞・維利薩里斯（Maria Velisssaris），謝謝你們。

我的家人總是給予我關愛、支持和鼓勵。謝謝你們，潘蜜拉（Pamela）、馬克（Marc）、蘿莉（Lorri）、艾莉莎（Alyssa）、雷（Ray）、瓊（Joan）和瑪莉蓮（Marilyn）。

荷莉（Holly）、馬克（Mark）、傑克（Jack）和凱（Kai）：我一直很想念你們，也好愛你們。我撰寫這本書的年頭裡，謝謝你們給予我亟需的純粹快樂時光。

媽媽，您總是給予我最好的建議。如果沒有遺傳到您的毅力、沒有您在每一步鼓勵我，我不知道是否還能完成這本書。我愛您，謝謝您是最棒的母親。

我的爸爸不在了，沒辦法讀到這本書，但他的忠告、幽默感和關愛會永遠影響著我的著作。

我對我的孩子柯比（Colby）和萊拉（Lila），感恩之情溢於言表，他們是我生命中全部的喜悅。

瑪塞拉（Marcela），我在撰寫這本書的期間，謝謝妳盡心照顧他們。

接著是我的丈夫瑞克，他在我身旁陪我挺過這個困難又嚇人的工作：謝謝你在我孤立無援時叫我加油、理解我得在晚上和週末不見蹤影趕稿和採訪，也閱讀比任何人還要多的草稿。沒有你，我就完成不了了。

作者註

二〇一八年年底，我開始投入撰寫這本書的工作，當時接觸了第一批的採訪對象，對這本書的走向，他們有兩派看法。一派認為安娜．溫圖的駭人名聲比較是八卦版的噱頭話題，而非真實情況，她一定會助我一臂之力。另一派則覺得她會竭盡所能封殺這本書，也許是警告採訪對象不要和我談話，先前有一位作者未經她的授權撰寫傳記，就是受到此等對待，或利用康泰納仕的影響力，試圖威嚇我的出版商。

雖然我不認識安娜，但她並非完全不知道我，因為我兩度和她進行工作面試。第一次時，我在週末接到通知，告訴我隔週要進行《時尚》寫作工作的面試，但最後我沒有得到錄用。第二次大約在六年後，當時是二〇一八年年初，我懷著我家兒子。我整理了一些想法給她，但無意接下全職工作，我們到頭來從未共事。她謝謝我向她展示編採備忘錄，並歡迎我生下孩子後再行聯繫。我的兒子如今三歲了，進產房的前一天，我的作家經紀人打電話說我有可能要撰寫這本書。

我接下這份工作後，誰都不願意和我談話，我有好幾週的時間在挫折中度過。後來我就她的早期生活和職涯進行採訪，人們討論這些話題沒有那麼不安，因此開始有了進展，我也一步步寫到她現下的發展。我著手撰寫經過一年半，採訪了超過一百個對象後，一位和安娜共事的康泰納仕公關人員找上我，他發現了我在撰寫這本書。我們通了電話，我解釋說我打算以安娜身為擁有獨特權勢地位的女性為角度，撰寫她的傳記。後來我收到回音，安娜「婉拒」和我談話，但我得到了一些她同事和朋友的聯絡資訊（這本書出版前，安娜拒絕了另外兩次的正式採訪請求）。

接著，我就更容易聯繫到安娜的朋友和同事，以及其他同意開口的人士，多年以來安娜遭受歧視女性的報導和不實傳言，先前這些人士認為我不可能公正地描繪安娜。我很快就意識到，人們在安娜人生的不同時期認識她，但往往都想保護她，這是她的一種能力。雖然如此，他們的說法依然頗具啟發性，而且有助於以十分親近的角度描述這位極其神祕的人物。

並非每個人都能公開地談論安娜，進行匿名處理後，這些人才能自在地暢所欲言。這些匿名和公開說法都盡可能進行查證，採訪對象依著記憶重現對話，也許無法精確無誤。讀者不應該假定關於特定會議和對話的說法，是來自參與其中的人士。

我無比感激這本書超過二百五十位的採訪對象，許多人花了數小時和我談話。我特別感謝具名的採訪對象：維里妮亞・阿馬圖利（Verrinia Amatulli）、吉姆・安德森（Jim Anderson）、梅若蒂絲・阿斯普朗、安迪・貝勒米（Andy Bellamy）、蘇珊・拜德爾、彼得・布洛克、安德魯・波頓、艾瑞克・波曼、麥可・布德羅、英格莉・伯爾丁（Ingrid Boulting）、漢米許・鮑爾斯、派翠西亞・布伯里、凱薩琳・布萊迪（Kathleen Brady）、希莉亞・布萊菲爾德、喬・布魯克斯、米蘭達・布魯克斯、史蒂芬妮・布拉什、蓋伊・布萊恩（Gay Bryant）、瑪姬・巴克利、托莉・柏奇、卡蘿・德萬・卡森、保羅・卡瓦科、亞歷克斯・查特蘭、周艾美、金柏莉・克里斯曼—坎貝兒、南西・奇爾頓（Nancy Chilton）、查爾斯・澤沃德、葛蕾絲・柯丁頓、莫蒂・柯爾斯、理查・柯克（Richard Cork）、卡特勒、凱薩琳・戴利（Catherine Daily）、傑夫・戴力、蓋瑞・戴勒密斯特（Gary

Delemeester）、吉爾・德姆林、汪達・迪貝奈德托、黛布拉・迪西特、喬・多爾切、加蓓・多佩特、吉恩・德魯塞多（Jean Druesedow）、蘇珊・伊格爾（Suzanne Eagle）、蘇珊・埃德米斯頓、利茲・埃格斯頓（Liz Eggleston）、米歇爾・艾斯特班、瓊・費尼、溫蒂・菲曼、吉爾・C・費斯曼（Jill C. Fischman）、湯姆・弗里歐、湯姆・福特、大衛・法蘭科、佛萊迪・甘博、瑞克・吉列特（Rick Gillette）、湯妮・古德曼、溫蒂・古德曼、貝絲・格里爾（Beth Greer）、芭芭拉・吉格斯、薇樂莉・格羅夫、克萊兒・格魯波、小鮑伯・古喬內、安東尼・哈登—格斯特、大衛・海爾、黛布拉・哈金斯（Deborah Harkins）、蘿絲・哈特曼（Rose Hartman）、克萊兒・哈斯汀、蓋伊・赫布納（Gay Haubner）、拉薩羅・赫南德茲、瑪莉・希利亞德（Mary Hilliard）、莎拉珍・霍爾、潔德・霍布森、麥可・哈吉森、安娜貝爾・霍丁、馬克・霍蓋特、伊萊・霍茲曼、芭芭拉・胡拉尼奇、法蘭索・伊恩塞赫（Francois Ilnseher）、海倫・歐文（Helen Irwin）、奧羅拉・詹姆斯、萊絲莉・傑—古爾德（Leslie Jay-Gould）、大衛・強生（David Johnson）、蘿芮・瓊斯、安・坎普曼（Anne Kampmann）、瑪莉・肯尼、哈利・金恩（Harry King）、瑪莉蓮・克許納、威利・蘭德斯、薇薇安・拉斯奇、蓋伊・勒博、吉姆・李、史黛西・李、弗萊迪・雷巴（Freddie Leiba）、蘇・盧埃林（Sue Llywellyn）、伊芙琳・羅倫詹・貝爾（Evelyn Lorentzen Bell）、麗莎・樂芙、扎澤兒・羅文、亞曼達・倫伯格、派翠西亞・林登、梅莉・麥肯基（Mairi Mackenzie）、茱莉・麥克洛（Julie Macklowe）、莎拉・麥弗森（Sarah MacPherson）、賈克・馬里農（Jacques Malignon）、史丹・馬林諾斯基（Stan Malinowski）、泰倫斯・曼斯菲爾德、比爾・馬里布（Bill Marlieb）、蜜雪兒・摩根・馬佐拉、傑克・麥克洛、比爾・麥康姆（Bill McComb）、艾琳・布羅什・麥肯納（Aline Brosh McKenna）、南西・麥奇歐、凱莉・麥梅斯特、安・麥納利、厄爾・米勒（Earl Miller）、索尼亞・穆尼、艾瑪・摩爾、艾莉達・摩根、蜜雪兒・莫里斯（Michele Morris）、邦妮・莫里森、凱西・穆喬洛（Kathy Mucciolo）、佩姬・諾索普、威廉・諾維奇、南西・諾沃格羅德、派翠西亞・歐圖爾（Patricia O'Toole）、亞德莉安・帕克（Adrienne Parker）、菲利浦・皮卡迪、蓋兒・平克斯、瑞秋・派恩、科琪・波倫、費莉絲・波斯尼克、坎蒂・佩特・普萊斯、貝弗莉・波塞爾（Beverly Purcell）、麥克・萊哈特（Mike Reinhart）、琳達・萊斯、雪莉兒・里克森、麥可・羅伯茲、潔西卡・羅傑斯（Jessica Rogers）、鮑伯・索貝爾格、喬丹・沙普斯、蘿莉・謝克特、詹姆斯・史卡利、丹妮塔・休維爾（Dennita Sewell）、溫布莉・休維爾、萊絲莉・珍・西蒙、薩蒂亞・薛波（Sadia Shepard）、亞歷桑德拉・舒爾曼、莎莉・辛格、泰・史密斯（Tae Smith）、維吉妮亞・史密斯、艾瑪・索姆斯、史考特・史登伯格、海蓮娜・蘇里克、辛西亞・斯沃茲（Cynthia Swartz）、安德烈・里昂・泰利、冼書瀛、奧利維羅・托斯卡尼、基斯・特朗伯（Keith Trumbo）、蘿謝爾・烏德爾、莎拉・凡・席克倫、克萊兒・維克特（Claire Victor）、卡蘿・沃格爾（Carol Vogel）、米拉・沃克、詹姆斯・威吉、卡蘿・惠勒（Carol Wheeler）、小威廉絲、金・維勒特、保羅・威爾默、史蒂芬妮・溫斯頓・沃科夫、布魯斯・沃爾夫、蘿西・揚恩和查克・祖雷蒂（Chuck Zuretti）。

其他許多人士協助我找到採訪對象和釐清真相，我也很感謝他們。

因為拉琪爾・拉內里（Raquel Laneri）的幫忙，這本書才是現在的模樣，她採訪了四十一位受訪者，帶來出色的成果。拉琪爾是無畏的合作對象，她對大都會藝術博物館服裝典藏館的調查在這次計畫中尤其不可或缺。蘿拉·西爾弗（Laura Silver）在倫敦進行採訪，並瀏覽只有在那裡才能取得的文件。林高（Ko Im）、蘇·卡斯沃（Sue Carswell）和萊西·希爾（Lexi Hill）也提供額外的調查支援。我也很感謝馬克·戈德伯（Marc Goldberg），他協助我追尋、過濾和解讀數百頁的法院紀錄。

班·卡林（Ben Kalin）進行了這本書的事實查核，他十分注重細節、敏銳又周全，我感謝他為這本書投入這麼多時間。

安娜待過的雜誌中，大部分的過期刊號都能從圖書館取得，但《萬歲》雜誌就沒辦法了。謝謝瑞秋·大衛（Rachel David）和傑瑞米·弗拉莫（Jeremy Frommer）大方地同意我前去創德（Creatd）位於紐澤西州弗特里（Fort Lee）的辦公室，並讓我帶走全數有關安娜的檔案。

我也很感謝紐約公共圖書館幫忙我的所有人員，我從這裡取得了豐富的調查素材，包括小亞瑟·史列辛格的文件，裡面有來自查爾斯·溫圖的幾百頁書信，許多是手寫的。我花了上許多時間津津有味地閱讀和解密他的潦草筆跡，因為往往很勉強才看懂。此外，安娜在她的職涯中負責了許多雜誌全版文章的造型，只要能取得，我都查閱了，同時也看過她擔任《時尚》總編輯所監督的大量內容。

幾本著作在我的調查過程中頗有助益，包括多蒂·卡桑詹（Dodie Kazanjian）和凱文·唐金斯（Calvin Tomkins）的《亞歷山大·利伯曼的一生》（*Alex: The Life of Alexander Liberman*）、湯瑪士·邁爾的《紐豪斯》和卡蘿·費森塔（Carol Felsenthal）的《公民紐豪斯：媒體大亨的真面目》。利茲·媞貝里絲〔《生死交戰：我和卵巢癌同生共死》（*No Time to Die: Living with Ovarian Cancer*）〕、葛蕾絲·米勒貝拉〔《時尚不時尚》（*In and Out of Vogue*）〕、葛蕾絲·柯丁頓〔《葛蕾絲回憶錄》（*Grace: A*

Memoir）」、安德烈・里昂・泰利（《雪紡風衣回憶錄》）和伊蓮・韋特羅斯（《妳已經夠好了：爭取自我空間（別管別人怎麼說）》）的回憶錄都生動地描述職涯不同時期的安娜，也經常引用於這本書。

我並非首位撰寫安娜傳記的作家。傑瑞・奧本海默的《貴賓席：剝去安娜・溫圖的亮麗外在》為這本書提供了極其實用的藍圖。

最後我要謝謝安娜同意我進入她的世界。

註釋

前言

1. Interview with Phillip Picardi, August 10, 2020, and numerous people present at the meeting.
2. Interviews with two background sources.
3. Interview with Phillip Picardi.
4. Interviews with two background sources.
5. Interview with Phillip Picardi.
6. Background interviews with numerous people present in the meeting.
7. Interviews with Phillip Picardi, and background source who was present.
8. Alexandra Steigrad, "Did Anna Wintour and *Vogue*'s Hillary Clinton Advocacy Go Too Far?" *WWD*, November 9, 2016.
9. Hillary Clinton spokesperson to author, June 24, 2021; interview with Bob Sauerberg, July 13, 2021.
10. Interview with Shelby Bryan, July 21, 2021.
11. Interviews with Phillip Picardi and background source who was present.
12. Interviews with numerous sources present in the meeting.
13. Interview with Stephanie Winston Wolkoff, May 1, 2021.
14. Fiona Sinclair Scott and Christiane Amanpour, "CNN Exclusive: Anna Wintour Says It's Time to 'Stand Up for What You Believe In,'" CNN.com, April 19, 2019, https://www.cnn.com/style/article/anna-wintour-interview/index.html.
15. Interview with Shelby Bryan, July 21, 2021.
16. Interviews with numerous sources present in the meeting.
17. Interviews with Phillip Picardi and background source who was present.
18. Interview with Phillip Picardi.
19. Background interview.
20. Background interview.
21. Interview with Stephanie Winston Wolkoff, May 1, 2021.
22. Background interview.
23. Stephanie Winston Wolkoff, *Melania and Me* (New York: Gallery, 2020), 335.
24. Interview with Stephanie Winston Wolkoff.
25. Interview with Laurie Schechter, February 14, 2020.

26. Interview with Grace Coddington, December 19, 2020.
27. Interview with Tonne Goodman, June 10, 2021.
28. Interview with Sally Singer, January 14, 2021.
29. Interview with André Leon Talley, March 20, 2021.
30. Email from Metropolitan Museum of Art spokesperson to author, June 14, 2021.
31. Interviews with two background sources.
32. Interview with Tom Ford, October 22, 2020.
33. Interviews with two background sources.
34. Interview with Mark Holgate, July 15, 2021.
35. Interview with Annabel Hodin, May 20, 2019.
36. Interview with Anne McNally, May 6, 2021.
37. Interview with Emma Soames, May 17, 2021.
38. Text message from Stephanie Winston Wolkoff, May 2, 2021.
39. Email from Jill Demling, June 21, 2021.
40. Interviews with Anne McNally, Miranda Brooks, Emma Soames, and others.
41. Background interview; André Leon Talley, *The Chiffon Trenches* (New York: Ballantine, 2020), iBook, 307.

第一章

1. Radcliffe deceased student file for Eleanor Trego Baker.
2. "Professor Baker of Law School Dies at Age 78," *Harvard Crimson*, November 8, 1966.
3. Ralph Baker will and trust documents probated in Middlesex County, MA.
4. Arthur M. Schlesinger, Jr., *A Life in the Twentieth Century: Innocent Beginnings, 1917–1950* (New York: Houghton Mifflin, 2000), 201.
5. Michael Leapman, "Obituary: Charles Wintour," *Independent*, November 5, 1999.
6. "Miss Eleanor Baker," *Harrisburg (PA) Telegraph*, January 6, 1949.
7. Schlesinger, *A Life in the Twentieth Century*, 192.
8. Charles Wintour, *The Rise and Fall of Fleet Street* (London: Hutchinson, 1989), xi.
9. Radcliffe deceased student file for Eleanor Trego Baker.
10. Charles Wintour, letter to Arthur Schlesinger, undated, Arthur M. Schlesinger Jr. papers, Manuscripts and Archives Division, New York Public Library (hereafter cited as Schlesinger papers, NYPL).
11. Charles Wintour, letter to Arthur Schlesinger, July 2, 1939, Schlesinger papers, NYPL.
12. "Sept. 1, 1939 | Nazi Germany Invades Poland, Starting World War II," *New York Times*, September 1, 2011, https://learning.blogs.nytimes.com/2011/09/01/sept-1-1939-nazi-germany-invades-poland-

startingworld-war-ii/.

13. Charles Wintour, *The Rise and Fall of Fleet Street*, xii.
14. Charles Wintour letter to Arthur Schlesinger, undated, Schlesinger papers, NYPL.
15. Charles Wintour letter to Arthur Schlesinger, September 12, 1939, Schlesinger papers, NYPL.
16. C. Peter Chen, "Battle of Britain," World War II Database, July 2010, https://ww2db.com/battle_spec.php?battle_id=95.
17. Charles Wintour letter to Arthur Schlesinger, February 14, 1940, Schlesinger papers, NYPL.
18. Nonie Wintour letter to Arthur Schlesinger, February 7, 1940, Schlesinger papers, NYPL.
19. Marriage announcement from the Bakers, Schlesinger papers, NYPL.
20. Charles Wintour letter to Arthur Schlesinger, July 30, 1940, Schlesinger papers, NYPL.
21. Charles Wintour letter to Arthur Schlesinger, June 7, 1939, and undated letter to Arthur Schlesinger, Schlesinger papers, NYPL.
22. Charles Wintour letter to Arthur Schlesinger, August 22, 1940, Schlesinger papers, NYPL.
23. Background interview.
24. Charles Wintour letter to Arthur Schlesinger, August 22, 1940, Schlesinger papers, NYPL.
25. Charles Wintour letter to Arthur Schlesinger, December 23, 1940, Schlesinger papers, NYPL.
26. Charles Wintour letter to Arthur Schlesinger, November 24, 1945, Schlesinger papers, NYPL.
27. Charles Wintour letter to Arthur Schlesinger, March 1, 1941, Schlesinger papers, NYPL.
28. Charles Wintour letter to Arthur Schlesinger, October 11, 1944, Schlesinger papers, NYPL.
29. Charles Wintour letter to Arthur Schlesinger, February 2, 1942, Schlesinger papers, NYPL.
30. Charles Wintour letters to Arthur Schlesinger, March 29, 1944, and October 11, 1944, Schlesinger Papers, NYPL.
31. Charles Wintour letter to Arthur Schlesinger, July 6, 1945, Schlesinger papers, NYPL.
32. "History of Waldorf Astoria Versailles—Trianon Palace," https://www.trianonpalace.fr/en/discover/about-trianon-palace/hotel-history/.
33. Charles Wintour, *The Rise and Fall of Fleet Street*, xi.
34. "In the Beaver's News Kingdom Empire Propaganda Comes First," *Newsweek*, April 28, 1952.
35. Woodrow Wyatt, "Beaverbrook: The Last of the Press Lords," *Harper's*, July 1956, 48.
36. "In the Beaver's News Kingdom Empire Propaganda Comes First," *Newsweek*, April 28, 1952.
37. Woodrow Wyatt, "Beaverbrook: The Last of the Press Lords," *Harper's*, July 1956.
38. Charles Wintour, *The Rise and Fall of Fleet Street*, xii.
39. Charles Wintour, *The Rise and Fall of Fleet Street*, xii.
40. Charles Wintour telegram to Arthur Schlesinger, September 28, 1945, Schlesinger papers, NYPL.
41. Charles Wintour, *The Rise and Fall of Fleet Street*, xii.
42. Charles Wintour letter to Arthur Schlesinger, November 24, 1945, Schlesinger papers, NYPL.

43. Charles Wintour letter to Arthur Schlesinger, February 2, 1946, Schlesinger papers, NYPL.
44. Charles Wintour letter to Arthur Schlesinger, October 11, 1947, Schlesinger papers, NYPL.
45. Charles Wintour letter to Arthur Schlesinger, February 16, 1948, Schlesinger papers, NYPL.
46. Charles Wintour letter to Arthur Schlesinger, November 17, 1949, Schlesinger papers, NYPL.
47. Charles Wintour letter to Arthur Schlesinger, June 18, 1950, Schlesinger papers, NYPL.
48. Jerry Oppenheimer, *Front Row: Anna Wintour: What Lies Beneath the Chic Exterior of* Vogue's *Editor in Chief* (New York: St. Martin's Griffin, 2006), 6.
49. Report of the Death of an American Citizen, Gerald Jackson Wintour, August 28, 1951; Gerald Jackson Wintour death record in the Sub-District of Hampstead North in the Metropolitan Borough of Hampstead.
50. Interview with Mary Kenny, July 25, 2019.
51. Charles Wintour letter to Arthur Schlesinger, August 11, 1949, Schlesinger papers, NYPL.
52. Interview with Mary Kenny.
53. Charles Wintour letter to Arthur Schlesinger, July 11, 1951, Schlesinger papers, NYPL.
54. Charles Wintour letter to Arthur Schlesinger, November 18, 1951, Schlesinger papers, NYPL.
55. *Queen Elizabeth* inbound passenger list, arriving from Southampton July 21, 1951; Charles Wintour letter to Arthur Schlesinger, July 11, 1951, Schlesinger papers, NYPL.
56. Charles Wintour letter to Arthur Schlesinger, November 18, 1951, Schlesinger papers, NYPL; 1951 passenger manifest.
57. Interview with Vivienne Lasky, July 19, 2019.
58. "In Beaverbrook's News Kingdom, Empire Propaganda Comes First," *Newsweek*, April 28, 1952.
59. Nonie Wintour letter to Arthur Schlesinger, March 18, 1958 or 1959; Nonie Wintour letter to Miriam Schlesinger, undated, Schlesinger papers, NYPL.
60. Oppenheimer, *Front Row*, 8–9.
61. Charles Wintour letter to Arthur Schlesinger, January 16, 1957, Schlesinger papers, NYPL.
62. Anna Wintour, interview by Tina Brown, Women in the World Conference, New York, April 12, 2019.
63. Interviews with Emma Soames, May 17, 2021; André Leon Talley, March 20, 2021; and others.
64. Background interview.
65. Charles Wintour, *The Rise and Fall of Fleet Street*, xiii; "Editorship Change," *Daily Telegraph*, April 24, 1959.
66. Interview with Vivienne Lasky, July 19, 2019.
67. Interviews with Anne McNally, May 6, 2021; Laurie Jones, May 20, 2021; and others.
68. Interview with Vivienne Lasky, July 24, 2019; Charles Wintour letter to Arthur Schlesinger, April 14, 1957, Schlesinger papers, NYPL; Kevin Gray, "The Summer of Her Discontent," *New York*, September 20, 1999, https://nymag.com/nymetro/news/people/features/1460/.

69. Charles Wintour, *Pressures on the Press* (London: André Deutsch, 1972), 5–20.
70. Luke Leitch, "Anna Wintour: Beneath the Bob," *Telegraph*, November 21, 2012, http://fashion.telegraph.co.uk/news-features/TMG9691700/Anna-Anna-beneath-the-bob.html.
71. Gray, "The Summer of Her Discontent."
72. Interview with Vivienne Lasky.
73. Kevin Haynes, "Anna's Big Year," *WWD*, November 10, 1989.
74. Nonie Wintour letter to Arthur Schlesinger, undated, Schlesinger papers, NYPL.
75. *The September Issue*, directed by R. J. Cutler (2009; New York; A&E Indie Films and Actual Reality Pictures).
76. Interview with Vivienne Lasky, August 11, 2019.
77. Magnus Linklater, "Chilly Charlie: The Editor with a Real Touch of Genius: A Tribute to One of the Giants of Modern British Journalism," *Daily Mail*, November 5, 1999.
78. "Charles Wintour: Editor as Vital Talent Spotter and Mentor," 47 Shoe Lane, November 1, 2015, https://47shoelane.wordpress.com/editors/theme3/.
79. Interview with Mary Kenny.
80. Interview with Celia Brayfield, July 17, 2019.
81. Interviews with Mary Kenny, Celia Brayfield, and others who worked for him.
82. Interview with Mary Kenny.
83. Interview with Valerie Grove, August 1, 2019.
84. Interview with Celia Brayfield.
85. Interview with Valerie Grove, August 1, 2019.
86. Gray, "The Summer of Her Discontent."
87. Interview with Valerie Grove.
88. Georgina Howell, "Two of a Type" *Sunday Times*, July 13, 1986.
89. Charles Wintour, *Pressures on the Press*, 5–20.
90. Interview with Vivienne Lasky, July 16, 2019.
91. Interview with Mary Kenny, July 25, 2019.
92. Oppenheimer, *Front Row*, 3.

第二章

1. Anna Wintour, "Introduction," *Anna Wintour Teaches Creativity and Leadership*, MasterClass, https://www.masterclass.com/classes/anna-wintour-teaches-creativity-and-leadership/chapters/introduction.
2. Interview with Liz Eggleston, June 28, 2019.
3. Liz Atkinson, "Knees Up Dolly Brown!" *Daily Mail*, December 24, 1964.

4. Barbara Hulanicki, *From A to Biba*, (London: V&A Publishing, 2012), iTunes eBook, 209–18; interview with Barbara Hulanicki, May 15, 2019; Barbara Hulanicki and Martin Pel, *The Biba Years* (London: V&A Publishing, 2014), 31–33.
5. Interview with Liz Eggleston.
6. Interview with Barbara Hulanicki, July 7, 2019.
7. Interviews with Vivienne Lasky, July 24, 2019, and August 11, 2019.
8. Georgina Howell, "Two of a Type," *Sunday Times*, July 13, 1986.
9. Interview with Anne McNally, May 6, 2021.
10. Jerry Oppenheimer, *Front Row: Anna Wintour: What Lies Beneath the Chic Exterior of Vogue's Editor in Chief* (New York: St. Martin's Griffin, 2006), 10.
11. Interview with Stacey Lee, February 25, 2020.
12. Interview with Emma Soames, May 17, 2021.
13. Interview with Stacey Lee.
14. Email from NLCS archivist Sue Stanbury, May 13, 2019.
15. Numerous interviews with Vivienne Lasky, 2019.
16. Interview with Barbara Griggs, September 20, 2019.
17. Numerous interviews with Vivienne Lasky.
18. Alice Steinbach, "Always in Vogue," *Baltimore Sun*, May 22, 1990.
19. Numerous interviews with Vivienne Lasky.
20. Background source; Gardner Jameson and Elliott Williams, *The Drinking Man's Diet* (San Francisco: Cameron & Co., 1964), iBook, 9.
21. Numerous interviews with Vivienne Lasky.
22. Linda Blandford, "Guardian Style: To *Vogue* with Red Herrings / Interview with Anna Wintour, Incoming Editor of *Vogue* Magazine," *Guardian*, March 20, 1986; Jan Moir, "The Very Cool Queen of Fashion," *Telegraph*, May 14, 1997.
23. Interviews with Emma Soames and Anthony Haden-Guest, May 19, 2021; and others.
24. Interview with Vivienne Lasky.
25. Interview with Mary Kenny, July 25, 2019.
26. Interview with Vivienne Lasky.
27. Interview with Valerie Grove, August 1, 2019.
28. Interview with Vivienne Lasky.
29. Email from Sue Stanbury.
30. Rachel Cooke, "Peggy Angus Was a Warrior. Women Weren't Supposed to Be Like That," *Guardian*, July 5, 2014, https://www.theguardian.com/artanddesign/2014/jul/06/peggy-angus-warrior-painter-designer-tiles-wallpaper.

31. Interview with Vivienne Lasky, July 19, 2019.
32. Interview with Vivienne Lasky, July 17, 2019.
33. Interview Vivienne Lasky, July 19, 2019.
34. "Tonight's TV," *Daily Mail*, November 15, 1963.
35. Anna Wintour, "London's Discotheques," *NLCS Magazine,* 1966.
36. Numerous interviews with Vivienne Lasky.

第三章

1. Email from NCLS archivist Sue Stanbury, May 13, 2019.
2. Interview with Vivienne Lasky, August 11, 2019.
3. Interview with David Hare, October 27, 2020.
4. Interview with Emma Soames, May 17, 2021.
5. *Education: Historical Statistics*, SN/SG/4252, House of Commons Library, November 27, 2012, https://researchbriefings.files.parliament.uk/documents/SN04252/SN04252.pdf.
6. Interview with Vivienne Lasky, July 16, 2019.
7. Linda Blandford, "Guardian Style: To *Vogue* with Red Herrings / Interview with Anna Wintour, Incoming Editor of *Vogue* Magazine," *Guardian*, March 20, 1986
8. Interview with Barbara Griggs, September 20, 2019.
9. Interview with Mary Kenny, July 25, 2019.
10. Michael Leapman, "Media Families, 23: The Wintour," *Independent*, July 21, 1997.
11. Nigel Farndale, "'Nuclear' Anna Sets a Frosty Tone at *Vogue*," *Telegraph*, April 4, 1998.
12. Interview with Vivienne Lasky, July 19, 2019.
13. George Wayne, *Anyone Who's Anyone* (New York: HarperCollins, 2017), 175.
14. *The September Issue*, directed by R. J. Cutler (2009; New York; A&E Indie Films and Actual Reality Pictures).
15. Ralph Baker will and trust documents probated in Middlesex County, MA.
16. Anna Baker obituary, *Boston Globe*, September 8, 1970.
17. Background source.
18. Interview with Barbara Griggs.
19. Interview with Barbara Hulanicki, May 15, 2019.
20. Interview with Kim Willott, September 3, 2019.
21. Interview with Barbara Hulanicki.
22. Interview with Kim Willott.
23. Interview with Barbara Hulanicki.

24. Barbara Hulanicki, *From A to Biba*, (London: V&A Publishing, 2012), iTunes eBook, 271–72.
25. Deborah Ross, "The Deborah Ross Interview: Alexandra Shulman," *Independent*, July 22, 2002.
26. Interviews with Rosie Young and background source.
27. Interview with Rosie Young.
28. "'The Way In' at Harrods," *Times (UK)*, April 5, 1967.
29. Gloria Emerson, "In London's Staid Harrods, the 'Way In' Goes Far Out," *New York Times*, August 31, 1967.
30. Interview with Vivienne Lasky, August 11, 2019; Anna's employment confirmed by Harrods archivist.
31. "A History of Way In," provided by Harrods archivist.
32. Interview with Vivienne Lasky.
33. Interviews with Vivienne Lasky.
34. Mary Kenny, "Why Anna Wintour Should Have No Regrets About Giving Uni a Miss," *Belfast Telegraph*, February 22, 2016, https://www.belfasttelegraph.co.uk/opinion/columnists/mary-kenny/why-Anna-anna-should-have-no-regrets-about-giving-uni-a-miss-34469152.html.
35. Georgina Howell, "Two of a Type" *Sunday Times*, July 13, 1986.
36. Interview with Laurie Jones, December 5, 2020.
37. ust because you like": *The September Issue*, directed by R. J. Cutler (2009; New York; A&E Indie Films and Actual Reality Pictures).
38. Her father had puMagnus Linklater, "Chilly Charlie: The Editor with a Real Touch of Genius," *Daily Mail*, November 5, 1999.
39. Interview with Vivienne Lasky, August 12, 2019.
40. Charles Wintour letter to Arthur Schlesinger, February 2, 1968, Arthur M. Schlesinger Jr. papers, Manuscripts and Archives Division, New York Public Library.
41. Charles Wintour letter to Arthur Schlesinger, April 5, 1968, Schlesinger papers, NYPL.
42. Interviews with Vivienne Lasky.
43. "Stephen Bobroff," Liz Eggleston (website), https://lizeggleston.com/category/photographers/stephen-bobroff/.
44. "Student 1969 + I-D 1991: How Anna Wintour and Edward Enninful Started Their Journeys to the Top," Paul Gorman (website), https://www.paulgormanis.com/?p=21948.

第四章

1. Georgina Howell, "Two of a Type," *Sunday Times*, July 13, 1986.
2. Jerry Oppenheimer, *Front Row: Anna Wintour: What Lies Beneath the Chic Exterior of* Vogue's *Editor in Chief*, (New York: St. Martin's Griffin, 2006), 63.

3. Nigel Farndale, "'Nuclear' Anna Sets a Frosty Tone at *Vogue*," *Telegraph*, April 4, 1998.
4. Interview with Willie Landels, May 17, 2019
5. "Willie Landels," Zanotta (website), https://www.zanotta.it/en-us/heritage/designers/willie-landels.
6. Interview with Willie Landels.
7. Ibid.
8. Interviews with Clare Hastings, June 13, 2019, and Vivienne Lasky, July 16, 2019.
9. Charles Wintour letter to Arthur Schlesinger, June 23, 1997, Arthur M. Schlesinger Jr. papers, Manuscripts and Archives Division, New York Public Library.
10. "Age-Related Macular Degeneration," NIH, https://www.nei.nih.gov/learn-about-eye-health/eye-conditions-and-diseases/age-related-macular-degeneration.
11. Interview with Lisa Love, October 20, 2021.
12. Interviews with Vivienne Lasky, 2019.
13. Interviews with Vivienne Lasky, July 17 and 19, 2019.
14. Masthead, *Harper's Bazaar (UK)*, March 1970.
15. Interview with Terence (Terry) Mansfield, November 27, 2019.
16. Anna Wintour, "Introduction," *Anna Wintour Teaches Creativity and Leadership*, MasterClass, https://www.masterclass.com/classes/anna-wintour-teaches-creativity-and-leadership/chapters/introduction.
17. Interview with Clare Hastings, June 12, 2019.
18. Interview with Willie Landels.
19. Geraldine Ranson, "A New Realism in *Vogue*," *Sunday Telegraph*, April 6, 1986.
20. Email from Eric Boman, May 28, 2021.
21. Interview with Willie Landels.
22. "Christmas Presents," *Harpers & Queen*, Late November 1971.
23. Howell, "Two of a Type."
24. Charles Wintour letter to Arthur Schlesinger, July 31, 1978, Schlesinger papers, NYPL.
25. Background source.
26. Interview with Emma Soames, May 17, 2021.
27. Richard Neville, *Hippie Hippie Shake* (London: Duckworth Overlook, 1995), 24–68.
28. Interview with Anthony Haden-Guest, May 19, 2021.
29. Oppenheimer, *Front Row*, 58–60.
30. Interview with Jim Anderson, December 12, 2019.
31. Marsha Rowe and Geoffrey Robertson, "Richard Neville Obituary," *Guardian*, September 4, 2016, https://www.theguardian.com/media/2016/sep/04/richard-neville-obituary.
32. Natasha Frost, "The Underground Magazine That Sparked the Longest Obscenity Trial in British History," Atlas Obscura, February 16, 2018, https://www.atlasobscura.com/articles/oz-magazine-obscenity-trial.

33. "Anna Wintour's Valentine's Day Gift Ideas, Oscar Picks, and Worst Date Ever (ft. Kendall Jenner)," *Vogue*, YouTube video, February 6, 2020, https://www.youtube.com/watch?v=KtSocOBSbYg.
34. Interviews with Clare Hastings, June 12 and 13, 2019.
35. Interview with James Wedge, May 24, 2019.
36. Interviews with Clare Hastings.
37. Interviews with Emma Soames, Anthony Haden-Guest, and background source.
38. "Club Dell Aretusa—Kings Road, Chelsea," *Bowie Blog*, August 13, 2020, https://davidbowieautograph.com/blog/f/club-dell-aretusa---kings-road-chelsea.
39. Interview with Emma Soames.
40. Interview with Anthony Haden-Guest.
41. Tim Willis, *Nigel Dempster and the Death of Discretion*, (London: Short Books, 2010), 60.
42. Interview with Emma Soames.
43. Interviews with Clare Hastings.
44. Interview with James Wedge, May 24, 2019.
45. Interview with Jim Lee, June 14, 2019.
46. Interview with Monty Coles, May 24, 2019.
47. Interview with Clare Hastings.
48. Background interview.
49. Jon Bradshaw, *The Ocean Is Closed*, (Houston: ZE Books, 2021), eBook, 15.
50. Interview with Vivienne Lasky.
51. Liz Tilberis, *No Time to Die*, (New York: Avon, 1998), 88–89.
52. Anna Wintour, "Introduction," *Anna Wintour Teaches Creativity and Leadership*.
53. Interviews with Clare Hastings.
54. Interview with Willie Landels.
55. Georgina Howell, "Two of a Type."
56. Interview with Clare Hastings.
57. Interview with Michael Hodgson, June 13, 2019.
58. Interview with Clare Hastings.
59. Interview with Willie Landels.
60. Interview with Clare Hastings.
61. Louise Chunn, "A Wintour's Tale," *Guardian*, April 29, 1991.
62. Interview with Emma Soames.
63. Charles Wintour letter to Arthur Schlesinger, February 20, 1975, Schlesinger papers, NYPL.
64. Interview with Emma Soames.
65. Charles Wintour letter to Arthur Schlesinger, March 14, 1975, Schlesinger papers, NYPL.

第五章

1. Interview with Harry King, November 26, 2019.
2. Charles Wintour letter to Arthur Schlesinger, February 20, 1975, Arthur M. Schlesinger Jr. papers, Manuscripts and Archives Division, New York Public Library.
3. Jon Bradshaw, *The Ocean Is Closed,* (Houston: ZE Books, 2021), iBook, 8.
4. Alastair Campbell, *Winners,* (United Kingdom: Pegasus Books, 2015), iBook, 387–88.
5. Interviews with Laurie Jones, December 5, 2020, and background sources.
6. Interviews with several of Anna's *Harper's Bazaar* colleagues.
7. Interview with Michele Mazzola, October 31, 2019.
8. Interview with Francois Ilnseher, March 9, 2020.
9. Interview with Michele Mazzola.
10. Interview with Francois Ilnseher.
11. Interview with Michele Mazzola.
12. Interview with Catherine A. Daily, October 29, 2019.
13. Interview with Alida Morgan, December 8, 2020.
14. Interviews with Keith Trumbo, October 25, 2019 and background source.
15. Interview with Alida Morgan.
16. Interview with Evelyn Bell, October 29, 2019.
17. Background interview.
18. Interviews with Marilyn Kirschner, September 17, 2019; Zazel Lovén, September 17, 2019; and others who worked with her at the time.
19. Interview with Wendy Goodman, June 29, 2021.
20. Interview with Marilyn Kirschner.
21. Interview with Wendy Goodman.
22. Interviews with numerous colleagues from the time.
23. Interview with Carol Vogel, February 28, 2020.
24. Profile of Carrie Donovan, *Avenue,* March 1986.
25. "Spice Girls," *W,* August 1997.
26. Interview with Zazel Lovén.
27. Interview with Alida Morgan.
28. Interviews with Marilyn Kirschner, Wendy Goodman, and others who worked with her at the time.
29. Background interview.
30. Interview with Wendy Goodman.

31. Email from Michele Mazzola, September 4, 2021.
32. Interviews with numerous colleagues from the time.
33. Interview with Alida Morgan.
34. Interview with Wendy Goodman.
35. Interview with Marilyn Kirschner.
36. Interviews with Evelyn Bell and background source.
37. Interview with Alida Morgan.
38. Interview with Wendy Goodman.
39. Interview with Alida Morgan.
40. "Spill Your Guts or Fill Your Guts w/ Anna Wintour," *The Late Late Show with James Corden*, YouTube, October 26, 2017, https://www.youtube.com/watch?v=gWQ3mhN_6iE.
41. Interview with Alida Morgan.
42. Martin Amis, *Inside Story* (New York: Knopf, 2020), 312; and background source.
43. Interview with Wendy Goodman.
44. Interview with Jill Fischman, October 8, 2019.
45. Interview with Alida Morgan.
46. Marian Christy, "The Fine Definition of Style," *Boston Globe*, March 12, 1976.
47. Interview with Alida Morgan.
48. Interview with Wendy Goodman.
49. Anna Wintour, "Anna Wintour on Leaving London for New York," *Guardian*, May 19, 1997.
50. Jerry Oppenheimer, *Front Row: Anna Wintour: What Lies Beneath the Chic Exterior of* Vogue*'s Editor in Chief* (New York: t. Martin's Griffin, 2006), 109–10.

第六章

1. Linda Blandford, "Guardian Style: To *Vogue* with Red Herrings / Interview with Anna Wintour, Incoming Editor of *Vogue* Magazine," *Guardian*, March 20, 1986.
2. Charles Wintour letter to Arthur Schlesinger, February 14, 1977, Arthur M. Schlesinger Jr. papers, Manuscripts and Archives Division, New York Public Library.
3. Interview with Vivienne Lasky, July 16, 2019, and email from Michel Esteban, May 6, 2021.
4. Charles Wintour letter to Arthur Schlesinger, February 14, 1977, Schlesinger papers, NYPL.
5. Background interview.
6. Interview with Vivienne Lasky, July 17, 2019.
7. Charles Wintour letter to Arthur Schlesinger, September 25, year unspecified, Schlesinger papers, NYPL.
8. Anthony Haden-Guest, "Anthony Haden Guest Remembers Bob Guccione and *Penthouse*," Daily Beast,

July 14, 2017, https://www.thedailybeast.com/anthony-haden-guest-remembers-bob-guccione-and-penthouse.
9. Bess Levin, "Falcone Buys *Penthouse* Penthouse," Dealbreaker, March 5, 2008, https://dealbreaker.com/2008/03/falcone-buys-penthouse-penthouse.
10. Interview with Bob Guccione Jr., November 22, 2019; also Joe Cappo, "Associate Publisher Said Male Nudity Hurt *Viva*," *Atlanta Constitution*, June 25, 1976.
11. Interview with Peter Bloch, August 20, 2019.
12. Jon Bradshaw, *The Ocean Is Closed*, (Houston: ZE Books, 2021), iBook, 17.
13. Interview with Alma Moore, September 13, 2019.
14. Blandford, "Guardian Style."
15. Judi Kesselman and Franklynn Peterson, "Rape...And Now a Friendly Word from the Enemy," *Viva*, June, 1977.
16. Interview with Vivienne Lasky, July 24, 2019.
17. Interviews with Joe Brooks, August 22, 2019, and Alma Moore.
18. Background interview.
19. Cappo, "Associate Publisher Said Male Nudity Hurt *Viva*."
20. Interview with Joe Brooks.
21. Interview with Alma Moore.
22. Interview with Bob Guccione Jr., November 22, 2019.
23. Interview with Alma Moore.
24. Interview with Stephanie Brush, May 10, 2019.
25. Email from background source.
26. Interview with Bob Guccione Jr.
27. Interview with Wanda DiBenedetto, June 19, 2019.
28. Interview with Bob Guccione Jr.
29. Interview with Cheryl Rixon, November 7, 2019.
30. Interview with Joe Brooks.
31. Interview with Bob Guccione Jr.
32. James Barron, "On the Block, a Peek into the Lifestyle of Bob Guccione," *New York Times*, August 17, 2009.
33. Background interview.
34. Background interview.
35. Interview with Alma Moore.
36. Arthur Elgort, "Jamaican Jamboree," *Viva*, June 1977.
37. Email from Alma Moore, October 9, 2019.

38. Background interview.
39. Email from Alma Moore.
40. Interview with Stephanie Brush, May 10, 2019.
41. Interview with Alma Moore.
42. Interview with Stephanie Brush.
43. Interview with Alma Moore.
44. Background interview.
45. Interview with Stephanie Brush.
46. Interviews with Bob Guccione Jr. and Joe Brooks.
47. Interview with Joe Brooks.
48. Interview with Jacques Malignon, October 9, 2019.
49. Interview with Patricia Lynden, August 21, 2019.
50. Interview with Alma Moore.
51. Interview with Wanda DiBenedetto.
52. Gay Haubner, "North Country Girl: Chapter 64—The Accidental Editor," *Saturday Evening Post*, August 8, 2018, https://www.saturdayeveningpost.com/2018/08/north-country-girl-chapter-64-accidental-editor/.
53. Interview with Cheryl Rixon, November 7, 2019.
54. Jacques Malignon, "Autumn Tweeds," *Viva*, September 1977; Stan Malinowski, "Sweaters Are Better," *Viva*, November 1977; and Guy Le Baube, "Country Classic, City Chic," *Viva*, September 1978.
55. Interview with Patricia Lynden, October 11, 2019.
56. Interview with Alma Moore.
57. Interview with Debby Dichter, June 10, 2019.
58. Interview with Alma Moore.
59. Interview with Vivienne Lasky.
60. Interview with Bob Guccione Jr.
61. Email interview with Michel Esteban, May 1, 2021.
62. "Circulation Low, *Viva* Magazine to Stop in January," *New York Times*, November 18, 1978.
63. Interview with Patricia Lynden.
64. Charles Wintour letter to Arthur Schlesinger, September 25, year unspecified, Schlesinger papers, NYPL.

第七章

1. Email interview with Michel Esteban, May 1, 2021.
2. Interview with Anne McNally, May 6, 2021.

3. Email from Michel Esteban, May 4, 2021.
4. Jerry Oppenheimer, *Front Row: Anna Wintour: What Lies Beneath the Chic Exterior of* Vogue's *Editor in Chief* (New York: St. Martin's Griffin, 2006), 152–55.
5. Email from Michel Esteban.
6. Interview with Anne McNally.
7. Margalit Fox, "Judith Daniels, Editor of *Savvy* Magazine, Dies at 74," *New York Times*, September 4, 2013, https://www.nytimes.com/2013/09/05/business/media/judith-daniels-74-editor-of-savvy-magazine-dies.html.
8. Interview with Claire Gruppo, December 3, 2019.
9. Background interview.
10. Background interview.
11. Interview with Susan Edmiston, November 22, 2019.
12. *Savvy*, March and June 1981.
13. Interview with Susan Edmiston.
14. Interview with Claire Gruppo.
15. Ralph Baker will and trust documents probated in Middlesex County, Massachusetts.
16. Interviews with Susan Edmiston, Claire Gruppo, and Michele Morris, June 2, 2020.
17. Interview with Carol Devine Carson, September 25, 2020.
18. Interviews with two background sources.
19. Background source.
20. Interview with Susan Edmiston.
21. Interview with Michele Morris.
22. Interview with Carol Devine Carson.
23. Interviews with Carol Devine Carson, Claire Gruppo, and Michele Morris.
24. Email from Carol Devine Carson, October 13, 2020.
25. Anna Wintour, "The High Style of Tina Chow," *Savvy*, March 1981.
26. Interview with Guy Le Baube, October 14, 2020.
27. Interview with Claire Gruppo.
28. Interview with Susan Edmiston.
29. Interview with Claire Gruppo.
30. Andy Warhol, *The Andy Warhol Diaries*, edited by Pat Hackett (New York: Warner, 1989), 365.

第八章

1. Interview with Laurie Jones, December 5, 2020.

2. Interview with Nancy McKeon, September 15, 2019.
3. Interview with Laurie Schechter, February 14, 2020.
4. Background interview.
5. "Between the Lines," *New York*, July 6–13, 1981.
6. Interview with Jordan Schaps, February 7, 2020.
7. Interview with Corky Pollan, May 6, 2020.
8. Interview with Patricia Bradbury, December 6, 2019.
9. Interview with Laurie Jones.
10. Interviews with Patricia Bradbury and two background sources.
11. Interview with Anthony Haden-Guest, May 19, 2021.
12. Anna Wintour, "Case Studies: Lessons from Creative Leaders," *Anna Wintour Teaches Creativity and Leadership*, Master Class, https://www.masterclass.com/classes/anna-wintour-teaches-creativity-and-leadership/chapters/case-studies-lessons-from-creative-leaders.
13. Interview with Laurie Schechter.
14. Interview with Jordan Schaps.
15. Interview with Nancy McKeon.
16. Background source.
17. Interview with Emma Soames, May 17, 2021.
18. Interview with Tom Florio, August 12, 2020.
19. Interview with Deborah Harkins, February 12, 2020.
20. Interview with Anthony Haden-Guest.
21. Interview with Patricia Bradbury.
22. Interview with Michael Boodro, April 28, 2021.
23. Interview with Guy Le Baube, October 14, 2020.
24. Anna Wintour, "In the Heat of the Night," *New York*, July 6–13, 1981.
25. Interviews with Guy Le Baube.
26. Anna Wintour, "Furs for All Seasons," *New York*, September 14, 1981.
27. Anna Wintour, "Now, Voyager," *New York*, August 9, 1982.
28. Interview with Nancy McKeon.
29. Interview with Jordan Schaps.
30. Interview with Oliviero Toscani, June 16, 2021.
31. Interview with Jordan Schaps.
32. Background interview.
33. Background interview.
34. "Table of Contents," *New York*, April 5, 1982.

35. Jacob Bernstein, "More Mellenisms From Polly," *Women's Wear Daily*, March 8, 2002.
36. Rosemary Feitelberg, "Polly Mellen Behind the Scenes," *WWD*, December 14, 2012, https://wwd.com/fashion-news/fashion-features/polly-mellen-behind-the-scenes-6541955/.
37. Jerry Oppenheimer, *Front Row: Anna Wintour: What Lies Beneath the Chic Exterior of* Vogue's *Editor in Chief* (New York: St. Martin's Griffin, 2006), 189–90.
38. Jacob Bernstein, "More Mellenisms from Polly," *WWD*, March 8, 2002; Anna Wintour, "Anna Wintour on Leaving London for New York," *Guardian*, May 19, 1997.
39. Interview with Chuck Zuretti, January 6, 2020.
40. Background interview.
41. Interview with Chuck Zuretti.
42. Interview with Jordan Schaps.
43. Interview with Laurie Schechter.
44. Background interviews with four sources.
45. Anna Wintour, "Days of Heaven," *New York*, November 8, 1982.
46. Interviews with Alex Chatelain, February 21, 2020, and May 26, 2021.
47. Background interview.
48. Interview with Laurie Schechter.
49. "David Shaffer, MD, Professor of Psychiatry, Columbia University," Global Medical Education, https://www.gmeded.com/faculty/david-shaffer-md.
50. Background interview.
51. Interview with Michael Roberts, November 21, 2020.
52. Interview with Laurie Schechter.
53. Background interview.
54. Background interview.
55. Interview with Jordan Schaps.
56. Interview with Laurie Jones, May 20, 2021.
57. Background interview.
58. Interview with Laurie Jones.
59. Background interview.
60. Interviews with Michael Roberts and background source.
61. Background interviews with two sources.
62. Interviews with Michael Roberts and background source.
63. Interview with Anthony Haden-Guest.
64. Background interviews with two sources.
65. Anna Wintour, "Metropolitan Life," *New York*, February 28, 1983.

66. Interview with Oliviero Toscani.
67. Interviews with Nancy McKeon and Corky Pollan.
68. Interview with Nancy McKeon.
69. Interview with Laurie Schechter.
70. Interview with Nancy McKeon.
71. Interview with Corky Pollan.
72. Interview with Laurie Schechter.
73. Jesse Kornbluth, "The Art of Being Alex," *New York*, October 12, 1981.
74. Interview with Rochelle Udell, April 12, 2019.
75. Francine du Plessix Gray, *Them* (London: Penguin, 2004), 446.
76. Dodie Kazanjian and Calvin Tomkins, *Alex* (New York: Knopf, 1993), 25, 54, 107.
77. Kornbluth, "The Art of Being Alex."
78. Thomas Maier, *Newhouse* (New York: St. Martin's Press, 1994), 45, 50.
79. Kornbluth, "The Art of Being Alex."
80. Anna Wintour, "Introduction," *Anna Wintour Teaches Creativity and Leadership*, MasterClass, https://www.masterclass.com/classes/anna-wintour-teaches-creativity-and-leadership/chapters/introduction.
81. Kazanjian and Tomkins, *Alex*, 310.
82. Background interview.
83. Interview with Oliviero Toscani.
84. Interviews with numerous observers of their relationship.
85. Interview with Rochelle Udell.
86. Michael Gross, "War of the Poses," *New York*, April 27, 1992.
87. Kazanjian and Tomkins, *Alex*, 310.
88. Interviews with Laurie Schechter and André Leon Talley, April 10, 2021.
89. Grace Mirabella, *In and Out of Vogue* (New York: Doubleday, 1995), 11.
90. Kazanjian and Tomkins, *Alex*, 316.
91. Kornbluth, "The Art of Being Alex."
92. Mirabella, *In and Out of Vogue*, 11.
93. Background interview.
94. Maier, *Newhouse*, 55.
95. Deirdre Carmody, "Alexander Liberman, Condé Nast's Driving Creative Force, Is Dead at 87," *New York Times*, November 20, 1999, https://www.nytimes.com/1999/11/20/arts/alexander-liberman-conde-nast-s-driving-creative-force-is-dead-at-87.html.
96. Kazanjian and Tomkins, *Alex*, 310.
97. Gross, "War of the Poses."

98. Interviews with numerous sources who observed their relationship.
99. Background interview.
100. Interview with Gabé Doppelt, November 13, 2020.
101. Kazanjian and Tomkins, *Alex*, 312.
102. Interview with Bruce Wolf, January 10, 2020.
103. Interview with Grace Coddington, December 12, 2020.
104. Interview with Nancy McKeon.
105. Interview with Deborah Harkins.
106. Interviews with Patricia Bradbury, Nancy McKeon, and others.
107. Interview with Corky Pollan, May 6, 2020.
108. Interview with Laurie Schechter.

第九章

1. Public record of mortgage dated December 13, 1983.
2. Carol Vogel, "Home Design: The Splendor of Simplicity," *New York Times Magazine*, January 26, 1986.
3. Background interview.
4. Interviews with Laurie Schechter, February 14, 2020; Anne Kampmann, May 21, 2020; and background source.
5. Interviews with numerous sources who worked at *Vogue* at the time.
6. Interviews with Anne Kampmann and background source.
7. Background interview.
8. Background interview.
9. Anna Wintour, "Introduction," *Anna Wintour Teaches Creativity and Leadership*, MasterClass, https://www.masterclass.com/classes/anna-wintour-teaches-creativity-and-leadership/chapters/introduction.
10. Interview with Laurie Schechter, October 6, 2020.
11. Interview with Laurie Schechter.
12. Interview with Maggie Buckley, January 19, 2020.
13. Interview with Lesley Jane Seymour, January 13, 2020.
14. Interview with MaggieBuckley.
15. Interview with Laurie Schechter.
16. Interview with Lesley Jane Seymour.
17. Interview with Jade Hobson, February 4, 2020.
18. Interview with Maggie Buckley.
19. Background interview.

20. Interview with Beverly Purcell, February 27, 2020.
21. Background interview.
22. Interview with André Leon Talley, March 20, 2021.
23. Interview with Maggie Buckley.
24. Interview with Jade Hobson, February 4, 2020.
25. Grace Mirabella, *In and Out of Vogue* (New York: Doubleday, 1995), 22, 53, 56.
26. Carol Felsenthal, *Citizen Newhouse* (New York: Seven Stories Press, 1998), 162–64.
27. Mirabella, *In and Out of Vogue*, 103.
28. Gigi Mahon, "S. I. Newhouse and Condé Nast; Taking Off the White Gloves," *New York Times Magazine*, September 10, 1989.
29. Mirabella, *In and Out of Vogue*, 111, 134.
30. Thomas Maier, *Newhouse* (New York: St. Martin's Press, 1994). 58, 64–65.
31. Maier, *Newhouse*, 62–64.
32. Mirabella, *In and Out of Vogue*, 139–40.
33. Mirabella, *In and Out of Vogue*, 142.
34. Maier, *Newhouse*, 77.
35. Mirabella, *In and Out of Vogue*, 193–96.
36. Mirabella, *In and Out of Vogue*, 215.
37. Interview with Maggie Buckley.
38. Mirabella, *In and Out of Vogue*, 215.
39. Interviews with Lesley Jane Seymour and background source.
40. Interviews with Jade Hobson, February 4, 2020, and background source.
41. Interview with Anne Kampmann.
42. Background interview.
43. Interview with Laurie Schechter.
44. Nora Frenkiel, "The Up-and-Comers; Wintour Displays Knack for the New," *Adweek*, March 1984.
45. "The Strong Beat of Color," *Vogue*, February 1, 1984.
46. Anna Wintour, "Starting Out: Finding Your Voice and Succeeding," *Anna Wintour Teaches Creativity and Leadership*, MasterClass, https://www.masterclass.com/classes/anna-wintour-teaches-creativity-and-leadership/chapters/starting-out-finding-your-voice-and-succeeding.
47. Frenkiel, "The Up-and-Comers; Wintour Displays Knack for the New."
48. Interview with Laurie Jones, December 5, 2020.
49. Interview with Maggie Buckley.
50. Background interview.
51. Mirabella, *In and Out of Vogue*, 215.

52. Interview with Jade Hobson.
53. Interview with Laurie Shechter.
54. Interview with Gabé Doppelt, November 13, 2020.
55. Mirabella, *In and Out of Vogue*, 216.
56. Dodie Kazanjian and Calvin Tomkins, *Alex* (New York: Knopf, 1993), 312.
57. Interview with Michael Roberts, November 21, 2020.
58. Background interview.
59. Interviews with Laurie Schechter.
60. Background interview.
61. Interview with Laurie Schechter.
62. Interviews with Anne Kampmann, Jade Hobson, and background source.
63. Interview with Laurie Schechter, October 6, 2020.
64. André Leon Talley, *The Chiffon Trenches* (New York: Ballantine, 2020), iBook, 187–88.
65. Interview with André Leon Talley.
66. Talley, *The Chiffon Trenches*, 191.
67. Interview with André Leon Talley.
68. Talley, *The Chiffon Trenches*, 193.
69. Interview with André Leon Talley, April 10, 2021.
70. Talley, *The Chiffon Trenches*, 191.
71. Talley, *The Chiffon Trenches*, 180–86.
72. Interview with André Leon Talley.
73. Georgina Howell, "Two of a Type," *Sunday Times*, July 13, 1986.
74. Email from Michel Esteban, May 6, 2021.
75. Interview with André Leon Talley, March 20, 2021.
76. Vogel, "Home Design: The Splendor of Simplicity."
77. Interview with Laurie Schechter.
78. Interview with Anne McNally, May 6, 2021.
79. Interview with Laurie Schechter.
80. Background interview.
81. Interview with André Leon Talley.
82. Talley, *The Chiffon Trenches*, 198.
83. "Sit. Vac," *Telegraph*, April 24, 1985.
84. Peter Hillmore, "Mag Bag," *Observer*, July 14, 1985.

第十章

1. Liz Tilberis, *No Time to Die* (New York: Avon, 1998), 137–38.
2. Nigel Dempster, "She's a Princess in *Vogue*," *Daily Mail*, June 7, 1985; Georgina Howell, "Two of a Type," *Sunday Times*, July 13, 1986.
3. James Fallon, "Anna Wintour Takes Charge," *WWD*, November 5, 1986.
4. Tina Brown, *The* Vanity Fair *Diaries* (New York: Henry Holt, 2017), iBook, 379–81.
5. Peter Hillmore, "Guess Who's Coming to Dinner," *Observer*, July 14, 1985.
6. Brown, *The* Vanity Fair *Diaries*, 417.
7. Dodie Kazanjian and Calvin Tomkins, *Alex* (New York: Knopf, 1993), 312.
8. Grace Mirabella, *In and Out of Vogue* (New York: Doubleday, 1995), 216.
9. "Look: Start of the Wintour Season," *Sunday Times*, September 22, 1985.
10. Interview with Gabé Doppelt, November 13, 2020.
11. Rupert Christiansen, "Vogue's New Look," *Telegraph*, July 21, 1986.
12. Adrian Hamilton, "Beatrix Miller: *Vogue* Editor Whose Own Talents and Her Nurturing of Others', Helped Set the Tone for the Swinging Sixties," *Independent*, February 26, 2014, https://www.independent.co.uk/news/obituaries/beatrix-miller-vogue-editor-whose-own-talents-and-her-nurturing-others-helped-set-tone-swinging-sixties-9152879.html; Joan Juliet Buck, "Beatrix Miller Obituary," *Guardian*, February 25, 2014, https://www.theguardian.com/media/2014/feb/25/beatrix-miller.
13. Patrick Kinmonth, "Recalling the Legacy of Beatrix Miller, Longtime Editor of British *Vogue*," Vogue.com, February 23, 2014, https://www.vogue.com/article/recalling-legacy-of-beatrix-miller-longtime-editor-of-british-vogue; Tilberis, *No Time to Die*, 137.
14. Christiansen, "Vogue's New Look."
15. Tilberis, *No Time to Die*, 135–36.
16. Grace Coddington, *Grace* (New York: Random House, 2012), 162; interview with Grace Coddington, December 19, 2020.
17. Interview with Michael Roberts, November 21, 2020.
18. Interview with Laurie Shechter, February 14, 2020.
19. Background interview.
20. André Leon Talley, *The Chiffon Trenches* (New York: Ballantine, 2020), iBook, 200.
21. Interview with Emma Soames, June 14, 2021.
22. Interview with Gabé Doppelt.
23. Interview with Emma Soames.
24. Interview with Gabé Doppelt.

25. Tilberis, *No Time to Die*, 136–37.
26. Interview with Vivienne Lasky, July 17, 2019.
27. Tilberis, *No Time to Die*, 137.
28. David Colman, "POSSESSED; A Desk to Depend on Through Thick and Thin," *New York Times*, August 17, 2003, https://www.nytimes.com/2003/08/17/style/possessed-a-desk-to-depend-on-through-thick-and-thin.html.
29. Interview with Emma Soames, June 14, 2021.
30. Howell, "Two of a Type."
31. Nicolas Ghesquière, "Grace Coddington," *Interview*, November 28, 2012, https://www.interviewmagazine.com/fashion/grace-coddington.
32. Tilberis, *No Time to Die*, 139–40.
33. Christiansen, "Vogue's New Look."
34. Tilberis, *No Time to Die*, 138.
35. Interview with Gabé Doppelt.
36. Tilberis, *No Time to Die*, 139.
37. Coddington, *Grace*, 165.
38. Interview with Gabé Doppelt.
39. Interview with Sarajane Hoare, October 23, 2020.
40. Tilberis, *No Time to Die*, 139.
41. Coddington, *Grace*, 163.
42. Tilberis, *No Time to Die*, 139.
43. Christiansen, "Vogue's New Look."
44. Michael Gross, "War of the Poses," *New York*, April 27, 1992.
45. Interview with Gabé Doppelt.
46. Talley, *The Chiffon Trenches*, 193.
47. Interview with André Leon Talley, March 20, 2021.
48. Tilberis, *No Time to Die*, 137.
49. Coddington, *Grace*, 162.
50. Interview with Sarajane Hoare.
51. Andrew Billen, "Wintour Melts, a Little," *Times (UK)*, May 6, 2002.
52. Tilberis, *No Time to Die*, 138–40.
53. Fallo, "Anna Wintour Takes Charge."
54. Interviews with Anne McNally, May 6, 2021; David Hare, October 27, 2020; and Lisa Love, October 20, 2020.
55. Interviews with Emma Soames, May 17 and June 14, 2021.

56. Fallon, "Anna Wintour Takes Charge."
57. Interview with Grace Coddington.
58. Brown, *The* Vanity Fair *Diaries*, 667.
59. Tilberis, *No Time to Die*, 141.
60. David Livingstone, "Seeing Broken Noses," *Globe and Mail*, September 15, 1987.
61. Gross, "War of the Poses."
62. Michael Gross, "Notes on Fashion," *New York Times*, March 17, 1987.
63. Interview with Grace Coddington.
64. Gross, "War of the Poses."
65. Tilberis, *No Time to Die*, 142.
66. Interview with Sarajane Hoare.
67. Interview with Michael Roberts.
68. Howell, "Two of a Type."
69. Linda Blandford, "Guardian Style: To *Vogue* with Red Herrings / Interview with Anna Wintour, Incoming Editor of *Vogue* Magazine," *Guardian*, March 20, 1986.
70. Interview with Grace Coddington, July 24, 2021.
71. Kazanjian and Tomkins, *Alex*, 313.
72. Coddington, *Grace*, 166.
73. "Eye Scoop," *WWD*, April 27, 1987.
74. Michael Gross, "Notes on Fashion," *New York Times*, May 5, 1987.
75. Felsenthal, *Citizen Newhouse*, 281.
76. Gross, "War of the Poses."
77. Charles Wintour letter to Arthur Schlesinger, July 9, 1987, Arthur M. Schlesinger Jr. papers, Manuscripts and Archives Division, New York Public Library.
78. Brown, *The* Vanity Fair *Diaries*, 667.
79. Gross, "War of the Poses."

第十一章

1. Interview with Gabé Doppelt, November 13, 2020.
2. Interview with Sarajane Hoare, October 23, 2020.
3. Interviews with Sarajane Hoare and Gabé Doppelt.
4. Liz Tilberis, *No Time to Die* (New York, NY: Avon, 1998), 146–47, 54.
5. Interview with Sarajane Hoare.
6. Carol Felsenthal, *Citizen Newhouse* (New York: Seven Stories Press, 1998), 162–64.

7. "Eye Scoop," *WWD*, August 26, 1987.
8. Tina Brown, *The* Vanity Fair *Diaries* (New York: Henry Holt, 2017), iBook, 649.
9. André Leon Talley, *The Chiffon Trenches* (New York: Ballantine, 2020), iBook, 202.
10. Felsenthal, *Citizen Newhouse*, 281.
11. Dodie Kazanjian and Calvin Tomkins, *Alex* (New York: Knopf, 1993), 313.
12. Deirdre Donahue, "Decorating Magazines Move Up," *USA Today*, August 25, 1987.
13. "House & Garden's New Focus," *New York Times*, July 7, 1984, https://www.nytimes.com/1984/07/07/business/house-garden-s-new-focus.html.
14. Donahue, "Decorating Magazines Move Up."
15. Cynthia Crossen, "Revamped *House & Garden* Is Aiming to Regain Ground in Crowded Field," *Wall Street Journal*, February 8, 1988.
16. Talley, *The Chiffon Trenches*, 202–3; interview with Gabé Doppelt.
17. Interview with Gabé Doppelt.
18. Kazanjian and Tomkins, *Alex*, 313.
19. Elaine Greene Weisburg, "Early Wintour," *Voices*, http://irpvoicesonline.com/voices/early-wintour/.
20. Interview with Gabé Doppelt.
21. Deirdre Donahue, "A Remodeled *HG*: Style Is In," *USA Today*, January 28, 1988.
22. *HG*, April 1988.
23. Donahue, "A Remodeled *HG*: Style Is In."
24. Crossen, "Revamped *House & Garden*."
25. Interview with Gabé Doppelt.
26. Kazanjian and Tomkins, *Alex*, 314.
27. Brown, *The* Vanity Fair *Diaries*, 707.
28. Interview with Carol Vogel, February 28, 2020.
29. Interview with Rochelle Udell, April 12, 2019.
30. Interview with Miranda Brooks, May 7, 2021.
31. Interview with Gabé Doppelt.
32. Interview with Michael Boodro, April 28, 2021.
33. Interview with Nancy Novogrod, June 3, 2020.
34. Brown, *The* Vanity Fair *Diaries*, 708.
35. Kazanjian and Tomkins, *Alex*, 314.
36. Susan Heller Anderson, "*HG* Magazine Is Not What It Used to Be," *New York Times*, June 8, 1988.
37. Interview with Michael Boodro.

第十二章

1. Interview with Nancy Novogrod, June 3, 2020.
2. Grace Mirabella, *In and Out of Vogue* (New York: Doubleday, 1995), 9–11.
3. Interview with Rochelle Udell, April 12, 2019.
4. Dodie Kazanjian and Calvin Tomkins, *Alex* (New York: Knopf, 1993), 316.
5. Geraldine Fabrikant, "Murdoch Sets Deal to Sell Stake in *Elle*," *New York Times*, September 21, 1988, https://www.nytimes.com/1988/09/21/business/murdoch-sets-deal-to-sell-stake-in-elle.html.
6. Interviews with Phyllis Posnick, January 18, 2021; Linda Rice, May 18, 2020; and background source.
7. Francine du Plessix Gray, *Them* (London: Penguin, 2004), 448.
8. Interviews with Phyllis Posnick, Linda Rice, and background source.
9. Background interview.
10. Interview with Phyllis Posnick.
11. Interview with Linda Rice.
12. Mirabella, *In and Out of Vogue*, 219–21.
13. Kazanjian and Tomkins, *Alex*, 317.
14. Interview with Jade Hobson, February 4, 2020.
15. du Plessix Gray, *Them*, 444.
16. Interview with Lesley Jane Seymour, November 13, 2020.
17. Interview with Jade Hobson.
18. Mirabella, *In and Out of Vogue*, 223–24.
19. Kazanjian and Tomkins, *Alex*, 317.
20. William Norwich, "The Dirt on Dirty Harry: Under Lock and Key?," *Daily News*, September 21, 1988; Woody Hochswender, "Patterns" *New York Times*, November 29, 1988.
21. Interview with Jade Hobson.
22. Redazione, "Interview with Carlyne Cerf de Dudzeele," *Vogue Italia*, November 4, 2017, https://www.vogue.it/en/news/vogue-arts/2017/11/04/interview-carlyne-cerf-de-dudzeele-vogue-italia-november-2017/.
23. Interview with Grace Coddington, December 19, 2020.
24. André Leon Talley, *The Chiffon Trenches* (New York: Ballantine, 2020), iBook, 196.
25. Interviews with Laurie Schechter, February 14, 2020, and Maggie Buckley, January 19, 2020.
26. Interview with Linda Rice.
27. Interview with Phyllis Posnick.
28. Interview with Lesley Jane Seymour.

29. Interview with Maggie Buckley.
30. Interview with Linda Rice.

第十三章

1. Liz Smith, "Wintour of Discontent at Condé Nast," *New York Daily News*, August 1, 1988.
2. Thomas Maier, *Newhouse* (New York: St. Martin's Press, 1994), 78.
3. Dodie Kazanjian and Calvin Tomkins, *Alex* (New York: Knopf, 1993), 318.
4. Ibid.
5. Interview with Freddy Gamble, February 28, 2020.
6. Grace Coddington, *Grace* (New York: Random House, 2012), 204–6.
7. Interview with Beverley Purcell Guerra, February 27, 2020.
8. Interview with Gabé Doppelt, November 13, 2020.
9. Kazanjian and Tomkins, *Alex*, 240–41.
10. Philip Gefter, *What Becomes a Legend Most: A Biography of Richard Avedon* (New York: Harper, 2020), 506–7.
11. Maier, *Newhouse*, 78; Craig Bromberg, "The Glitzy Brits of Condé Nast," *Washington Journalism Review*, November 1989.
12. Redazione, "Interview with Carlyne Cerf de Dudzeele," *Vogue Italia*, November 4, 2017, https://www.vogue.it/en/news/vogue-arts/2017/11/04/interview-carlyne-cerf-de-dudzeele-vogue-italia-november-2017/.
13. Ibid.
14. Anna Wintour, "Honoring the 120th Anniversary: Anna Wintour Shares Her *Vogue* Story," Vogue.com, https://web.archive.org/web/20120817004203/http://www.vogue.com:80/magazine/article/anna-wintour-on-her-first-vogue-cover-plus-a-slideshow-of-her-favorite-images-in-vogue/.
15. Anna Wintour, "A Look Back at Iconic Vogue Covers," *Anna Wintour Teaches Creativity and Leadership*, MasterClass, https://www.masterclass.com/classes/anna-wintour-teaches-creativity-and-leadership/chapters/evolving-a-brand-a-look-back-at-iconic-vogue-covers.
16. Interview with Michael Boodro, April 28, 2021.
17. Interviews with Lesley Jane Seymour, January 13, 2020, and background source.
18. Background interview.
19. Interview with Gail Pincus, April 21, 2021.
20. Background interview.
21. Ibid.
22. Ibid.

23. Interview with Maggie Buckley, January 19, 2020.
24. Interview with Lisa Love, October 20, 2020.
25. Interview with Maggie Buckley.
26. Interview with Lesley Jane Seymour.
27. Interview with Grace Coddington, December 19, 2020.
28. Interview with Gail Pincus.
29. Background interview.
30. Interview with Lesley Jane Seymour.
31. Interview with Paul Cavaco, December 23, 2020.
32. Background interview.
33. Interview with Lesley Jane Seymour.
34. Interview with Michael Boodro.
35. Interviews with Lesley Jane Seymour and Maggie Buckley.
36. Background interview.
37. Interview with Lesley Jane Seymour.
38. Interview with Peggy Northrop, April 2, 2019; Peggy Northrop, "My September Issues," unpublished piece of personal writing shared with author, September 13, 2009.
39. Georgia Dullea, "The Royalton Round Table," *New York Times*, December 27, 1992.
40. Anna Wintour, "Editorial Decision-Making," *Anna Wintour Teaches Creativity and Leadership*, MasterClass, https://www.masterclass.com/classes/Anna-anna-teaches-creativity-and-leadership.
41. "Pepsi Cancels Madonna Ad," *New York Times*, April 5, 1989.
42. Interview with Lisa Love.
43. Kevin Haynes, "Anna's Big Year," *WWD*, November 10, 1989.
44. Interview with Maggie Buckley.
45. Interview with André Leon Talley, March 20, 2021.
46. Anna Wintour, "Editorial Decision-Making," *Anna Wintour Teaches Creativity and Leadership*, MasterClass, https://www.masterclass.com/classes/Anna-anna-teaches-creativity-and-leadership.
47. Nina Darnton, "What's in a Name?" *Newsweek*, June 5, 1989.
48. Interview with Michael Boodro.
49. Figure provided to author by Audit Bureau of Circulations.
50. Interviews with Laurie Jones, December 5, 2020, and May 20, 2021.
51. Interview with Grace Coddington, May 17, 2021.
52. Interview with Laurie Jones.
53. Interview with André Leon Talley, April 10, 2021.
54. Cover credit, *Vogue*, May 1993.

55. Interview with Laurie Jones.
56. Interview with Lisa Love.
57. Interview with Grace Coddington.
58. Haynes, "Anna's Big Year."

第十四章

1. Interview with Gabé Doppelt, November 13, 2020.
2. Interview with Gabé Doppelt.
3. Interview with Lisa Love, October 20, 2020.
4. "Bartschland," http://www.susannebartsch.com/about.
5. Interview with Gabé Doppelt.
6. Interview with Peggy Northrop, April 12, 2019.
7. Interview with Laurie Jones, May 20, 2021.
8. Melanie Kletter, "When Bigger Was Better," *WWD*, May 28, 2002.
9. Interview with Gabé Doppelt.
10. Jeannie Williams, "Touching Travis Tribute Makes Hayes' Birthday," *USA Today*, October 24, 1990.
11. Cathy Horyn, "Fashion Notes," *Washington Post,* November 18, 1990.
12. Cathy Horyn, "Snap, Sparkle, Shop: In New York, Designers' Benefit for AIDS Research," *Washington Post,* November 30, 1990.
13. Interview with Gabé Doppelt.
14. Horyn, "Fashion Notes."
15. Horyn, "Snap, Sparkle, Shop."
16. @oldmarcjacobs, "A Look from Perry Ellis by Marc Jacobs S/S 1991—modeled by Christy Turlington," Instagram, https://www.instagram.com/p/CGqJtHmAbnp/?utm_medium=share_sheet.
17. Horyn, "Snap, Sparkle, Shop."
18. Interview with William Norwich, December 16, 2020.
19. "Fashionably Late," *Advocate,* January 1, 1991.
20. Patrick Reilly, "Magazines Find Noble Causes Let Them Help Others, Themselves," *Wall Street Journal,* September 18, 1990.
21. Interviews with numerous people who worked for Anna at *Vogue*.
22. Reilly, "Magazines Find Noble Causes."
23. Judith Newman, "Anna Wintour: Editor of the Year," *Adweek,* February 12, 1990.
24. Joanne Lipman, "*Vogue*'s Ads Sag in the Battle with *Elle*," *Wall Street Journal,* July 13, 1990.
25. Lipman, "*Vogue*'s Ads Sag."

26. James Barron, "Condé Nast Publications Get 3 New Publishers," *New York Times*, December 4, 1990.
27. Interview with André Leon Talley, April 10, 2021.
28. Interviews with Linda Rice, May 18, 2020, and three background sources.
29. Interviews with Freddy Gamble, February 28, 2020, and several background sources.
30. Anna Wintour, "Letter from the Editor: Traumas of a Cover Girl," *Vogue*, August 1996.
31. Interview with Maggie Buckley, January 19, 2020.
32. Interview with Lisa Love, October 20, 2020.
33. Interviews with Lisa Love; André Leon Talley, March 20, 2021; and background sources.
34. Background interview.
35. Wintour, "Letter from the Editor: Traumas of a Cover Girl."
36. Interview with Maggie Buckley.
37. Background interview.
38. Interviews with Peggy Northrop, April 12, 2019, and Sarah Van Sicklen, September 16, 2020.
39. Interview with Michael Boodro, April 28, 2021.
40. Interview with Laurie Jones, December 5, 2020.
41. Interview with André Leon Talley.
42. Background interview.
43. Interview with Michael Boodro.
44. Background interview with source present in the meeting.
45. Georgina Howell, "Vogue Beauty: Eyeing the East," *Vogue*, May, 1994.
46. Interview with Laurie Jones.
47. Interviews with Linda Rice, Freddy Gamble, and background source.
48. Interview with André Leon Talley.
49. André Leon Talley, *The Chiffon Trenches* (New York: Ballantine, 2020), iBook, 239.
50. Interview with André Leon Talley.
51. Interview with Freddy Gamble.
52. Interview with Laurie Jones.
53. Talley, *The Chiffon Trenches*, 241.
54. Interview with Laurie Jones.
55. Interview with André Leon Talley.
56. Talley, *The Chiffon Trenches*, 289.
57. Interview with Lesley Jane Seymour.
58. Michael Gross, "War of the Poses," *New York*, April 27, 1992.
59. "Long Night's Journey," *WWD*, February 27, 1991.
60. Background interview.

61. Gross, "War of the Poses."

第十五章

1. Charles Wintour letter to Arthur Schlesinger, July 25, 1991, Arthur M. Schlesinger Jr. papers, Manuscripts and Archives Division, New York Public Library.
2. Public record of mortgage dated February 28, 1993.
3. Steven Kurutz, "What Do Anna Wintour and Bob Dylan Have in Common? This Secret Garden," *New York Times*, September 28, 2016, https://www.nytimes.com/2016/09/29/fashion/new-york-secret-garden-anna-wintour-bob-dylan.html.
4. Interview with Miranda Brooks, May 7, 2021.
5. Interview with Lesley Jane Seymour, January 13, 2020.
6. Nigel Farndale, "'Nuclear' Anna Sets a Frosty Tone at *Vogue*," *Telegraph*, April 4, 1998.
7. Interview with Meredith Asplundh, August 7, 2020.
8. Farndale, "'Nuclear' Anna Sets a Frosty Tone at *Vogue*."
9. Lori Feldt deposition, March 8, 2002, Lori Feldt against Conde Nast Publications, Inc., and Chemico Plus, Inc., d/b/a Riccardi Contracting, Supreme Court of the State of New York County of New York.
10. Interview with Stephanie Winston Wolkoff, May 1, 2021, and others.
11. Interview with Susan Bidel, August 23, 2019.
12. Interview with Laurie Jones, September 15, 2021.
13. Sara James, "Memo Pad: Deck the Halls," *WWD*, November 30, 2005.
14. Interview with Maggie Buckley, January 19, 2020.
15. Interview with Laurie Jones, December 5, 2020.
16. Interview with Laurie Jones.
17. "Is Black Dead? Is It Finally Time to Go into Mourning for a Fashion Staple?," *Chicago Tribune*, July 18, 1990.
18. Interview with Sarah Van Sicklen, September 16, 2020.
19. Interview with Laurie Jones.
20. *Vogue* mastheads 1988–2020, and interviews with Laurie Jones and several others.
21. All details in this section drawn from interviews with multiple background sources, except as noted in subsequent two endnotes.
22. Interview with Tom Ford, October 22, 2020.
23. Interview with Laurie Jones.
24. Interview with Laurie Jones.
25. Interview with Meredith Asplundh.

26. Interview with André Leon Talley, April 10, 2021.
27. Interview with Hamish Bowles, December 2, 2020.
28. Interview with Phyllis Posnick, January 18, 2021.
29. Grace Coddington, *Grace* (New York: Random House, 2012), 213–14.
30. André Leon Talley, *The Chiffon Trenches* (New York: Ballantine, 2020), iBook, 286.
31. Interviews with several people who worked at Vogue at the time.
32. Coddington, *Grace*, 214.
33. Interview with Laurie Schechter, February 14, 2020.
34. Talley, *The Chiffon Trenches*, 286.
35. Interview with Lisa Love, October 20, 2020.
36. Edward Helmore, "New Brit on the Block; James Truman," *Times (UK)*, February 6, 1994; and Meg Cox, "James Truman Gets Star Status at Condé Nast," *Wall Street Journal*, January 26, 1994.
37. Francine du Plessix Gray, *Them* (London: Penguin, 2004), 455 and 486–91.
38. Dodie Kazanjian and Calvin Tomkins, *Alex* (New York: Knopf, 1993), 322; and interview with Laurie Jones.
39. Rebecca Mead, "The Truman Administration," *New York*, May 23, 1994.
40. Interviews with Lesley Jane Seymour, January 13, 2020, and background source.
41. Background interview.
42. Interview with Gabé Doppelt, November 13, 2020.
43. Background interview.
44. Brian Leitch, "*Vogue*'s Gabé Doppelt Succeeds Amy Levin Cooper at *Mademoiselle*," *WWD*, October 2, 1992.
45. Deirdre Carmody, "The Media Business: New Makeover for *Mademoiselle*," *New York Times*, March 21, 1994.
46. Deirdre Carmody, "Top Editor Resigns at *Mademoiselle*," *New York Times*, September 30, 1993; and interview with Gabé Doppelt, November 13, 2020.
47. du Plessix Gray, *Them*, 488.
48. Background interview.
49. Deirdre Carmody, "The Media Business: Conde Nast's Visionary to Bow Out," *New York Times*, January 26, 1994, https://www.nytimes.com/1994/01/26/business/the-media-business-conde-nast-s-visionary-to-bow-out.html.
50. Interview with Gabé Doppelt.
51. du Plessix Gray, *Them*, 488.
52. Interview with Joan Feeney, February 6, 2019.
53. Interview with Rochelle Udell, April 12, 2019.

54. Interview with Joan Feeney.
55. Interview with Joe Dolce, June 26, 2020.
56. Interviews with Joan Feeney, February 6, 2019, and December 21, 2020.

第十六章

1. "Weather History for New York, NY," *The Old Farmer's Almanac*, https://www.almanac.com/weather/history/NY/New%20York/1995-12-04.
2. Aileen Mehle, "A Report on the Costume Institute Gala and the New Regime," *WWD*, December 6, 1995.
3. Nadine Brozan, "Chronicle," *New York Times*, July 18, 1995.
4. "25 Years of Met Gala Themes: A Look Back at Many First Mondays in May," Vogue.com, April 27, 2020, https://www.vogue.com/article/met-gala-themes.
5. Mehle, "A Report on the Costume Institute Gala."
6. Nadine Brozan, "Chronicle," *New York Times*, October 9, 1995.
7. Text message from Stephanie Winston Wolkoff, July 17, 2021, and background interview.
8. Interview with Sarah Van Sicklen, September 16, 2020.
9. Brozan, "Chronicle," October 9, 1995.
10. Interviews with Sarah Van Sicklen, September 16, 2020 and background source.
11. Background interview.
12. "The Costume Institute," The Met, https://www.metmuseum.org/about-the-met/collection-areas/the-costume-institute#:~:text=The%20Costume%20Institute%20began%20as,Neighborhood%20Playhouse%20founder%20Irene%20Lewisohn.
13. Interview with Dennita Sewell, July 29, 2020.
14. Bernadine Morris, "Costume Change at the Met," *New York Times*, December 18, 1992.
15. Michael Gross, *Rogues' Gallery* (New York: Crown, 2010), 463.
16. Anna Wintour, "Executing a Vision and Transforming the Met Gala," *Anna Wintour Teaches Creativity and Leadership*, MasterClass, https://www.masterclass.com/classes/anna-wintour-teaches-creativity-and-leadership/chapters/executing-a-vision-transforming-the-met-gala.
17. Background interview with source familiar with the planning.
18. Interview with Emma Soames, June 14, 2021.
19. Wintour, "Executing a Vision and Transforming the Met Gala."
20. Background interview.
21. Email from Alexandra Shulman, September 22, 2021.
22. Interview with Michael Boodro, April 28, 2021.
23. Interview with Sarajane Hoare, October 23, 2020.

24. "Eye Scoop," *Women's Wear Daily*, May 12, 1992.
25. Ibid.
26. Interview with Maggie Buckley, January 19, 2020.
27. Michael Gross, "War of the Poses," *New York*, April 27, 1992.
28. Background interview.
29. Interviews with several background sources.
30. Background interview.
31. Eleanor Wintour's will, obtained by author as public record.
32. Charles Wintour letter to Arthur Schlesinger, February 7, 1996, Arthur M. Schlesinger Jr. papers, Manuscripts and Archives Division, New York Public Library.
33. Background interview.
34. Interview with Laurie Jones, December 5, 2020.
35. Kevin Gray, "The Summer of Her Discontent," *New York*, September 20, 1999.
36. André Leon Talley, *The Chiffon Trenches* (New York: Ballantine, 2020), iBook, 310.
37. Interview with Laurie Jones.
38. Constance C. R. White, "Patterns," *New York Times*, March 7, 1995, https://www.nytimes.com/1995/03/07/style/patterns-637095.html.
39. Talley, *The Chiffon Trenches*, 310–11.
40. Charles Wintour letter to Arthur Schlesinger, February 7, 1996, Schlesinger papers, NYPL.
41. Talley, *The Chiffon Trenches*, 311–12.
42. Charles Wintour letter to Arthur Schlesinger, February 7, 1996, Schlesinger papers, NYPL.
43. Interviews with several of Anna's close friends.
44. Interviews with Laurie Jones, September 15, 2021.
45. Talley, *The Chiffon Trenches*, 313 and 326.
46. Interviews with André Leon Talley and Laurie Jones, May 20, 2021.
47. Interview with Laurie Jones.
48. Background interview.

第十七章

1. Background interview.
2. Garth Alexander, "The Gloss Comes Off at Condé Nast Magazines," *Times (UK)*, May 8, 1994.
3. Lisa Lockwood, "Ron Galotti: *Vogue*'s Hired Gun," *WWD*, May 13, 1994.
4. Background interview.
5. Alexander, "The Gloss Comes Off.

6. Jay McInerney, "Goodbye, Mr. Big," *New York*, April 30, 2004.
7. Background interview.
8. Alexander, "The Gloss Comes Off."
9. Amy Spindler, "How Fashion Killed the Unloved Waif," *New York Times*, September 27, 1994.
10. Interview with Grace Coddington, December 19, 2020.
11. Background interview.
12. Lisa Lockwood, "March: The Record Breakers," *WWD*, February 27, 1997.
13. Lisa Lockwood, "Forecast '98: The Ad Page Challenge: How to Beat '97," *WWD*, October 23, 1997.
14. Lisa Lockwood, "September Mags: Fat and Happy," *WWD*, August 21, 1997.
15. "Memo Pad: What a Relief," *WWD*, February 28, 1997.
16. Background interview with source with knowledge of the Da Silvano conversation.
17. Kate Betts, "Ruth Reichl Dishes on the Last Days of *Gourmet* Magazine," *New York Times*, April 9, 2019, https://www.nytimes.com/2019/04/09/books/review/ruth-reichl-save-me-the-plums.html.
18. Interview with Laurie Jones, May 20, 2021.
19. Interview with Tom Florio, April 19, 2021.
20. Nadine Brozan, "Chronicle," *New York Times*, October 1, 1993, https://www.nytimes.com/1993/10/01/style/chronicle-638293.html.
21. Interview with William Norwich, December 16, 2020.
22. Brozan, "Chronicle," October 1, 1993.
23. Interview with Sarah Van Sicklen, September 16, 2020.
24. Background interview.
25. Interview with Meredith Asplundh, August 7, 2020.
26. Anna Wintour, "Letter from the Editor: An American Moment," *Vogue*, September 1996.
27. "Memo Pad: Raccoon-ized," *WWD*, December 20, 1996.
28. Grace Coddington, *Grace* (New York: Random House, 2012), 248–49.
29. "Memo Pad: Raccoon-ized"; and Nadine Brozan, "Chronicle," *New York Times*, December 20, 1996.
30. Coddington, *Grace*, 248–49.
31. Brozan, "Chronicle," December 20, 1996.
32. Interview with Anne McNally, May 6, 2021.
33. Interview with Miranda Brooks, May 7, 2021.
34. Interview with Anne McNally.
35. Background interview.
36. Interview with Anne McNally, May 6, 2021.
37. Interviews with several friends.
38. Interview with Miranda Brooks.

39. Background interview.
40. Anna would later describe the town...[leaking] into the drinking waterKelly McMasters, *Welcome to Shirley: A Memoir from an Atomic Town* (New York: PublicAffairs, 2008), 248.
41. Interview with Kelly McMasters, December 16, 2019.
42. Interviews with several friends.
43. Interview with Miranda Brooks.
44. Mara Miller, *Carrier and Company: Positively Chic Interiors* (New York: Harry N. Abrams, 2015) via "Anna Wintour's House," Scene Therapy, December 16, 2020, https://scenetherapy.com/anna-wintours-house/.
45. Interview with Miranda Brooks.
46. Lori Feldt against Conde Nast Publications, Inc., and Chemico Plus, Inc., d/b/a Riccardi Contracting, Supreme Court of the State of New York County of New York; Dareh Gregorian, "Condé Clear$ Air—Pays Wintour Nanny $2M to Settle Toxic-Fume Suit," *New York Post*, October 20, 2004.
47. Interview with Laurie Jones, May 20, 2021.
48. Richard Johnson with Jeane MacIntosh and Sean Gannon, "*Vogue* Fights PETA Beef with Beef," *New York Post*, December 19, 1997.
49. Interview with Laurie Jones.
50. Lisa Lockwood, "Anna's Ménage a Trois," *WWD*, January 9, 1998.
51. Orla Healy, "Girl Power," *New York Daily News*, January 15, 1998.
52. Interview with Laurie Jones.
53. Interview with Grace Coddington.
54. Interview with Charles Churchward, June 4, 2020.
55. Interviews with Tonne Goodman, June 10, 2021 and Paul Cavaco, December 22, 2020.
56. Background interview.
57. Anna Wintour, "Letter from the Editor: No Ordinary Oprah," *Vogue*, October 1998.
58. Rick Marin, "She's Still in Vogue," *Newsweek*, November 23, 1998.
59. Amy Odell, "*60 Minutes* Outtakes: Anna Wintour on Fur, Photoshop, and Obese People," NYMag.com, May 18, 2009, https://www.thecut.com/2009/05/60_minutes_outtakes_anna_winto.html.
60. Interview with Paul Cavaco.
61. Jonathan Van Meter, "From the Archives: Oprah Winfrey in *Vogue*," Vogue.com, https://www.vogue.com/article/from-the-archives-oprah-winfrey-in-vogue.
62. Lisa Lockwood, "Covers '98: Agony and Ecstasy," *WWD*, January 29, 1999.
63. Alex Kuczynski, "Trading on Hollywood Magic: Celebrities Push Models Off Women's Magazine Covers," *New York Times*, January 30, 1999.
64. Anna Wintour, "Evolving a Brand: A Look Back at Iconic Vogue Covers," *Anna Wintour Teaches*

Creativity and Leadership, MasterClass, https://www.masterclass.com/classes/anna-wintour-teaches-creativity-and-leadership/chapters/evolving-a-brand-a-look-back-at-iconic-vogue-covers.
65. Anna Wintour, "Letter from the Editor: Fashion's New Faces," *Vogue*, July, 1997.
66. Interviews with two background sources.
67. Interviews with two background sources.
68. Interview with Tonne Goodman.
69. "Notes," *New York Times*, February 7, 1993.
70. Hillary Clinton spokesperson to author.
71. Interview with Laurie Jones, December 5, 2020.
72. Alex Kuczynski, "Media: The First Lady Strikes a Pose for the Media Elite," *New York Times*, December 7, 1998, https://www.nytimes.com/1998/12/07/business/media-the-first-lady-strikes-a-pose-for-the-media-elite.html.
73. Interview with Paul Cavaco, December 22, 2020.
74. Kuczynski, "The First Lady Strikes a Pose."
75. Interview with Rachel Pine, August 3, 2020.
76. Robin Pogrebin, "Media: Publishing: Losing *Vogue*'s Publisher Could Hurt Condé Nast as Much as Tina Brown's Departure," *New York Times*, July 20, 1998.
77. Interview with Laurie Jones.
78. Kevin Gray, "The Summer of Her Discontent," *New York*, September 20, 1999.
79. Background interview.
80. Jane L. Levere, "The Media Business: Advertising: Harper's Bazaar Is Moving to Increase Ad Pages with a New Web Site and Television Campaign," *New York Times*, March 5, 1998.
81. Interviews with Joan Feeney on February 6, 2019, and December 22, 2020.
82. Interviews with Joan Feeney and Rochelle Udell, April 12, 2019.
83. Interview with Joan Feeney.
84. Interview with André Leon Talley, April 10, 2021.
85. Interview with Joan Feeney.
86. Scan of letter provided to author by Joan Feeney.
87. Interview with Joan Feeney.
88. Teo van den Broeke and Zak Maoui, "How Burberry Became Britain's Most Important Brand," *GQ UK*, September 17, 2018, https://www.gq-magazine.co.uk/article/how-burberry-became-britains-most-important-brand.
89. Interviews with Joan Feeney.
90. Ravi Somaiya, "Condé Nast to Sell Fairchild Fashion Media for $100 Million," *New York Times*, August 19, 2017.

第十八章

1. Interview with Jordan Schaps, February 7, 2020.
2. Kevin Gray, "The Summer of Her Discontent," *New York*, September 20, 1999, https://nymag.com/nymetro/news/people/features/1460/.
3. Interview with Jordan Schaps.
4. Interviews with Shelby Bryan, July 20 and 21, 2021.
5. Evan Smith, "In Vogue," *Texas Monthly*, October 1999.
6. Background interview.
7. Interviews with Shelby Bryan.
8. "Encore: People Watch," *Fort Worth Star-Telegram*, July 21, 1999.
9. Interview with Shelby Bryan.
10. George Rush and Joanna Molloy, "Jerry Gets a Beauty Over-Hall," *New York Daily News*, July 14, 1999.
11. Deborah Schoeneman, "David Shaffer Guts Downing Street Home in a Real Big Hurry," Observer.com, February 14, 2000, https://observer.com/2000/02/david-shaffer-guts-downing-street-home-in-a-real-big-hurry/.
12. Background interview.
13. Interview with Laurie Jones, December 5, 2020.
14. Interviews with two background sources.
15. Gray, "The Summer of Her Discontent."
16. Interview with Laurie Jones, May 20, 2021.
17. Interviews with two background sources.
18. Gray, "The Summer of Her Discontent."
19. Interview with Stephanie Winston Wolkoff, May 1, 2021.
20. Gray, "The Summer of Her Discontent."
21. Karen de Witt, "A 7th Ave. Campaign Goes to Washington," *New York Times*, September 22, 1996, https://www.nytimes.com/1996/09/22/us/a-7th-ave-campaign-goes-to-washington.html.
22. Interview with Shelby Bryan.
23. Interviews with background source; Tom Ford, October 22, 2020; and Laurie Jones.
24. Background interview.
25. Interviews with three background sources.
26. Interview with Shelby Bryan.
27. Interviews with two background sources.
28. Interview with Laurie Jones, December 5, 2020.

29. Interview with Tom Ford.
30. George Rush and Joanna Molloy, "For Mogul, High Cost of Wintourizing," *New York Daily News*, July 25, 1999.
31. Interview with Jordan Schaps.
32. Interviews with André Leon Talley, March 20 and April 10, 2021.
33. Interview with Jordan Schaps.
34. Gray, "The Summer of Her Discontent."
35. Interview with Shelby Bryan.
36. Interview with Shelby Bryan.
37. Background interview.
38. Interview with William Norwich, December 16, 2020.
39. Interview with Julie Macklowe, August 5, 2019.
40. Interview with Myra Walker, May 4, 2020.
41. Background interview.
42. Interview with Myra Walker.
43. Interview with Jeff Daly and Gary Delemeester, May 6, 2020.
44. Interview with Stephanie Winston Wolkoff
45. Figure appeared on a Met Gala planning document provided by background source.
46. Background interview.
47. Interview with Stephanie Winston Wolkoff.
48. Cathy Horyn, "A Rare Mix of Celebrity and Society," *Washington Post*, December 8, 1999.
49. Interview with Stephanie Winston Wolkoff.
50. Background interview with someone who heard the remark.
51. George Rush and Joanna Molloy, "The Wintour of Her Discontent," *New York Daily News*, December 8, 1999.
52. Interview with André Leon Talley.
53. Interview with Shelby Bryan.
54. Interview with Shelby Bryan.
55. Charles Wintour's will, obtained by author through public records request.
56. "People," *Miami Herald*, December 17, 1999.
57. "Anna Wintour on Her Father, Charles Wintour," CNN.com, April 8, 2019, https://www.cnn.com/videos/fashion/2019/04/08/anna-wintour-interview-charlie-style-orig.cnn.
58. Interview with Myra Walker; and André Leon Talley, *The Chiffon Trenches* (New York: Ballantine, 2020), iBook, 360.
59. Lisa Lockwood, "Karl's Blank Canvas: No Chanel Sensation for the Metropolitan," *WWD*, May 19, 2000.

60. Interview with Myra Walker.
61. Interview with André Leon Talley, March 20, 2021.

第十九章

1. Interview with Aimee Cho, October 16, 2020.
2. "Style.com Names Online Media Veteran Jamie Pallot as Editor in Chief," *Business Wire*, May 31, 2001.
3. Background interview.
4. James Fallon, "Price Named Style.com Fashion Head," *WWD*, September 5, 2001.
5. Interview with Candy Pratts Price, December 8, 2020.
6. Background interview.
7. Interview with Candy Pratts Price, December 16, 2020.
8. Background interviews with two sources.
9. Background interview.
10. Interview with Stephanie Winston Wolkoff, May 1, 2021.
11. Background interview.
12. Interviews with Stephanie Winston Wolkoff, and background source.
13. Interview with Stephanie Winston Wolkoff.
14. Text message from Stephanie Winston Wolkoff, May 2, 2021.
15. Background interviews.
16. Anna Wintour, "Letter from the Editor: The Bold and the Beautiful," *Vogue*, February 2005.
17. Stephanie Winston Wolkoff, *Melania and Me*, (New York: Gallery, 2020), 20.
18. "Radical Lecture Cancels Class," *New York Post*, April 19, 2001.
19. Background interview.
20. Alexandra Kotur, "Talking Fashion: Moulin Rouge Premiere: Kickoff Time," *Vogue*, June 2001.
21. Eve MacSweeney, "Vogue View: Out with the Old," *Vogue*, May 2003.
22. Ivanka Trump, *Women Who Work* (New York, NY: Portfolio/Penguin, 2017), 34.
23. Emails from Paul Wilmot, July 21, 2021.
24. Interviews with two background sources.
25. Interview with Sally Singer, January 14, 2021.
26. Figure provided to author by Audit Bureau of Circulations.
27. Interviews with Aimee Cho and background source.
28. "September 11 Attack Timeline," 9/11 Memorial, https://timeline.911memorial.org/#Timeline/2.
29. Interviews with Lisa Love, October 20, 2020, and May 25, 2021
30. Anna Wintour, "What Does 20 Years Feel Like?" Vogue.com, September 10, 2021, https://www.vogue.

com/article/anna-wintour-september-11-tribute-2021.

31. Interview with background source.
32. Anna Wintour, "The CFDA Vogue Fashion Fund," *Anna Wintour Teaches Creativity and Leadership*, MasterClass, https://www.masterclass.com/classes/anna-wintour-teaches-creativity-and-leadership/chapters/spotting-designer-talent-cfda-vogue-fashion-fund.
33. Interviews with numerous *Vogue* staff.
34. Interviews with Laurie Jones, May 20, 2021, and background source.
35. Background interview.
36. Interview with background source.
37. Interview with Grace Coddington, May 17, 2021, and two background sources.
38. Interviews with two background sources.
39. Interview with Aimee Cho, October 16, 2020.
40. Background interview.
41. Interview with Grace Coddington, May 17, 2021; Sally Singer, "Amazing Grace," *Vogue*, November 2001.
42. Background interview.
43. Interview with Grace Coddington, May 17, 2021.
44. Interview with Anthony Haden-Guest, May 19, 2021.
45. Interviews with Laurie Jones, December 5, 2020, and background source.
46. Interviews with two background sources.

第二十章

1. Lisa Lockwood, "Mags Worry about Ads," *WWD*, September 21, 2001; and Lisa Lockwood, "Mag Meltdown Spills into 2002," *WWD*, December 14, 2001.
2. George Rush and Joanna Molloy, "Armani's in Fashion, but Not in *Vogue*," *New York Daily News*, October 31, 2001.
3. Interview with Tom Florio, August 12, 2020.
4. Keith Kelly, "Muzzle for Mad Dog—Condé Nast Will Pay Seven Figures to Settle Assault Suit," *New York Post*, September 22, 1999.
5. Alex Kuczynski, "Condé Nast Pays Woman Injured by Executive," *New York Times*, September 22, 1999.
6. Interview with Laurie Jones, May 20, 2021.
7. Background interview.
8. Interview with Susan Bornstein, August 7, 2019.
9. Background interview.
10. Interviews with Tom Florio, August 12, 2020, and April 19, 2021.

11. Interviews with three background sources.
12. Cathy Horyn, "Fashion Review: Karl Lagerfeld's Understated Mastery," *New York Times*, January 26, 2003.
13. "Memo Pad: Alaia Aloud," *WWD*, May 8, 2009.
14. Eric Waroll, "Azzedine Alaïa Interview," Virgine, May 25, 2011, http://www.virginemag.com/home/azzedine-alaia-interview/.
15. Interview with Grace Coddington, December 19, 2020.
16. Interview with Tom Florio.
17. Interview with Laurie Jones, December 5, 2020.
18. Interviews with Laurie Jones and background source.
19. Interview with Laurie Jones; "First Fiction: Publishers Spring into Action," *Publishers Weekly*, January 27, 2003.
20. Lisa Lockwood, "Memo Pad: Wintour Tales," *WWD*, May 21, 2002.
21. Interview with Laurie Jones.
22. Email from background source.
23. "Anna Wintour on AOC and the Three Things She Never Leaves the House Without," *Go Ask Anna*, April 15, 2019, https://www.vogue.com/video/watch/go-ask-anna-video-aoc-the-hadids.
24. Background interview.
25. Interview with Amanda Lundberg, August 20, 2020.
26. Background interview.
27. Interview with Amanda Lundberg.
28. Background interview.
29. Joshua Levine, "How to Get Ahead in Fashion: Rule No. 1: Make Friends with This Woman," *Times (UK)*, July 9, 2011.
30. Interview with Amanda Lundberg.
31. Interview with Amanda Lundberg.
32. Background interviews with two sources.
33. Interview with Amanda Lundberg.
34. "First Fiction: Publishers Spring into Action."
35. Sherryl Connelly, "Mags to Riches on a *Vogue* Idea," *New York Daily News*, April 14, 2003.
36. David Carr, "Anna Wintour Steps Toward Fashion's New Democracy," *New York Times*, February 17, 2003.
37. Interview with Laurie Jones.
38. Interview with William Norwich, December 16, 2020.
39. Sheelah Kolhatkar, "Devil Writes Nada: Why Is Weisberger Getting a Million?" *New York Observer*, October 10, 2005, https://observer.com/2005/10/devil-writes-nada-why-is-weisberger-getting-a-

million/.
40. Interviews with William Norwich and Gabé Doppelt, November 13, 2020.
41. Interview with Lisa Love, October 20, 2020.
42. Interviews with Aimee Cho, October 16, 2020; Lisa Love; and background source.
43. Interview with Aimee Cho.
44. Interview with Tom Florio.
45. Interview with Grace Coddington.

第二十一章

1. Anna Wintour, "The CFDA Vogue Fashion Fund," *Anna Wintour Teaches Creativity and Leadership*, MasterClass, https://www.masterclass.com/classes/anna-wintour-teaches-creativity-and-leadership/chapters/spotting-designer-talent-cfda-vogue-fashion-fund.
2. Peter Braunstein, "Young Designers to Show Today," *WWD*, September 21, 2001.
3. Interview with Aimee Cho, October 16, 2020.
4. Braunstein, "Young Designers to Show Today."
5. Eric Wilson, "CFDA, *Vogue* Form Designer Grant Fund," *WWD*, September 25, 2003.
6. Interview with Sally Singer, January 14, 2021.
7. Interview with Jack McCollough and Lazaro Hernandez, November 18, 2020.
8. Bob Morris, "The Age of Dissonance: Fashion Isn't for the Meek," *New York Times*, February 11, 2001.
9. Interview with Eli Holzman, September 23, 2020.
10. Interview with Tom Florio, August 12, 2020.
11. Jeff Bercovici and Sara James, "Memo Pad: Win-Tour of Duty," *WWD*, March 7, 2006.
12. Interview with Jack McCollough and Lazaro Hernandez.
13. Isaac Mizrahi, *IM: A Memoir* (New York: Flatiron Books, 2019), iBook, 473–74.
14. Eric Wilson, "Check, Please," *WWD*, October 18, 2004.
15. Interview with Zang Toi, October 6, 2020.
16. "New Faces," *Vogue*, March 1990.

第二十二章

1. Background interview.
2. Amy M. Spindler, "Galliano Is Named Designer for House of Givenchy," *New York Times*, July 12, 1995.
3. Cathy Horyn, "Citizen Anna," *New York Times*, February 1, 2007.
4. Lee Wallick, "Media: Magazines: The Wintour Collection," *Guardian*, May 9, 2005.

5. Essay by Amy Astley provided to author, July 21, 2021.
6. Interview with Aimee Cho, October 16, 2020.
7. Essay by Amy Astley.
8. Lisa Lockwood, "Memo Pad: *Teen Vogue*'s Future," *WWD*, April 5, 2020; Jacob Bernstein, "*Teen Vogue* to Become Bimonthly," *WWD*, June 7, 2002.
9. Bernstein, "Teen Vogue to Become Bimonthly."
10. "Bee Shaffer on What Life Is Like as Anna Wintour's Daughter—*Teen Vogue*," YouTube, May 6, 2014, https://www.youtube.com/watch?v=0gM0nEWxhf4.
11. Sridhar Pappu, "As Blix Unloads, News Comes Back to U.N. Bureaus; 'It's to a point where I almost can't write about it anymore. If people don't understand it, I don't know what else to do?', Maggie Farley, *The Los Angeles Times*, on covering the Iraq story from the U.N.," *New York Observer*, February 3, 2003.
12. "Bee Shaffer on What Life Is Like as Anna Wintour's Daughter," YouTube.
13. Interview with Charles Churchward, June 4, 2020.
14. Interview with Aimee Cho.
15. Essay by Amy Astley.
16. Interview with Tom Ford, October 22, 2020.
17. Interview with Stephanie Winston Wolkoff, May 1, 2021, and text messages to author from Winston Wolkoff, May 2, 2021.
18. Text message from Stephanie Winston Wolkoff, September 13, 2021; and background interview.
19. Background interview.
20. Interview with Stephanie Winston Wolkoff.
21. Interview with Andrew Bolton, December 15, 2020.
22. Interview with background source.
23. Interviews with Tom Florio, August 12, 2020, and April 19, 2021.
24. Interview with background source.
25. Interview with Shelby Bryan, July 21, 2021.
26. Interviews with two background sources.
27. Background interview.
28. Interview with Laurie Jones, December 5, 2020.
29. Interviews with Laurie Jones and background source.
30. Background interview.
31. Background interviews with three sources.
32. Interview with Tom Florio, April 19, 2021.
33. "Just in Time for Thursgay Styles: *Men's Vogue*," Gawker.com, August 18, 2005, https://gawker.com/118022%2Fjust-in-time-for-thursgay-styles-mens-vogue.

34. Background interview.
35. "Anna Wintour and Jay Fielden Discuss Their New Magazine, *Men's Vogue*," *Today*, NBC, September 9, 2005.
36. Interviews with several background sources.
37. Background interview with source who heard comments.
38. Background interviews with three sources.
39. Background interviews with three sources.
40. Amy Odell, "*Men's Vogue* Refused to Publish Marc Jacobs Ad Starring Gay Couple," NYmag.com, September 2, 2009, https://www.thecut.com/2009/09/mens_vogue_refused_to_publish.html.
41. Background interview.
42. Background interview.
43. Background interviews with three sources.
44. Background interview.
45. Background interviews with two sources.
46. Email from Harvey Weinstein to Anna Wintour, September 23, 2007, provided to author by background source.
47. Ben Widdicombe, "Gatecrasher. It's a Bad 'Zine, Man!" *New York Daily News*, January 10, 2008.
48. Background interview.
49. Interviews with two background sources.
50. Amy DiLuna, "Meryl Takes on a Wintour's Tale," *New York Daily News*, May 3, 2005.
51. Interview with David Frankel, July 8, 2020.
52. Isaac Mizrahi, *IM: A Memoir* (New York: Flatiron Books, 2019), iBook, 472.
53. Interview with David Frankel.
54. Interview with Aline Brosh McKenna, July 14, 2020.
55. Interview with David Frankel.
56. "Movie Maven," *WWD*, May 25, 2006.
57. Email from William Norwich, July 19, 2021.
58. Interview with David Frankel, July 8, 2020.
59. Email from William Norwich, May 25, 2021.
60. Sara James, "Memo Pad: At Home with Hamish," *WWD*, March 27, 2006.
61. Interview with Anne McNally, May 6, 2021.

第二十三章

1. Interview with R. J. Cutler, September 29, 2020.

2. *The September Issue*, directed by R. J. Cutler (2009; New York; A&E Indie Films and Actual Reality Pictures).
3. Interview with Grace Coddington, December 19, 2020.
4. Interview with R. J. Cutler.
5. Interview with Tom Florio, August 12, 2020.
6. "More on Women's Beauty/Fashion Magazines: (1) *Vogue*'s Newest 'Connection' Is 'ShopVogue.TV,'" *Media Industry Newsletter*, July 30, 2007.
7. Interview with Tom Florio.
8. Maria Aspan, "The Web Way to Magazine Ad Sales," *New York Times*, August 21, 2007, https://www.nytimes.com/2007/08/21/business/media/21adco.html.
9. Interview with Tom Florio.
10. Interviews with Scott Sternberg, August 14 and 21, 2020.
11. Irina Aleksander, "Sweatpants Forever," *New York Times*, August 6, 2020.
12. Interview with William McComb, June 11, 2019.
13. Cathy Horyn, "The Fashion Designer Narciso Rodriguez Finds a Savior with Help from His Friends," *New York Times*, May 7, 2007.
14. Interview with William McComb.
15. Ibid.
16. Eric Wilson and Michael Barbaro, "Isaac Mizrahi Leaves Target to Revamp Liz Claiborne," *New York Times*, January 16, 2008.
17. Interview with William McComb.
18. Interview with Aimee Cho, October 16, 2020.
19. Interview with Tom Florio.
20. "Euro Breaches $1.60 as ECB Warns of Possible Rate Rise," *New York Times*, April 22, 2008, https://www.nytimes.com/2008/04/22/business/worldbusiness/22iht-22euro.12230841.html.
21. Interview with Laurie Jones, May 20, 2021.
22. Interview with André Leon Talley, April 10, 2021.
23. Interview with Laurie Jones.
24. Interview with Tom Florio.
25. Anna Wintour, "Editor's Letter: Pro Active," *Vogue*, April 2008.
26. Interview with Tonne Goodman, June 10, 2021.
27. Interview with Charles Churchward, June 4, 2020.
28. Interview with Charles Churchward.
29. Interview with Laurie Jones, December 5, 2020.
30. Jemele Hill, "LeBron Should Be More Careful with His Image," ESPN.com, March 21, 2008, https://www.

espn.com/espn/page2/story?page=hill/080320.
31. Background interview.
32. Interviews with Sonya Mooney, August 25, 2020, and Charles Churchward.
33. Interview with Sonya Mooney.
34. Interviews with two background sources.
35. Background interview.
36. Background interview.
37. Background interview.
38. Interview with Bonnie Morrison, July 17, 2020.
39. Interviews with two background sources present in the meeting.
40. Background interview with source familiar with Condé Nast financials.
41. David Carr, "*Portfolio* Magazine Shut, a Victim of Recession," *New York Times*, August 27, 2009.
42. Background interview with source familiar with Condé Nast financials.
43. Background interview.
44. Interview with Bonnie Morrison.
45. Stephanie D. Smith and Miles Socha, "Memo Pad: You're Either In or You're Out," *WWD*, December 3, 2008.
46. Interview with Lisa Love, October 20, 2020.
47. Stephanie D. Smith, "Memo Pad: No Home," *WWD*, July 1, 2008.
48. Smith and Socha, "Memo Pad: You're Either In or You're Out."
49. Background interview.
50. Charlotte Cowles, "In Which We Offend Anna Wintour and She Shoos Us Away," NYmag.com, November 21, 2008, https://www.thecut.com/2008/11/in_which_we_offend_anna_wintou.html.

第二十四章

1. Interviews with R. J. Cutler, September 29, 2020, and Amanda Lundberg, August 20, 2020.
2. Interview with R. J. Cutler.
3. Background interview.
4. Interview with R. J. Cutler.
5. Background interview.
6. Interview with Tom Florio, August 12, 2020.
7. Background interview.
8. Interview with Grace Coddington, December 19, 2020.
9. Interview with Tom Florio, August 12, 2020.

10. Interview with Bonnie Morrison, June 24, 2020; Stephanie Winston Wolkoff text message to author.
11. Interview with Bonnie Morrison, June 24, 2020.
12. Sarah Spellings, "Remembering the Messiest Night in Fashion," NYmag.com, September 11, 2019, https://www.thecut.com/2019/09/remembering-fashions-night-out-2009-10-years-later.html.
13. Valeriya Safronova, "Why Fashion's Night Out Faltered," *New York Times*, September 3, 2014, https://www.nytimes.com/2014/09/04/fashion/why-fashions-night-out-faltered.html.
14. Manohla Dargis, "The Cameras Zoom In on Fashion's Empress," *New York Times*, August 27, 2009.
15. Interview with Tonne Goodman, June 10, 2021.
16. Joan Juliet Buck, *The Price of Illusion* (New York: Simon & Schuster, 2017), iBook, 941–44.
17. Joan Juliet Buck, "A Rose in the Desert," *Vogue*, March 2011.
18. Max Fisher, "The Only Remaining Online Copy of *Vogue*'s Asma al-Assad Profile," *Atlantic*, January 3, 2012, https://www.theatlantic.com/international/archive/2012/01/the-only-remaining-online-
19. Interview with Laurie Jones, December 5, 2020.
20. Background interview.
21. Buck, *The Price of Illusion*, 946–47.
22. Background interview.
23. Interview with Laurie Jones.
24. Interviews with André Leon Talley, March 20 and April 10, 2021.
25. Interview with Shelby Bryan, July 21, 2021.
26. Anna Wintour, "Editor's Letter: Pretty Powerful," *Vogue*, February 2008.
27. "Stylish Stampede," PageSix.com, June 13, 2008, https://pagesix.com/2008/06/13/stylish-stampede/.
28. Kristi Ellis, "Fashion's Favorite Son: Executives, Designers Pony Up Cash for Obama," *WWD*, October 21, 2008; "For Obama, the Devil Wears Pra-duh," The Caucus (blog), *New York Times*, August 13, 2008, https://thecaucus.blogs.nytimes.com/2008/08/13/for-obama-the-devil-wears-pra-duh/.
29. Interviews with two background sources.
30. Background interview.
31. Interview with Tonne Goodman.
32. Interview with Tom Ford, October 22, 2020.
33. Background interview with source close to the campaign.
34. Donovan Slack, "Report: Lasry Drops Out after Ties to Gambling Ring Questioned," Politico, April 26, 2013, https://www.politico.com/blogs/politico44/2013/04/report-lasry-drops-out-after-ties-to-gambling-ring-questioned-162710.
35. Background interview.
36. Background interview.
37. Background interview.

38. Interview with Anne McNally, May 6, 2021.

第二十五章

1. Eric Wilson, "Condé Nast Adds to Job of Longtime *Vogue* Editor," *New York Times*, March 12, 2013.
2. Wilson, "Condé Nast Adds to Job."
3. Background interview.
4. Background interview.
5. Interviews with two background sources.
6. Background interview.
7. Stephanie Clifford, "Cuts Meet a Culture of Spending at Condé Nast," *New York Times*, September 27, 2009.
8. Keith Kelly, "Condé Budget Cuts of 5% on 2013 Agenda," *New York Post*, October 5, 2012.
9. "Anna Wintour Snaps Up Waterfront Property Next to Her 62-Acre Long Island Estate 'to Prevent Anyone Else from Doing So,'" *Daily Mail*, July 16, 2013, https://www.dailymail.co.uk/femail/article-2364153/Anna-Wintour-snaps-waterfront-property-62-acre-Long-Island-estate-prevent-doing-so.html.
10. Interviews with Lisa Love, October 20, 2020, and May 25, 2021.
11. nna liked to start her weekend days...to find plants that needed fixing: Interview with Miranda Brooks, May 7, 2021.
12. Interviews with André Leon Talley, April 10, 2021, and Lisa Love.
13. Interview with Miranda Brooks.
14. Background interviews with two sources.
15. Interviews with André Leon Talley and background source.
16. Interview with Lisa Love.
17. Interview with Jack McCollough and Lazaro Hernandez, November 18, 2020.
18. Stephanie Winston Wolkoff text message to author, May 2, 2021.
19. Interview with Lisa Love.
20. Background interview.
21. Interview with Miranda Brooks.
22. Background interview.
23. Interview with Grace Coddington, May 17, 2021.
24. Background interview.
25. Interview with Stephanie Winston Wolkoff, May 1, 2021.
26. Anna Wintour, "Introduction," *Anna Wintour Teaches Creativity and Leadership*, MasterClass, https://www.masterclass.com/classes/anna-wintour-teaches-creativity-and-leadership/chapters/introduction.

27. Interview with Grace Coddington.
28. Interview with Hamish Bowles, December 2, 2020.
29. Interview with Mark Holgate, July 15, 2021.
30. Interview with Grace Coddington.
31. Interview with Mark Holgate.
32. Hannah Marriott, "Why Kim Kardashian Deserves to Be on the Cover of *Vogue*," *Guardian*, March 24, 2014, https://www.theguardian.com/fashion/2014/mar/24/why-kim-kardashian-deserves-to-be-on-the-cover-of-vogue.
33. Interview with Grace Coddington.
34. Interview with Mark Holgate.
35. Keith Kelly, "Anna Gets *Lucky* and *Brides* Altar-ation Jobs," *New York Post*, April 5, 2013.
36. Background interview.
37. Interviews with two background sources.
38. Erik Maza, "Eva Chen to Succeed Brandon Holley at *Lucky*," *WWD*, June 18, 2013.
39. Background interview.
40. Interview with Bob Sauerberg, July 13, 2021.
41. Background interviews.
42. Interviews with three background sources.
43. David Yi, "Lucky Magazine Shuts Down Once and For All, Here's Why It Failed," Mashable.com, November 3, 2015, https://mashable.com/archive/lucky-magazine-layoffs#4MLY4jBilgqu.
44. Todd Spangler, "Glamour to Cease Publishing Regular Print Mag in Condé Nast's Latest Digital Shift," *Variety*, November 28, 2018, https://variety.com/2018/biz/news/glamour-ceases-print-magagazine-conde-nast-1203033464/.
45. Anna Wintour, "Getting Work Done and Anna's Management Tips," *Anna Wintour Teaches Creativity and Leadership*, MasterClass, https://www.masterclass.com/classes/anna-wintour-teaches-creativity-and-leadership/chapters/getting-the-work-done-anna-s-management-tips.
46. Interviews with Hamish Bowles and Mark Holgate.
47. Interview with Hamish Bowles.
48. Background interviews.
49. Described in interviews with several former Condé Nast employees.
50. Mark Guiducci and Eaddy Kiernan, "Elizabeth Cordry and Charlie Shaffer's Wedding in Mastic Beach," Vogue.com, July 7, 2014, https://www.vogue.com/article/elizabeth-cordry-charlie-shaffer-wedding-in-mastic-beach-new-york.
51. Nancy Chilton, "First Lady Michelle Obama Opens the Costume Institute's Anna Wintour Costume Center," MetMuseum.org, https://www.metmuseum.org/blogs/now-at-the-met/2014/anna-wintour-

costume-center-ribbon-cutting.

52. "Lizzie and Jonathan Tisch Make $10 Million Gift to Launch the Renovation of the Metropolitan Museum's Costume Institute," MetMuseum.org, January 11, 2011, https://www.metmuseum.org/press/news/2011/lizzie-and-jonathan-tisch-make-10-million-gift-to-launch-the-renovation-of-the-metropolitan-museums-costume-institute.
53. Ray A. Smith, "Michelle Obama Cuts the Ribbon for New Anna Wintour Costume Center," *Wall Street Journal*, May 5, 2014, https://www.wsj.com/articles/BL-SEB-81096.
54. Krissah Thompson, "Michelle Obama and Anna Wintour's Mutual Admiration Society," *Washington Post*, May 5, 2014, https://www.washingtonpost.com/news/arts-and-entertainment/wp/2014/05/05/michelle-obama-and-anna-wintours-mutual-admiration-society/.
55. Interviews with Grace Coddington, December 19, 2020, and William Norwich, December 16, 2020.
56. Interview with Andrew Bolton, December 15, 2020.
57. Interviews with several background sources.
58. Background interview.
59. Interviews with two background sources.
60. Interview with Bob Sauerberg.
61. Interviews with two background sources.
62. Interviews with three background sources familiar with the financials.
63. Background interviews with two sources familiar with the discussions.
64. Interviews with several background sources.
65. Interview with background source familiar with the discussion.
66. Background interview.
67. Background interview.
68. Kristin Tice Studeman, "Net-a-Porter and Yoox Are Officially Merging," NYmag.com, March 31, 2015, https://www.thecut.com/2015/03/net-a-porter-and-yoox-are-officially-merging.html.
69. Background interview.
70. Background interview.
71. Interview with Bob Sauerberg.
72. Background interview.

第二十六章

1. Background interview.
2. Background interviews with two sources familiar with her thinking.
3. Background interview.

4. Interviews with two background sources.
5. Elaine Welteroth, "Introducing Our August Cover Stars: The Three New Faces of Fashion You Need to Know," *Teen Vogue*, July 7, 2015, https://www.teenvogue.com/story/teen-vogue-august-2015-cover-models.
6. Essay by Amy Astley provided to author, July 21, 2021.
7. Interviews with two background sources.
8. Background interview.
9. Interview with Phillip Picardi, August 10, 2020.
10. Background interview.
11. Background interview.
12. Interview with Phillip Picardi.
13. Background interview.
14. Background interviews with two sources who were there.
15. Interviews with two background sources.
16. Interview with Bonnie Morrison, June 24, 2020.
17. Background interviews with two sources who were there.
18. Interviews with several background sources.
19. Background interview.
20. "Anna Wintour Talks Runway Walks with Derek Zoolander and Hansel Backstage at Valentino," Vogue.com, March 10, 2015, https://www.vogue.com/video/watch/fashion-week-anna-wintour-talks-runway-walks-with-derek-zoolander-and-hansel-backstage-at-valentino.
21. Background interview.
22. Interview with Tom Florio, August 12, 2020.
23. Interview with Aurora James, November 24, 2020.
24. Laurie Brookins, "Anna Wintour, Vera Wang Team Up for Youth Anxiety Center," *The Hollywood Reporter*, June 19, 2018, https://www.hollywoodreporter.com/lifestyle/style/anna-wintour-vera-wang-tory-burch-celebrate-motherhood-at-youth-anxiety-center-benefit-1121380/.
25. Interview with Aurora James.
26. Interview with Tory Burch, May 6, 2021.
27. Interview with Aurora James.
28. Lauren Sherman, "Grace Coddington to Step Down as Creative Director of American Vogue," BusinessofFashion.com, January 20, 2016, https://www.businessoffashion.com/articles/news-analysis/bof-exclusive-grace-coddington-to-step-down-as-creative-director-of-american-vogue.
29. Interview with Grace Coddington, December 19, 2020.
30. Interview with Phillip Picardi.

31. Interview with Bob Sauerberg, July 13, 2021.
32. Elaine Welteroth, *More Than Enough: Claiming Space for Who You Are (No Matter What They Say)* (New York: Viking, 2019), 227.
33. Background interview.
34. Elaine Welteroth, *More Than Enough*, 228.
35. Interviews with three background sources.
36. Background interview.
37. Dodie Kazanjian and Calvin Tomkins, *Alex* (New York: Knopf, 1993), 316.
38. Richard Fry and Kim Parker, "Early Benchmarks Show 'Post-Millennials' on Track to Be Most Diverse, Best Educated Generation Yet," Pew Research Center, November 15, 2018, https://www.pewresearch.org/social-trends/2018/11/15/early-benchmarks-show-post-millennials-on-track-to-be-most-diverse-best-educated-generation-yet/.
39. Welteroth, *More Than Enough*, 231.
40. Welteroth, *More Than Enough*, 229, and background interview.
41. Welteroth, *More Than Enough*, 229.
42. Background interview.
43. Background interviews with two sources.
44. Lauren Duca, "Donald Trump Is Gaslighting America," TeenVogue.com, December 10, 2016, https://www.teenvogue.com/story/donald-trump-is-gaslighting-america.
45. Katie Mettler, "In 'Scorched-Earth' Op-Ed, a *Teen Vogue* Writer Says Trump Is 'Gaslighting America,'" *Washington Post*, December 12, 2016, https://www.washingtonpost.com/news/morning-mix/wp/2016/12/12/in-scorched-earth-op-ed-a-teen-vogue-writer-says-trump-is-gaslighting-america/.
46. "Elaine Welteroth & Phillip Picardi - How Teen Vogue Has Grown Up | The Daily Show," *The Daily Show with Trevor Noah*, YouTube, August 26, 2018, https://www.youtube.com/watch?v=eCg8OMVGeT4.
47. Sophie Gilbert, "*Teen Vogue*'s Political Coverage Isn't Surprising," *The Atlantic*, December 12, 2016, https://www.theatlantic.com/entertainment/archive/2016/12/teen-vogue-politics/510374/.
48. Background interview.
49. Welteroth, *More Than Enough*, 264.
50. Interview with Sally Singer, January 14, 2021.
51. : Interview with Bob Sauerberg, July 13, 2021.
52. Background interview.
53. Interview with background source with knowledge of the discussion.
54. Welteroth, *More Than Enough*, 265.
55. Interviews with several background sources familiar with her thinking.
56. Background interview.

57. Email from background source to author.

58. Samantha Cooney, "Anna Wintour Met with Donald Trump after Apologizing for Criticism," Time.com, December 14, 2016, https://time.com/4602146/anna-wintour-donald-trump-apology/.

59. Background interview.

60. Photo seen by author in FaceTime call with Stephanie Winston Wolkoff, May 1, 2021.

61. Background interview.

62. Background interview.

63. Graydon Carter, "A Pillar of Ignorance and Certitude," *Vanity Fair*, March 2017.

64. Hilary Weaver, "Donald Trump Is No Longer Welcome at the Met Gala," Vanity Fair.com, October 26, 2017, https://www.vanityfair.com/style/2017/10/donald-trump-is-not-invited-to-met-gala.

65. Background interviews with two sources.

66. Background interview.

67. Background interview.

68. William Norwich, "American Beauties," *Vogue*, September 2007.

69. Background interviews with four sources.

70. Background interview.

71. Background interviews with two sources.

72. Background interview.

73. Background interviews with two sources.

74. Background interviews with three sources.

75. Background interviews with two sources.

76. Background interview.

77. Background interview with source present in the meeting.

78. Interviews with two background sources.

79. Molly Creeden, "Face Time," *Vogue*, February 2016.

80. Interviews with at least five background sources.

81. Interviews with two background sources.

82. Background interview.

83. Background interview.

84. Background interviews with two sources.

85. Background interview.

86. Background interviews with two sources.

87. The Asian American Journalists Association reach outEmail from AAJA provided to author by background source.

88. Background interview.

89. Background interview.
90. Photography by Greg Harris, "Kicking It," *Vogue*, November 2017, https://www.vogue.com/slideshow/gigi-hadid-athleisure-trend-vogue-november-2017-issue.
91. Nicole Sands, "Anna Wintour Welcomes Granddaughter Caroline," People.com, March 31, 2017, https://people.com/parents/anna-wintour-welcomes-granddaughter-caroline/.
92. Interview with Anne McNally, May 6, 2021.
93. Erica Temptesta, "'Watch Out World': Anna Wintour's Son and Daughter-in-Law Welcome a Baby Girl Named Ella Shaffer, Making the *Vogue* Editor a Grandmother-of-Two," *Daily Mail*, February 5, 2019, https://www.dailymail.co.uk/femail/article-6671631/Anna-Wintours-son-daughter-law-welcome-baby-girl-named-Ella-Shaffer.html
94. Interview with Anne McNally, May 6, 2021.
95. Interview with Phillip Picardi.
96. Interview with David Hare, October 27, 2020.
97. Interview with Phillip Picardi.
98. Edmund Lee and Sapna Maheshwari, "Facing Losses, Condé Nast Plans to Put Three Magazines Up for Sale," *New York Times*, August 1, 2018.
99. Background interview with source familiar with company's financials.
100. Interview with Phillip Picardi.
101. Interview with Bob Sauerberg.
102. Katherine Rosman, "How to Quit a Magazine, by Cindi Leive," *New York Times*, September 14, 2017, https://www.nytimes.com/2017/09/14/fashion/cindi-leive-glamour.html.
103. Background interview.
104. Amanda Arnold, "*Teen Vogue* Editor-in-Chief Elaine Welteroth is Leaving Condé Nast," NYMag.com, January 11, 2018, https://www.thecut.com/2018/01/teen-vogue-eic-elaine-welteroth-is-leaving-cond-nast.html; Opheli Garcia Lawler, "*Teen Vogue* Head Phillip Picardi Is Leaving Condé Nast," NYMag.com, August 23, 2018, https://www.thecut.com/2018/08/teen-vogue-head-phillip-picardi-leaves-cond-nast.html.
105. Interview with Bob Sauerberg.
106. Background interview.
107. André Leon Talley, *The Chiffon Trenches* (New York: Ballantine, 2020), iBook, 457.
108. Email to author from Anna Wintour's spokesperson, October 1, 2020.
109. Interview with Serena Williams, November 7, 2020.
110. Holly Ellyatt, "Queen Shocks Fashion World, Joins *Vogue*'s Anna Wintour on the Front Row at London Fashion Week," CNBC.com, February 21, 2018, https://www.cnbc.com/2018/02/21/queen-surprises-london-fashion-week-with-anna-wintour.html.

111. Brooke Bobb, "Queen Elizabeth–Favorite Richard Quinn Has Updated One of England's Most Iconic Prints," Vogue.com, June 29, 2018, https://www.vogue.com/article/richard-quinn-liberty-london-queen-elizabeth.
112. "*Vogue* Editor Anna Wintour Made a Dame at Palace Ceremony," BBC.co.uk, May 5, 2017, https://www.bbc.com/news/entertainment-arts-39817660.
113. Anna Wintour, interview by Tina Brown, Women in the World Conference, New York, April 12, 2019.
114. Background interview.
115. Interview with David Hare, October 27, 2020.
116. Interview with Sally Singer, January 14, 2021.
117. Interviews with Sally Singer and background source.
118. Background interview.
119. Background interview with source familiar with the sponsorship discussions.

第二十七章

1. Background interview.
2. Interview with Lisa Love, October 20, 2020.
3. Emily Smith, Ian Mohr, and Oli Coleman, "Is Anna Wintour Out at *Vogue*?" *New York Post,* April 2, 2018.
4. Sarah Spellings, "Finally, We Know More about Anna Wintour's Daughter's Wedding," The Cut, July 10, 2018, https://www.thecut.com/2018/07/details-wedding-bee-shaffer-francesco-carrozzini.html.
5. "Met Gala 2018," BizBash.com, May 24, 2018, https://www.bizbash.com/home/media-galler/13359400/met-gala-2018.
6. Interview with Lisa Love, October 20, 2020.
7. Background interviews with several sources.
8. Text message from Stephanie Winston Wolkoff to author, July 21, 2021.
9. Interview with Lisa Love.
10. Background interviews with two sources.
11. Background interviews with several sources.
12. Met Gala document containing financial figures, provided to author by background source.
13. Interview with Andrew Bolton and Nancy Chilton, December 15, 2020.
14. Background interviews with two sources.
15. Interview with Lisa Love.
16. Interview with Lisa Love, October 6, 2020, and text message from Stephanie Winston Wolkoff to author, May 2, 2021.
17. Background interview.

18. Interviews with two background sources.
19. Background interview.
20. Interview with Shelby Bryan, July 21, 2021.
21. Met Gala document containing financial figures, provided to author by background source.
22. Interview with Kimberly Chrisman-Campbell, July 28, 2020.
23. Interview with Tom Ford, October 22, 2020.
24. Interview with Lisa Love.
25. Jodi Kantor and Megan Twohey, "Harvey Weinstein Paid Off Sexual Harassment Accusers for Decades," *New York Times*, October 5, 2017, https://www.nytimes.com/2017/10/05/us/harvey-weinstein-harassment-allegations.html.
26. Ronan Farrow, "From Aggressive Overtures to Sexual Assault: Harvey Weinstein's Accusers Tell Their Stories," *New Yorker*, October 10, 2017, https://www.newyorker.com/news/news-desk/from-aggressive-overtures-to-sexual-assault-harvey-weinsteins-accusers-tell-their-stories.
27. Background interview.
28. Background interviews with two sources.
29. Background interview.
30. Background interview with source familiar with her thinking.
31. Vanessa Friedman, Jacob Bernstein, and Matthew Schneier, "Fashion Breaks Its Silence on Harvey Weinstein Scandal," *New York Times*, October 13, 2017, https://www.nytimes.com/2017/10/13/style/harvey-weinstein-marchesa-georgina-chapman-anna-wintour.html.
32. Background interview.
33. Dave Quinn, "Anna Wintour Calls Scarlett Johansson Wearing Marchesa to Met Gala 'Great Gesture of Support,'" People.com, May 10, 2018, https://people.com/style/anna-wintour-praises-scarlett-johansson-for-wearing-marchesa-to-met-gala.
34. Anna Wintour, "Editor's Letter: Georgina Chapman Breaks Her Silence," *Vogue*, June 2018.
35. Email to author from background source familiar with the discussion.
36. Julia Talanova and Lorenzo Ferrigno, "Parsons Cancels Designer John Galliano's Class," CNN.com, May 8, 2013, https://www.cnn.com/2013/05/08/us/new-york-parsons-class/index.html.
37. Stella Bugbee, "Who Is Anna Wintour Asking Us to Forgive in Her Editor's Letter?" NYMag.com, May 11, 2018, https://www.thecut.com/2018/05/anna-wintour-asks-us-to-forgive-in-her-editors-letter.html.
38. Jacob Bernstein, Matthew Schneier, and Vanessa Friedman, "Male Models Say Mario Testino and Bruce Weber Sexually Exploited Them," *New York Times*, January 13, 2018.
39. Vanessa Friedman, "Condé Nast Crafts Rules to Protect Models from Harassment," *New York Times*, January 13, 2018.
40. Jenn Abelson and Sacha Pfeiffer, "Modeling's Glamour Hides Web of Abuse," *Boston Globe*, February 16,

2018.

41. Interview with Tonne Goodman, June 10, 2021.
42. Interview with Helena Suric, October 30, 2020.
43. Background interview.
44. Interview with Helena Suric, October 30, 2020.
45. Anna Wintour, "Anna Wintour Responds to Mario Testino and Bruce Weber Sexual Misconduct Allegations," Vogue.com, January 13, 2018, https://www.vogue.com/article/anna-wintour-responds-mario-testino-bruce-weber-sexual-misconduct-allegations.
46. Interview with James Scully, August 4, 2020.
47. Interview with background source familiar with the discussion.
48. Veronica Rocha and Meg Wagner, "Anna Wintour Hits the Red Carpet in Pink Feather Look," CNN, May 6, 2019, https://www.cnn.com/entertainment/live-news/met-gala-2019/h_442f13c3703d6d14df184076 6d63e899.
49. Imran Amed, "Burberry Stops Destroying Product and Bans Real Fur," Business of Fashion, September 6, 2018, https://www.businessoffashion.com/articles/news-analysis/burberry-stops-destroying-product-and-bans-real-fur.
50. Background interview.
51. was the first time in all her years hosting...Anna, a devoted theatergoer, loved it: Interview with Lisa Love, October 25, 2020.
52. Interview with David Hare, October 27, 2020.
53. Interview with Andrew Bolton, December 15, 2020.

後記

1. Ben Smith, "Anna Wintour Made Condé Nast the Embodiment of Boomer Excess. Can It Change to Meet This Crisis?" *New York Times*, April 26, 2020.
2. Interview with Virginia Smith, October 27, 2020.
3. Interview with Tom Ford, October 22, 2020.
4. "A Common Thread," CFDA.com, https://cfda.com/programs/designers/cfdavogue-fashion-fund.
5. Interview with Aurora James, November 25, 2020.
6. Edmund Lee and Vanessa Friedman, "Pay Cuts Come to Condé Nast, the Glossy Publisher of *Vogue* and *Vanity Fair*," *New York Times*, April 13, 2020, https://www.nytimes.com/2020/04/13/business/media/conde-nast-coronavirus-layoffs.html.
7. Anna Wintour, "Anna Wintour Introduces *Vogue* Global Conversations," Vogue.com, April 13, 2020, https://www.vogue.com/article/anna-wintour-introduces-vogue-global-conversations.

8. Anna Wintour, "My Dream of Re-Emergence," Vogue.com, April 27, 2020, https://www.vogue.com/article/anna-wintour-re-emergence-dream.
9. Interview with Virginia Smith.
10. William F. Marshall III, "Coronavirus Infection by Race: What's Behind the Health Disparities?" Mayo Clinic, August 13, 2020, https://www.mayoclinic.org/diseases-conditions/coronavirus/expert-answers/coronavirus-infection-by-race/faq-20488802.
11. Anna Wintour, "Joe Biden Should Choose a Woman of Color to Be His Vice President—and He Should Do It Now," Vogue.com, May 31, 2020, https://www.vogue.com/article/joe-biden-vice-president-woman-of-color.
12. Katie Robertson, "Refinery29 Editor Resigns after Former Employees Describe 'Toxic Culture,'" *New York Times*, June 8, 2020.
13. Jenny G. Zhang, "New Report Details Pervasive Culture of Racism at *Bon Appétit*: 'Nowhere Have I Ever Felt More Isolated,'" Eater.com, June 10, 2020.
14. Background interview.
15. Sara Nathan, "Anna Wintour admits to 'Hurtful or Intolerant' Behavior at *Vogue*," PageSix.com, June 9, 2020, https://pagesix.com/2020/06/09/anna-wintour-admits-to-hurtful-and-intolerant-behavior-at-vogue/.
16. Ginia Bellafante, "Can Anna Wintour Survive the Social Justice Movement?" *New York Times*, June 11, 2020.
17. Interview with Aurora James, November 25, 2020; conversation with Casteel recalled by James corroborated by a representative for Casteel.
18. André Leon Talley, *The Chiffon Trenches* (New York: Ballantine, 2020), iBook, 208.
19. Edmund Lee, "The White Issue: Has Anna Wintour's Diversity Push Come Too Late?" *New York Times*, October 24, 2020.
20. Interviews with several friends.
21. Talley, *The Chiffon Trenches*, 448.
22. Interviews with Laurie Jones, December 5, 2020, and May 20, 2021, and Anne McNally, May 6, 2021.
23. Talley, *The Chiffon Trenches*, 375–76; interview with Laurie Jones, May 20, 2021.
24. Interview with André Leon Talley, March 20, 2021.
25. Lee, "The White Issue."
26. Interview with Laurie Jones.
27. Interview with Shelby Bryan, July 13, 2021.
28. Lee, "The White Issue."
29. Interviews with David Hare, October 27, 2020, and Lisa Love, October 20, 2020.
30. Interview with William Norwich, December 16, 2020.

31. Interview with Whembley Sewell, December 7, 2020.
32. Emilia Petrarca, "The Devil Wears Allbirds," NYMag.com, September 1, 2021, https://www.thecut.com/2021/09/silicon-valley-fashion-editors.html.
33. Jessica Testa, "A.O.C.'s Met Gala Designer Explains Her 'Tax the Rich' Dress," *New York Times*, September 16, 2021.
34. Maureen Dowd, "Never Complain, Never Explain," *New York Times*, September 18, 2021, https://www.nytimes.com/2021/09/18/opinion/elizabeth-holmes-AOC-dress.html.
35. Interview with Lisa Love.
36. Interview with Aurora James.
37. Kerry Flynn, "Anna Wintour Has Long Reigned Supreme at Condé Nast. Now It's Official," CNN.com, December 15, 2020, https://www.cnn.com/2020/12/15/media/anna-wintour-conde-nast-promotion/index.html.
38. Kerry Flynn, "*Teen Vogue*'s New Editor Out of a Job after Backlash over Old Tweets," CNN.com, March 20, 2021, https://www.cnn.com/2021/03/18/media/alexi-mccammond-teen-vogue-out/index.html.
39. Interviews with Lisa Love and Andrew Bolton, December 15, 2020.
40. Interview with Lisa Love.
41. Interview with Anne McNally, May 6, 2021.

國家圖書館出版品預行編目(CIP)資料

ANNA：時尚教母安娜・溫圖的華麗人生／艾美.奧德爾（Amy Odell）作；劉北辰譯.／初版／
新北市：黑體文化，遠足文化事業股份有限公司發行，2024.05
面；14.8×21公分
ISBN 978-626-7263-78-5(平裝)

1. CST: 溫圖（Wintour, Anna, 1949-） 2. CST: 傳記 3. CST: 英國

784.18 113004552

特別聲明：
有關本書中的言論內容，不代表本公司／出版集團的立場及意見，由作者自行承擔文責。

黑體文化　讀者回函

灰盒子11

ANNA：時尚教母安娜・溫圖的華麗人生

Anna: the Biography

作者・艾美・奧德爾（Amy Odell）｜譯者・劉北辰｜責任編輯・施宏儒、龍傑娣｜封面設計・莊謹銘｜出版・黑體文化／遠足文化事業股份有限公司｜總編輯・龍傑娣｜發行・遠足文化事業股份有限公司（讀書共和國出版集團）｜地址・23141新北市新店區民權路108之2號9樓｜電話・02-2218-1417｜傳真・02-2218-8057｜客服專線・0800-221-029｜客服信箱・service@bookrep.com.tw｜官方網站・http://www.bookrep.com.tw｜法律顧問・華洋法律事務所・蘇文生律師｜印刷・中原造像股份有限公司｜排版・菩薩蠻數位文化有限公司｜初版・2024年5月｜定價・600元｜ISBN・978-626-7263-78-5｜EISBN・978-626-7263-846（EPUB）・978-626-7263-839（PDF）｜書號・2WGB0011